나만의 신을 찾아 떠나는 세상에서 가장 유쾌한 여행

누구에게나 신이 필요한 순간이 있다

MAN SEEKS GOD

에릭 와이너 지음 | 김승욱 옮김

어크로스

"나는 합리주의자다.
나는 이성과 그 자손인 과학이 훌륭하다고 믿는다.
하지만 이성만으로 행복하고 만족스러운 삶을
충분히 누릴 수 있는지는 의심스럽다."

· 차례 ·

나에게 딱 맞는 신을 찾고 싶었다!

병원을 좋아하는 사람은 없지만, 나는 특히 심한 편이다. 아버지가 암 전문의였기 때문인 것 같다. 내가 어렸을 때 아버지는 날 끌고 다니며 회진을 돌았다. 아버지는 너무 많이 볶아서 타버린 커피 냄새와 공포의 악취가 풍기는, 형광등이 켜진 연옥 같은 카페테리아에 나를 놓아두고는 환자들을 보러 갔다. "20분 뒤에 돌아오마." 그러고는 한두 시간 뒤에 미안한 표정으로 나타났다. 아버지가 맡고 있던 환자 한 명이 죽었다면서. 환자들은 언제나 죽었다. 그것도 항상 병원에서 죽었다. 그래서 나의 여덟 살짜리 뇌는 결론을 내렸다. 병원만 피해 다니면 절대 안 죽겠구나. 물 샐 틈 하나 없이 탄탄한 논리였다. 그리고 나는 열일곱 살에 다리가 부러졌을 때를 빼면, 대체로 그 결론대로 살아왔다.

하지만 얼마 전, 8월의 따뜻한 저녁에 정신을 차리고 보니 내가 응급실에 있었다. 내 친구 마이클이 차로 나를 병원까지 데려다주었다. 나는 너무 아파서 몸을 잔뜩 구부린 채 조수석에 앉아 있었다. 처음에는 단순히 소화가 잘 안 되는 것이려니 했다. 하지만 그때까지 경험했던 소화불량과는 전혀 달랐다. 병원 사람들이 X선 사진을 찍고 CT스캔을 하더니 길게만 느껴지던 몇 분이 흐른 뒤 응급실 의사가 우울한 표정으로 진찰실에 들어왔다. 뭔가 문제가 있다고 했다. 정확히 무슨 문제인지는 의사도 알 수 없지만. 그가 걱정스러운 표정으로 주름을 짓는 것을 보니 공포의 창이 나를 찌르는 듯했다. 외과 의사가 오고 있다고 했다. 디너파티에 참석 중인 외과 의사를 불러냈다는 말에, 내 두려움에 죄책감이 엷은 막처럼 덮였다. 응급실 의사는 여기서 가만히 기다리라고 말했다. 환자복을 입고 팔에 링거줄을 대롱대롱 매단 내가 가면 어디로 간다고. 사실 환자복은 '옷'이라는 말도, '입었다'는 말도 민망한 모양이었다(미국의 환자복은 뒤가 터진 가운 모양으로, 뒤에서 끈으로 여미게 되어 있다 - 옮긴이). 진찰실의 차갑고 소독약 냄새가 나는 공기로부터 나를 지켜주는 것이 거의 없었다.

나는 떨고 있었다. 추위 때문이기도 했지만, 두려움이 더 컸다. 혹시 암일까? 그것보다 더한 병? 그런데 암보다 더한 병이 뭐지? 틀림없이 암보다 더한 병이 있을 텐데. 내가 이런 생각을 하고 있을 때 간호사가 들어왔다. 나이는 나랑 비슷했고, 말투를 보니 카리브해 지역이나 서아프리카 출신인 것 같았다. 간호사가 몸을 기울이고 피를 뽑다가 내 두려움을 알아차렸는지 동작을 멈추고는 내 귓가로 다가와 내게 말했다. 천천히, 분명하게. 그 말을 나는 결코 못 잊을 것이다. "아직 당신의 신을 만나지 못하셨나요?"

귀로 들은 내용을 머리가 알아차리기까지 아주 오랜 시간이 걸리는, 평소보다 훨씬 더 오랜 시간이 걸리는 경우가 있는데, 그때가 바로 그랬다. 신을 만났느냐고? "왜요?" 간신히 숨을 다시 쉴 수 있게 되자 나는 이렇게 물었다. 이제 곧 내가 신을 만나게 될 거라는 뜻인가요? 내 CT스캔 결과를 봤어요? 뭔가 알고 있나요? 간호사는 대답하지 않았다. 그저 다 안다는 듯한 표정으로 나를 바라보고는 나가버렸다. 나는 옷이라기보다 종이 타월 같은 환자복 차림으로 혼자 남아 무서운 생각에 빠져들었다. 간호사가 내게 그런 질문을 던진 것이 병원의 일반적인 절차가 아니라는 건 나도 알고 있었다. 심지어 '성십자가' 같은 이름이 붙은 병원도 마찬가지였다. 하지만 간호사가 악의를 갖고 날 비난하려고 그런 질문을 던진 건 아니었다. 간호사는 사실을 말하듯이 그 말을 했다. "자동차 열쇠를 아직 못 찾았어요?" 하고 묻는 것과 똑같다고 할 수는 없지만, 그래도 흡사했다. 그 말투에는 또한 어머니처럼 걱정하는 마음도 배어 있었다. 그리고 이미 신을 만난 사람 특유의 조용한 확신도 있었다.

처음에는 응급실에서 몇 시간 정도 처치를 받으면 될 줄 알았던 일이 병원에 며칠 입원해야 하는 상황으로 바뀌었다. 병원에서는 이런저런 검사를 하고, 피를 뽑아갔다. 나는 암에 걸린 것도, 암보다 더한 병(나는 그런 병을 결코 생각해내지 못했다)에 걸린 것도 아니었다. 그저 유난히 심하고 만성적인…… 방귀가 문제였다. 그래, 방귀. 폭군 독재자 같은 편집자가 말도 안 되는 마감시한을 강요하는 바람에 생긴 스트레스를 내 대장이 제대로 받아들이지 못한 모양이었다. 나는, 병원 측 용어로, 가스를 방출했다.

1, 2주쯤 지나자 나는 완전히 건강을 회복했다. 신체적으로는. 하지만 간호사의 말이 계속 머리에 남아 있었다. 아주 오랫동안 켜두었던 텔레비전 화면에 각인된 잔상처럼. 아직 당신의 신을 만나지 못하

셨나요? 간호사는 정확히 이렇게 말했다. 그냥 신도 아니고, 그냥 하느님도 아니고, 당신의 신. 마치 오로지 나만의 신이 어딘가에서 기다리고 있기라도 한 것처럼.

나는 한동안 그 일을 잊어버리려고 애썼다. 나는 신을 찾아야 할 이유가 없다고 속으로 되뇌었다. 적어도 내가 찾아낼 수 있는 신은 없다고. 그러니까 그냥 잊어버려. 책도 쓰고 싱글몰트 위스키도 마시는 생활로 다시 돌아가. 중국인들이 우리의 하루하루를 표현하는 말처럼, '세상의 풍진(風塵)' 속으로 돌아가. 효과가 있었다. 한동안은.

하지만 간호사의 말이 되돌아와서 초겨울의 마멋처럼 내 머릿속을 파고들었다. 나의 신이란 도대체 누구, 아니 무엇이지? 나는 유대교 가정에서 태어났다. 그렇다고 해서 내가 유대교의 하느님을 딱히 나의 신으로 받아들인 것은 아니다. 그건 완전히 다른 문제다. 사실 나는 신의 존재에 대해 이런저런 의심을 품고 있다. 하지만 무신론자를 자처하는 것도 왠지 아닌 것 같다. 그건 너무 냉정하고 자신감이 넘친다. 나는 그 무엇도 확신할 수 없다. 아가일 무늬가 들어간 양말에 대해서도, 두유에 대해서도 확실히 마음을 정할 수 없는데, 하느님이 존재하지 않는다고 어떻게 확신할 수 있겠는가?

그럼 불가지론자? 이 말은 문자 그대로 '아는 것이 없는 사람'이라는 뜻이다. 신앙의 문제에 관한 한 나의 상태가 바로 그렇다. 하지만 내가 보기에 불가지론자는 확신이 없는 무신론자 같다. 불가지론자는 영원한 은총을 내려줄 수 있는 전능한 창조주가 혹시라도 존재할 경우에 대비해서 종교적인 가능성을 열어두고 있다("보셨죠, 주님? '불가지론'이라니까요. 이제 저한테 영원한 은총을 내려주실래요?"). 또한 불가지론자들의 주장 속에는 '신이 존재하는지 모른다'는 뜻뿐만 아니라 그러거나 말거나 별로 신경 쓰지 않는다는 뜻도 은연중에 포함되어 있다. 확신할 수 없다는 의심의 물방울들이 꾸준히 똑똑 떨어지다 보면, 그것들이 모여서 소원을 구현한 웅덩이로 변할 수도 있다. 신의 존재를 오랫동안 의심하다 보면, 정말로 신이 존재하지 않게 될 수 있다는 뜻이다.

어쩌면 나는 그 무엇보다 유연하고 탄력적인 범주, 즉 '종교적이지는 않지만 영적인 사람'의 범주에 속할지도 모른다. 이 구도자들은 지혜를 이야기하는 여러 전통적 주장들에는 동조하지만, 교조적인 느낌이 나는 것이나 신앙체계와는 거리를 둔다. '종교적이지는 않지만 영적인 사람들'은 요가를 좋아하되 힌두교를 배제하고, 명상을 하되 불교를 믿지 않으며, 유대주의를 받아들이되 하느님을 제외한다. 나도 이런 방법을 따르고 싶은 생각이 든다. 쉽고 편안한 방법 같다. 사실 쉽고 편안한 것을 싫어하는 사람이 어디 있는가? 하지만 애석하게도 이것이 너무 쉽고 너무 편리하다는 것이 문제다. 또한 너무 밍밍하다. 나는 진한 카페인 향기를 좋아하는 사람이다.

기존의 영적인 범주들 중에는 내게 맞는 것이 없는 듯하니, 아무래도 내가 새로운 범주를 만들어내야 할 것 같다. '혼란주의자.' 이름을 보면 알 수 있듯이, 혼란주의자는 신이나 종교와 관련해서 혼란에 빠진 사람들이다. 아주 깊이. 아냐, 잠깐, 그럼 혼란주의자라는 게 결국 불가지론자랑 같은 거 아냐? 아마 여러분은 이런 생각을 하고 있을 것이다. 하지만 그렇지 않다. 우리들 혼란주의자는 불가지론자처럼 점잔을 빼며 확신할 수 없다고 말하지 않는다. 우리는 어떤 의미에서 전(前)불가지론자다. 아니면 후(後)불가지론자인지도 모른다. 사실 우리는 우리가 분명히 확신할 수 없는 게 뭔지도 확실히 모른다. 우리 혼란주의자들은 하늘을 향해 양팔을 벌리며 이렇게 외친다. 우리가 종교적으로 어떤 견해를 갖고 있는 건지 도저히 모르겠습니다. 우리에게 그런 견해가 있는지조차도 모르겠습니다. 하지만 우리는 전혀 예상할 수 없는 것까지 마음을 열어놓고 있으며, 삶에는 단순히 눈에 보이는 것 외에 더 커다란 뭔가가 있다고 믿습니다. 그저 그랬으면 좋겠다고 바라는 수준이 아닙니다. 이것만 제외하면, 우리는 완전히 혼란에 빠져 있다.

나는 다른 일들도 대부분 그렇듯이, 내가 혼란에 빠진 것 역시 부모님 탓이라고 생각한다. 나는 세속적인 가정에서 자랐다. 우리가 하느님을 입에 올리는 것은 누군가가 발가락을 다치거나(젠장God damn it, 여기다 의자 놔둔 거 누구야?), 특히 맛있는 음식을 먹을(오 마이 갓, 이걸 먹다가 죽어도 좋아)뿐이었다. 우리는 음식을 먹을 때만 유대인이었다. 베이글과 훈제 연어는 물론이고, 루겔라흐(유대인의 전통 과자 - 옮긴이), 흰 살 생선 샐러드, 할라(유대인의 전통 빵 - 옮긴이), 라트케(감자 팬케이크 - 옮긴이), 하만타슈(유대인의 전통 명절인 부림절에 먹는 과자 - 옮긴이). 우리가 먹을 수 있는 음식이라면, 그건 유대 음식이고, 따라서 하느님과도 관련되어 있었다. 적어도 내가 보기에 하느님은 천국이나 우주의 거대한 공동이 아니라 냉장고 안의 크림치즈와 샐러드드레싱 사이에 존재했다. 우리는 음식의 신을 믿었고, 영적인 면에서 우리에게는 그것이 전부였다.

아, 일주일에 한 번씩 히브리 학교(유대교의 주일학교 - 옮긴이)에 나가기는 했다(우리가 지키던 또 다른 유대인 전통, 즉 죄책감 때문에 부모님이 나를 그 학교에 등록시켰다). 하지만 내 생각에 그 학교는 내 삶에서 뭐랄까, 아침 식사만큼 중요하지 않았다. 나는 실내 수도관조차 발명하지 못할 만큼 머리가 나빴던 고대인들이 삶에 대해 도대체 뭘 가르쳐줄 수 있다는 건지 이해할 수 없었다. 우리 식구들은 1년에 한 번, 속죄의 날인 욤키푸르에 시나고그(유대교 회당 - 옮긴이)에 나갔다. 별로 재미있는 일은 아니었다. 나는 파란색 폴리에스테르 양복에 단추로 끼우게 돼 있는 타이를 붙여야 했다. 그리고 어른들은 죄다 심술궂었다. 틀림없이 단식 때문이었을 것이다. 나는 특히 단식을 해야 한다는 점이 혼란스러웠다. 방금 말했듯이, 나는 하느님과 음식을 동일시했기 때문에 유대인의 달력에서 가장 성스러운 그날에 사람들이 음식을 먹지 않는 이유를 도무지 알 수 없었다.

나중에 미국공영라디오(NPR)의 특파원으로 외국에서 오래 생활한 것도 내 마음속에 신을 되살리는 데는 별로 도움이 되지 못했다. 신의 이름으로 어떤 짓들이 저질러지는지 내 눈으로 직접 봤기 때문이다. 그건 결코 아름다운 광경이 아니었다. 나는 평화의 도시라는 예루살렘에서 한동안 살았지만, 그곳은 결코 평화의 도시가 아니었다. 눈이 보이지 않는 사람이라도, 아니 특히 눈이 보이지 않는 사람이라면 더욱더, 이 도시 위에 로스앤젤레스의 스모그처럼 걸려 있는 긴장을 감지할 수 있었다. 이스라엘 전투기가 우르릉 꽝 하고 천둥처럼 음속의 벽을 뚫는 소리와 젊은 팔레스타인 청년들이 가슴에 동여맨 폭탄을 우르릉 꽝 하고 터뜨리는 소리가 번갈아 들려왔다. 그 두 소리가 어찌나 비슷한지 우리 기자들은 소리로 폭탄을 감지해내는 우리만의 방법을 만들어냈다. 우르릉 꽝 하는 소리 뒤에 제트기 엔진 소리가 들려오면 아침 커피를 마시러 돌아가도 된다는 뜻이고, 우르릉 꽝 하는 소리 뒤에 사이렌이 울리면 끔찍한 현장을 향해 미친 듯이 달려가야 한다는 뜻이었다.

나는 인도에서도 살아봤다. 가히 종교계의 최고봉이라고 할 수 있는 나라. 인도인들이 섬기는 신은 무려 3억 3000만 가지가 넘는다! 그 나라에서 나는 분노보다는 어리둥절함을 더 많이 느꼈다. 힌두교의 축제인 **쿰브멜라** 때 갠지스 강변에는 1800만 명이나 되는 사람들이 몰려든다. 그들은 더럽고 불쾌한 강물에 몸을 담그려고 며칠, 몇 주나 걸려 갠지스강을 찾는다. 강물에 몸을 담그면 운과 건강이 좋아진다는 믿음 때문이다. 그러다 설사병으로 먼저 죽지. 나는 속으로 생각했다. "이건 믿음이에요. 오로지 믿음." 신성한 강물에 몸을 담그던 사람 하나가 내게 말했다. "그걸로 충분하지 않아요?" 나는 뭐라고 답해야 할지 알 수 없었다. 허클베리 핀의 말이 갑자기 생각났다. "거짓말로 기도할 수는 없어." 하지만 내가 누군가. 마이크를 소총처럼 휘두르는 해외 특파원 아닌가. 그런 내가 거짓이니 뭐니를 입에 담을 수는 없는 노릇이었다. 그러고는 얼마 뒤에 인도 상류계급에 속하는 극작가와 함께 차를 타고 아슈라 의식을 보러 간 것이 기억난다. 아슈라 의식은 시아파 이슬람 신도들이 예언자 무함마드의 사촌이자 사위인 알리의 죽음을 기리는 행사다. 인도인 극작가는 자신의 SUV에서 내려 랠프 로렌 셔츠를 벗더니(그는 그것을 깨끗이 접어서 뒷좌석에 놓았다), 긴 금속 쇠스랑처럼 생긴 물건으로 맨살이 드러난 자신의 등을 헤집기 시작했다. 알리의 고통을 느끼기 위해서. 수십 명이나 되는 남자들이 그와 똑같은 행동을 하고 있는 것이 보였다. 이내 빨간색 액체가 고운 물안개처럼 내 얼굴에 뿌려지는 것이 느껴졌다. 피였다. 피가 비처럼 내리고 있었다. 인도에서 나는 냉장고의 하느님이 그리워졌다.

그때도 지금도 나는 합리주의자다. 나는 이성과 그 자손인 과학이 훌륭하다고 믿는다. 하지만 이성만으로 행복하고 만족스러운 삶을 충분히 누릴 수 있는지는 의심스럽다. 내가 아는 한, 이성의 힘만으로 순수한 지복의 상태에 이른 사람은 아직 한 명도 없다. 이성은 문제를 해결하는 데는 뛰어난 도구지만, 어떤 문제를 왜 풀어야 하는지 알아내는 데는 그다지 길잡이가 되어주지 못한다. 이성은 뛰어난 하인이지만, 주인이 되기에는 형편없다. 이성은 G. K. 체스터튼의 표현처럼 "지적으로는 당혹스럽지만 지극히 마음을 가라앉혀주는" 순간들을 설명하지 못한다.

나는 또한 말의 힘을 믿는다. 수십 년 동안 나는 위대한 신화학자인 조지프 캠벨의 철학이 반영된 철학을 지니고 있었다. 그는 영적인 추구를 위해 어떤 행동을 하고 있느냐는 질문에 "책에 밑줄을 친다"고 답했다. 나도 마찬가지다. 나는 닥치는 대로 밑줄을 치고, 동그라미를 그리고, 밝은 색깔을 칠하고, 메모를 갈겨쓰고, 여백에도 메모를 하고, 책 모서리를 접는다. 이유는 나도 잘 모른다. 어쩌면 고양이처럼 자신의 영역을 표시하려는 행동일 수도 있고, 어떤 구절에 밑줄을 치면 그 구절이 생생해지고 저자의 생각이 내 것이 되기 때문일 수도 있다. 하지만 다시 생각해보면, 저자의 생각은 이미 내 것이 되어 있는 것 같기도 하다. 밑줄을 치는 행동에는 언제나 자기 인식이라는 요소가 포함되어 있다.

나는 손에 닿는 것은 무엇이든 닥치는 대로 읽고 밑줄을 치지만, 자기계발서에는 특히 약하다. 그런 책들을 무척 좋아한다는 뜻이다. 하지만 '자기계발'이라는 말은 싫다. 우선, 그 말은 부정확하다. 사람들은 그런 책을 읽으며 스스로 자신을 계발하는 것이 아니다. 그 책을 쓴 사람이 독자를 계발해주는 것이다. 정확하게 자기계발서라고 불릴 수 있는 책은 독자가 직접 쓴 책뿐이다. 또 다른 문제는, 당연히, 자기계발서들이 독자의 약점을 널리 떠들어서 남들이 이러쿵저러쿵 평가를 내리게 만든다는 점이다. 그래서 내 아내는 내가 상당히 많이 모아둔 자기계발서들을 지하실에 숨겨야 한다고 계속 주장하고 있다. 저녁 식사에 초대받은 손님들이 그 책들을 보고 아내가 어딘가 문제 있는 남자와 살고 있다고 오해하는 게 싫다는 것이다.

강박적으로 밑줄을 쳐대는데도, 아니 어쩌면 바로 그런 행동 때문에 나는 '영적인 발전'을 그다지 이루지 못했다(이 '영적인 발전'이라는 말도 내가 보기에는 아주 잘못된 것이다. 영적인 것을 추구한다는 말은 '발전'처럼 자멸적인 개념들을 초월한다는 의미 아닌가?). 책을 읽으면서 나는 머리가 맑아지는 순간들을 경험한다. 책을 읽다가 마이스터 에크하르트(1260~1327?, 독일 도미니크회의 신학자로 독일 신비주의 신학의 창시자 - 옮긴이)나 간디 같은 사람들이 쓴 훌륭한 구절에 밑줄을 긋고는 '그래, 이거야, 찾았어!' 하는 생각을 한다. 우리는 신과 하나가 됨으로써 우리의 이원성을 초월한다. 그러고 나서 나는 온라인으로 주문할 숄더백의 색깔(가문비나무의 초록색이 좋을까, 사막의 카키색이 좋을까)을 고민하며 세 시간을 보낸다. 아니면 내 목에 난 점을 하염없이 노려보며 그게 그냥 점인지, 혹시 말기 흑색종은 아닌지 고민하기도 한다. 죽음에 대한 나의 특대형 두려움이나 미약하지만 만성적인 우울증을 누그러뜨리는 데는 책이 거의 도움이 되지 않은 것이다. 그래서 언젠가부터 나는 내가 이런 책들과 그 속의 개념들을 이용해서 오히려 영적인 경험을 회피하고 있는 것이 아닌가 하는 생각이 들었다. 그럴듯한 생각인 것 같았다. 사실 나는 그 주제를 다룬 훌륭한 책을 찾아냈다. 여러분이 그 책을 펼쳐본다면, 밑줄을 그은 부분이 아주 많이 눈에 띌 것이다.

분명히 해둘 것이 있다. 나는 책에만 파묻혀 살지 않는다. 가끔 집 밖으로 나오기도 한다. 그렇게 나와서 다른 사람들의 영적인 삶을 엿보는 경향이 있다. 나는 지켜보는 것을 좋아한다. 물론 항상 안전한 거리를 유지하면서. 나는 시나고그나 명상수련원의 출구 근처에 자리를 잡고서 혹시 지루해지거나 이상한 기분이 들면 도망칠 계획부터 짜는 사람이다. 너무 생생한 기분이 들어도 도망친다. 나는 딱 남들의 주의를 끌지 않을 만큼만 기도문을 중얼거리는 사람이다. 그 안의 의미를 흡수할 수 있을 만큼 기도문을 명확히 읊조리지는 않는다. 침묵 속에서 명상을 할 때도 나는 언제 정체가 탄로 날지 모르는 영적인 사기꾼이 된 것 같은 기분이 든다.

이런 것이 바로 나의 모습이었다. 신에 대해 약간의 호기심은 있지만, 실제로 어떤 행동에 나설 만큼 호기심이 강하지는 않은 상태. 기껏해야 영적인 구경꾼에 지나지 않았다. 나쁘게 말하면 위선자였고. 이론적으로는 단테가 말한 '지혜의 나이,' 즉 45세에 시작된다는 인생의 새로운 단계에 접어든 상태였다. 그건 그것대로 괜찮았다. 정말로. 지금까지는. 그런데 뭐가 달라진 걸까? 내 배에 가스가 찼던 것이 문제였나? 아니면 혹시 한심하고 진부한 중년의 위기라는 걸 맞이한 건가? 어쩌면 아이가 생긴 탓일 수도 있었다. 아이가 생기면 우리는 이미 오래전에 마음속 다락방에 넣어버린, 신경에 거슬리는 존재론적인 문제와 정면으로 부딪힐 수밖에 없다. 내 딸을 어떻게 길러야 할까? 나처럼 음식을 먹을 때만 유대인으로? 아니면 그보다 더? 그보다 덜? 아이들은 잔인할 정도로 솔직하기에, 어른들은 너무 예의가 바르거나 너무 무서워서 차마 묻지 못하는 질문들을 던진다.

내 딸도 결코 예외가 아니다.

"아빠?" 내가 병원에서 퇴원하고 얼마 뒤 아이가 말했다. 우리는 태그얼롱 자전거(어른 자전거 뒤에 나지막한 어린이용 자전거를 붙여놓은 형태의 자전거 - 옮긴이)를 타고 있었다. 내가 앞에서 페달을 밟으며 방향을 잡고, 아이는 뒤에서 페달을 밟았다. 계속.

"그래, 소냐." 나는 이번에도 또 엉덩이 질문이 날아오겠거니 했다. 내 딸은 항문기에 접어들었기 때문에, 엉덩이에 관해 궁금한 것이 아주 많았다. 하지만 아이는 자주 그렇듯이, 그때도 나를 놀라게 했다.

"하느님이 우리를 책임지는 거야?"

나는 하마터면 마주 오는 차를 향해 돌진할 뻔했다. 두 가지 생각이 머릿속에 떠올랐다. 첫째, 네 살짜리 아이가 생각해내기에는 지나치게 무거운 신학적 질문이다. 둘째, 지금이야말로 부모가 아이에게 영원히 남을 지혜를 전해주고, 앞으로 수십 년 동안 결실을 맺을 수 있게 아이의 세계관을 형성해줄 수 있는 중요한 순간이다. 하지만 자칫하면 부모가 완전히 똥이 되는 수도 있었다.

"아빠, 그런 거야?"

"잠깐만. 생각 좀 해보고."

마침내 나는 불쑥 말했다. "하느님은 우리가 스스로를 책임지는 데 필요한 모든 걸 우리한테 주셨어."

내가 이 말을 어디서 끄집어낸 건지는 나도 모르겠다. 십중팔구 내 딸이 집착하고 있던 신체 부위에서 뽑아냈을 것이다. 하지만 나쁘지 않다는 생각이 들었다. 소냐는 만족한 표정으로 아주 다정하게 간단히 대답했다. "맞아." 페달을 밟으면서 나는 내 딸의 넓은 마음에 감탄했다. 그리고 스티븐 던의 시에 나오는 훌륭한 구절을 떠올렸다.

아이에게
불신을 가르칠 수는 없다
오로지 훌륭한 이야기를 줄 수 있을 뿐

며칠 뒤 아이를 침대에 눕히고 재우려는데, 아이가 하느님을 보았다고 선언했다.

"그래?"

"응. 하느님이 하늘에 있었어. 커다란 구름처럼." 아이는 한쪽 주먹을 머리 위에 올려 제가 본 것을 흉내 냈다.

"그게 그냥 구름이 아니라 하느님이라는 걸 어떻게 알았어?"

"보면 알아."

"그래서 어떻게 했어?"

"내가 손을 흔들면서 '안녕하세요, 하느님' 이랬어." 아이가 말했다. 이렇게 뻔한 것도 모르냐는 듯이.

그래, 난 몰랐다. 응급실 간호사는 진지한 답변을 요구하는 그 질문으로 내게 도전했다. 그건 내가 버릇처럼 던지는 영악한 답변이나 농담 같은 답변으로 얼버무릴 수 있는 질문이 아니었다. 간호사의 질문에는 왠지 절박한 느낌이 있었다. 아직 당신의 신을 만나지 못하셨나요? 그때 나는 그 추운 진찰실에 누워 이제 곧 죽을지도 모른다는 생각을 하고 있었다. 그럼 지금은 덜 절박한가? 사실 나는 지금도 죽음을 향해 가고 있다. 비록 그때 무서워했던 것만큼 속도가 빠르지는 않지만. 그 간호사는 알고 그랬는지 모르고 그랬는지, 하여튼 옛날 신화적 의미의 화두와도 같은 질문을 던졌고, 나는 지금 반드시 거기에 대답해야 할 것 같은 기분을 느끼고 있다. 그러지 않으면 T. S. 엘리엇의 '껍데기만 남은 남자들'처럼 화두를 들었지만 거기에 주의를 기울이지 않아서 비참하고 처량해진 영혼이 되어버릴 것 같다.

17세기의 프랑스 철학자 블레즈 파스칼은 하품하는 입처럼 벌어진 허공, 즉 인간 조건이라는 것을 설명하기 위해 '신 모양의 구멍(God-shaped hole)'이라는 말을 만들어냈다. 나는 이 말이 상당히 마음에 든다. 이 말을 들을 때마다 나는 도넛을 떠올린다. 내 인생도 떠올린다. 오랫동안 나는 나의 '신 모양의 구멍'을 온갖 것들로 메우려고 시도해보았다. 음식, 섹스, 가방, 성공, 또 음식, 여행, 약, 책, 또 음식, 가죽으로 제본한 공책, 진판델 적포도주, 쿠바산 시가, 또 음식, 허세로 가득 찬 외국 영화…… 잠깐이지만 기네스 맥주와 잭대니얼스 위스키를 섞어서 플라스틱 깔때기로 마시는 멍청한 짓을 한 적도 있었다. 하지만 어느 것도 효과가 없었다. 그렇다면 나의 '신 모양의 구멍'을…… 신으로 메워보는 건 어떨까?

최근에 나는 힌두교 현자인 라마나 마하르시의 글을 우연히 알게되었다. 그는 우리 모두가 지고 있는 짐에 대해 이야기하면서 이렇게 묻는다. 기차를 타고 가면서 짐을 머리에 이고 있겠는가? "짐을 머리에 인다고 해서 기차의 부담이 줄어들지는 않는다. 여러분만 불필요하게 힘이 들 뿐이다." 마찬가지로, 라마나는 우리가 '인생이라는 무거운 짐을 진 것은 우리뿐'이라는 믿음을 안고 수고하는 것은 불필요하게 힘을 들이는 짓이라고 말한다. 따라서 짐을 내려놓으라고 우리에게 조언한다. 짐을 내려놓아도 재앙은 결코 일어나지 않을 것이고, 우리는 한결 가벼워질 것이다.

나는 이 글에 저항할 수 없는 매력을 느꼈다(물론 밑줄도 그었다). 지금 내가 소망하는 것은, 그 어느 때보다 간절히 원하는 것은 어떻게든 그런 삶을 살 수 있는 방법을 찾아내는 것이다. 하지만 어디서부터 시작해야 할까?

CWM(혼란주의자 백인 남자), 마음은 젊고, 생각이 열려 있고, 신에 대해 호기심을 갖고 있으며, 무엇이든 아시는 신을 재미 삼아 찾고 있습니다. 어쩌면 단순히 재미가 아닐 수도 있습니다. 나는 재미있고, 신경과민이지만 그게 또 사랑스럽습니다.

책과 가방을 사랑하고, 지켜보는 걸 좋아하고, 더 많은 걸 소망합니다. 당신은 전능하지만 상냥하고 사랑이 있습니다. 유머 감각도 있고, 건강에 신경을 많이 쓰고, 아이들을 잘 다룹니다. 이야기도 잘합니다. 담배를 피우는 사람이나 폭력을 휘두르는 사람이 아니기를 바랍니다. 당신이 내 기도에 대한 응답입니까? 진지하게 답변해주시기 바랍니다.

나는 방금 입력한 이 글을 바라본다. 글자들이 화면에서 깜박이고 있다. 나쁘지 않다는 생각이 든다. 내가 찾으려 하는 것이 깔끔하게 담겨 있다. 게다가 글의 양식도 놀라울 정도로 적절해 보인다. 사랑을 위한 구애와 신을 향한 구애 사이에는 공통점이 많다. 둘 다 용기가 필요하고, 실망스러운 일을 잘 견뎌내는 능력과 눈먼 행운에 대한 흔들리지 않는 믿음도 필요하다. 세상에는 영적인 상성이라는 것이 있다. 연애 상대가 될 수 있는 모든 사람에게 똑같은 매력을 느끼지 않는 것과 마찬가지로, 모든 신들이 똑같이 매력적이지는 않다.

자신에게 딱 맞는 신을 찾아내는 것은 아마도 자신에게 딱 맞는 동반자를 찾아내는 것만큼이나 힘든 일일 것이다. 나는 최대한 도움을 구할 것이다. 하지만 앞의 광고 문구를 어디에 실어야 할지 모르겠다. 자칫 정신 나간 신, 그러니까 전혀 신답지 않을 뿐만 아니라 어두운 과거까지 감추고 있는 존재가 꼬여드는 게 아닌가 하는 걱정도 든다. 조심하고 또 조심해서 손해 볼 것은 없다.

바로 이 지점에서 작업을 거는 행위가 필요해진다. 작업을 거는 것은 잠재적인 연애 상대를 시험해보는 안전한 방법이다. 작업을 거는 사람은 상대에게 신호를 보낸 뒤 반응을 기다린다. 만약 아무 반응이 없으면, 둘 다 감정적인 상처를 전혀 받지 않은 채 각자 제 갈 길로 가면 된다. 하지만 상대도 반응을 보인다면, 작업에 가속도가 붙어서 더 발전할 수도 있고…… 아닐 수도 있다. 작업은 요리처럼 그럴싸한 결실을 맺지 못하더라도 즐거운 법이다.

신을 향한 우리의 작업은 점점 대담해졌다. 때로는 열광적인 수준에 이르기도 한다. 미국은 영적으로 상대를 가리지 않는 나라다. 미국인 세 명 중 거의 한 명이 도중에 종교를 바꾼다. 최근의 조사에 의하면 그렇다. 이해할 수 있는 일이다. 우리는 선택의 자유를 숭상하는 사람들이니까. 선택권은 자유를 뜻하고 좋은 것이다. 선거를 통해 정치가도 선택할 수 있고, 전화 요금제도 선택할 수 있고, 치약도 선택할 수 있는데, 신만 안 된다는 법은 없지 않은가.

하지만 나는 선택의 재능이 없다. 사실 나는 선택하는 솜씨가 젬병이다. 나는 항상 단 하나의 '정답'만이 존재하는 것 같아서 혹시 '틀린' 결정을 내리면 어떡하나 하는 두려움 속에서 살고 있다. 그래서 나는 완벽하지 않은 것을 선택하게 될까 봐 무서워서 그대로 굳어버리곤 한다. 그럴 때는 선택의 범위를 좁히는 것이 도움이 된다. 나는 17년 전부터 채식을 하고 있다. 동물들이 부당한 대우를 받는 것이 걱정스러워서도 아니고(나는 그 문제에 그렇게까지 관심이 없다), 건강을 위해서도 아니다(이것도 역시 관심이 없다). 그저 식당에서 음식을 주문하기가 간편하기 때문이다. 정말이다. 나는 힘들이지 않고 선택과 결정을 해내는 사람들이 부럽다. 그래서 내가 과연 어떻게 신을 고를 수 있을지 궁금하다. 나는 일단 메뉴판을 살펴보기로 했다. 내가 무엇을 선택할 수 있는지 보려고. 까짓것 신이 있어봤자 몇이나 되겠는가.

알고 보니 9900가지나 된다. 게다가 매일 새로운 종교가 두세 개씩 생겨나고 있다. 전직 성공회 선교사로 1970년대부터 전 세계의 종교들을 추적하고 있어서 그 분야를 아주 잘 아는 데이비드 B. 배럿의 말에 따르면 그렇다. 종교가 거의 1만 개나 된다니! 어떻게 이런 일이……. 나는 슈퍼마켓의 시리얼 진열대에 섰을 때와 똑같이 순간적으로 당황한다. 프랑스 사람들은 말한다. 트로 드 슈아 튀 르 슈아(Trop de choix tue le choix). 선택의 여지가 너무 많으면 오히려 선택을 할 수 없게 된다는 뜻이다. 그 외에도 은연중에 발휘되는 효과가 하나 더 있다. 매사가 쉽다는 환상을 만들어낸다는 것. 예를 들어, 헬스클럽들이 많이 들어서면 우리는 몸매를 가꾸기가 쉽다고 믿게 된다. 따라서 몸매가 좋지 않은 사람들은…… 음, '나는 도대체 왜 이 모양인 거지?' 하는 생각이 든다. 마찬가지로 종교 단체와 영적인 단체들이 늘어나면 신을 알기가 그 어느 때보다 쉬워졌다는 환상이 생겨난다. 사실은 그렇지 않은데도.

나는 '합리적인 선택 이론'이라는 것을 우연히 발견했는데, 일단 겉모습이 마음에 들었다('선택' 말고 '합리적' 쪽이). 이 이론을 지지하는 사람들은 우리가 새 차나 집이나 아침에 먹을 시리얼을 고를 때와 거의 똑같은 방법으로 종교를 고른다고 믿는다. 특정 신앙의 혜택과 비용을 비교해보고는 '합리적인' 선택을 한다는 것이다. 과연 그럴까 싶다. 종교를 고르는 것은 아침 식사용 시리얼을 고르는 것과는 근본적으로 다르다. 우리가 거기에서 뭔가 혜택을 얻고자 하는 것은 맞지만, 자기 자신도 아직 알지 못하는 어떤 것을 얻고 싶다는 생각도 있다(페늘롱 대주교는 "나 자신도 모르고 있는 나의 욕구를 보라!"고 외쳤다). 우리 자신도 아직 알지 못하는 것을 어떻게 고를 수 있을까? 신앙을 고르는 것 자체가 믿음의 행위인데도 우리에게는 아직 믿음이 없다. 애당초 우리가 종교를 찾아 나선 이유가 그것이니까. 이제 문제가 무엇인지 알겠는가.

어쩌면 우리의 선택에 별다른 의미가 없는 건지도 모른다. 그냥 모든 것을 운에 맡긴 채 수백 개의 '주요' 종교 명단을 향해 다트를 날려 하나를 선택해도 상관없는지 모른다. 크리스토퍼 히친스 같은 철저한 무신론자들은 당연히 다트를 던져야 한다고 말한다. 히친스는 종교는 모두 허튼소리에 불과하니까 아무거나 하나 마음대로 골라잡든지, 아니면 심지어 다양한 허튼소리들을 뒤섞어도 상관없다고 말한다. 그래봤자 그 결과물 역시 허튼소리일 뿐이니까. 이들과 반대편의 극단에는 모든 종교가 똑같은 정당성을 지니고 있다는, 정치적으로 올바른 믿음을 지닌 사람들이 있다. 한 연구에서 조사 대상의 거의 절반이 "세상의 모든 종교가 똑같이 진실하고 훌륭하다"는 말에 동의했다. 굉장한 일이다. 종교 외에 다른 것에 대해서도 같은 말을 할 수 있을까? 전체주의 정부든 민주정부든 모든 형태의 정부가 똑같이 진실하고 훌륭하다고 말할 수 있을까? 모든 기업이 똑같이 진실하고 훌륭하다고 말할 수 있을까? 모든 토스트기가 똑같이 진실하고 훌륭하다고 말할 수 있을까? 그런데도 종교 문제만 나오면 우리는 분별력을 내던져버린다. 모든 종교가 똑같이 진실하고 훌륭하다고 말하는 것은 어느 종교도 진실하거나 훌륭하지 않다고 말하는 것과 똑같다. 그렇다면 우리는 다시 무신론이라는 원점으로 돌아가게 된다.

종교는 잘해봤자 우리가 세 가지 질문과 씨름하는 데 도움이 될 뿐이다. 답까지 줄 수 있을지는 잘 모르겠다. 세 가지 질문이란 우리는 어디서 왔는가, 죽은 뒤에는 어떻게 되는가, 어떻게 살아야 하나다. 이렇게 보면 종교는 일종의 응용 철학이다. 아니면 알프레드 노스 화이트헤드의 말처럼 "사람이 고독해서 하는 일"이라고 할 수도 있다. 이 모든 것이 '딱 맞는' 종교를 고르는 일을 더욱더 시급하게 만드는 것 같다. 성경은 "구하면 얻을 것"이라고 말한다. 하지만 그게 어디 그렇게 말처럼 쉬운가. 뭔가를 구하려면('구하다'라는 의미의 영어 동사 시크seek는 '총명하다'는 뜻의 서게이셔스sagacious에서 파생되었다) 활발하게 움직이는 직관, 즉 일종의 영적인 지성이 필요하다. 내게 그것이 있는가?

나는 종교들의 목록을 프린트한다. 프린터에서 종이가 계속 쏟아져 나와 마침내 나는 50장짜리 묶음을 손에 쥐게 된다. 한숨이 나온다. 이 목록을 좀 줄이는 방법이 틀림없이 있을 텐데. 일부 종교들은 곧바로 지워버려도 될 것이다. 예를 들어 조로아스터교는 아주 오래된 매혹적인 종교지만 개종자들을 받아들이지 않는다. 라스타파리 (에티오피아의 옛 황제 하일레 셀라시에를 숭배하는 자메이카 종교. 흑인들이 언젠가는 아프리카로 돌아갈 것이라고 믿는다 - 옮긴이)도 흥미롭지만, 아무래도 자메이카로 날아가서 레게 음악을 들으며 대마초를 피우고 싶어서 핑계를 찾는 것 같은 냄새가 난다. 그래서 슬픈 마음으로 라스타파리를 지운다. 이때 아버지의 충고가 생각난다. "에릭, 너보다 더 정신없는 여자랑은 절대 데이트하지 마라." 여자에 대한 아버지의 말씀은 옳았지만(나는 그 교훈을 힘들게 터득했다), 신들에게도 같은 원칙이 적용되는지는 잘 모르겠다. 남들이 보기에는 미친 짓이라 해도 당사자에게는 종교적 예식일 수 있다. 저술가이자 수학자인 마틴 가드너는 이렇게 말했다. "이국적인 교리와 전설은 항상 재미있어 보인다. 다른 사람들의 엄지발가락이 웃기게 보이는 것과 똑같다." 게다가 나는 항상 삶의 여백에 많은 지혜가 어른거린다는 생각을 하고 있다. 그러니까 '정신 나간 종교들'을 지워버리지 않을 것이다.

하지만 사이비종교는 지울 것이다. 내가 사이비종교를 정의하는 기준은 종교의 기괴함이나 짧은 역사가 아니라 신자들을 위압적으로 대하는지 여부다. 나는 신앙을 조롱하기 위해 발명된 '날아다니는 스파게티 괴물교' 같은 '패러디 종교'도 지울 것이다. 환각제를 사용해야 하는 종교도 마찬가지다. 1980년대에 뉴저지에서 학교에 다닐 때 기숙사에서 겪은 나쁜 경험 때문이다. 그 일에 대해서는 자세히 이야기하고 싶지 않다. 어떤 종교들은 지나치게 범위가 좁아 보인다. 헝가리 민속종교가 좋은 예다. 반면 유니테리언 유니버설리즘(북미의 자유주의적인 기독교 종파 - 옮긴이) 같은 종교들은 지나치게 광범위하다. 모든 것을 믿는다는 말은 아무것도 믿지 않는다는 말과 많이 닮은 것 같다.

이렇게 해서 나는 여덟 개의 종교를 추려낸다. 응급실 간호사의 질문에 대답해줄 수 있는 여덟 가지 가능성이다. 일신교, 다신교, 무신론적 종교가 섞여 있다. 가톨릭처럼 탄탄한 주류 종교도 있고, 마법처럼 전혀 그렇지 않은 종교도 있다. 나는 각 종교들을 전부 선택한 것이 아니라 그들이 지닌 믿음의 조각들을 선택했다. 신과 관련된 조각들. 예를 들어, 이슬람 전체를 이해하려 하기보다는 수피즘을 이해하려 하는 편이 더 쉬울 것 같기 때문이다. 카발라(중세 유대교의 신비주의 분파 - 옮긴이)와 유대교의 경우도 마찬가지다. 나는 천성적으로 신비로운 쪽에 끌리는 편이다. 내가 보기에 그건 지나치게 머리에만 모든 것이 집중된 내 생활에 반드시 필요한 균형추다.

종교들은 높은 곳을 지향하지만, 스스로 정한 고상한 이상에 미치지 못하는 경우가 많다. 신문의 헤드라인만 슬쩍 훑어보아도 금방 알 수 있다. 이슬람교도의 자살폭탄 공격이나 가톨릭 사제들의 아동성추행, 그리고 종말론을 주장하는 여러 사이비 종교에 관한 기사들이 보인다. 종교들의 이런 탈선 때문에 내 친구들 중에는 모든 종교와 멀리 떨어져서 거리를 유지하는 사람이 아주 많다. 그들은 이 세상에 믿을 만한 가치가 있는 것이 하나도 없다고 본다. 신앙은 얼간이들에게나 맞는 것이다. 조롱하고 비꼬는 말투가 아닌 다른 말투로 신을 언급하는 것은 우스꽝스럽고 시대착오적인 짓으로 간주된다. 나이 마흔에 갑자기 여드름이 나는 것과 같다. 내가 정말로 나의 신을 찾을 생각이라면, 이 신랄한 냉소주의를 무장해제해서 죽여버릴 필요가 있다. 하지만 이런 냉소주의에 꼭 필요한 형제인 회의주의는 고스란히 남겨둬야 할 것이다. 아무래도 쉽지 않을 것 같다.

사실 어디서부터 어떻게 조사를 시작해야 할지 알 수가 없다. 그래서 나의 가장 기본적인 전략을 실행한다. 독서. 지금까지 책들은 많은 사람을 신앙으로 인도했다. 성 아우구스티누스도 아이의 입에서 "들고 읽으라"는 말을 듣고 성경을 읽기 시작해서 자멸로 향해 가던 인생을 지복의 삶으로 바꿔놓았다. 나는 톨스토이와 헉슬리와 머튼과 헤셸(20세기의 가장 유명한 유대교 신학자로 꼽히는 인물 – 옮긴이)과 간디를 읽는다. 윌리엄 제임스의 작품도 많이 읽는다. 소설가 헨리 제임스의 형제인 윌리엄은 의학을 공부했지만 자신이 정신과 마음의 문제에 더 관심이 있음을 곧 깨달았다. 그래서 철학자가 되었고, 당시에는 신종 직업이던 심리학자가 되었다. 그의 걸작은 《종교적 경험의 다양성》이라는 두툼한 책이다. 제목에 드러나 있듯이, 제임스는 종교적 의식이나 신학 이론이나 사회적 측면에는 그다지 관심이 없었다. 그는 종교가 사람들 개개인에게 어떤 영향을 미치는지 알고 싶어 했다. 그의 관심사는 사람들의 믿음이 아니라 경험이었다. 1902년에 발표된 《종교적 경험의 다양성》은 종교 연구에 과학적으로 접근한 최초의 성과물로 자주 언급된다. 하지만 이 책에 다양한 경험이 단순하게 분류되어 있기만 한 것은 아니다. 페이지를 넘길 때마다 나는 제임스의 조용한 열망을 느낀다. 그는 자신이 글로 묘사하고 있는 사람들을 부러워했다. 그들에게 "종교는 따분한 습관이 아니라 격심한 열병으로 존재"했다. 제임스 자신은 그런 열병을 한 번도 경험해보지 못했다. 그의 글은 전 세계를 여행하고 싶은 소망을 품었지만 집에 갇혀 있기 때문에 자신이 간절히 원하는 여행을 하고 돌아온 다른 사람들의 이야기에 의존할 수밖에 없는 사람의 글 같다.

나처럼 제임스도 고통을 겪었다. 평생 동안 그는 걸핏하면 우울증에 빠졌으며, 몇 번이나 자살을 생각했다. 나처럼 그도 자신의 우울한 성격이 부끄러웠는지 남들에게 감췄다. "서신 왕래가 있는 프랑스인"으로 가장하고 아주 짤막하게 우울증에 대해 쓴 것이 전부다. 그는 그 프랑스인의 말을 다음과 같이 인용했다. "나는 내가 경험하는 우울증에 종교적인 느낌이 배어 있다고 옛날부터 생각했다."

나처럼 제임스도 기도를 할 수 없었다(그는 기도가 "바보스럽고 인위적"이라고 생각했다). 나처럼 그도 죽음에 집착했으며, 나처럼 그도 상충하는 충동에 시달린 전형적인 사례였다. 그는 미국인들이 "세속적인 성공"을 분별없이 숭배한다고 투덜거리면서도 자신의 책 판매고를 탐욕스러운 눈으로 지켜보았다. 그는 고집 센 과학자였지만, 자신의 표현에 따르면 "마음이 여린" 과학자이기도 했다. 그의 전기를 쓴 린다 사이몬의 말처럼, 그는 궁극적으로 "자신이 본질적으로 복잡한 사람이라고 확신했다." 제임스는 시쳇말로 까탈스러운 사람이었다. 이것도 나와의 공통점이다. 적어도 내 아내의 말에 따르면 그렇다. 윌리엄 제임스는 1910년에 세상을 떠났다. 사후에 부검을 실시한 의사들은 '급성 심장비대증'이 사인임을 밝혀냈다. 그러면 그렇지. 나는 생각했다. 다른 원인이 있을 리가 있겠어?

나는 윌리엄 제임스에게 감탄하지만, 그를 흉내 낼 생각은 없다. 그가 똑똑한 사람이었는지는 몰라도 그 똑똑함이 흥미를 지니고 지켜보는 구경꾼의 수준을 넘어선 적은 없었다. 창문에 코가 눌릴 만큼 얼굴을 바짝 갖다 대고, 안전한 거리에서 남들의 종교 생활을 지켜보는 수준에 머물렀다는 뜻이다. 나는 아무리 좋은 책을 읽더라도 책을 통해서는 그 "격심한 열병"을 결코 경험할 수 없음을 깨닫는다. 그래, 내가 직접 이 여덟 가지 종교를 시험해볼 필요가 있다. 다양한 종교를 경험해보아야 한다. 책에다 코를 박고 있지 말고, 일어나서 비행기에 올라야 한다. 그래서 나는 그렇게 한다. 책에 박혀 있던 코를 들어 캘리포니아로 날아간다. 캘리포니아는 영적인 탐색을 시작하기에 어느 곳 못지않게 좋은 곳 같다.

■ 일러두기

이 책은 2013년 7월 15일 초판 발행된 《신을 찾아 떠난 여행》을 시대의
흐름에 따라 수정 및 보완해 새롭게 발행한 2022년 개정판입니다.

1
신은 사랑이다

이슬람 수피즘

"중요한 건 네가 복종하는 이유야."
친구가 말했다. "두려움 때문에 복종하는 건지,
아니면 사랑 때문에 복종하는 건지. 사랑 때문에 복종하는
편이 엄청나게 쉽지." 이런 종류의 복종은 개인의 자율성을
포기하는 것이 아니라 아름다움을 인정하는 것이다.

나는 마리화나의 나라 캘리포니아 깊숙한 곳의 멘도시노를 향해 차를 달린다. 도어스의 음악을 들으면서. 내가 무슨 짓을 저지른 건가 하는 생각이 든다. 나는 일주일짜리 수피캠프에 지원했다. '수피즘'과 '캠프'라는 단어가 나란히 놓인 것을 보고 뭔가 있을 것 같다는 느낌이 든 것과 광고용 팸플릿의 유혹적인 느낌 때문에 자연스럽게 내린 결정이었다. 팸플릿에는 "와서 사랑하는 사람과 함께 마셔요"라는 문구와 함께 엘리자베스 여왕 시대의 주점에서 가져온 것처럼 땅딸막한 와인 술잔을 그린 화려한 그림이 있었다. 수피즘은 이슬람 신비주의의 핵심을 차지하고 있을 뿐만 아니라 수피즘 신자들은 '이슬람의 주정뱅이'로 알려져 있다. 캠프에 와인이 있으면 좋을 텐데.

게다가 이슬람 세계 속으로 곧장 뛰어들고 싶은 생각도 있다. 나의 종교 목록에 적혀 있는 그 어떤 종교보다도 이슬람은 반드시 상대방에게서 반응을 이끌어낸다. 원래 '복종'과 '평화'를 뜻하는 이슬람이라는 단어가 지금은 두려움, 감탄, 어리둥절함을 이끌어내고, 전신 스캔 검색의 원인이 되기도 한다. 이슬람은 평화와 아름다움의 종교이거나, 아니면 전쟁과 편협함의 종교다. 언제 누구에게 묻느냐에 따라 답이 달라진다. 사람들은 이슬람에 대해 잘 모르면서도 이슬람에 대해 저마다 의견을 갖고 있다. 겉으로 의견을 드러내 말하지 않는 사람들도 마찬가지다. 알라는 육중하게 자리를 잡고 있다. 나는 그를 무시할 수 없다.

미국공영라디오의 해외 특파원으로 일할 때 나는 이슬람의 어두운 면을 내 눈으로 직접 보았다. 이슬람의 이름으로 자행된 테러뿐만 아니라 이슬람 전반의 가혹함과 무미건조함에 피가 식는 느낌이었다. 이슬람은 발원지인 아랍의 사막처럼 용서를 모르고 가혹한 것 같았다. 예외도 있기는 했다. 인도에서 나는 그보다 부드러운 이슬람을 언뜻 보았다. 그때 나는 델리에서 니자무딘이라는 이슬람교도 동네에 살고 있었다. 니자무딘은 13세기에 살았던 수피즘 성자의 이름을 딴 것이다. 그곳에는 가혹함이 전혀 없었다. 오로지 빛과 즐거움뿐이었다. 니자무딘은 갖가지 색깔과 음악과 외부인을 환영하는 분위기로 가득 차서 활기를 띠었다. 사람들은 미소를 지었다. 심지어 내게도 미소를 지어주었다. 이교도인 내게도. 니자무딘의 이슬람교도들이 이상한 사람들일까, 아니면 내가 '진짜 이슬람'을 우연히 만난 걸까?

이 의문은 내가 PT 크루저를 렌터카 업체에서 빌려 타고 태평양 해안을 멋대로 달리며 짐 모리슨의 노래를 엉터리로 따라 부르는 동안(날 기쁘게 사랑하지 않아, 미치도록 그녀가 되고 싶어) 내 머릿속에 둥지를 튼다. 그러다가 손으로 그린 표지판이 눈에 띈다. 작은 빨간색 하트(수피즘 신자들은 마음이 아주 넓은 사람들이다)와 화살표가 그려져 있다. 수피캠프가 그 화살표 쪽에 있다는 뜻이다. 비포장도로로 차를 꺾자 높이 솟은 미국 삼나무들이 성당 건물처럼 나를 감싼다. 순식간에 내 혈압이 내려간다. 하지만 내 휴대전화에서 불통 표시를 보고는 다시 혈압이 치솟는다. 아냐, 이건 잘된 일이야. 나는 혼잣말을 한다. 그래, 이건 아주 잘된 일이야. 사람이 자아를 찾으려고 자연을 찾아 들어가는 건 오래전부터 전통적으로 이루어지던 일이다. 소로도 그랬고, 간디도 그랬고, 애팔래치아 트레일을 오른 사우스캐롤라이나 주지사도 그랬다. 그들은 휴대전화의 수신 감도를 표시하는 막대기가 몇 개 사라졌다고 해서 혼비백산하지 않았다. 그러니까 나도 그러지 않을 것이다, 암, 그렇고말고. 나는 이렇게 고립된 것을 축복으로 받아들일 것이다. 게다가 어쩌면 캠프장에서는 와이파이가 될지도 모른다.

하트가 그려진 표지판이 몇 개 더 나온다. 그것을 따라갈수록 길이 점점 더 험해지고, 나무들은 더 높아진다. 이윽고 나는 캠프장에 도착한다. 나는 차를 세우고 접수대로 걸어간다. 공기가 신선하고 서늘하다. 내가 예상했던 것보다 훨씬 더. 이렇게 서늘한 날씨에 맞는 옷은 싸오지 않았는데. 고개를 들어보니 미국삼나무들이 뾰족탑처럼 하늘을 향해 뻗어 태양의 기를 꺾어버리고 있다. 당당하게 높이 솟아 있는 이 나무들은 내가 태어나기 전부터 수백 년 동안 존재했고, 내가 세상을 뜬 뒤에도 수백 년 동안 살아남을 것이다.

"환영합니다, 캠프 참가자 여러분." 야영장 책임자인 리처드가 큰 소리로 말한다. 보기 좋게 나이를 먹은 그는 머리부터 발끝까지 검은색 일색이다. 나는 '캠프 참가자'라는 말을 듣는 순간 다시 열 살 때로 되돌아간 기분이다. 하지만 수피캠프는 어린이 캠프와 다르다. 이 캠프는 신비주의와 영적인 탐색을 위한 것이다. 거기에 훌륭한 메를로나 진판델(둘 다 와인 종류 - 옮긴이)이 있으면 더 좋겠지만. 하지만 먼저 몇 가지 세속적인 문제들에 대해 할 이야기가 있다고 리처드가 말한다. 참가자들은 아침마다 6시 30분에 중앙 홀에 모여 명상을 해야 한다. 7시 정각이 되면 종이 울릴 텐데, 그건 아침 식사가 준비되었다는 뜻이다. 식사를 마친 뒤 참가자들은 모두 미국삼나무 숲으로 가서 '자연의 신성한 원고'를 받는다. 그게 뭔지는 모르겠지만. "벌레 쫓는 약을 드리겠습니다." 리처드가 덧붙인다. 다행이다.

나는 주위를 둘러본다. 대부분의 캠프 참가자들이 나이 든 히피들이다. 보기 좋게 나이를 먹은 사람들이 간혹 보인다. 히피답게 여전히 머리를 길게 길러 하나로 묶었지만, 이젠 머리숱도 적어졌고 흰머리도 있다. 가부좌를 틀 때 다리도 말을 잘 듣지 않는다. 아이를 데려온 사람들도 있는데, 그 아이들도 반항아였던 부모들의 발자취를 따르고 있는 듯하다. 하지만 그들의 반항은 주로 머리색을 통해 표현된다. 머리를 보라색으로 물들인 10대 아이가 보인다. 목에는 개목걸이 같은 걸 두르고 있다. 스노콘(시럽을 뿌린 셔벗 - 옮긴이) 모양으로 머리를 다듬은 아이도 있다. 유대교에 환멸을 느낀 유대교인부터 믿음을 회복 중인 가톨릭 신자(recovering Catholic: 일부 가톨릭 신자들이 자신의 가톨릭 신앙이 인생에 부정적인 영향을 미쳤다고 보고 거기에서 '회복' 중이라는 의미로 쓰는 말 - 옮긴이)에 이르기까지, 온갖 주류 종교의 신자들이 다 모여 있다. 그들은 이곳에서 자유로운 신앙을 만났다며 좋아하고 있다. 한 여자가 말한다. "여기서는 내 신앙이 잘못되었다고 지적하는 사람이 하나도 없어요."

리처드가 일주일 동안 이곳에서 진행되는 프로그램 목록을 한 번 살펴보라고 우리에게 말한다. 프로그램에 참가하는 것은 선택 사항이다. 의무적으로 해야 하는 일은 하나도 없다. 하지만 나는 사춘기 때처럼 나 혼자 동떨어진 행동을 하면 안 될 것 같은 기분이 솟아오르는 것을 느낀다. 프로그램 목록을 보니 온갖 영적인 프로그램들이 잡다하게 마련돼 있다. 힌두식 요가, 불교식 명상, 일본식 다도, 글쓰기 워크숍, 융의 꿈 해석, 점성술. 수피즘과 관련된 활동도 조금 있지만 많지는 않다. 뉴에이지 운동가들의 토끼굴 속으로 떨어진 것 같은 기분이다.

다음 날 아침 6시 30분에 나는 다른 사람들과 함께 중앙 홀로 나간다. 중앙 홀은 히피들의 스키 산장처럼 생겼다. 서까래에는 아홉 개의 종교를 상징하는 아홉 개의 깃발이 걸려 있다. 벽난로 위에는 수염을 기른 인도인이 사팔뜨기처럼 눈동자를 모으고 먼 곳을 바라보는 사진이 걸려 있다. 인도의 음악가 겸 신비주의자로 1910년 미국에 수피즘을 전파한 하즈랏 이나얏 칸이다. 미국인들의 영혼은 옛날부터 항상 잠시도 가만히 있지 못했다. 19세기의 초월주의자들인 휘트먼과 에머슨과 소로가 이런 영적인 갈망의 전형적인 예다. 그들의 글을 읽으면서 산스크리트어 문헌이나 고대 중국 문헌의 번역본을 읽는 것 같은 기분을 느끼는 건 잘못이 아니다. 의식적인 건지 무의식적인 건지, 하여튼 그들은 동양의 전통에서 많은 것을 빌려왔다. 그리고 동양은 이들의 사상을 다시 빌려갔다. 특히 간디는 소로에게서 영감을 얻었다.

"안녕히 주무셨습니까, 거룩한 분들." 우리 지도교사인 샵다(예전이름은 피터)라는 남자가 말한다. 하지만 나는 거룩하지도 않고, 이렇게 이른 시간에는 솔직히 머리가 멍하다. 게다가 아침 커피도 마시지 못했다. 우리는 명상을 한다. 아니, 정확히 말하자면 다른 사람들이 명상하는 동안 나는 출구 근처의 사이드라인에서 구경한다. 어떤 여자가 가만가만 내게 다가와서 말한다. "직접 경험해보지 않으면 이해할 수 없을 거예요." 이 여자의 말이 옳다는 건 알지만, 여자는 벌써 중국의 뿌연 녹차가 소화에 좋다는 이야기와 항산화제 이야기를 하고 있다. "여러분의 허파로 들어오는 공기의 달콤함을 받아들이세요." 샵다가 말한다. "사랑과 상냥함으로 가슴을 가득 채우세요." (다 좋은데, 나는 사랑스러운 카페인으로 내 가슴을 채우고 싶다. 그것도 지금 당장.)

마침내 기다리고 기다리던 종소리가 들리고, 우리 앞에는 푸짐하고 맛있는 아침 식사가 놓인다. 감칠맛이 나는 다크로스트 커피도 곁들여져 있다. "맛을 보는 사람만이 깨닫는다." 수피즘 신자들은 말한다. 신성을 직접 경험해야 한다는 뜻이지만, 아침 식사에도 똑같은 말을 할 수 있다.

배를 가득 채우고 핏속에도 카페인을 채워 넣은 우리는 신발을 벗고 원형으로 둘러선다. '자아를 바로잡는 원'이라고 한다. 우리는 빙글빙글 돌고 또 돈다. 몇 초도 안 돼서 나는 사람들과 손을 잡고 있다. 우리는 타라 여신에게 춤을 바치는데, 여신은 행복이나 미덕과 관련되어 있는 것 같다. 하지만 이슬람과는 아무런 관련이 없을 텐데. "우리는 지금 전신(全身) 기도를 하고 있어요." 누군가가 이렇게 말하더니, 곧 우리의 속도가 빨라진다. 나는 춤 동작을 제대로 따라 할 수 없다. 그래서 옆에 있는 누군가를 발로 차는 실수를 한다. 나는 피곤해져서 내가 잡고 있는 손의 주인에게 좀 쉬어야겠다고 말한다. "다행이네요." 그가 말한다. "몸과 접속하신 거예요."

사람들이 거대한 하나의 생명체 같다. 그 생명체가 계속 액체처럼 움직이면서 팽창과 수축을 반복한다. 나는 그들의 능숙한 움직임에 감탄하며 영적인 시기심에 빠져든다. 이건 좋지 않다. 나도 저 안으로 돌아가야 한다. 그래서 그들에게로 돌아가지만 금방 후회한다. 그다음 '춤' 동작이 서로의 눈을 들여다보며 "신의 존재가 지금부터 영원히 당신의 가슴을 밝혀주시기를"이라고 말하는 것이기 때문이다. 나는 마음이 불편해진다. 나는 이 사람들을 모른다. 그런데 어떻게 그런 말을 하겠는가. 게다가 나는 남들과 눈을 마주치는 것에 콤플렉스가 있어서 무슨 수를 써서라도 그런 일을 피하는 사람이다. 내 파트너는 코에 고리를 끼운 10대 소녀다. 그 아이가 내 눈을 바라보며 말한다. "신의 존재가 지금부터 영원히 당신의 가슴을 밝혀주시기를." 이 아이가 진심으로 이 말을 하는 것 같아서 이상하다. 나는 완전히 허를 찔린 기분이다. 나는 아이를 향해 앵무새처럼 그 말을 반복한다. 하지만 진심은 아니다. 나도 진심으로 그 말을 할 수 있으면 좋겠지만, 그게 안 된다. 내가 나쁜 사람이라서 그런 건가?

수피캠프는 그런 식으로 진행된다. 우리는 불교의 경을 외우는 것으로 하루를 시작하고, 이어 요가를 하거나 일본식 다도를 한다. 금요일 저녁에는 유대교 안식일 행사를 치른다. 누군가가 머리를 땋은 모양인 할라 빵이 이슬람의 다섯 기둥을 상징한다고 우리에게 알려준다. 다른 누군가가 말한다. "알라께서 당신을 마주 보며 샬롬을 허락해주시기를. 샤밧 샬롬(즐거운 안식일)." 수피즘은 이슬람의 신비주의를 상징하며, 수백 년 전부터 존재했다. 하지만 캘리포니아의 이 수피즘 신자들은 수피즘에서 이슬람이라는 뿌리를 벗겨버렸다. 여기 모인 사람들은 모두 자신이 수피즘 신자라고 생각하지만, 자신이 이슬람교도라고 생각하는 사람은 거의 없다. 대신 여기에는 수많은 신들이 모여 밀치락달치락하고 있다. 그 때문에 나는 영적인 채찍질을 당하고 있는 기분이다. 내가 이 점에 대해 물었더니 사람들은 이렇게 말한다. "수피즘은 내게 선택을 강요하지 않아요. 난 이 놀라운 일들을 모두 경험할 수 있어요." 감자머리 아저씨(Mr. Potato Head: 몸체에 플라스틱 눈, 귀, 모자, 신발 등 부품을 꽂을 수 있게 된 장난감 캐릭터 이름. 만화 영화 〈토이스토리〉에도 등장했다 - 옮긴이)식 종교관이다. 여기서 조금, 저기서 조금 모두 경험해본다는 얘기다. 효과만 있으면 된다. 나는 회의적이다. 실험을 하는 건 좋다. 마하트마 간디도 실험의 광팬이라서 자서전에 "나의 진실 실험 이야기"라는 제목을 붙였다. 하지만 때가 되면 실험에 결론을 내리고 선택을 해야 한다. 요즘의 경제 용어를 빌리자면, 계산대에 늘어선 줄을 향해 가야 한다는 뜻이다.

하지만 우리는 그렇게 하지 않는다. 그래서 미국이 '비신자들'의 나라로 빠르게 변해가고 있는 것이다. 최근 트리니티칼리지가 실시한 조사에서는 종교와 관련해서 가장 빠르게 증가하고 있는 집단은 바로 종교가 없는 집단으로 밝혀졌다. 하지만 그들도 뭔가를 믿기는 한다. 따라서 무신론자를 자처하는 사람은 겨우 10퍼센트에 불과하다. 나머지 사람들은 아마도 신들의 뷔페에서 잠깐씩 이것저것 먹어보고 있을 것이다. 그러면 안 된다는 법도 없지 않은가. 역사상 지금만큼 많은 사람들이 지금만큼 많은 종교를 접할 수 있었던 적은 없다. 게다가 위험 부담도 상대적으로 적다. 말뚝에 묶여 화형당할 확률은, 다행히도 최근 몇 세기 동안 곤두박질쳤다. 우리는 무과실 개종의 시대에 살고 있다. "소용돌이가 왕이다, 제우스를 몰아냈으므로." 2000년 전 아리스토파네스는 이렇게 말했다. 우리도 소용돌이처럼 빙글빙글 돌면서 마치 액세서리를 고르듯이 수많은 종교들을 섞어서 서로 어울리는지 본다. 교회에서 요가 강습이 열리고, 시나고그에서 명상 강좌가 열린다. 우리는 모든 것을 가질 수 있다. 적어도 우리 생각으로는 그렇다.

표류하는 것 같은 심정으로 나는 나처럼 외곽으로 물러나 있는 사람들에게 이끌린다. 얼마 전에 이혼했다는 소아과 의사는 춤을 추려고 여기에 왔다고 한다. 그밖에 아프가니스탄의 미인대회 수상자도 있고, 호디라는 석유 공급업자도 있다. 말린이라는 이름도 갖고 있는 그는 벌채 노동자들이 입는 격자무늬 셔츠와 멋없이 뭉툭한 안경 때문에 나만큼이나 이곳에 어울리지 않는다. 하지만 호디는 수십 년 전부터 수피즘을 믿은 사람이다. 그는 필요한 물품을 사러 시내로 갈 생각인데 같이 가자고 내게 말한다. 나는 기다렸다는 듯이 그러마라고 한다.

수피즘이란 정확히 뭐죠? 내가 묻는다. 우리는 호디의 다지 픽업트럭을 타고 부르릉부르릉 달리고 있다. "가슴을 여는 거죠." 호디가 말한다. "신의 사랑이에요." 좋은 말인 것 같기는 한데, 종교가 다 그런 것 아닌가? 내가 미심쩍어한다는 걸 눈치챈 호디가 더 자세히 설명한다. "수피즘은 지혜의 학교예요. 모든 현실은 우리가 더 위대한 지혜를 배울 수 있게 자극이 되도록 만들어져 있어요. 라스베이거스의 하우스 오즈(house odds: 장기적인 관점에서 도박을 하는 사람보다 카지노 측이 유리해지게 하는 것 - 옮긴이)처럼 말이에요." 수피교도들은 이 세상에 살고 있지만 이 세상에 속하지는 않는다고, 그가 말을 계속한다. 앞으로 몇 달 동안 나는 이 말을 몇 번이나 듣게 된다. 그는 사람들이 생각하는 것과는 반대로, 신비주의자들이 '현실 세계'에서 빠져나간 것이 아니라 오히려 깊숙이 참여하고 있다고 말한다. "그 사람들은 첨벙 소리를 내면서 현실 속으로 몸을 던져요." 호디가 말한다. 과연 그 '첨벙' 소리가 정확히 어떤 소리인지 궁금하다.

"그거 좋은데요." 내가 말한다. "하지만 아까처럼 춤을 추고, 손을 잡고, 상대방의 눈을 들여다보는 건 뭐죠? 좀 얼빠진 짓 같던데."

"맞아요, 우리는 얼빠진 짓들을 많이 해요." 말은 이렇게 하지만 미안한 표정은 아니다. "모든 종교가 다 그렇죠." 일리가 있는 말이다. 가톨릭 미사나 유대교 결혼식을 본 사람이라면 분명히 알 수 있을 것이다.

"루미는 커다란 즐거움에 대해 글을 썼어요." 호디가 말한다. 루미는 수피즘의 위대한 시인으로, 13세기에 활동했지만 마치 지금 활동하는 사람처럼 읽힌다. "우리는 그 커다란 즐거움과 친해져야 해요. 문제는 기독교가 좌회전을 했다는 거예요." 우리가 태평양연안고속도로로 우회전을 하는 순간 호디가 말한다. 그래서 나는 잠시 혼란에 빠진다. "그래서 죄책감이니 수치심이니 하는 것에 빠져버렸죠. 사람들의 흥미도 식어버렸고요."

나는 호디에게 어떻게 하면 수피캠프에서 최대한 많은 것을 얻어낼 수 있느냐고 묻는다. "한동안 생각을 아예 멈추는 게 어떨까 싶네요." 호디가 말한다. 아예 말을 하지 말지. "철인 3종 경기를 끝까지 해내는 게 어떨까 싶네요"라든가, "팔이나 다리가 하나 더 자라나게 하는 게 어떨까 싶네요"라고 말하는 편이 차라리 나았을 텐데. 생각을 멈추라는 말만 아니면 뭐든 좋다. 나한테 생각은 숨 쉬는 것과 마찬가지다. 다만 생산성이 떨어질 뿐이다. "춤을 한 번 춰보세요." 내가 생각을 멈추는 데 문제가 있다고 말하자 호디가 의견을 내놓는다. "마음의 스위치를 끄는 데 아주 좋은 방법이에요." 내가 춤을 지독히도 못 춘다는 말은 하지 않는다. 굳이 하나를 선택하라면, 춤을 추느니 차라리 생각을 멈추는 편이 낫겠다는 말도 하지 않는다.

호디가 물건을 사는 동안 나는 카페에 들러서 이메일을 확인한다. 아무것도 들어오지 않았다. 내가 없어도 세상은 잘만 돌아가고 있는 것 같다. 그걸 알고 나니 안심이 되기도 하고, 실망스럽기도 하다. 호디가 카페로 와서 나를 차에 태운다. 캠프장으로 돌아가는 길에 나는 조금 전에 다녀온 곳과 캠프장이 완전히 다른 세계 같다고 말한다. "그건 당신이 그렇게 느끼기 때문이에요." 호디가 자신만만하게 말한다. 나는 그의 다지 픽업트럭에 그냥 가만히 앉아 있다. 말보로 라이츠 냄새가 코를 찌르는 차 안에서 나는 말없이 그의 말을 곰곰이 생각한다.

수피캠프 셋째 날, 이슬람이 뜻하지 않게 얼굴을 내민다. 탑처럼 키가 크고 곰처럼 덩치가 큰 남자를 통해서다. 이름이 빌랄인 그는 예전에 캘리포니아에서 서핑을 즐기곤 했지만 지금 모습에서는 그런 과거를 짐작도 할 수 없다. 그는 불그스름한 수염을 길게 길렀고, 가느다란 눈 때문에 항상 눈을 가늘게 뜬 것처럼 보인다. 그는 이슬람교도들이 쓰는 모자를 썼고, 어디서나 이맘들이 즐겨 입는, 길게 흐르는 듯한 튜닉을 입었다. 손으로는 코코아색의 미스바하, 즉 근심의 구슬 한 쌍을 만지작거리고 있다. 방금 카이로의 모스크에서 나온 것 같은 모습이다. 사실 아주 동떨어진 짐작도 아니다. 그는 수단에서 수피즘을 공부했다는데, 그것이 겉으로도 드러난다. 그의 아랍어 발음은 훌륭하다. 심지어 손짓조차. 그래서 지휘자처럼 손을 움직이는 모습이 진짜 아랍인 같다. 지금 그는 버클리에 살고 있는데, 그 예외적인 외모에도 불구하고 그를 눈여겨보는 사람이 아무도 없다고 한다. 그래, 버클리에서 남의 시선을 끌기가 극단적으로 어려운 건 사실이다. 몸에 불이라도 붙어야 사람들이 봐줄까. 아니면 공화당 지지자가 되거나.

빌랄은 우리에게 dhikr(지카르라고 발음)를 할 것이라고 말한다. 지카르는 직역하면 '기억' 또는 '반복'이라는 뜻이다. 수피즘 신자들에게 지카르는 기본이다. 단순히 정해진 구절을 기계적으로 되풀이하는 행위가 아니라 전심전력을 다해 기원하는 행위다. "이 기억은 혀에서 머리로, 머리에서 마음으로 간다. 마음은 기억이 항상 머무르는 곳이다." 이란 태생의 학자인 세예드 호세인 나스르는 이렇게 썼다. 지카르는 그리스도의 기도문과 비슷하다. 당신의 뜻이 이루어지이다. 나스르는 지카르를 할 때 "모든 의지와 정신을 신에게 맡기고 자신의 존재 전체를 신의 손에 맡겨야 한다"고 설명한다.

이슬람의 신은 당연히 알라다. 이 이름에는 흔히 후 아크바르(위대하다)라는 말이 붙는다. 가끔은, 그러니까 드물기는 하지만 그래도 너무 자주, 커다란 폭발음이 함께 들려오기도 한다. 머리를 열기보다는 마음을 열고 종교에 접근하는 편이 더 편하다. 불완전한 나의 지식은 내게 딴죽을 건다. 내가 이슬람에 대해 갖고 있는 지식은 그저 경계심을 품을 정도. 영감을 얻을 수준은 못 된다.

빌랄이 우리에게 먼저 샤하다를 읊조리라고 말한다. 이슬람의 가장 중요한 기도문이다. 이슬람교도들은 매일 이 기도문을 외운다. 그들에게 이 기도는 숨 쉬는 것과 같다. 하지만 내게는 물속에서 숨을 쉬는 것과 같다. 기도가 자연스럽게 나오지 않는다. 나를 짓누르는 것이 너무 많기 때문인 것 같다. 라 일라하 일랄라 무함마드 라술루-라. "하느님 이외의 신은 없고 무함마드는 그의 사자(使者)다." 빌랄이 양 손바닥을 벌리고, 눈을 반쯤 감은 모습으로 이 기도문을 외운다. 흠 잡을 데 없는 아랍어다. 그의 뒤를 이어 우리가 기도에 합류한다. 흠이 많은 아랍어로. 아랍어는 바이브레이션의 언어다. 소리가 중요하다. 시간이 조금 걸렸지만 나는 요령을 터득한다. 인정할 수밖에 없다. 아랍어에는 마음을 달래주다 못해 거의 최면을 거는 듯한 음악적인 느낌이 있다. 우리는 처음의 몇 단어를 몇 번이나 자꾸만 되풀이한다. 라 일라하 일랄라.

하느님 이외의 신은 없다. 이게 무슨 뜻인가? 예전부터 나는 이것이 알라의 우월성을 확립하려는 말이라고 생각했다. 나의 신 이외의 신은 없다는 뜻이라고. 빌랄은 그렇지 않다고 말한다. 이 말은, 하느님 외에는 아무것도 없다는 뜻이라고 한다. 수피교도들은 어디서나 신을 본다. 그들은 범신론자가 아니다. 모든 것이 신이라는 믿음은 없다. 하지만 사방에 신의 흔적이 있다고 믿는다. 우리가 주의를 기울이기만 하면 볼 수 있다고. 코란은 말한다. 어디를 보든 신의 얼굴이 있다. 신 그 자체가 아니라 변장한 신이다. "널리 알려지는 것을 좋아하는 숨은 보물."

수피교도들이 기억하려고 애쓰는 것이 바로 이것이다. 기억은 일종의 지식이다. 플라톤은 진정한 지식이란 곧 회상이라고 말했다. 다시 말해서 우리가 배우는 것은 모두 이미 아는 것이라는 뜻이다. 우리가 그 무엇을 안다는 사실을 모르고 있다 해도 상관없다. 수피교도들의 지식은 책에서 얻은 지식이 아니다. 그들은 독서를 사랑하지만, 밑줄 긋기를 엄청 좋아하는 것 같지는 않다. 그들이 구하는 지식은 직접적인 통찰력으로 얻는 지식, 즉 직관적인 지식(신비주의자들의 표현에 따르면, 무지)이다. 난로가 뜨겁다는 것을 순간적으로 알아차리거나, 방 안 저쪽에 있는 여자와 아직 인사도 나누지 않았지만 그녀와 결혼하게 되리라는 것을 깨닫는 것과 비슷하다. 수피교도들은 지성에 반대하지 않지만, 머리에 치우쳐서 인식하는 것에 마음을 듬뿍 가미해서 균형을 맞추고자 한다.

빌랄은 온몸이 다 마음으로만 돼 있는 것 같다. 그는 이슬람 버전의 앙드레 프레빈(독일 출신의 미국 지휘자, 작곡가, 피아니스트 – 옮긴이)처럼 손을 움직이고 발을 구르며 우리를 재촉한다. 라 일라하 일랄라. 이 말을 계속 반복하면서. 리듬과 억양이 다양하게 바뀐다. "우리는 열정적으로 미친 듯이 날뛰어야 합니다." 빌랄이 말한다. 옛날 서핑을 하던 시절의 성격이 터져 나온다. "그냥 사랑이 아닙니다. 미친 사랑입니다. 광적으로 홀딱 반하는 겁니다. 바로 그런 광기와 열정을 말하는 거예요." 라 일라하 일랄라. "좋습니다. 긍정적이고 유일한 신을 호흡하세요." 빌랄이 말한다. 신의 아흔아홉 가지 이름이 모두 똑같이 매력적이지는 않다는 사실을 은연중에 인정하는 말 같다. 수피교도들은 파괴의 신보다는 지극히 자비로운 신에게 초점을 맞춘다. 얼마든지 이해가 가는 일이다. 이제 빌랄은 완전히 분위기에 도취했고, 문화적 불협화음이 사납고 빠르게 획획 날아다닌다. "당신의 전부를 바치세요." 빌랄이 말한다. "오이 베이(oy vey: 이디시어로 '이런, 아이고'를 뜻하는 말 – 옮긴이) 감정을 바치세요." 그가 지금은 알라의 아흔아홉 가지 이름 중 어떤 것을 염두에 두고 있는 건지 궁금하다. 고결한 신? 라 일라하 일랄라. "끝에 약간 힘을 줘서 일랄라라고 발음하세요. 그래야 분노를 끌어낼 수 있습니다." 나는 그렇게 한다. 그러자 확실히 저 깊은 곳에 고인 분노가 느껴지는 것이 놀랍다.

지카르를 마치고 난 뒤, 방 안이 호화로운 침묵에 잠긴 가운데 내 뒤에서 뭔가가 다가오는 것이 느껴진다. 홱 돌아보니 여자가 있다.

여자는…… 데르비시(수피교도 중 극단적인 금욕을 추구하는 사람들을 일컫는 말. 예배 때 빠르게 빙글빙글 도는 춤을 춘다 ─ 옮긴이)처럼 빙글빙글 돌고 있다. 실제로 이 여자는 데르비시다. 데르비시에 대해 들어본 적은 있지만 직접 보는 건 처음이다. 숨이 막힐 만큼 굉장하다. 안 그래도 숨이 찬데, 여자는 돌고 또 돈다. 그렇게 영원히 돌라면 돌 수도 있을 것 같은 기세다. 치맛자락이 원반처럼 떠오를 정도인데도 여자의 발은 핀으로 꽂은 것처럼 바닥에 딱 붙어 있다. 수피교도들은 이렇게 빙글빙글 춤을 추는 것도 일종의 지카르라고 부른다. 움직이며 드리는 기도. 나는 넋을 잃는다. 그리고 순간적으로 나도 해봐야겠다고 결심한다. 무슨 수를 써서라도 나 역시 빙글빙글 돌고야 말 것이다.

수피캠프 다섯째 날, 나는 그동안 잘못된 방식으로 사람들과 손을 잡았음을 깨닫는다. 내가 손가락을 얽는 방식이 틀렸다고 누군가가 지적해준다. 사람들은 친절하게도 그것을 모른 척해주었지만, 그래도 나는 창피하다. 이런 건 좀 더 일찍 알려줬어야지. 이유는 잘 모르겠지만, 이 일로 인해 나는 더 이상 참을 수가 없어진다. 여기서 나가야겠다. 사람들과 손을 잡는 것도, 포옹도, 글루텐이 들어가지 않은 음식도, 자신을 바로잡는 원도, 새로 지은 이름들도, 스노콘 같은 머리 모양도, 문화적 상대주의도, 풍자가 철저히 배제된 분위기도 더 이상은 참을 수 없다. 애매하게 우울해지는 것 같다. 하지만 사실 이 말 자체가 우스꽝스럽다. 모든 우울증은 애매하다. 우울증 환자가 느끼는 슬픔이 구체적인 것이라면, 그것을 제대로 느끼고 처리한 뒤 앞으로 나아갈 수 있을 것이다. 우울증은 슬픔이 고착된 것이다. 그런데 나는 그 슬픔을 자유로이 떼어내는 법을 모른다. 술을 한 잔 마시면 정말 도움이 될 것 같아서 나는 누군가에게 묻는다. 포도주는 어디 있죠? 사랑하는 사람과 함께 포도주를 마시라고 했잖아요.

"그건 은유였어요." 그가 말한다. 참고로, 나는 은유를 아주 좋아한다. 엄청. 물개가 물고기를 좋아하듯이, 고양이가 쥐를 좋아하듯이…… 뭐, 내가 은유를 얼마나 사랑하는지 이제 짐작이 갈 것이다. 하지만 은유를 마실 수는 없다. 은유는 살짝 과일 맛을 내면서 입안에서 향기롭고 감칠맛 있게 출렁거리지 않는다. 그리고 적당량을 섭취한다고 해도 은유 때문에 몸 안쪽이 따뜻해지지는 않는다. 착실하고 냉정하던 윌리엄 제임스도 가끔 술에 취하는 것에 이점이 있음을 인정했다. "취기는 세상을 팽창시키고, 하나로 묶고, '그래'라고 말한다. 사실 취기는 사람에게서 '그래'라는 말을 이끌어내는 최고의 방편이다." 그래! 은유가 아니라 진짜 포도주 한 잔만이 우리를 그렇게 행복한 상태로 만들어줄 수 있다. 게다가 지금까지 겪어본 결과, 수피캠프는 수피즘보다 캠프 쪽 성격이 상당히 더 강했다. 여기에 참가한 60년대의 아이들은 이슬람교의 수피즘을 들여와서 수피즘만, 아니 자기들 나름대로 받아들인 수피즘만 뽑아내고 이슬람은 대체로 버리는 편을 택했다. 그 결과 음악적이고 재미있고 무해한 칵테일이 만들어졌다. 하지만 이것이 정말로 수피즘일까?

뉴에이지 운동은 아주 탄탄한 고대의 전통조차 값싼 감상으로 만들어버리는 재주가 있다. 종교는 요리법과 같다. 다른 곳으로 고스란히 전해지지 않을 때도 많다. 그렇게 자꾸 희석되기 때문에 어느새 영적인 잡탕 같은 것이 되어버린다. 그러니까 나는 원천을 찾아가야 한다. 하지만 원천이라는 게 정확히 어디지? 수피교도들은 수십 개국에서 활발히 활동하고 있다. 나는 자료를 좀 찾아본 끝에, 터키에 가기로 결정했다. 터키는 이슬람 세계의 계관시인이라고 할 수 있는 루미가 시를 쓰던 곳이다. 터키는 뱅글뱅글 소용돌이 춤을 추는 데르비시들이 도망친 곳이다. 그리고 내가 듣기로, 터키 포도주도 그리 나쁘지 않다고 한다. 그래, 터키에 가자.

다음 날 아침 다들 자기 마음을 들여다보느라고 여념이 없을 때, 나는 캠프를 나선다. 짐 모리슨의 음반을 집어넣고 소리를 한참 키웠더니 가사가 제대로 들린다. 그녀를 미친 듯이 사랑하지 않아? 하느님 이외의 신은 없다. 그녀가 절실히 필요하지 않아? 하느님 이외의 신은 없다. 태평양연안고속도로로 접어들면서 나는 아이폰을 켠다. 수신 막대가 뜬다. 마침내.

이스탄불에 도착했다. 비가 내린다. 고향의 비와는 양적으로도 질적으로도 다른, 묵직하고 우울한 비다. 억수같이 쏟아지는 비가 넓고 묵직한 막 같고, 빗방울 하나하나가 오랜 역사의 무게에 짓눌려 있는 것 같다. 이 도시 대신 비가 그 짐을 지고 있는 것이다. 이스탄불은 역사를 잘 감당하고 있다. 비잔틴 시대의 성당 하나가 4성급 호텔과 맥도널드 사이에 겸손하고 느긋하게 서 있다. 자갈이 깔린 도로들이 4차선 고속도로에 코를 비벼댄다. 이렇게 서로 대조적인 것들이 전혀 아무렇지도 않게 나란히 놓여 있다.

일설에 따르면, '이스탄불'이라는 이름은 오해에서 비롯된 것이다. 1453년에 콘스탄티노플을 점령한 튀르크 병사들은 무리를 지어 이동하던 그리스인들에게 어디로 가느냐고 물었다. 그리스인들은 "이스팀볼린," 즉 "도시로"라고 대답했다. 이렇게 해서 '이스탄불'이라는 이름이 탄생했다. 이 도시는 지금도 오해를 바탕으로 돌아가고 있고, 바로 거기에 독창적인 면모가 있다. 외지인들은 이스탄불의 실체를 알 수 없다. 여긴 유럽인가 아시아인가? 종교적인 곳인가 세속적인 곳인가? 고대 도시인가 현대 도시인가? 물론 이스탄불은 그런 것에는 전혀 신경 쓰지 않고, 자신을 일컫는 '대조적인 것들의 도시'라는 게으르고 진부한 말을 웃음으로 물리친다. 이 말은 사실이지만, 의미는 없다. 모든 대도시는, 언뜻 획일적으로 보이는 도쿄조차도 대조적인 것들로 이루어져 있다. 도시의 위대성은 이 대조적인 것들을 어떻게 수용하는가에 따라 판가름 난다. 이스탄불은 아무것도 배제하지 않고, 모든 것에서 숨은 가치를 찾아냄으로써 대조적인 것들을 수용한다. 그러니 시인들이 이 도시를 사랑하는 것도 무리가 아니다. 문화의 교차점은 최고의 뮤즈가 되니까.

나는 호텔에 방을 잡은 뒤 곧바로 바로 향한다. 호텔 바에서 적어도 한 잔이라도 술을 마시기 전에는 내가 그 도시에 진정으로 도착했다고 할 수 없다. 오늘 저녁에 나는 두 잔을 마실 것이다. 어쩌면 세 잔을 마실지도 모른다. 캘리포니아에서 술을 마시지 못했고 내 앞에 엄청난 과업이 놓여 있으므로. 나는 뱅글뱅글 돌면서 춤추는 법을 배우고 싶다. 데르비시처럼. '진정한' 수피즘을 찾고 싶다. 홀치기염색을 한 것처럼 얼룩덜룩해진 수피즘은 싫다. 하지만 내가 무엇보다도 강렬히 원하는 것은 점점 짙어지는 우울증에서 빠져나올 길을 찾는 것이다. 이제 우울증은 간헐적으로 나를 찾아오는 수준이 아니라 계속 내 곁에 머무르고 있다. 초대도 받지 않았으면서 돌아갈 생각도 않고, 자기가 왜 계속 머무르려고 하는지 밝히지도 않는 고집스러운 손님 같다. 이 우울증이라는 손님은 은유의 갑갑한 울타리를 뚫고 나가 물리적인 실체와 무게와 질량을 얻었다.

문제의 뿌리는 죽음에 대한 나의 두려움인 것 같다. 친구들은 그것이 비이성적인 두려움이라고 말한다. 틀린 말이다. 죽음에 대한 나의 두려움은 완전히 이성적이다. 나는 언젠가 죽을 것이다. 이건 확실한 사실이다. 언제 어떻게 죽을지를 확실히 모른다는 사실은 작은 위안이 될 뿐이다. 간단히 말해서 내가 더 이상 존재하지 않게 될 거라는 생각만으로도 나는 기가 질린다. 하루가 지날 때마다 자신이 무로 돌아가는 순간이 24시간씩 가까워진다는 사실을 알면서도 사람들이 어떻게 아침에 잠자리에서 일어날 수 있는지 나는 잘 모르겠다. 신학자인 폴 틸리히는 신경증을 "존재를 회피함으로써 비존재를 회피하는 방법"이라고 정의했다. 맞는 말이다. 신경증은 심리적인 연옥으로, 희생자들을 고통과 안도감 사이에 매달아둔다. 사람을 탈진시키는 측면도 있다. 내 애완동물이나 다름없는 신경증을 보살피고 먹이를 주느라 나는 다른 일을 할 기운이 거의 없다. 예를 들어, 가족을 돌보는 일 같은 것 말이다. 내가 지금까지 거둔 성공은 모두 내가 이런 인간인데도 불구하고 이루어진 일이다. 나로 인해 이루어진 것이 아니다. 이제는 변해야 한다. 프로이트가 말한, 냉소적이고 좁은 의미의 변화를 말하는 게 아니다. 훌륭하신 프로이트 박사님의 처방처럼, 내 신경증을 "평범한 불만"으로 변화시키고 싶지 않다. 그것 말고 다른 것, 그보다 더 나은 것을 원한다.

실내는 온통 하얀색이고, 미니멀리즘 양식으로 장식돼 있다. 내가 앉은 의자는 딱딱한 플라스틱이며, 빙글빙글 돌릴 수 있다. 천장부터 바닥까지 이어져 있는 창밖에서 맹렬하게 파도를 일으키고 있는 보스포루스 해협만 아니면, 여기가 로스앤젤레스나 뉴욕이라고 해도 믿을 것 같다. 나는 레슬리 와인즈가 쓴 루미의 전기를 살짝 열어본다. 바텐더가 그걸 눈치채고는 마음에 든다는 듯이 고개를 끄덕인다. "위대한 사람이죠." 그가 앱솔루트 마티니를 만드느라 용기를 흔들어대면서 말한다. 세상을 떠난 지 700년이나 지난 지금도 루미는 록스타 같은 인기인이다. 다들 그를 조금이라도 갖고 싶어 한다. 터키인들은 루미가 자기네 동족이라고 주장한다. 그가 생애의 대부분을 여기서 살았기 때문이다. 아프가니스탄 사람들도 그가 동족이라고 주장한다. 그가 그곳에서 태어났기 때문이다. 이란인들(정부 말고)도 루미가 동족이라고 주장한다. 그가 페르시아어로 글을 썼기 때문이다. 다행히 루미는 여기저기 나눠져도 될 만큼 충분한 무게를 갖고 있다. 그는 엄청나게 다작을 한 시인이었으며, 마음이 아주 넓었다.

수피교도들은 모든 구도자에게 무르시드, 즉 안내인이 필요하다고 말한다. 루미와 터키 수피즘의 세계로 나를 이끌어줄 안내인은 딜렉이라는 여자다. 내 친구의 친구인 딜렉은 이 일에 딱 맞는 사람 같다. 그녀는 수피즘의 다양한 타리카스, 즉 길들을 잘 알고 있으며, 자신도 그중의 한 길을 오래전부터 따르고 있다. 게다가 딜렉의 실제 직업도 여행 안내인이다. 바로 이 점이 상징적인 의미를 잔뜩 품고 있을 뿐만 아니라 역사의 의미를 해독하려고 애쓸 때나 카펫 가격을 놓고 옥신각신할 때 아주 유용하다는 사실을 나는 곧 깨달았다.

다음 날 새벽에도 날은 여전히 어둡고 비가 내린다. 바람이 분노를 품고 보스포루스 해협을 후려치고 있다. 딜렉은 프로 농구선수로 뛰다가 여행사 직원으로 변신한 남자친구 탄과 함께 호텔로 나를 데리러 온다. "오늘은 저편으로 갈 거예요." 딜렉이 선언한다. 언제나 그렇듯이, 손바닥을 하늘로 향한 채 연극배우처럼 팔을 불쑥 뻗으면서. 저편이라. 나는 이 말이 마음에 든다. 이제부터 신비의 평행세계로 들어갈 것 같은 생각이 든다. 어쩌면 윌리엄 제임스가 말한 "보이지 않는 질서" 속으로 들어가는 건지도 모른다. 아니에요. 딜렉이 설명한다. 이 도시의 아시아 구역으로 가는 거예요. 이스탄불은 유럽 대륙과 아시아대륙을 갈라놓고 있다. 그래서 터키인들은 아시아 쪽으로 훌쩍 넘어가서 차를 마시거나 점심을 먹는 걸 아무렇지도 않게 생각한다. 우리는 소벳을 하러 가는 거지만. 터키어의 소벳을 정확히 옮길 말은 없지만, 대개 '신비로운 대화'로 번역된다.

우리는 다리를 건너 저편으로 향한다. 탄의 작은 피아트 자동차가 무거운 막 같은 빗줄기를 가르며 지나간다. 오래지 않아 우리는 선착장에 도착한다. 여기서 딜렉의 친구들이자 같은 수피교도인 일행과 만나 낡았지만 튼튼한 배에 오른다. 미라에호인데, '승천'이라는 뜻이다. 이 단어도 마음에 든다. 딜렉은 이것이 징조라고 말한다. 수피교도들은 모든 것을 징조로 본다. 배는 아주 기본적인 것만 갖추고 있다. 호화로운 면은 조금도 없다. 하지만 단단하고 든든하다. 우리는 딱딱한 나무 의자에 앉아 스카프를 단단히 두른다. 어떤 남자, 아니 사실은 기껏해야 열다섯 살쯤 된 소년이 뜨거운 차를 가지고 다가와서 작은 잔에 능숙한 솜씨로 따른다. 바다가 거칠어서 차를 흘리지 않고 마시기가 몹시 힘들다. 그런데 다른 사람들은 전혀 애를 먹지 않는 것 같다.

손바닥에 뜨거운 차가 닿는 느낌이 좋다. 물이 흩뿌려지는 것도 좋고, 심지어 배가 흔들리는 것도 좋다. 우리는 모험을 떠나는 중이다. 부르릉거리는 엔진 소리 때문에 우리는 고함을 지르며 대화한다. 필연적으로 아타튀르크의 이름이 나온다. 그의 초상화가 없는 곳이 없다. 이 배도 마찬가지다. 현대 터키를 건국한 인물로 국민들의 사랑을 받는 아타튀르크는 완전히 세속적인 국가를 만들어냈다. 권좌에 오른 뒤 그는 모든 수피교단에 금지령을 내렸다. 이 금지령은 일부 교단에 대해 해제된 상태이지만, 수피즘은 지금도 터키 사회의 음지에서 살고 있다.

이슬람교도들은 어디서나 수피즘을 낙후되고 창피한 것으로 보는 경향이 있다. 주류 기독교인들이 뱀을 다루는 오순절교회파를 바라보는 시각과 비슷하다. 수피교도들은 음악과 춤과 질척거리는 시 때문에 '진정한' 이슬람교도로 인정받지 못한다. 그들이 성자들을 숭상하고, 여자들을 비교적 자유롭게 대한다는 점은 말할 필요도 없다. 수피교도들은 자기들이 예언자 무함마드의 전통과 신성한 코란의 정신을 지키고 있다고 반박한다. 사실 그들의 목표는 "무함마드가 코란의 계시를 받을 수 있었던 마음자세를 자기들 안에 재현하는 것"이라고 종교학자인 캐런 암스트롱은 말한다.

윌리엄 제임스라면 그런 정서에 공감했을 것이다. 그는 비록 신비로운 경험을 한 적이 없지만, 그런 경험을 단칼에 무시해버리는 것은 사리에 맞지 않는 짓이라고 생각했다. "교향곡의 가치를 알기 위해서는 음악적인 귀가 있어야 하고, 연인의 마음 상태를 이해하기 위해서는 스스로 사랑에 빠져보아야 한다. 그런 가슴이나 귀가 없다면, 우리는 음악가와 연인의 뜻을 올바로 해석할 수 없으며, 심지어 그들을 심약하거나 어리석은 사람으로 생각할 가능성이 높다." 제임스는 또한 신비로운 경험이 불안하게 느껴질 수 있음을 인정했다. 비록 그런 경험을 통해 전에는 모르던 영역을 언뜻 볼 수 있기는 해도 "지도까지 주지는 않기" 때문이다.

하지만 신비주의라는 게 정확히 무엇일까? 신비주의는 확실한 종교라기보다는 신과 관계를 맺는 방식에 더 가깝다. 신비주의자들은 종교의 외적이고 난해한 측면보다는 내면의 난해한 측면들에 훨씬 더 관심이 있다. 이블린 언더힐의 고전적 정의를 빌리자면, "자신에 대한 직접적인 지식"이 바로 그것이다. 전통적인 종교의 신자들은 신에 대해서 알고 싶어 하지만, 신비주의자들은 신을 알고 싶어 한다. 그것도 죽은 뒤에 갈 수 있다는 내세가 아니라 지금 이 삶 속에서 알고 싶어 한다. 전자가 수십 년 동안 포도주를 연구하는 것과 같다면, 후자는 대단히 훌륭한 피노누아를 한 모금 마시는 것과 같다.

나는 딜렉에게 수피교도로서 어떻게 살고 있는지 묻는다. 딜렉은 수피 가정에서 태어난 것이 아니라 나중에 수피즘을 믿게 되었다. 딜렉은 개인적인 위기를 겪었음을 살짝 암시하지만, 그 이상 자세히 이야기하지 않는다. 나도 꼬치꼬치 캐묻지 않는다. "난 그냥 구도자일 뿐이에요. 한낱 구도자." 딜렉이 말한다. 겸손이라는 수피즘의 기본 교의를 따르는 건지, 아니면 그냥 앵무새처럼 말만 따라 하는 건지 나는 잘 모르겠다. "수피즘이 뭐죠?" 내가 묻는다. 캘리포니아에서는 이 의문을 조금도 해결할 수 없었다. "나한테 수피즘은 모든 것을 포용하는 개념이에요." 딜렉이 말한다. "진리를 향한 본능적인 탐색이죠." 좋은 말 같기는 한데, 이건 어느 종교나 마찬가지 아닌가? 아니, 사실 과학에 대해서도 같은 말을 할 수 있지 않은가? 게다가 딜렉이 말한 '진리'라는 건 도대체 무엇일까?

이런 의문의 답을 당장 알아낼 수는 없을 것이다. 우리는 목적지에 도착했다. 프린스 제도 중의 한 곳. 딜렉은 지극히 여행 안내인다운 목소리로 비잔틴 시대에 왕의 미움을 산 왕자들을 장님으로 만든 뒤 이 섬들로 보낸 것이 이름의 유래라고 설명한다. 지금은 이 섬들이 지친 이스탄불 시민의 여름휴가지 역할을 하고 있다. 기운이 왕성하고 따뜻한 소수의 사람들은 아예 이곳에 눌러 살기도 한다. 딜렉은 그런 사람들 중 한 명을 만날 수 있게 주선해주었다. 메흐틴이라는 수피 셰이크(이슬람의 지도자를 부르는 말 – 옮긴이)다. 직업은 약사. 수피교도는 직업이 될 수 없으므로, 그들은 항상 세속적인 직업을 갖고 있다. 세상을 살아가기 위해서. 하지만 세상에 속하지는 않는다. 메흐틴은 특별한 사람이라고 한다. "준비된 사람이라면 스승님이 로켓에 태워주실 거예요." 그의 제자 한 명이 나중에 내게 말해주었다. 그 로켓이 어디로 향하는지는 말해주지 않았지만, 나는 자신에게서 벗어나 쓩 하고 날아간다는 생각이 마음에 든다. 그래, 로켓을 탄다면 좋을 것이다.

우리는 배에서 내려 격렬한 손짓으로 한참 동안 협상을 한 끝에 마차 두 대에 오른다. 이 섬에 자동차는 허용되지 않기 때문에 시대를 초월한 색다른 느낌이 든다. 우리는 출발한다. 말들이 무겁게 걷고, 나는 마차 안의 안전띠에 죽어라 매달린다. 몇 분 뒤 우리는 언덕 위에 올라앉은, 소박하지만 보기 좋은 집에 도착한다. 우리는 신발을 벗는다. 모든 이슬람교도가 그렇듯이, 수피교도도 신발이 영적인 진전을 막는 저주받은 물건이라고 생각한다. 안에는 15명쯤 되는 사람들이 터질 듯이 속을 꽉 채운 2인용 소파와 의자에 앉아 차를 마시고 있다. 편안하게 대략 원을 그리며 둘러앉은 사람들 중앙에 줄무늬 스웨터와 모직 조끼를 입은 중년 남자가 있다. 목에 건 줄에는 안경이 대롱대롱 매달려 있다. 남자는 밝고 지적인 눈, 표현이 풍부한 손, 부드러운 미소를 지니고 있다. 메흐틴이다. 나는 그를 보자마자 호감을 느낀다.

그가 이제부터 소벳을 시작하겠다고 선언한다. 나는 이 단어의 뜻을 아직 완전히 이해하지 못했다. 이 단어는 가끔 '마음의 대화'로 정의되지만, 메흐틴은 다양한 은유를 동원해서 "소벳은 식당이 아니라 소풍입니다. 모두들 뭔가를 함께 나눕니다. 재즈의 즉흥연주와 같죠. 매번 달라지지만 목적은 언제나 같으니까요. 바로 초월에 도달하는 것"이라고 설명한다. 나는 소벳이 영적인 자유토론 같다는 생각이 든다. 이것도 맞다. 우리는 몇 시간 동안이나 이야기를 나눈다. 바깥의 하늘은 회색에서 검은색으로 변했는데도 우리는 계속 이야기한다. 각자 접시에 치즈, 빵, 무화과를 새로 담아 올 때만 잠깐 이야기를 멈출 뿐이다. 메흐틴이 주로 이야기를 하는 편이지만, 그는 남의 말을 듣는 재주도 뛰어나다. 필연적으로 마음의 문제가 등장한다. 수피교도에게 마음보다 더 중요한 것은 없기 때문이다. 그들이 말하는 마음이란 무엇을 뜻하는 걸까?

"마음은 여기 가슴속의 펌프를 가리키는 말이 아닙니다." 메흐틴이 자기 가슴을 가리키며 말한다. 수피교도의 마음은 서구인들이 탄식하곤 하는 그 감상적인 장기(臟器)가 아니다. 날것 그대로의 감정도 아니다. 사람은 감정으로 흠뻑 젖어 있으면서도 정작 자신의 마음과는 완전히 단절되어 있을 수도 있다. 마음을 뜻하는 아랍어는 칼브인데, 이 단어의 어원은 '항상 변화하고 바뀌는 것'이라는 뜻이다. 수피교도에게 마음은 인식의 도구이자 지식의 도구다. "마음의 눈으로 본다"는 말은 수피교도들이 흔히 쓰는 표현이다.

터키어에 내가 아주 좋아하는 단어가 하나 있다. 괴뉠. '아는 마음'이라는 뜻이다. 메흐틴이 설명한다. "괴뉠로 통하는 문은 오로지 안에서만 열 수 있습니다. 괴벽은 침실처럼 은밀한 장소입니다. 오로지 사랑하는 사람들만이 그 안으로 초대될 수 있죠." 그가 이런 은유를 선택한 것은 결코 우연이 아니다. 수피교도는 낭만적인 사랑의 언어로 자신의 생각을 표현할 때가 많다. 그들이 낭만주의자들의 언어를 빌려온 것이 아니라 낭만주의자들이 수피교도의 언어를 빌린 것이다. 현대의 낭만적 사랑이라는 개념 자체가 부분적으로는 수피즘의 이상에서 유래했다.

대화가 너무 아슬아슬한 수준까지 치닫는다는 생각이 몇 번이나 들어서 나는 그때마다 나의 오랜 응원군인 유머에 의지한다. 아마도 예의 때문인지 다들 웃음을 터뜨리지만, 메흐틴은 웃지 않는다. "농담을 좋아하시는군요." 그가 말한다. "하지만 지금 우리는 진지한 문제에 관해 진지하게 이야기하고 있습니다." 아이고, 이런. 저 사람이 내 속을 다 알아버렸어.

소벳이 진행되는 도중에 나는 뜻밖의 행동을 한다. 이유는 잘 모르겠다. 계속 마음의 대화를 주고받은 탓인 것 같기도 하고, 내가 마르마라 바다에 있는, 자동차가 없는 낯선 섬에 와 있기 때문인 것 같기도 하고, 낯선 사람들 사이에 있기 때문인 것 같기도 하고, 진지한 문제에 관해 진지하게 이야기하고 있기 때문인 것 같기도 하다. 이유가 무엇이든 나는 사람들에게 이야기를 들려주기로 한다. 아주 개인적인 이야기다. 특정 부류의 사람들에게 들려주었다가는 놀림을 당하기 딱 좋은 이야기. 그래서 나는 정말로 믿을 만한 친구 몇 명에게만 이 이야기를 들려주었다.

내 이야기의 무대도 섬이다. 지금 이 섬보다는 훨씬 크고, 당연히 자동차가 금지된 곳도 아니다. 일본의 섬 혼슈. 나는 도쿄에서 미국

공영라디오의 특파원으로 일하고 있었다. 도쿄와 워싱턴의 시차 때문에 밤늦게까지 일할 때가 많았다. 그날 밤도 예외가 아니었다. 시간이 아주 촉박한 일을 하고 있었는데, 기사 내용이 무엇이었는지는 기억나지 않는다. 나는 위기 때 실력을 발휘하는 기자라는 사실에 자부심을 느끼고 있다. 급박한 상황에서 결정적인 역할을 하는 선수인 셈이다. 나는 항상 기사를 써낸다. 하지만 그날 밤에는 그렇지 않았다. 아무리 애를 써도 어쩔 수가 없었다. 그래서 한 번도 해보지 않은 일을 했다. 포기했다는 뜻이다. 두 손 들고 항복했다고 해도 될 것이다. 비록 그런 생각은 하고 싶지 않지만. 나는 부장이 실망하리라는 걸 알면서도 그냥 잠자리에 들었다. 나 자신도 실망하게 되겠지만, 까짓것 어떠랴 싶었다.

몇 시간 뒤 나는 잠에서 깼다. 꿈 때문이 아니라 어떤 느낌 때문이었다. 아주 강렬하고 한 번도 느껴본 적이 없는 것이라서 나는 지금도 그걸 어떻게 표현해야 할지 모르겠다. 살면서 행복한 순간이나 기쁨의 순간을 경험해보았지만, 그때 느낀 것은 완전히 차원이 달랐다. 지극한 행복감이 파도처럼 내게 다가와 부서졌다. 내 안에서. 눈물이 뺨을 타고 흘러내렸다. 몸은 발작이라도 일으킨 것처럼 부들부들 떨렸고, 내 입술에서는 저절로 말이 흘러나왔다. "난 몰랐어. 난 몰랐어." 나는 그런 기쁨이 가능하다는 것을 몰랐다. 서서히 파도가 가라앉고, 나는 다시 스르르 잠이 들었다.

지금 생각해보면 이 도쿄 이야기는 딱 한 번뿐인 경험이었다. 나는 이 일을 금방 잊어버렸다. 아니, 거의 잊었다. 가끔 그 일을 떠올리면 혹시 내가 윌리엄 제임스가 신비주의자들에게서 관찰한 "격심한 열병"을 짧게나마 경험한 것이 아닌가 하는 생각이 든다. 상자의 문제만 아니었다면, 나는 이 생각을 좀 더 파고들었을 것이다. 우리는 자신이 경험한 것들을 상자에 넣어 보관해둘 필요가 있다. 상자가 없으면 경험은 금방 망각 속으로 사라진다. 문화는 우리에게 많은 상자를 제공해준다. 가족이라는 상자, 직장이라는 상자, 소비자라는 상자. 하지만 내가 도쿄에서 경험했던 일을 담아둘 수 있는 상자는 제공해주지 못한다. 온갖 잡동사니용인 '도대체 이게 뭐야' 상자밖에 없다. 그래서 나도 바로 그 상자에 내 도쿄 이야기를 넣어두었다.

지금까지는 그랬다. 나는 메흐틴에게 내 도쿄 이야기를 어떻게 생각하느냐고 묻는다. 한참 침묵이 흐른다. 너무 오래 걸리는 것 아냐. 마침내 메흐틴이 대답한다. "서구인들은 합리주의자라서 분석적으로 생각하죠. 좌뇌를 이용하고, 항상 방법론을 생각해요. 좌뇌는 남성입니다. 우뇌는 여성이고요. 우뇌는 소피아예요. 지혜라는 뜻이죠. 좌뇌는 남성이고, 분석적인 논리를 갖고 있지만 우뇌는 그렇지 않아요. 우뇌는 전체론적인 감각을 갖고 있습니다. 우뇌를 통해서 우리는 온전한 하나가 된 느낌과 영감을 얻어요. 지금 온 세상은 남성 위주입니다. 모성도 애정도 자비도 없어요. 세상에는 우뇌가 더 많이 필요합니다. 당신이 직접 그걸 느낀 거예요. 그건 내적인 경고였습니다. 정신 차리라는 경고. 종소리 같은 거죠. 루미가 말했습니다. '귀와 눈의 문을 닫고 내면을 보라.' 아무것도 하지 마세요. 그냥 거기에 몸을 맡기세요. 이걸 우리는 이슬람, 즉 복종이라고 부릅니다."

나는 복종을 잘하지 못한다. 복종이라는 말은 패배주의 같다. 체념의 가까운 친척. 내게 있어 복종은 실패이고 솔직히 비(非)미국적이다. 우리는 무슨 수를 써서라도 끝까지 견뎌내라는 교육을 받았다. 절대 포기하지 말고, 어느 누구에게도 복종하지 말라고. 하지만 내가 복종이라는 단어를 잘못 이해하고 있는 것 같은 생각이 들어서 메흐틴에게 묻는다. 우리가 무엇, 아니 누구에게 복종해야 하는 겁니까? 신인가요?

"신이 아닙니다. 그런 건 거짓말이에요. 우리는 우리 내면으로 들어갑니다. 이름도 수치심도 이미지도 없는 곳이에요."

"그건 좀…… 무서운데요."

"그래요, 그래요, 아주 무섭죠. 맞습니다. 우리는 마음이 무겁고 불안해집니다. 그 어둠 속을 들여다보면 말이죠. 이건 아주 기본적인 불안입니다. 그런데 이게 아주 좋아요. 완벽합니다."

내 눈에는 완벽하게 보이지 않는다. 사실 정반대다. 그래서 솔직히 말한다.

"그 두려움, 그 불안과 마주치거든 거기에 매달리세요. 무(無)의 두려움은 지혜의 시작입니다. 그 상태에 머무를 수 있을 때, 그 불안이나 두려움과 함께 머무를 수 있을 때, 어둠이 갑자기 빛이 되고 불안이 기쁨으로 변합니다. 갑자기. 마치 번개처럼. 온몸에 전기가 통하는 것 같고, 정화됩니다. 수피즘의 목표가 바로 이것이에요. 당신이 도쿄에서 잠깐 경험한 것도 바로 이것이고요."

"그럼 내가 수피교도인데 그걸 모르고 있었던 건가요?"

"모든 사람이 수피교도입니다. 하지만 그걸 모르는 사람들도 있죠." 메흐틴이 말한다. 그러고는 이를 환히 드러내고 조금 짓궂어 보이는 미소를 짓는다.

나는 루미에 대해 묻는다. 그의 시를 어떻게 읽어야 할까? 메흐틴이 나의 괴벽에 관해서 현명한 조언을 해줄 것이다. 하지만 이번에도 그는 나를 놀라게 한다.

"루미를 읽지 마세요. 읽으면 안 됩니다."

뭐? 이건 교황이 나더러 귀찮게 복음서를 읽을 필요 없다고 말하는 것과 같다. 왜 내가 루미를 읽으면 안 된다는 거지? 루미는 역사상 가장 위대한 수피 시인인데.

메흐틴이 대답 대신 이야기를 들려준다. 아주 수피교도다운 행동이다. 메흐틴 자신도 젊었을 때 스승에게 나와 비슷한 질문을 했다고 한다. 루미를 어떻게 읽어야 할까요? 뭐든 네가 원하는 방식으로 읽어라. 스승이 말했다. 금지된 것은 하나도 없다면서. 그리고 스승은 메흐틴에게 루미의 시집 한 권을 건네주었다. 온통 불길과 고통과 이별에 관한 이야기뿐이었다. 도무지 말이 안 될뿐더러, 마음에 새로운 깨달음도 전혀 주지 않았다. 사랑하는 사람의 손에 타 죽고 싶은 사람이 어디 있겠는가? 메흐틴은 그 책을 던져버렸다. 여긴 아무것도 없다. 지혜가 없어. 스승은 메흐틴의 반응에 전혀 놀라지 않고 이렇게 말했다. "사랑하는 사람들의 책은 사랑하는 사람만이 읽을 수 있다." 세월이 흘러 사랑하던 스승이 세상을 떠나 슬픔에 빠졌을 때에야 비로소 그는 다시 루미의 책을 손에 들었고, 이번에는 그의 시를 이해했다. "그래서 당신에게 루미를 읽지 말라고 한 겁니다. 루미를 찾으려면 먼저 당신 자신부터 찾아야 해요." 메흐틴이 말한다.

나는 그런 것을 하고 있을 시간이 없다는 생각이 들지만, 그냥 아무 말 않기로 한다. 게다가 소벳도 이미 끝났다. 우리는 여객선을 타고 이편으로 다시 돌아와 이스탄불의 유럽식 좌반구를 향해 차를 몬다. 나는 침대로 기어 들어간다. 그리고 시차 때문에 즉시 메흐틴의 충고에 불복하고, 루미를 읽는다. 메흐틴이 옳았다. 대부분의 작품이 무슨 소리인지 알 수 없는 내용이다. 분위기도 어둡다. 예를 들면 이런 구절이 있다. "신의 사람은 고뇌에 잠겨 아연실색했다." 아연실색했다는 말은 이해할 수 있다. 하지만 고뇌라니? 이런 구절도 있다. "나는 향연이자 창자를 들어낸 희생 제물이다." 이게 도대체 무슨 소리지? 메흐틴의 경고처럼, 루미의 세계에는 소멸과 불의 이야기가 아주 많다. 별로 재미있어 보이지 않는다. 하지만 그게 바로 요점이다, 당연히. "종교의 길은 고생과 재앙으로 가득하다. 비겁한 자에게는 맞지 않는 길이기 때문이다." 루미는 이렇게 썼다. 책을 덮고 잠을 자려고 애쓰면서 나는 이거 어째 전조가 좋지 않다는 생각을 한다. 잠이 오지 않는다.

위대한 시인인 루미는 시에 그다지 애정이 없었다. 그에게는 시도 그저 우상일 뿐이었다. 부처의 말을 빌리자면, 달이 아니라 달을 가리키는 손가락인 것이다. 자신은 시에 할애할 시간이 전혀 없다고 루미는 주장했다. 그런데 자기를 찾아오는 손님들이 시를 요구한다는 것이었다. "그래서 착한 주인답게 나는 시를 제공해준다." 그는 죽은 뒤에 사람들이 자신의 작품을 읽는 것도, 자신을 떠받드는 것도 바라지 않았다. "땅에서 내 무덤을 찾지 마라." 이것은 그가 남긴 유명한 말이다. "내 무덤은 신을 사랑하는 자들의 마음속이다." 다음 날 아침 나는 루미의 말을 어기고(아무래도 나는 복종하지 못하는 성격인 것 같다), 딜렉과 그녀의 시끄러운 수피 친구들과 함께 코냐로 날아간다. 마지못해 시인이 되었던 루미가 살다가 죽은 도시다.

우리는 동틀 무렵에 코냐에 도착한다. 내가 받은 첫인상은 도시가 끔찍할 정도로 평평하고 황량해 보인다는 것이다. 탄도 내 말이 맞는다고 확인해준다. 사실 코냐에는 나무가 너무 없어서 터키어에 그것을 빗댄 표현이 따로 있을 정도다. 누가 아주 멍청한 짓을 하면, 터키인들은 "코냐의 나무에 부딪혔군"이라고 말한다. 공항 밖 포스터에 뱅글뱅글 돌고 있는 데르비시들이 찍혀 있다. 흐르는 듯한 하얀 케이프를 둘렀고, 표정은 고요하다. 내가 원하는 게 저거야. 나는 다시 생각한다. 나도 저걸 하고 싶어. 나도 저렇게 되고 싶어. 나는 신안에서, 아니면 무아지경 속에서 나 자신을 잃어버리고 싶다. 그냥 아무 의미 없이 어지럽기만 한 상태에서 자아를 잃어버려도 괜찮다. 내 우울증을 뒤흔들 수 있는 것이라면 무엇이든 좋다. 나는 내 머리에서 탈출하고 싶다. 단 몇 초만이라도. 저렇게 열에 들뜬 사람처럼 정신없이 빠른 속도로 뱅글뱅글 춤을 추는 게 어쩌면 효과가 있을지도 모른다. 나는 딜렉에게 내 생각을 말한다. 딜렉의 표정이 우리 앞에 어떤 고난이 놓여 있는지 전해준다. 쉽진 않을 거예요. 딜렉이 말한다. 세마젠, 그러니까 '뱅글뱅글 춤을 추는 데르비시'는 비밀에 둘러싸여 있거든요. 하지만 애는 써보겠다고 한다. 그러면서 내가 정말로 그걸 하고 싶은 건지 마음속을 잘 살펴보라고 권한다. 딜렉은 언제나 나더러 마음속을 살피라고 충고한다. 그게 무슨 내 2003년식 폴크스바겐 파사트의 오일을 확인하는 것처럼 쉬운 일인가. 하지만 어쩌면 내가 예를 잘못 든 건지도 모른다. 나는 자동차 오일을 확인하는 재주도 별로니까.

코냐는 전성기가 지난 도시다. 정확히 말하자면, 전성기가 지난 지 700년이 됐다. 그 옛날, 그러니까 13세기에는 이곳이 다양한 문화와 종교의 교차점이었다. 사도 바울도 여기서 설교를 한 적이 있다. 코냐가 가장 사랑하는 아들은 당연히 이슬람 학자였다가 시인이 된 잘랄루딘 루미라는 사람이다. 그는 20대 초반의 젊은 시절에 이곳으로 왔다. 가족들과 함께 몽골인들을 피해 도망치던 중이었다. 루미는 이곳에서 5만 편이나 되는 시를 전부 썼다. 루미가 자신의 뮤즈이자 신비로운 데르비시였던 타브리즈의 샴스('태양')를 만난 곳도 이곳이다. 루미가 죽은 곳도 이곳이다. 전해오는 이야기에 따르면, 온갖 종교를 믿는 사람들이 전부 그의 장례식에 참석했다고 한다.

함께 움직이고 있는 딜렉의 친구 중에 베린이라는 여성이 있다. 아주 행복한 사람이다. 어쩌면 내가 지금까지 만난 가장 행복한 사람일 수도 있다. 베린이 우리가 코냐에 머무르는 기간 중에 루미가 세상을 떠난 기념일이 있다면서 남녀를 막론하고 많은 사람들이 아무 이유 없이 갑자기 울음을 터뜨릴지도 모른다고 미리 주의를 준다. "울음이 너무 강렬해서 견디기 힘들 때도 있어요." 베린이 말한다. 그러면서 내게도 억지로 눈물을 참지 말라고 권한다. 수피교도들은 울음을 마음을 정화하는 수단으로 본다. 수피교도에게 깨끗한 마음만큼 중요한 것은 없다. 우리가 탄 택시가 나무 한 그루 없는 코냐의 길을 달리는 동안 베린이 수피교도들에게 전해오는 경구를 말해준다. 눈물이 짜다면, 아직 마음이 깨끗하지 않은 것이다. 눈물이 쓰다면, 아직 마음이 깨끗하지 않은 것이다. 눈물이 달다면, 마음이 깨끗하다. 아예 눈물이 안 날 때는 어쩌지? 나는 말없이 속으로만 생각한다. 나도 실컷 울고 나면 좋을 것이다. 눈물이 짜든, 달든, 바비큐 향이 나든 상관없다. 내 눈물은 석회처럼 굳어서 막혀버렸다. 평범한 사람들의 생각과는 반대로 우울증은 슬픔이 아니라 슬픔을 제대로 느끼지 못하는 병이다. 우울증은 슬픔을 부정당하는 병이다.

 "우울해지는 게 당연하지. 신에 대한 글을 쓰고 있잖아." 내 친구 제니퍼가 말했다. 일리 있는 말이다. 우리는 우울을 병으로 만들었다. 인간의 복잡한 상태인 이것을 당뇨병이나 고혈압처럼 진부한 질병으로 만들어버린 것이다. 치료는 대개 약으로 이루어진다. 십자가의 성 요한(1542~1591, 스페인의 신비주의 수도사 겸 사제 - 옮긴이)이 지금 살아 있다면, 의사들은 그의 '영혼의 어두운 밤'(Dark Night of the Soul: 십자가의 성 요한이 쓴 시 제목. 그는 나중에 발표한 이 시의 주석서에도 같은 제목을 붙였다 - 옮긴이)을 위해 틀림없이 팍실(항울제 - 옮긴이)을 처방해주었을 것이다. 정말로 몸속에 화학적 불균형이 존재하는 사람이 있고, 그들에게 약이 효과가 있을 수도 있음을 부정하는 것은 아니다. 하지만 내 우울증이 뭔가 다른 것, 그러니까 약으로는 치료할 수 없는 영적인 불균형을 알리는 신호가 아닌지 자꾸만 궁금해지는 것을 어쩔 수 없다. 루미의 표현을 빌리자면, 그런 불균형은 약으로 치료하면 안 된다.

 슬픔을 기뻐하라, 슬픔은 그분에게로 녹아드는 방법이니
 이 길에서 승천은 높은 곳에서 낮은 곳으로 향한다.

 멀리 루미의 무덤이 보인다. 초록색 탑이 둥근 지붕 위로 솟아 있다. 우리는 터키 리라를 조금 지불하고 데르비시의 갖가지 물건들이 전시된 곳을 어슬렁어슬렁 지나간다. 네이가 보인다. 네이는 뱅글뱅글 춤을 출 때 연주하는 긴 갈대 피리를 말한다. 딜렉은 네이의 소리가 "고통받는 영혼의 울음소리"를 상징한다고 말한다. 나는 그 말을 추호도 의심하지 않는다. 네이는 지금까지 발명된 악기 중에서 가장 애처로운 음색을 갖고 있다. 그 소리를 듣기 시작한 지 30초도 안 돼서 사람들은 전부 자신의 존재에 대한 깊은 절망에 빠져든다. 루미는 네이가 이별의 아픔을 상징한다고 썼다. 갈대밭에서 갈대를 떼어낼 때의 슬픔, 그리고 더 나아가 우리가 사랑하는 사람이나 신과 헤어질 때의 슬픔. "사랑하는 사람과 헤어진 사람이라면 내 말을 이해할 것이다. 자신의 뿌리와 억지로 헤어진 사람은 돌아가기를 갈망한다." 루미는 이렇게 썼다.

데르비시의 장신구들 중에는 영적인 죽음과 재탄생을 상징하는 것이 아주 많다. 예를 들어, 데르비시가 쓰는 원통형 모자는 묘비를 상징한다. 어떤 수피교도들은 도끼를 가지고 다니는데, 자기들의 나프, 즉 자아 애착을 죽이기 위해서다(그들이 실제로 그 도끼를 사용하지는 않는다고 딜렉이 나를 안심시킨다. 포도주처럼 그것도 은유일 뿐이라고 한다). 수피교도들은 우리의 신성하고 진정한 본성이 살 수 있게 거짓 자아를 반드시 '죽여야' 한다고 믿는다. "오 명예를 아는 자여, 죽기 전에 먼저 죽어라." 루미는 이렇게 썼다. 예수의 말을 연상시키는 구절이다. "자신을 부정하라."

중앙에 못이 박힌 검은 사각형 나무판자가 눈에 들어온다. 연습용 판이라고 딜렉이 설명한다. 데르비시 수련생이 그 판 위에 서서 한 발을 못에 고정한 채로 도는 연습을 한다는 것이다. 대개 나는 그렇게 고통스러운 일에는 아예 나서지 않는 편이지만, 이번에는 다르다. 여전히 뱅글뱅글 춤을 추고 싶다. 고통스럽더라도.

우리는 중앙 홀에 들어선다. 루미의 무덤이 있는 곳이다. 이런 종교적인 성지에서는 보통 사람들이 경의를 표하기 위해 신발을 벗지만, 여기에는 방문객이 너무 많아서 신발을 모아둘 넓은 장소가 모자라다. 그래서 다들 신발을 벗는 대신 파란색 비닐을 부티처럼 발에 신는다. 우리가 핵발전소 조사관이나 아니면 '청정실'에서 마이크로칩을 만드는 사람이 된 것 같다. 비닐이 바스락거리는 소리가 네이의 애처로운 음악소리와 경쟁을 벌인다. 높은 천장에 매달린 불빛들은 신성한 빛을 상징한다. "빛 위의 빛." 코란은 알라를 이렇게 묘사한다. 한쪽 벽에는 아마도 루미의 말 중에 가장 유명하다고 할 수 있는 구절이 새겨져 있다. 하지만 내게는 수수께끼처럼 난해하기만 하다. "존재하는 것처럼 보이든지 아니면 보이는 것처럼 존재하든지." 이 구절을 해독하려면 평생이 걸릴 것 같다. 딜렉은 여기에 몇 번이나 와봤다. 언제나 관광객들을 이끌고 왔지만, 작년에는 혼자서 자기 자신만을 위해 왔다. 그리고 벅찬 감동을 맛보았다. 딜렉은 오랜만에 처음으로 평화를 느꼈다고 했다.

나는 앉을 곳을 찾는다. 메모를 좀 하려고 하지만 내 펜, 완전 새 것인 내 펜이 잘 써지지 않는다. 베린은 내가 실제로는 메모를 원하지 않는다는 징조라고 말한다. 그럴지도 모른다. 아니면 그냥 펜이 고장난 것이거나. 그래서 나는 메모를 하는 대신 그냥 가만히 지켜본다. 일본인 관광객부터 이란인 순례자에 이르기까지 온갖 사람들이 있다. 심장에 한 손을 얹고 걸어 다니는 사람도 있고, 조용히 앉아서 루미의 시를 읽는 사람도 있다. 맞은편 바닥에 탄이 앉아 있는 것이 보인다. 전직 농구선수답게 긴 다리가 접의자처럼 접혀 있다. 내 옆의 여자는 검은색과 하얀색이 섞인 스카프를 머리에 쓰고, 눈을 감고, 한 손을 심장에 얹은 채 무아지경에 빠져 있다…… 뭘 하는 거지? 생각? 아니, 이건 웃기는 표현이다. 우리는 사실 생각을 할 때 자아를 잃어버리지 않는다. 생각은, 심지어 종잡을 수 없는 생각조차도 자아를 잃어버리는 것과는 반대편에 있다. 생각을 할 때는 자아를 잃어버릴 만큼 빠져들지 못한다는 것, 그것이 문제다. 그래서 영적인 행로를 걸을 때 우리의 생각하는 자아를 진정으로 잃어버려야 한다고 주장하는 사람들이 많은 것이다. 그러니까 내 옆의 여자는 생각을 하지 않는 무아지경에 빠져 있다. 내가 상상조차 할 수 없는 최고의 상태다. 이 여자와 내가 같은 길을 걷는 여행자인지는 몰라도 내가 보기에 이 여자는 나보다 훨씬 더 앞서 있는 것 같다.

나도 심장에, 이 죽어버린 물건에 한 손을 얹어보지만 아무 일도 일어나지 않는다. 라디오를 틀었는데 침묵만이 계속 흐르는 것과 같다. 내 옆의 이 여자에게는 틀림없이 라디오 소리가 들리는 것 같은데, 나는 왜 그 주파수를 찾아내지 못하는 걸까? 잘 알려지지 않은 자이나교의 신자인 독일 여자가 예전에 내게 해준 말이 기억난다. "당신이 정말로 필사적인 상태가 되면 당신의 신을 찾을 수 있을 거예요." 도대체 얼마나 더 필사적이 되어야 하는 건지 모르겠다.

나는 이곳이 마음에 든다. 경건하면서 동시에 편안한 곳. 보기 드문 조합이다. 메모를 할 수 없는 나는 그냥 앉아 있다. 계속 앉아 있다. 그러다가 무슨 신호라도 받은 것처럼 좀이 쑤시는 기분이 들어서 혹시 여기에도 선물 가게가 있는지 모르겠다는 생각을 한다. 틀림없이 선물 가게가 있을 것이다. 세상의 모든 성지에는 언제나 선물 가게가 있다. 선물 가게가 어디 있을까? (나중에 알고 보니, 선물 가게는 출구 근처에 콕 틀어박혀서 루미의 시가 실린 소책자와 뱅글뱅글 춤을 추는 데르비시의 유리 조각상을 팔고 있었다. 딜렉과 그녀의 친구들이 내게 유리 조각상 하나를 사줬는데, 그 조각상은 지금도 내 책상 위에서 뱅글뱅글 돌고 있다.) 나는 선물 가게를 찾으려고 막 일어서려다가 내 옆에 젊은 청년이 있는 것을 알아차린다. 청바지와 스키조끼 차림인 그 청년은 아마도 루미의 모국어인 페르시아어로 적혀 있는 것처럼 보이는 루미의 시를 읽고 있다. 그가 자기소개를 한다. 이름은 나데르이고, 정말로 이란에서 왔다. 그는 이란 당국이 루미를 탐탁지 않게 여긴다고 말한다. "루미의 작품이 도덕에 어긋난다고 생각해요." 청년이 말한다. 사실 루미의 작품 중 일부는 포르노와의 경계선에 있다고 여겨질 수도 있다. 작품을 문자 그대로 읽는다면. 하지만 당연히 루미는 그런 식으로 읽으라고 작품을 쓴 게 아니다.

나는 나데르에게 루미의 어떤 면에 그토록 마음을 빼앗겼기에 이란 정부에 맞서 기꺼이 루미를 받아들였느냐고 묻는다. "나는 루미에게서 행복을 찾았어요." 나데르가 말한다. "절망에 빠져 있을 때, 가끔 시 속에서 내 마음을 매혹시키는 뭔가를 찾아내죠. 루미의 시는 아주 순수해요. 나는 딸과 아내가 잠들어 있을 때 루미를 읽으면서 울어요. 행복한 울음이에요. 다른 수피 시인들에게서는 그런 걸 전혀 찾을 수 없어요." 나데르는 내가 갖고 있는 《루미의 정수(Essential Rumi)》를 본다. 콜먼 박스의 번역본이다. 이거 좋은 책이에요. 그가 말한다. 하지만 페르시아어 원전이 훨씬 더 좋아요. 나데르는 내게 몇 줄을 읽어준다. 나는 눈을 감고 생각한다. 그래, 정말이야. 나데르가 읽는 구절을 한마디도 이해하지 못하는데도 그 시의 음악성과 아름다움을 느낄 수 있다.

나는 나데르에게 작별 인사를 하고 딜렉과 그녀의 친구들을 찾는다. 근처 식당으로 들어가 자리를 잡은 뒤 딜렉이 빵과 치즈와 정체를 알 수 없지만 하여튼 맛있는 음식을 여러 가지 시킨다. 창밖에 '데르비시 운전학원'이라는 간판이 보여서 나는 뱅글뱅글 춤을 추는 데르비시에게 운전을 배우는 상상을 하며 빙긋 웃는다. 저 학원의 수강생들은 계속 원을 그리며 빙빙 돌기만 할 것 같다. 그들은 그렇게 제자리만 맴돌겠지만, 그 모습은 아름다울 것이다. 우리는 이제부터 어떻게 할 건지 의논한다. 딜렉이 주후랏이 되어야 한다고 말한다. 대략 번역하자면, '무엇에든 마음을 열자'는 뜻이다. 주후랏은 정확히 말해서 운명과는 조금 다르고, 다정한 우주에 대한 흔들리지 않는 믿음과 관련되어 있다고 한다. 이것이 코냐에 머무르는 동안 우리 사이의 중요한 테마가 된다. 뭔가 좋은 일을 보면, 그건 주후랏이다. 심지어는 나쁜 일조차 주후랏이 될 수 있다. 열심히 살펴보면 나쁜 일 안에도 좋은 일이 숨어 있을 거라는 뜻이 여기에 내포되어 있다. 내가 하마터면 달려오는 자동차를 향해 정면으로 걸어갈 뻔했을 때도 다들 주후랏이라고 말했다. 내가 목숨을 잃지 않았으니까.

"그럼 내가 무슨 짓을 하든 전부 주후랏이네요." 내가 딜렉에게 말한다. "아니에요." 딜렉이 수피 격언을 인용한다. "먼저 적당한 기둥에 당나귀를 묶은 뒤 볼일을 보라."

푸짐한 점심과 터키 과자가 작당해서 영적인 도약의 가능성을 막아버린다. 이슬람을 포함한 수많은 종교에서 왜 단식이 없어서는 안 되는 요소인지 이제 알 것 같다. 빵빵한 배를 안고 신을 찾는 건 쉬운 일이 아니다. 카를 융은 중세의 조상들보다 현대인들이 영적으로 덜 발달한 이유 중에 영양 과잉도 포함된다고 믿었다. 루미는 언제나 그렇듯이 이것을 음악적으로 표현했다. "텅 빈 위장에는 달콤함이 숨어 있지."

딜렉이 나를 어딘가로 데려간다. 대단히 존경받는 수피 셰이카(이슬람 학자를 뜻하는 셰이크의 여성형. 셰이크를 시크로 발음하기도 한다 - 옮긴이)가 강연을 한다고 한다. 우리는 소박한 콘크리트 건물로 들어가 계단으로 몇 층을 올라간다. 사람들이 계속 들어와서 마침내 강당이 꽉 찬다. 셰이카는 마른 몸매에 유쾌한 미소를 띠고 있으며, 머리는 검은색이고, 활기가 넘치는 사람이다. "자아를 의식하지 마세요." 그녀가 말한다. "그것이 열쇠입니다." 그러고는 우리에게 이야기를 들려준다.

옛날에 아주 유력한 정치가가 살았다. 그는 총리의 자리에까지 올랐는데, 어느 날 공식적인 자리에서 데르비시를 만났다. "총리에서 물러난 뒤 무엇이 되실 겁니까?" 데르비시가 물었다.

"잘 모르겠소." 정치가가 대답했다. "국방부 장관이라도 될까."

"그럼 그다음에는 무엇이 되실 겁니까?"

"글쎄요, 모르겠소. 아마 은퇴해서 유명한 싱크탱크에 들어가겠지."

"그럼 그다음에는요?"

"모르겠소." 총리는 점점 화가 치밀었다. "순회대사 같은 게 되겠지."

"그럼 그다음에는 무엇이 되실 겁니까?"

"아무것도!" 정치가가 고함을 질렀다. "아무것도 안 될 거요."

데르비시가 빙긋 웃었다.

"왜 웃는 거요?"

"그건 말입니다, 총리님, 저는 이미 아무것도 아니기 때문입니다."

수피교도들은 아빌라의 성 테레사가 "우리가 원래 무라는 선명한 인식"이라고 표현한 것을 목표로 삼는다. 사실 자신이 먼지 한 톨처럼 느껴지는 신비로운 경험을 묘사하는 수피교도들이 많다. 나 같으면 그런 경험이 우울하게 느껴질 것 같지만, 수피교도들의 생각은 다르다. 이렇게 해서 영적인 행로의 역설이 생겨난다. 깨인 자가 되려면 먼저 아무것도 아닌 존재가 되어야 한다는 것. 하지만 바로 이 무에 대한 두려움, 아무것도 아닌 자가 된다는 두려움이 내게는 무섭기 짝이 없다. 나의 자아, 그러니까 아이들의 아버지이자 아내의 남편이고 글을 쓰는 작가이며, 그리고, 그래, 괴상한 신경증 환자라는 나의 정체성을 벗겨버리면, 무엇이 남을까? 아무것도 남지 않는다고 수피교도들은 말한다. 그거 굉장하지 않아요?라고.

셰이카가 우리에게 석탄이 어떻게 다이아몬드로 변하는지 아느냐고 묻는다. 석탄이 다이아몬드로 변하는 건, 당연히, 열 때문이다. 석탄처럼 평범한 물건이라도 아주 높은 온도에서 아주 오랫동안 태우면 귀한 물건으로 변한다. "신이 우리를 온갖 어려움과 고민으로 가득 채우시는 건 우리가 변하기를 바라시기 때문입니다." 셰이카가 말한다.

강연이 끝난 뒤 셰이카는 1대1로 만나고 싶다는 내 요청을 받아들인다. 이유는 잘 모르겠지만, 아마도 그녀의 친절한 미소나 부드러운 태도 때문인지, 나는 그녀에게 속을 다 털어놓는다. 내가 병원에 입원했던 일, 간호사의 질문("아직 당신의 신을 만나지 못하셨나요?"), 내가 이 질문의 답을 찾기로 결심한 일, 내가 책을 사랑하고 책에 밑줄 긋기를 아주 좋아한다는 것, 그런데 이 버릇이 내 조사에 방해가 되는 듯하다는 것, 내가 만난 모든 수피교도들이 내게 내 머리에서 빠져나와 가슴으로 들어가라고 말한다는 것. 그게 말은 쉽지만 실제로는 당연히 그렇지 않으니 어쩌면 좋죠?

내가 정신없이 쏟아놓는 이야기에도 전혀 당황하지 않은 채 셰이카가 대답한다. 정신에는 두 종류가 있다고. 둘 중에서 높은 상태의 정신, 그러니까 가슴과 머리의 융합이라고 할 수 있는 상태에 도달하는 방법은 아주 간단하다고 한다. "사랑에 빠지면 돼요."

"누구하고요?"

"무엇이든. 돌을 사랑해도 돼요. 상대는 중요하지 않답니다. 그냥 사랑에 빠지세요."

이 얼마나 놀라운 말인가. 수피교도들은 정말이지 '사랑하는 자들'이다. 그건 나도 알고 있었다. "우리한테는 모든 것이 사랑이에요." 그들은 이 말을 즐겨 한다. 하지만 나는 항상 이것이 신에 대한 사랑일 거라고 생각했다. 무엇이든 사랑한다는 뜻인 줄은 몰랐다. 하지만 그들의 말은 정확히 그런 뜻이었다. 루미는 이 생각을 한 걸음 더 발전시켰다. 그는 대상이 없는 사랑이야말로 가장 고귀하다고 말한 적이 있다. 이런 것이 가능할까? 아니면 혹시 이건 음식이 전혀 없을 때 먹는 행위가 가장 고귀해진다는 말과 같은 걸까? 차를 타고 호텔로 돌아오는 길에 이번에는 딜렉이 마음을 연다. 그녀는 자신이 이슬람교도 집안에서 태어났지만 항상 궁금한 것이 있었다고 말한다. 신이 정말로 존재한다면 왜 모습을 드러내지 않는 걸까? 딜렉은 다른 종교들을 집적거렸다. 인도의 한 구루에게서 침묵 명상을 배우기도 했는데 그것이 도움이 되었다. 조금. 딜렉 자신의 표현대로, "이 세상에는 뭔가가 있다"는 작은 암시를 알아냈지만 쿤달리니 명상까지는 도저히 할 수 없었다. 도저히. 그렇게 몇 년이 흐른 뒤 딜렉은 꿈에 부쩍 관심을 갖게 되었다. 그래서 꿈에 관해 많은 이야기를 했던 융의 저서를 읽어보았다. 꿈 일지도 쓰기 시작했다. "그건 정말이지 매혹적인 세계였어요. 난 나 자신이 어떤 사람인지 정말 궁금했죠. 심리적인 차원에서 나 자신을 해석하고 싶었어요. 영성은 그다음에 따라왔죠." 그다음 단계로 딜렉은 영국 태생의 수피 신비주의자인 르웰린 반-리(Llewellyn Vaughan-Lee)가 쓴《가닥을 붙들기(Catching the Thread)》를 읽었다. 뭔가가 찰칵 하고 맞아 들어갔다. "그 책이 나를 내 침묵의 그릇으로 데려다주었어요." 딜렉이 말한다(딜렉은 그릇을 아주 좋아해서 항상 그릇 이야기를 한다). 2004년에 딜렉은 독일에서 르웰린을 처음으로 만났다. 그것이 결정적이었다. 물론 의심과 회의는 아직도 남아 있다. 딜렉은 자신이 "독립적인 영혼"이라고 말한다. 동양에서 자랐지만 서양의 회의주의적인 정신을 갖고 있다는 뜻이다. 나처럼 머리로 사는 사람. "하지만 나는 그때 아주 필사적이었어요." 딜렉이 말한다.

"무엇 때문에요?"

"내 삶의 의미를 찾고 싶어서요. 내가 고통받는 의미를 찾고 싶어서요. 내가 굉장히 훌륭한 스승을 만났다는 걸 내 가슴이 알아차렸어요."

나는 이 말을 이해하려고 애쓴다. 진심으로. 하지만 스승에게 이렇게 완전히 자신을 내맡기다니. 만약 그 스승이 사기꾼이거나 짐 존스 같은 놈이면 어쩌려고? 짐 존스는 1970년대에 가이아나 정글에서 900명쯤 되는 신도들을 꾀어 스스로 목숨을 끊게 만든 사이비 종교 교주다.

"사랑에 빠진 적이 있다면 지금 내가 하는 말을 조금은 이해할 거예요." 딜렉이 말한다. "그런 건 그냥 깨닫는 거예요. 게다가 스승은 신이 아니잖아요. 진짜 신은 우리 마음속에 있어요. 스승은 우리가 신을 인정할 수 있게 우리 앞에 횃불을 놓아줄 뿐이에요. 신은 기본적으로 우리 각자의 마음속에 살고 있으니까요. 우리 모두의 마음속에 보물이 숨겨져 있다는 걸 나는 분명히 알아요. 어떤 사람들은 그 보물을 신이라고 부르죠. 당신 마음속에도 있고, 탄의 마음속에도 있고, 내 마음속에도 있어요. 나는 죽기 전에 그 보물에 대해 최대한 많이 알아내고 싶어요."

나는 수피즘이 그녀를 어떻게 바꿔놓았느냐고 묻는다. 모든 종교에 적용되는 궁극의 시험이 바로 그것인 것 같아서다. 종교가 나를 더 나은 사람으로 만들어주는가? "아, 그때 난 지금하고 아주 달랐어요. 분노가 가득했죠." 나는 딜렉이 화난 모습을 상상할 수 없다. 딜렉은 집안에 문제가 있었다고 살짝 암시하지만 자세한 이야기는 하지 않는다. 나 역시 이번에도 굳이 캐묻지 않는다. 어쨌든 궁극적으로 딜렉은 무슨 일이 있어도 사라지지 않을 것 같은, 감탄스러운 낙천성을 드러낸다. "나는 우리가 생각하는 것만큼 무거운 짐을 진 게 아니라고 믿고 싶어요." 이 말을 듣자마자 나는 인도의 요가 수행자인 라마나가 한 말이 생각난다. 그는 우리가 굳이 그럴 필요도 없는데 머리에 짐을 인 채 기차를 타고 가는 승객들과 같다고 말했다. 우리가 생각하는 것만큼 무거운 짐을 진 게 아니라는 말. 나는 이 말을 이해할 수 있다. 그때 딜렉이 뭔가 다른 말을 한다. 그런데 이 말은 이해할 수 없어서 급속히 늘어나고 있는 나의 형이상학적 수수께끼 모음에 즉시 추가해야 할 것 같다. "나의 문제가 사실은 나의 해결책이었어요." 나는 코냐의 무르익은 공기 속에 이 말이 떠 있는 것을 그냥 내버려둔다.

우리는 데르가, 즉 수피 모임을 향해 가고 있다. 우리는 코냐 외곽으로 차를 몬다. 이 도시가 이렇게 넓고 큰 줄은 미처 몰랐다. 이제 어둠이 내렸는데 우리는 길을 잃었다. 우리는 차를 멈추고 길을 묻는다. 두 번(이건 결코 좋은 징조가 아니다). 이번에는 베린이 택시에서 뛰어내려 지나가던 일가족과 지극히 열성적으로 대화를 나눈다. 모든 사람, 그러니까 먼 친척 형제들과 이모, 고모, 숙모 등이 모두 대화에 끼어든다. 사람들의 손이 여러 방향으로 날아다닌다. 서로 반대 방향을 가리킬 때가 많다(이것도 결코 좋은 징조가 아니다). 나는 갑갑해서 미칠 지경이지만, 베린은 모든 것을 의연하게 받아들인다. 이 모두가 주후랏이라는 것이다. "모든 것이 신의 손에 있어요. 우리는 신의 뜻을 따르면 돼요."

마침내 신의 은총과 눈먼 행운 덕분에 우리는 목적지를 찾아낸다. 사람들이 소란을 떨며 우리를 커다란 뜰로 부산하게 안내한다. 우리가 신발을 벗은 뒤 청바지 차림의 청년이 우리를 맞이한다. 내 눈에 거의 제왕처럼 당당해 보이는 그의 몸가짐과 청바지가 대조적이다. 안으로 들어가니 마치 우리가 오스만제국으로 시간 여행을 한 것 같다. 바닥에는 카펫이 깔려 있다. 포도주처럼 붉은 부하라 융단, 꽃무늬가 있는 페르시아 융단, 근엄한 투르크멘 융단. 벽에는 붓글씨들이 액자에 걸려 있다. 고전적인 흑백 글씨도 있고, 대담한 원색으로 쓴 글씨도 있다.

우리는 바닥의 방석에 앉는다. 마치 다른 세상처럼 보이는 저쪽 편에는 속을 빵빵하게 채워 넣은 거대한 베르사유 의자에 머리를 금발로 염색하고 화장품을 얼굴에 후하게 바른 여자들이 앉아 있다. "이스탄불의 엘리트예요." 딜렉이 귓속말로 속삭인다. 수많은 사람들이 서로 악수를 나누고, 뺨에 쪼듯이 입을 맞춘다. 새까만 스카프를 머리에 쓴 여자가 블랙베리를 척 꺼낸다. 우리가 몇 세기에 살고 있는지를 냉혹하게 일깨워주는 물건이다. 빵과 치즈와 터키 과자가 담긴 접시들이 이리저리 돌아다니고, 언제 어디서나 빠지지 않는 차도 함께 나온다.

그러고는 여러 가지 일들이 일어나기 시작한다. 청년들이 카펫을 둘둘 말아서 걷는다. 배불뚝이 중년 남자가 기타처럼 생긴 악기를 케이스에서 꺼낸다. 그는 수십 년 동안 터키 군대에 있었고, 그것이 그의 '진짜 직업'이지만, 또한 그는 진심으로 수피즘을 믿는 수피교도이기도 하다고 누군가가 내게 말해준다. 사람들이 갑자기 근심의 구슬을 꺼낸다. 방 안이 다른 곳으로 변했다.

그때 어떤 남자, 아니, 이제 보니 조금 전에 우리를 맞이한 바로 그 남자가 방으로 들어온다. 역시 다른 사람처럼 변한 모습이다. 청바지 대신 데르비시들이 입는, 아래로 흐르는 듯한 느낌의 하얀 옷을 입었다. 음악이 시작되자 그가 돌기 시작한다. 처음에는 속도가 느리다. 양팔을 몸에 딱 붙이고, 자신의 몸을 껴안듯이 손을 어깨에 댔다. 그런데 조금 있으니까 마치 꽃이 피는 것처럼 그의 몸이 벌어지기 시작한다. 이제 그는 완전히 벌어졌다. 양팔을 활짝 벌리고, 머리는 한쪽으로 살짝 기울인 모습이다. 나는 넋을 잃는다. 그런데 그가 갑자기 딱 멈추더니 바닥에 입을 맞춘다. 박수를 치는 사람은 하나도 없다. 방금 우리가 본 것은 단순한 춤이 아니라 그보다 훨씬 더 귀한 것이다.

수피 전설에 따르면, 뱅글뱅글 도는 춤은 바로 루미에게서 시작되었다. 어느 날 그가 코냐의 시장을 걷고 있는데 금세공인의 망치 소리가 들렸다. 루미는 그 소리 속에서 **지카르**(라 일라하 일랄라, 하느님 이외의 신은 없다)를 듣고는 기쁨에 넘쳐서 뱅글뱅글 돌기 시작했다고 한다. 코냐의 선한 사람들이 그때 그를 보고 무슨 생각을 했을지 상상이 간다. 나중에 그가 친구의 장례식에서 친구의 삶을 기꺼워하는 마음이 저절로 우러나 춤을 추었을 때도 마찬가지다. 이렇게 뱅글뱅글 도는 의식을 세마라고 부르는데, 이 의식에는 상징이 가득하다. 각각의 데르비시, 즉 세마젠은 진실을 향해 마음을 열고, 진실을 향해 뱅글뱅글 돈다. 머리는 방해가 되지 않게 한쪽으로 살짝 기울인다. 한 팔은 높이 뻗어 다른 세상을 가리키고, 낮게 뻗은 다른 한 팔은 이 세상을 가리킨다. 한 번 돌 때마다 그들은 각자 소리 없이 말한다. 알라, 알라. 그들의 춤을 집단 단위로 보면, 데르비시들은 각자 서로의 주위를 돌면서 천체들의 움직임을 재현한다.

서구 사람들이 일상생활 속에서 '뱅글뱅글 도는 데르비시처럼 날뛴다'는 식의 표현을 쓰는 것은 완전히 틀린 것이다. 뱅글뱅글 도는 데르비시가 무아지경에 빠져서 수피교도 식으로 도취해 있는 것이 사실이라 해도 완전히 멋대로 날뛰는 것은 아니다. 그들은 아주 단단하게 땅을 딛고 있다. 대부분의 사람들보다 더 확실하게.

다음 날 우리는 커다란 강연장으로 간다. 루미의 뮤즈인 샴스에 관한 학술회의가 열리는 곳이다. 이런 학술회의가 열린다는 말을 들으면 샴스는 틀림없이 한바탕 웃음을 터뜨릴 것이다. 샴스는 이 지상을 살다 간 사람들 중에 학문과는 가장 거리가 먼 축에 속했으며, 명성을 재앙으로 생각했다. 하지만 나는 얄팍한 플라스틱 컵에 끔찍하기 짝이 없는 네스카페가 담겨 나오는 이 황량한 카페테리아에서 피에터를 만난다. 그는 네덜란드 출신이며, 뱅글뱅글 도는 데르비시다. 15년 전부터 그랬다. 우리는 네스카페를 들고 자리에 앉아 이야기를 나눈다. 나는 피에터 같은 서양인이 현기증은 말할 것도 없고, 자신의 나프를 어떻게 극복해서 뱅글뱅글 도는 기술을 터득했는지 몹시 궁금하다.

그는 자세가 중요하다고 말한다. 우리 어머니 말씀이 귓가에 들리는 것 같다. "거 봐라. 그러게 내가 허리를 펴고 똑바로 서라고 했잖니." 피에터는 형식이 중요하지만, 때로는 형식을 깨뜨릴 필요도 있다고 말한다. 형식은 감옥이 될 수 있다. 중요한 것은 우리의 마음속에 있는 것이다. 마음으로 돌아야 한다. "거기에 빠져들면, 정말로 빠져들면…… 뭐라고 할까…… 한 발은 이 세상에, 다른 발은 다른 세상에 놓은 것 같아요. 아름답죠. 영원히 춤을 추라면 그럴 수도 있을 것 같아요."

"어지럽지는 않아요?"

"아뇨, 전혀. 우리는 한 번 돌 때마다 소리 없이 알라, 알라, 알라라고 말해요. 그건 자신의 내면에서 나오는 말이에요. 안에서부터 자신이 활짝 열리는 거죠. 이게 아주 천천히 이루어질 수도 있지만, 어떤 때는 콸콸 쏟아지는 폭포처럼 느껴지기도 해요."

그러고 나서 그가 한 말에 나는 기가 막힌다. 움직이지 않은 채 돌수 있다는 말. 이게 도대체 무슨 뜻인가?

"외적인 형식은 부차적인 거예요. 난 지금 이 자리에 앉은 채로 돌수도 있어요."

나는 피에터를 열심히 살펴본다. 그가 돌고 있는 것 같지는 않다. 하지만 내가 뭐라고 감히 판단을 내리겠는가. 피에터는 대머리이고,

금속테 안경을 썼으며, 배가 살짝 나왔다. 다시 말해서 나랑 그다지 다를 것이 없는 모습이라는 얘기다. 어쩌면 나도 그걸 할 수 있을지 모른다는 생각이 처음으로 든다. 어쩌면 나도 돌 수 있을지 모른다.

"왜 데르비시가 되겠다고 결심했어요?" 내가 묻는다.

피에터는 대답 대신 언제 어디서나 들고 다닌다는 공책을 꺼낸다. 공책은 그의 아들 것이다. 아들은 고등학교 졸업을 몇 주 앞두고 세상을 떠났다. 슬픔에 빠진 피에터는 일부러 열심히 움직이기 시작했다. 아마 나라도 그랬을 것이다. 그는 네덜란드에서 코냐까지 자전거를 타고 왔다. 여기서 자신이 뭘 찾게 될지는 몰랐지만, 코냐로 와야 한다는 건 분명히 알고 있었다. 그는 몇 주 동안 페달을 밟으며 비명을 질렀다. 신들을 향해, 운명을 향해, 뭔지는 몰라도 하여튼 무한한 것을 향해. 그가 상상조차 할 수 없는 고통 속에 있음을 알아챈 낯선 사람들이 그를 도와주고, 물과 잘 곳을 주었다. "아름다웠어요." 그가 말한다. 왼쪽 눈에 눈물 한 방울이 글썽거린다. "고통도 있고, 아름다움도 있고, 도움도 있죠." 수피교도들이 말하는 '고뇌의 연금술'이 바로 이런 의미라는 걸 나는 깨닫는다. 고통을 무디게 만드는 것이 아니라 변화시키는 것.

피에터는 코냐에 도착한 뒤 스승을 만나 데르비시가 되었다. 피에터는 스승이 반드시 필요하다고 말한다. "혼자서는 할 수 없어요. 사람은 혼자지만, 혼자서 그걸 하는 건 아니에요."

"하지만 그건 도피 아닌가요? 어떤 의미에서 포기하는 것 아니에요?"

"네, 항복하는 거죠. 내가 사랑할 수도 있지만, 반면 사랑받는다고 느낄 수도 있는 것과 같아요. 마지막 퍼즐조각은 바로 의지죠. 의지란 '내가 무엇을 원하는가?'가 아니라 '원해지는 것이 무엇이며, 나를 통해 무엇이 이루어질 수 있는가?'예요. 그 첫 단계는 자신의 위치를 파악하는 것이죠. 그리고 조금은 수용하는 마음을 찾아내는 것, 즉 자신이 그것을 받아들일 수 없음을 받아들이는 거예요."

자신이 받아들일 수 없음을 받아들인다. 이 말이 아주 마음에 들어서 나는 절대 가능한 일 같지는 않지만 현명해 보이는 구절들의 목록에 이 말을 추가한다. 나의 이 목록은 점점 늘어나고 있다. 나는 피에터에게 나의 도쿄 이야기를 들려주기로 한다. 설명할 수 없는 최고의 행복을 느꼈던 그날 밤 이야기. 피에터는 열심히 내 얘기를 다 듣고 나서 이렇게 말한다. "이건 진실이군요. 느낌이 와요. 당신이 이야기를 하는 동안 내 팔과 목이 전율했으니 틀림없는 진실이에요. 이건 진짜예요."

"그러니까 그냥 내가 상상한 게 아니라고요?"

"그래요. 천사들이 속삭이는 순간이 바로 그런 거예요. 그런 순간이 어디서부터 오는지는 아무도 몰라요. 세상의 모든 위대한 발명품들은 발명가조차도 근원을 알 수 없는 아이디어에서 나왔어요."

"영감을 말하는 건가요?"

"네, 영감은 뭔지 정체를 알 수 없는 어떤 것의 숨결과 같아요. 그러니까 항상 자신에게 물어봐야 해요. '나는 무엇을 향해 나 자신에게 진실한가?' 하고요."

"그게 무슨 뜻이죠?"

"모든 것이 무너져 내릴 때 자신이 붙들고 매달리는 게 무엇이냐는 뜻이에요."

"그 말은, 모든 걸 잃어도 남는 게 무엇이냐는 건가요?"

"네. 닻처럼 사람을 붙잡아주는 것. 사람이 계속 버틸 수 있게 해주는 것."

"글쎄요, 난 잘 모르겠는데요. 어떤 게 그런 역할을 하죠?"

"아, 그건 사람마다 직접 찾아야 해요. 나를 지탱해주는 것과 당신을 지탱해주는 건 다르니까요."

이런 말이 나올까 봐 걱정했는데. 이 놀라운 사람들 중 단 한 명이라도 나한테 정확히 무엇을 어떻게 해야 하는지 말해주면 좋겠다. 피에터는 그럴 생각이 전혀 없어 보였으므로, 나는 플라스틱 컵을 구겨 들고 피에터와 함께 탁자에서 일어서면서 혹시 내게 조언해줄 것이 없는지 묻는다. 피에터는 내 손을 잡아 내 가슴에 놓는다. "당신의 마음을 믿으세요." 그가 말한다. 이건 홀마크 카드에 흔히 적혀 있는 말과 다를 게 없기 때문에 평소 같으면 그냥 무시해버리거나 조롱했을 것이다. 하지만 피에터의 태도가 워낙 진지하고 그가 얼마나 지독한 고통을 승화시켰는지 알기 때문에 나는 그의 말을 믿고 싶은 생각이 든다.

피에터의 행복, 고통을 변화시키는 능력, 데르비시로서의 솜씨가 왠지 서로 연관되어 있는 것 같다는 느낌이 든다. 나도 그걸 하고 싶다. 나도 뱅글뱅글 춤을 추고 싶다. 내가 뭔가를 간절히 원할 때 자주 그러듯이, 나는 그 얘기를 계속 떠들어댈 것이다. 내가 딜렉에게 계속 졸랐더니, 딜렉은 애쓰는 중이라고 대답한다. 사실 딜렉은 내게 딱 맞을 것 같은 강사 한 명을 겨냥하고 있다. 그 강사는 여자인데, 여자 데르비시 강사는 매우 드문 존재라고 한다. 여자들은 바로 얼마 전까지만 해도 세마를 가르치는 것은 고사하고 세마에 참가할 수도 없었다. 딜렉이 생각하고 있는 여자 강사는 이스탄불 외곽에 있는 수피 센터에서 일하고 있다.

우리는 다음 날 아침에 코냐를 떠난다. 아쉬움은 전혀 없다. 코냐에서 자신을 찾지 말라는 루미의 말을 어긴 것에 대해 루미는 틀림없이 나를 이해해줄 것이다. 루미 자신도 남의 말에 잘 복종하는 편은 아니었다.

나는 데르비시 강사를 만난다는 생각에 들떠 있지만, "열의를 분석하지 말라"는 루미의 충고를 되새기며 흥분을 가라앉히려고 애쓴다. 한편으로는 불안하기도 하다. 뱅글뱅글 춤을 추고 싶다는 생각에 집착하는 것과 실제로 춤을 추는 것은 엄연히 다른 문제다. 내가 가장 두려워하는 것은, 당연히, 내가 춤을 전혀 따라 하지 못할지도 모른다는 점이다. 하지만 계속 빙글빙글 돌다가 영적인 현기증 같은 것을 일으키거나, 아니면 내 우울증이 오히려 악화될지 모른다는 걱정도 있다. 가능한 일이다. 그 뱅글뱅글 도는 춤이 내 연약한 정신 상태에 어떤 영향을 미칠지 누가 알겠는가.

우리는 저편으로 넘어가서 차로 한참 동안 달린다. 햇빛은 부드럽고 황금색이다. 나는 좋은 징조라고 단정한다. 마침내 목적지에 도착한다. 앞에 내걸린 간판에는 "제발 예의를 지키세요"라고 적혀 있고, 그 옆에 뱅글뱅글 돌고 있는 데르비시의 모습이 작게 그려져 있다. 루미와 아타튀르크의 초상화도 있다. 두 사람은 이제 저승에서 사이좋게 잘 지내고 있는 것 같다. 루미의 초상화는 전형적이다. 이런 초상화가 사방에 있다. 토실토실한 천사 같은 얼굴에 풍성한 회색 수염을 기른 모습. 고개는 살짝 아래로 숙였고, 눈은 뭔가를 하고 있는 것 같은데 그게 뭔지 나는 잘 모르겠다. 유감스러운 그림이다.

루미가 심술쟁이 노인처럼 보인다. 루미는 그런 사람이 아니었는데.

나는 수피 센터의 운영자를 만난다. 메블레비 수피교단의 유명한 지도자로 하산 데데라는 사람이다. 그는 넥타이와 재킷 차림이라 수피 셰이크라기보다는 중간급 정치가나 카지노 소유주처럼 보인다. 나는 수피교도들이 훤히 보이는 곳에 숨어 있다는 사실을 되새긴다. 때로는 지혜가 양복차림으로 나타나기도 하는 법이다.

"장미정원에 오신 것을 환영합니다." 데데가 내 눈을 똑바로 바라보며 말한다. 이제는 수피교도들을 만날 때 당연한 것으로 받아들이게 된, 은근히 장난스러운 미소를 짓고 있다. 곧 세마가 열린다. 내가 지금까지 보았던 것과는 다르다. 여기는 콘서트홀이 아니다. 세마젠이 워낙 가까이 있어서 그들의 가죽신발이 나무 바닥을 미끄러지는 소리가 들리고, 그들이 뱅글뱅글 돌 때 옷자락이 일으키는 산들바람이 느껴질 정도다. 나는 세마가 왜 그렇게 특별하게 느껴지는지 이제야 깨닫는다. 무아지경 속의 열광적인 몸짓과 완벽한 통제력이 조화를 이루고 있기 때문이다. 세마는 극도로 활동적인 **동시에** 극도로 수동적이다. 세마젠 중 한 명이 특히 눈에 띈다. 얼굴에서 빛이 나는 젊은 여성이다. 그녀는 동작 속에 푹 빠져 있지만, 생각에 빠져 있지는 않다. 뭔가가 벌어지고 있는 것 같은데, 나는 그것을 도저히 묘사할 수 없다. 위대한 루미조차 세마를 볼 때는 말을 잃었는데, 내가 어찌 묘사할 수 있겠는가.

뭐라고 해야 할지 모르겠다

이토록 완벽하게

빙글빙글 도는 것을

세마가 끝나고, 사람들이 줄지어 빠져나간다. 그리고 나는 나를 가르칠 강사를 만난다. 그녀의 이름은 데덴이다. 머리는 불꽃같은 빨간색이고, 외모와 태도는 동독의 체조 코치 같다. 나는 겁이 난다. 우리는 그녀와 그녀의 남편과 함께 자리에 앉는다. 솔직히 그녀의 남편이 훨씬 더 부드러워 보인다. 그가 몇 가지 조언을 해준다. 첫째, 세마는 춤이 아니다. 나는 이 말을 듣고 마음이 놓인다. 전에도 말했듯이, 나는 춤에는 젬병이기 때문이다. "세마는 순수함을 느끼는 것인데, 말로 표현하기가 아주 힘들어요. 과일을 맛보는 것과 같습니다. 말로 표현할 수는 없지만 맛있죠. 세마는 의식이 순수해지는 순간이에요. 빙글빙글 돌면서 춤을 출 때, 우리의 마음은 계속 지카르에 머무릅니다. 하느님을 기억한다는 뜻이죠."

나는 어떤 태도로 접근해야 하느냐고 그에게 묻는다. 그는 가볍게 웃더니 이렇게 말한다. "먼저 부정적인 생각을 전부 몰아내세요." 망했다. 우리는 중앙 홀 구석으로 걸어간다. 데덴이 내게 신발을 벗으라고 한다. 이유는 모르겠지만, 결혼반지도 빼라고 한다. 그리고 내게 이 춤을 위해 특별히 만들어진 신발을 건네준다. 메스라고 불리는 신발이다. 검은 가죽으로 돼 있고, 슬리퍼처럼 부드럽다. 하지만 내 발에 조금 꼭 끼는 것 같아서 처음부터 동작이 꼬일까 봐 걱정이다.

"명심하세요." 강사가 말한다. "어디에도 초점을 맞추지 마세요. 마음을 비우고, 신에게 가까이 다가가요. 그러면 전혀 어지럽지 않을 겁니다. 우주가 자신을 지탱해줄 거라고 믿으세요." 역시 느낌이 안 좋다.

"좋습니다." 강사가 말한다. "나를 잘 보세요." 강사는 양팔을 단단히 오므리더니 몸을 가로지르듯이 한쪽 다리를 흔들면서 빙글 돈다.

쉬워 보인다. "자, 이제 직접 해보세요."

나도 시작은 괜찮다. 팔을 오므리는 건 문제가 없지만, 빙글 도는 건 완전히 엉망이 된다. 하마터면 넘어질 뻔한다. "긴장을 푸세요." 강사가 말하지만, 이 말은 당연히 날 더욱 긴장하게 만들 뿐이다. "왼쪽 무릎을 구부리지 마세요. 오른손이 왼손 위로 오게 하고, 똑바로 서세요." 강사가 말한다. 나는 배배 꼬인 트위스터 게임 속에 갇힌 것 같다. 다른 사람들의 목소리가 들린다. 피에터의 목소리도 섞여 있다. "형식은 중요하지 않아요. 마음으로 도세요." 루미의 말도 들린다. "천 번을 넘어져도 다시, 또다시 일어설 수 있다."

소용없는 짓이다. 난 이걸 할 수 없다.

"계속 움직이려고 노력하세요." 강사가 말한다. "작은 실수는 무시하고 계속하세요. 그냥 계속해요."

나는 다시 시도해보지만, 이제는 어지럽고 속이 메스꺼워서 메스 위로 곧바로 토해버릴까 봐 걱정이 된다. 그런데 어찌 된 영문인지 나는 요령을 터득한다. 나는 아무 생각 없이 돌고 또 돈다. 눈에 보이지 않는 모종의 힘 덕분에 나는 물리적인 법칙에 나 자신을 직관적으로 맞춘다. 축을 중심으로 빙글빙글 도는 행성처럼.

"내가 돌고 있어요!" 내가 외친다. 그리고 곧장 균형을 잃는다. 나는 최악의 죄를 범했다. 바로 열의를 분석한 것. 그래도 어쨌든 나는 돌았다. 대략 20초 동안. 정말이지 축복의 20초였다. 루미의 말처럼, "수피교도는 현재의 아들이다."

수업이 끝났다. "잘하셨어요." 딜렉이 말한다.

"계속 연습하세요." 강사가 말한다.

나는 계속 연습한다. 하지만 다음 날 저녁 두 가지 문제, 그러니까 호텔방이 작다는 것과 싱글몰트 위스키를 조금 많이 마셨다는 것이 내 연습을 방해한다. 탁상용 램프를 비롯해서 못으로 고정시키지 않은 온갖 물건이 사방으로 날아간다. 내 허벅지에는 자주색 멍이 꽃을 피운다. 훌륭한 목수라면 항상 연장을 탓하는 법이라는 게 나의 지론이므로, 나는 내 메스가 문제라는 결론을 내린다. 내 발에 너무 꼭 끼고, 너무 부드러운 게 문제다. 나는 전화로 딜렉에게 이 문제를 이야기한다. 그러자 다음 날 프런트데스크에 내 앞으로 된 꾸러미가 와 있다. 그 안에는 검은색 가죽 슬리퍼 한 켤레가 들어 있다. 크기도, 단단한 질감도 완벽하다. 딜렉과 탄의 메모도 있다. "당신의 메스에 축복을." 나는 심호흡을 하고 생각한다. 이 두 사람은 수피교도답게 정말 마음이 넓다니까.

그럼 나는? 나도 수피교도의 마음을 지녔나? 아니, 조금 표현을 달리해서 나는 나의 신을 찾았나? 잘 모르겠다. 뱅글뱅글 도는 춤과 '취한 느낌'과 삶을 바라볼 때 마음을 우선하는 태도는 마음에 든다. 하지만 수피즘은, 캘리포니아의 예외적인 단체 몇 군데를 빼면, 이슬람과 아주 밀접하게 묶여 있다. 그리고 이슬람이라는 단어는 '복종'을 뜻한다. 나는 지금도 그 말과 씨름하고 있다. 예전에 수피교도인 친구에게 물어본 적이 있다. 상대가 무엇이 됐든 내가 왜 복종해야 하지? "중요한 건 네가 복종하는 이유야." 친구가 말했다. "두려움 때문에 복종하는 건지, 아니면 사랑 때문에 복종하는 건지. 사랑 때문에 복종하는 편이 엄청나게 쉽지." 친구가 이 말을 하는 순간 뭔가가 찰칵 하고 맞아 들어갔다. 이런 종류의 복종은 맛있는 음식을 먹는 기쁨에 굴복하는 것이나 오랜만에 친구를 만난 기쁨에 굴복하는 것과 같다. 이런 종류의 복종은 개인의 자율성을 포기하는 것이 아니라 아름다움을 인정하는 것이다. 이것은 또한 상식적인 일이기도 하다. 옷에 불이 붙었는데 근처에 수영장이 있다면 물에 굴복하지 않겠는가? 내 생각에 수피교도들이 말하는 복종은 이런 것 같다. 우리는 몸에 불이 붙은 사람이고, 신은 수영장이다. 이건 뇌가 없는 사람도 알 수 있는 논리 같다. 하지만 정작 물속에 뛰어드는 사람은 극히 소수에 불과하다. 옷에 불이 붙은 채로 살아가는 법을 이미 터득했거나, 수영장이 존재한다는 것을 믿지 않거나, 설사 믿더라도 물이 너무 깊어서 불길이 꺼진 뒤 결국 익사하고 말 거라고 걱정하기 때문이다. 수피교도는 생각하지 않는 훈련을 많이 한 사람들이라서 이런 자기합리화를 살짝 피해서 그냥 물속으로 뛰어든다.

터키에서 보내는 마지막 날에 나는 딜렉과 함께 다시 메흐틴을 만나러 간다. 이번에 만난 장소는 메흐틴의 약국이다. 물론 저편에 위치해 있다. 1층은 여느 약국과 다를 것이 없어 보이지만, 2층으로 올라가니 다른 세상이 있다. 메흐틴이 커다란 나무 책상에 앉아 여느 때처럼 사람들을 앞에 두고 진통제 대신 지혜를 나눠주고 있다. 내 눈은 쉽사리 한 군데에 집중하지 못한다. 벽마다 책들이 가득하고 정의의 여신의 저울, 가족사진, 아타튀르크의 낡은 흑백사진, 소크라테스의 자그마한 흉상, 이집트의 '생명의 열쇠', 도교의 음양 원리를 구현한 둥근 공 등이 있다. 이렇게 영적인 것들이 뒤죽박죽 섞여 있는 모습을 캘리포니아에서 봤다면 뒷걸음질을 쳤겠지만, 여기서는 왠지 그럴듯한 효과가 있는 것 같다. 메흐틴이 지혜를 상징하는 이 다양한 물건들을 시험 삼아 수집하기만 하는 것이 아니라 그 속의 지혜를 완전히 흡수했기 때문인 것 같다. 내가 이 잡다한 물건들에 대해 물어보자 메흐틴은 여느 때처럼 장난스러운 미소를 지으며 말한다. "이것들은 눈에 보이는 나의 우상입니다. 위험한 것은 눈에 보이지 않는 것들입니다."

나는 메흐틴의 약국 위층에 있는 그 사무실에서 다섯 시간을 머무른다. 내 평생 가장 즐거운 다섯 시간이다. 사람들이 드나든다. 옆집에서, 카이로에서, 그 너머에서 찾아온 사람들이다. 우리는 신선한 귤, 케이크, 아슈레라는 맛있는 수프를 먹는다. 하지만 그보다는 이야기를 더 많이 나눈다. 나는 이것이 진정한 소벳임을 깨닫는다. 우리는 세마에 대해 이야기한다("그것은 일종의 명상이죠. 활동적인 명상"). 우리는 수피교도의 진정한 의미에 대해 이야기한다("수피교도는 예술가입니다. 신성한 예술가예요"). 우리는 좌뇌에 대해 이야기한다("사탄처럼 냉혹해요"), 우리는 죽음에 대해 이야기한다("이미 죽은 사람들은 이제 죽음을 전혀 두려워하지 않겠죠").

메흐틴이 갑자기 불빛을 낮추고 선언하듯 말한다. "이제 머리를 쓰는 건 그만두고 음악을 좀 듣죠." 그는 베크타시 음악이라고 설명한다. 음악이 마음에 든다. 슬프면서도 동시에 즐거운 음악. 기쁨의 탄식이다. 메흐틴은 눈을 감는다. 그의 손이 구불구불 주억거리듯 자신의 가슴을 향해 갔다가 다시 멀어진다. 자의식 같은 것은 눈곱만큼도 없는, 아이 같은 모습이다. 딜렉도 눈을 감고, 고개를 한쪽으로 살짝 기울였다. 세마젠처럼. 눈물이 뺨을 타고 흘러내린다. 루미도 여기에 있다. 그의 말이 수 세기를 건너뛰어 클래식 기타리스트의 훌륭한 솜씨와 조용한 열정으로 아직 죽지 않은 나의 심장을 뜯는다.

"위대한 침묵이 나를 압도하고, 나는 왜 언어를 사용할 생각을 했는지 궁금해진다." 마지못해 시인이 된 루미가 말한다.

밖에는 비가 내린다.

2
신은 마음의 상태다

불교

대부분의 종교는 사람들이 살면서 힘든 고비를 겪을 때
위안을 제공해준다는 점을 자기들의 일용할 양식으로 삼는다.
하지만 불교는 힘든 시절보다는 좋은 시절에 우리가 품는
마음가짐에 더 관심을 기울이는 것 같다.
모든 순간, 심지어 즐거운 순간조차, 아니 특히 즐거운
순간이야말로 절망의 씨앗을 품고 있다는 것이다.

어느 날 오전에 카트만두에 도착한 나는 내 몸이 아직 이곳에 도착하지 않았음을 깨달았지만 그다지 놀라지는 않았다. 내 몸은 아직도 워싱턴에 있다. 대부분의 사람들은 이런 몽롱한 상태, 시차의 채찍질을 싫어한다. 나는 즐기는 편이다. 갈망한다. 이건 내게 오히려 필요한 일이다. 시차에 시달리는 머리는 혼란스럽고, 혼란스러운 머리는 변화의 가능성을 향해 열려 있다. 나한테 약간의 변화가 필요하다는 사실은 하느님도 아신다. 나의 우울증이 꽃을 피웠다. 하지만 우울증은 꽃 같은 것이 아니다. 온통 가시투성이다.

도스토옙스키는 세상에 두 종류의 도시가 있다고 말한다. 의도적인 도시와 의도적이지 않은 도시. 카트만두는 분명히 의도적이지 않은 도시다. 우연히 도시가 되었다는 뜻이다. 도시의 구조나 통행 패턴('패턴'이라는 말을 쓴 것 자체가 인심을 베푼 것이다)에 논리적인 구석이 전혀 없다. 스모그가 어찌나 짙은지, 이런 데서 담배를 피우는 사람들은 뭔가 싶은 생각이 든다. 자욱한 연기 속에서 연기를 피워 올리는 건 쓸모없는 짓이다. 내가 탄 차의 운전기사는 소들과 자전거를 탄 사람들과 거지들 사이를 요리조리 헤치고 나아간다. 그들을 지각이 있는 생명체가 아니라 운전 연습장 코스에 놓아둔 원뿔로 생각하는 것 같다. 길이 좁아서 나의 잠재적인 폐쇄공포증이 확 불길을 피워 올린다. 우리가 탄 작은 승합차는 도저히 지나갈 수 없을 것처럼 보이는 좁은 공간들을 빠져나가고 있다. 마침내 내가 묵을 호텔에 도착한다. 보기 좋은 안뜰이 있고 로비에는 화려한 네팔 그림이 걸려 있는 훌륭한 호텔이지만, 나는 이곳을 보자마자 잘못 왔다는 느낌이 든다. 산책을 나갔다가 행상인들이 따라붙는 것을 보고 내 느낌이 옳았다는 확신이 생긴다. 그들은 내게 구르카족(네팔에 사는 호전적인 부족으로 힌두교를 믿는다 - 옮긴이)의 칼, 구두약, 히말라야 여행, 호랑이연고, 티베트의 기도문통(원통에 기도문을 넣어서 회전하게 만든 것 - 옮긴이), 곡예사의 줄무늬 바지, 또 호랑이연고, 마사지, 마리화나, 또 호랑이연고를 차례로 내게 팔려고 한다.

타멜이라고 불리는 이 지역은 카트만두의 게토다. 대부분의 게토와 달리 타멜의 주민들(이스라엘에서 온 배낭여행자, 유럽의 중년 관광객 등)은 자발적으로 이곳에 들어온다. 이곳의 터무니없는 자화자찬 분위기를 인정하는 사람은 하나도 없다. 배낭여행자들은 테바 샌들과 노스페이스 모조품 차림으로 으쓱거리며 자기만 진정한 경험을 하는 것처럼 군다. 그리고 자기와 똑같은 옷차림을 한 다른 배낭여행자들을 짐짓 냉정하게 무시한다. 그런데 그 다른 배낭여행자들도 이들을 무시하려고 열심히 애쓰는 중이다. 이곳은 닫힌 순환고리와 같다. 그리고 타임스 광장만큼이나 부처와는 상관이 없다.

내 안에서 후회가 차오른다. 내가 도대체 카트만두에는 왜 왔을까? 내가 이 도시를 선택한 것은 오랜 불교 역사 때문이다. 부처가 태어난 곳도 여기서 그리 멀지 않다. 수천 명의 티베트 난민들도 네팔에 살고 있다. 게다가 솔직히 이 나라 자체도 일종의 페이소스를 불러일으킨다. 불교가 8세기에 인도에서 티베트로 전해질 때 네팔을 거쳐 갔다. 그러니까, 그래, 네팔에 오는 것이 의미가 있어 보였다. 하지만 지금은 침대에 누워 죽음과 환생이 끝없이 이어지는 윤회의 고리처럼 계속 돌고 도는 천장 선풍기를 바라보고 바로 옆의 마야 술집에서 쾅쾅 울려나오는 스테픈울프(캐나다와 미국의 음악인들이 결성한 록그룹으로 1960년대 말에 인기를 끌었다 - 옮긴이)의 음악('마야'는 '환상'을 뜻하지만, 술집에서 흘러나오는 음악의 볼륨은 환상이 아니라 틀림없는 현실이다)을 들으며 나는 더 깊은 절망을 향해 곧장 미끄러진다.

그때 그것이 눈에 들어온다. 책상 위의 작은 전단. "자신의 마음을 잘 알고 싶습니까? 저희 센터로 와서 명상을 하세요. 히말라야 불교 명상센터입니다." 단어들의 울림이 마음에 든다. '히말라야'와 '마음'이라는 단어를 특히 두드러지게 사용한 것이 좋다. 무엇이든 히말라야라는 말이 들어가면 이국적이고 광대하고 어렴풋이 위험한 것 같은 느낌이 든다. 비록 내가 지금까지 겪은 히말라야 경험이라고 해봤자 점심 때 마신 에베레스트 맥주 한 병이 전부지만. 내 마음에 대해서는, 그래, 내 마음을 잘 알고 싶다. 요즘 나와 내 마음은 정처 없이 떠돌면서 서로에게서 멀어지고 있었다.

나는 로비로 달려 내려간다. 마음이 들뜬다. 프런트데스크에서 일하는 네팔 남자가 나의 흥분을 눈치챈다. 어쩌면 꽃을 피우기 시작한 나의 부처 정신까지 눈치챈 건지도 모른다. 그가 호텔이 추천하는 인력거를 타고 가는 게 어떻겠느냐고 말한다. 걷는 것보다 빠를 거라면서. 비록 그가 말로 하지는 않았지만, 호랑이연고를 들고 달려드는 행상인들도 피할 수 있을 것이다.

영국의 철학자 앨런 워츠(Alan Watts)는 불교를 가리켜 "비(非)종교의 종교"라고 했다. 일리 있는 말이다. 불교도들은 신을 믿지 않는다. 적어도 단 하나의 전능한 조물주 하느님을 믿지는 않는다. 나의 무신론자 친구들이 마지못해 인정하는 유일한 종교가 불교인 이유도 십중팔구 그것이다. 나는 또한 달라이라마를 알고 있다. 아니, 그에 대해서 알고 있다. 그를 직접 본 적도 몇 번 있는데, 대단히 인상 깊은 경험이었다. 나는 그의 폭발적인 웃음과 쾌활한 태도가 좋다. 그는 연단에서 아주 즐거워하는 것처럼 보였다. 모든 것을 커다란 게임으로 생각하는 사람 같았다. 그는 많은 종교지도자들의 풍토병과도 같은 딱딱함과 은근한 훈계조를 전혀 내보이지 않는다.

부처의 사성제(四聖諦: 불교의 기본 교리인 고집멸도苦集滅道 - 옮긴이) 중 첫 번째는 "이 세상은 고(苦)"라는 것이다. 이 말을 읽었을 때 나는, 그래! 이제야 비로소 뭘 좀 아는 종교를 만났어, 드디어 내 마음을 잡은 종교를 만났어 하는 생각이 들었다. 나의 생활방식을 인정하고 축성해주는 종교. 나를 만난 사람들 중에서 직관이 아주 조금이라도 발달한 사람들은 나의 우울증을 알아차린다. 나는 고통받고 있다. 하지만 나의 고통은 해외특파원으로 일하면서 목격한 고통과는 종류가 다르다. 내가 기자로서 목격한 고통은 비록 안타까운 것이기는 해도 최소한 진정성은 갖고 있었다. 고통다운 고통인 것이다.

나의 고통은 그렇지 않다. 이것은 인위적으로 만들어진 것이고, 내가 스스로에게 가한 것이다. 신경증이라는 이름으로 알려져 있는 고통. 나는 고통을 받을 이유가 전혀 없다. 비록 사치를 누리지는 못해도 미국의 탄탄한 중산층으로서 편안한 삶을 살고 있다. 다시 말해서 이 지구상의 주민 99퍼센트보다 더 유복하다는 뜻이다. 배 속의 가스 때문에 고생했던 일과 가끔 건강염려증 발작을 일으키는 것을 제외하면 몸도 건강하다. 예쁜 딸도 있고, 사랑스러운 아내도 있다. 아내의 수많은 능력 중에는 신경증에 걸린 남편을 참아주는 초인간적인 능력도 있다. 그런데 내가 이렇게 운 좋은 인간이라는 사실을 아는 것이 묘하게도 나의 고통을 더욱 부채질할 뿐이다.

고통이 물론 항상 나쁘기만 한 것은 아니다. 고통이 의욕을 불러일으키는 경우도 있다. 가장 기초적인 차원의 예를 든다면, 망치질을 하다가 엄지손가락이 욱신거려서 망치를 손보게 되는 경우가 있다. 그보다 더 웅대한 차원으로 넘어가면, 고통은 우리로 하여금 이 풍진 세상 너머를 보게 만든다. 내가 아는 한, 자기 인생이 끊임없이 이어지는 파티처럼 즐겁기만 해서 영적인 탐색에 나섰다는 사람은 하나도 없다. 우리가 신을 어떻게 정의하든 신을 찾아나서는 것은, 고통을 받고 있는데 그 고통을 멈추는 법을 모르기 때문이다. 올더스 헉슬리는 우리가 고통을 피할 수 없다고 믿었다. "그것을 받아들이고 그 너머로 지나가서" 초월하는 수밖에 없다고 했다. 우리가 고통을 초월할 수 있는 길은 "독선을 버리고 철저한 이타심과 하느님 중심주의로 돌아서는 것"밖에 없다고 했다. 이건 엄청난 요구 같다. 우리같이 하찮은 인간들이 할 수 있을까? 겉으로 보기에 불교는 이런 면에서 그다지 희망을 주지 못하는 것 같다. 깊이깊이 부정적인 종교처럼 보인다. 사람은 태어나서, 고통받다가, 죽는다. 그리고 다시 태어나서, 다시 고통받다가, 다시 죽는다. 이 과정이 아주, 아주 오랫동안 반복된다고 한다. 불교는 불평분자와 냉소주의자에게 딱 맞는 종교다. 겉으로는 그렇게 보인다. 하지만 나는 확신할 수 없었다. 불교도들이 하는 말처럼, 나도 조사해볼 필요가 있었다.

지금까지 내가 경험한 불교라고 해봤자 대량의 불교용품을 사들인 것 외에는 별로 없다. 나는 웃고 있는 불상(소불笑佛), 그러니까 토실토실하고 유쾌한 남자의 자그마한 조각상들을 상당히 모아두었다. 그 불상들은 내 서재 여기저기에 점점이 흩뿌려져 있다. 거실에는 내가 사들인 불교용품 중에서 가장 좋아하는 물건이 있다. 몇 년 전 라오스에서 산 것으로, 소박한 부처 두상이다. 하지만 세부묘사가 아주 좋은 훌륭한 물건이다. 부처는 눈을 감고 있고, 입술은 살짝 구부러져서 완벽한 마음의 평화를 표현하고 있다. 하지만 그것이 전부가 아니다. 부처의 입꼬리 한쪽이 위로 살짝 들려서 그 평화로운 표정에 짓궂고 비열한 느낌이 조금, 아주 조금 섞여 있다. 마치 부처가 시간과 공간의 본질에 대해 즐거운 형이상학적 통찰력을 발휘하고 있는 것 같기도 하고, 그냥 운 좋게 그런 표정을 지은 것 같기도 하다. 어쨌든 나는 그 불상을 자주 보는데, 그때마다 이런 생각이 든다. 이런, 의뭉스러운 부처 같으니. 정말로 황홀경에 빠져 있는 거죠? 나는 욕망에 몸부림치는 생물이므로 연달아 드는 생각이 또 있다. 나도 그 황홀경을 맛보고 싶은데. 지금 당장.

나는 히말라야 불교명상센터로 걸어 들어가자마자 눈앞의 광경이 마음에 든다. 책이다. 책이 아주 많다. 이상한 일이다. 불교도들은 말을 그리 중요하게 생각하지 않는데. 말은 정신을 흐트러뜨리거나 기만적이거나 진정한 통찰력의 한심한 대용품에 지나지 않는다. 아니면 포옹의 대용품이거나. 윌리엄 제임스가 말했듯이, "어떤 것에 대한 지식은 그것 자체가 아니다." 아이는 기저귀가 축축한 상태에 대해 아는 것이 아니라 그 상태를 직접 경험한다. 아이가 그 경험, 그 느낌을 '축축하다'라는 단어 또는 기호와 연결시키는 것은 나중의 일이다. 제임스는 현대인들이 현실 대신 기호와 상징에 기대는 경우가 너무 많은 게 문제라고 주장했다. 그건 마치 우리가 좋은 식당에 들어가 자리에 앉자마자…… 메뉴판을 먹어치우는 것과 같다. 우리는 직접적인 경험보다는 말과 개념을 통해 중재된 세상에 살고 있다.

나는 이 명상센터의 설립자 중 한 사람인 라마 예셰의 책을 펼친다. 내가 생각하던 것이 직접적으로 언급된 구절이 우연히 펼쳐진다. "혀에 꿀 분자가 닿는 경험은 꿀이 얼마나 달콤한지 몇 년 동안 설명을 듣는 것보다 훨씬 더 강렬하다." 정말 매혹적인 말이다. 진실이기도 하다. 그래서 이 점에 대해 더 많은 글을 읽어봐야겠다고 생각한다. 아니, 읽는 게 아니라 경험해야 한다. 세상에, 난 정말로 전문가의 도움이 필요하다.

티베트 여성이 미소를 지으며 나를 현관으로 인도한다. 나는 그곳에서 신발을 벗는다. 터키에서 이미 깨달은 것이지만, 신발에는 영적인 발전을 방해하는 뭔가가 있다. 이슬람교도, 시크교도, 힌두교도는 모두 예배당에 들어가기 전에 신발을 벗는다. 그것은 당연히 경의의 표시지만, 땅과 다시 접속하는 행위이기도 하다. 방금 깎은 잔디밭을 맨발로 걸어본 사람이라면 누구나 알 수 있을 것이다. 나는 작은 방으로 들어간다. 그런데…… 와!…… 내 오감이 한바탕 폭격을 받는다. 내 머릿속에서 전격기습작전이 벌어지는 것 같다. 눈의 초점을 맞추기가 힘들다. 가장 먼저 다가온 것은 색채의 폭격이다. 풍성한 빨간색, 밤색, 자주색, 파란색이 서로 충돌하면서도 왠지 마음을 달래준다. 바닥에는 두툼한 티베트 카펫이 깔려 있다. 한쪽 벽에는 젊은 시절 달라이라마의 사진이 걸려 있고, 그 밑에 초크세, 즉 자그마한 티베트 탁자가 있다. 불꽃같은 용들과 마구 소용돌이치는 색깔들로 장식된 탁자다. 불을 켜놓은 양초 여러 개, 줄지어 늘어선 구리 단지. 안에는 꽃잎을 띄운 물이 가득하다. 방 여기저기에는 다양한 포즈를 취한 황금 불상들이 여러 개 흩어져 있다.

바닥에는 10여 개쯤 되는 둥근 밤색 쿠션들이 노란 직사각형 쿠션들 위에 깔끔하게 놓여 있다. 사람들이 우리더러 앉으라고 한다. 그러니까, 쿠션 위에 앉으라는 뜻이다. 나는 본능적으로 방 뒤편에 놓인 쿠션을 향해 움직인다. 구경꾼의 자리로 살짝 물러나는 것이다. 하지만 이번에는 스스로 행동을 멈춘다. 영적인 구경꾼 노릇에는 이제 싫증이 난다. 나는 방 앞쪽에 털썩 주저앉자마자 가부좌를 튼다. 나한테는 상당히 힘든 일이다. 다리가 제대로 구부러지지 않기 때문에 나는 대신 몸을 비틀어 이른바 '수정된 가부좌'를 튼다. 진짜 가부좌와 비슷해 보이지만, 고통은 훨씬 덜하다.

한편 진짜 가부좌를 틀고 앉아서 팔 옆에 차 한 잔을 놓은 중년 남자가 있다. 머리는 반백이고, 얼굴에는 멋진 안경을 꼈다. 그는 깔끔하고 날씬하며, 모공도 아주 예쁘다. 몸에는 빳빳하게 다린 드레스 셔츠와 바지를 걸쳤다. 광고대행사에서 일하는 사람 같다. 한쪽 팔목에 걸려 있는 염주만이 그가 불교도임을 드러낸다. 그 남자가 한마디 말도 없이 일어나더니 갑자기 바닥을 향해 다이빙한다. 양팔을 머리 위로 쭉 뻗었다가 몸에 붙였다가 다시 뻗는다. 마른 땅에서 헤엄을 치고 있는 것 같다.

그의 육지 헤엄은 처음 시작할 때와 마찬가지로 갑작스레 끝난다. 그는 아주 쉽게 다시 가부좌를 틀더니 자신을 소개한다. 이름은 안토니오라고 한다. 어느 쪽 말씨인지 금방 알아차리기가 힘든데, 아마도 유럽 쪽 같다. 나는 어떻게든 편안한 자세를 취해보려고 쿠션

위에서 몸을 꼼지락거린다.

"이 방은 체육관입니다." 안토니오가 말한다. "정신의 체육관이죠. 여기에는 여러분에게 필요한 장비가 모두 있습니다. 여러분의 몸과 마음 말입니다. 누구에게나 똑같습니다. 마음의 향상은 신체적인 운동과 달리 쉽게 눈에 보이지 않습니다. 가만히 앉아서 눈만 감는다고 금방 쾅! 하고 집중이 되는 게 아니니까요. 먼저 자신의 마음에 문제가 있다는 것, 자신이 마음의 산물이라는 것을 인정해야 합니다. 그리고 자신이 명상하고 싶어 하는 이유를 분명히 아는 것이 중요합니다."

나는 왜 명상을 하려는 거지? 나도 잘 모르겠다. 명상은 자신만의 활동이다. 나와 내 마음만의 활동. 무섭기는 하지만, 지금 내게 딱 필요한 것이다. 명상은, 세상을 떠난 티베트 라마 초감 트룽파가 말한 것처럼, "자신의 가면을 벗기는 일"이다. 나는 이 말이 마음에 든다. 가면은 무겁고 시야를 방해한다. 불교도들에게 명상은 사실 선택의 대상이 아니다. "명상 외에 기본적인 정신건강에 이를 방법은 없다"는 것이 트룽파의 결론이었다.

안토니오는 이례적인 사람이다. 정확히 무엇이 이례적인지 콕 집어서 말하기는 힘들지만. 안토니오에게는 뭔가 강렬한 분위기가 있지만, 그런 분위기를 풍기는 대부분의 사람들과 달리 공격적인 기미가 전혀 없다. 말을 할 때 그는 생각이 다른 데 가 있는 사람 같은 모습과 순수하게 지금 이곳에 집중하는 모습 사이를 오간다. 정말로, 진심으로 이곳에 존재하든지, 아니면 어디 다른 곳에 가 있는 사람. 그 중간은 없다.

안토니오는 마음은 다른 곳에 가 있는 것 같으면서도 이곳에 확실히 뿌리를 내린 모습으로 이야기를 계속한다. 하지만 이번에는 비유가 바뀌었다. 그는 우리에게 마음을 시운전해보라고 말한다. 나는 이 이미지가 마음에 들어서 만약 내 마음이 자동차라면 과연 어떤 차일지 궁금해진다. 지나치게 공들여서 치장한 영국 자동차일 것 같다. 아마도 재규어쯤. 안토니오는 족히 15분쯤 이야기를 한 뒤에야 비로소 불교라는 말을 입에 담는다. 그런데 그와 동시에 이상한 말을 한다. "눈에 보이는 것은 실재하지 않는다." 이 말이 내 머릿속에서 사라지지 않는다. 그래서 나중에 나는 안토니오에게 물었다. 이게 무슨 뜻이죠? 눈에 보이는 것은 실재하지 않는다니?

"그걸 달리 표현하면, 눈에 보이는 것이 실재한다면 당신은 망했다는 뜻이에요." 그가 말했다.

나는 웃었다. 안토니오의 말이 정확히 무슨 뜻인지 여전히 모르는데도. 불교는 대개 이런 식이라는 걸 나는 금방 터득했다. 의미는 숨겨져 있고, 말은 사람을 속인다. 귀에 들리는 것은 실재하지 않는다.

마침내 명상의 시간이다. 척추를 곧게 펴고, 눈은 4분의 3쯤 감는다. 턱은 살짝 아래로 끌어내린다. 혀는 입천장에 댄다. 호흡에 주의한다. 들이쉬고, 내뱉고, 들이쉬고, 내뱉고. 호흡은 우리 몸의 기능 중에서 유일하게 비자발적인 동시에 자발적이다. 우리가 호흡을 아예 안 할 수는 없지만, 호흡법은 우리 마음대로 통제할 수 있다. 여러 언어에서 '호흡'과 '영혼'은 비슷한 어원을 지니고 있다(영어의 '인스파이어inspire'가 한 예다). 고대 힌두 문서인 《우파니샤드》에는 호흡과 영혼이 뚜렷이 구분되어 있지 않다. 이 둘은 하나다. 들이쉬고, 내뱉고. 호흡에 주의하라.

명상이 잘 진행된다. 대략 7초 동안은. 그다음부터는 나의 '원숭이처럼 멋대로 돌아다니는 마음'이 주도권을 쥔다. 불교식 은유를 쓴다면, 끈에서 풀려난 코끼리가 쿵쿵쿵 멋대로 뛰어다닌다. 먼저 손톱깎이 쪽으로 쿵쿵 달려간다. 손톱깎이에 관한 생각을 멈출 수가 없다. 손톱깎이를 안 가져왔는데, 내 손톱이 하워드 휴즈처럼 기괴하게 자라면 어쩌나 걱정스럽다. 네팔 전국을 뒤져도 손톱깎이가 하나도 없을 거라는 확신이 든다. 난 망했다. 분명히 말하지만, 이 생각이 잠깐 스치고 지나가는 게 아니라 고집스럽게 자꾸만 떠오른다. 후, 숨 한 번 쉬고. 손톱깎이. 후. 손톱깎이. 손톱깎이. 손톱깎이. 후.

마침내 안토니오가 작은 종을 울려 나를 불행에서 건져준다. 세상에, 시간이 얼마나 지난 거지? 20분? 30분?

"5분입니다." 안토니오가 말한다.

그래, 뭐, 자신을 일깨우는 작업이 생각보다 조금 오래 걸릴 것 같군. 문제는, 여느 때와 마찬가지로, 내 마음이 아니라 나의 위치라고 나는 결론짓는다. 관광객들이 모여드는 타멜에서 나와서 불교 중심지 가까이 옮겨가야 한다. 나는 탈출을 계획한다. 하지만 먼저 책을 몇 권 사야 한다. 그래, 나한테 필요한 건 바로 책이다. 나는 호텔 근처에서 커다란 서점을 발견한다. 나는 남아시아의 서점들이 좋다. 정돈되지 않아 어지럽고, 사람들이 북적거리고, 질서라고는 눈곱만큼도 없다. 의도적이지 않은 장소. 내가 찾아낸 호텔 근처 서점에는 불교의 고전들이 많이 갖춰져 있다.《내 완벽한 스승님의 말씀》,《입보리행론》,《티베트의 삶과 죽음의 책》. 나는 그 책들을 게걸스레 모아들고 계산대로 간다. 거기서 작은 판이 눈에 띈다. 네팔 속담이 적혀 있다. "네 마음이 가는 곳을 아무에게도 말하지 말라." 굉장히 좋은 충고라는 생각이 든다.

나는 서점에서 산 책들을 여행가방에 넣고 호텔에서 체크아웃한다. 시내 반대편의 부다나트라는 곳으로 갈 작정이다. 불교도들이 모여 있는 곳이다. 이제 등 뒤에서 바람이 불어온다. 목적지가 생겼고, 나는 속도를 내고 있다.

꽉 막힌 카트만두 도로 사정이 나의 속도를 크게 늦춘다. 내가 탄 작은 택시는 가다 서다를 반복하며 이리저리 방향을 홱홱 꺾는다. 명상 중에 부잡스럽게 움직이던 내 마음보다 더하다. 기사는 수술용 마스크 같은 것을 쓰고 있다. 대기오염 때문에 카트만두에서는 흔한 광경이다. 여기 사람들이 건강에 신경을 쓰는 게 참 다행이라는 생각을 하고 있는데, 기사가 마스크를 잡아당겨 한쪽 귀퉁이를 아래로 내리더니 담배를 그 틈에 끼워 넣고 몇 번 빨고 나서 다시 마스크를 제자리로 돌려놓는다. 택시가 마침내 부다나트에 도착한다. 나는 이곳을 보자마자 사랑에 빠진다. 부다나트는 확실히 '희박한 곳'이다. 희박한 곳이란 천국과 지상의 거리가 짧게 압축돼서 신성(불교식으로 말하면 초월)을 더욱 강렬하게 느낄 수 있는 드문 장소를 말한다. 비록 카트만두에게 집어삼켜진 꼴이지만, 부다나트(짧게 줄여서 부다)는 그 자체로서 부족함이 없는 마을의 아늑함을 아직도 갖고 있다. 이곳의 삶은 문자 그대로 거대한 마시멜로를 중심으로 돌아간다. 뭐, 어쨌든 내가 보기에는 그런 것 같다. 거대한 아기가 꼭대기를 꼬집어놓은 것 같은 거대한 흰색 마시멜로. 거기에 거대한 눈 두 개가 그려져 있다. 사실 그것은 불교의 성골함인 사리탑이고, 거기 그려진 눈은 '만물을 꿰뚫어 보는 부처의 눈'이다. 이 사리탑의 역사는 정교한 신화에 둘러싸여 있는데, 나는 뭐가 뭔지 전혀 이해할 수 없다. 하지만 모든 사리탑은 부처의 마음을 상징하며, 그 주위를 돌면 깨달음에 가까워진다고 한다.

하루 중 언제라도 수백 명의 사람들이 이 거대한 마시멜로 주위를 걸어서 돌고 있다. 언제나 시계 방향으로. 시계 반대 방향으로 도는 법은 절대 없다. 이유는 나도 모른다. 하지만 그들은 그저 계속 걷고 또 걸으면서 진언을 외우고, 염주를 돌리고, 기도문통을 돌린다. 티베트의 기도문통은 부처의 가르침을 담은 경전의 구절들을 금속 원통에 담아놓은 것이다. 대부분의 기도문통은 기껏해야 휴대전화만한 작은 크기지만, 여기에는 자그마한 냉장고만 한 것들도 있다. 워낙 커서 그 주인들은 그것을 허리에 단단히 묶어두었다.

손목을 살짝 꺾으면 기도문통이 빙글빙글 돌고, 그동안 사람들은 탑 주위를 빙글빙글 돈다. 데르비시도 이런 모습을 보면 대견하게 생각할 것이다. 불교도들은 둥근 것을 좋아한다. 만다라, 기도문통, 둥근 사리탑, 죽음과 환생의 고리. 불교도들은 말도 둥글게 돌려서 한다. 그래서 단도직입적인 답변을 얻어내기가 힘들다. 예전에 불교로 개종한 미국인이 내게 말해준 것처럼, 라마승들이 꾸물거리다가 마지막 순간에 계획을 바꾸기 일쑤라고 소문 난 이유가 어쩌면 바로 이것인지도 모른다. 시간을 포함한 모든 것이 둥글다면, 시간 엄수 여부는 관점에 따라 달라진다. 어떤 시각에서 바라보는가에 따라 예정보다 아주 늦을 수도 있고, 아주 이를 수도 있는 것이다. 모든 것은 보는 사람의 관점에 달려 있다.

나는 포장된 인도에서 가방을 끌며(바퀴 또한 둥글다는 것이 축복이다) 생각한다. 그래, 나는 부다의 둥글둥글한 면이 마음에 들어. 우리 서구인들의 특징이 있다면, 너무 직선적이라는 점이다. 조금은 둥글어지는 편이 좋을 것이다. 사리탑 주위로 수십 개의 수도원이 서 있다. 상점들 숫자도 적어도 그만큼은 된다. 한 상점에 '행복한 불교용품'을 판다는 광고가 붙어 있다. 부처의 눈을 지그시 바라보며 피노누아를 마실 수 있는 식당들도 있다. 부다는 신성한 것과 세속적인 것이 합류하는, 드물고도 놀라운 곳이다. 나는 이곳이 마음에 든다.

사리탑 바로 맞은편에 호텔이 하나 눈에 띈다. 로비는 조금 낡은 듯하고 방에서는 이상한 냄새가 나지만, 위치가 완벽하다. 계단으로 후다닥 3층만 내려가면 짠! 거대한 마시멜로가 바로 앞에 있다. 부다에 계속 머무르고 싶다는 강렬한 욕망이 갑자기 나를 압도한다. 영원히 머무르고 싶다. 내게 여행은, 이상한 말이지만, 순전히 둥지를 틀기 위한 것이다. 나는 먼 거리를 가로질러 집에서 먼 곳으로 나 자신을 쏘아 보내지만, 결국은 여정 중에 집 비슷한 것을 다시 만들어내고 만다. 나는 항상 숙소를 정하자마자 가방을 풀어 호텔 방의 서랍과 벽장을 가득 채우고, 모든 것이 제자리에 정돈돼 있는지 확인까지 한다. 이유는 나도 모른다. 어쩌면 어렸을 때 우리 식구들이 이사를 자주 다녔기 때문인지도 모른다(여섯 살 때까지 여섯 번 이사를 다녔다). 그래서 아무리 잠깐 스치듯 머무르는 곳이라도 항상 집처럼 바꿔놓고 싶어 하는지도 모른다.

제대로 둥지를 튼 나는 호텔 침대에 털썩 주저앉는다. 내가 반푼이처럼 엉터리로 불교에 접근하고 있는 게 아닌가 하는 걱정이 든다. 아니, 반푼이가 아니다. 나는 어떤 일이든 반푼이처럼 하는 법이 없다. 내가 그럴 수만 있다면 인생이 얼마나 달콤해질까. 그럴 수 있다면 밤에 잠을 잘 수 있을 것이다. 나는 8분의 7푼이처럼 일을 한다. 그런데 이게 훨씬 더 나쁘다. 틀림없다. 내 사냥감을 완벽하게 시야에 확보하고는 정작 방아쇠를 당기지 못하는 꼴이다. 만약 내가 변호사라면, 최종변론에서 항상 형편없이 무너질 것이다. 테니스를 칠 때도 그렇다. 내 발놀림은 훌륭하고, 라켓의 준비 상태도 마찬가지다. 나는 훌륭하게 자세를 갖추고 서서 힘차게 공을 친다. 하지만 라켓을 끝까지 휘두르지 못한다. 내 인생이 죄다 그런 꼴이다. 8분의 7푼이. 분명히 말하지만, 이건 저주다. 그리고 지금 이곳 카트만두에서도 영적으로 그런 짓을 되풀이하고 있는 것 같아서 걱정스럽다. 나는 이 먼 곳까지 와서, 불교도 친구의 표현처럼 선업을 동원해서 스승을 찾아 쿠션에 앉았다. 그러고는 손톱깎이에 집착했다.

나는 새로운 스승이 필요하다는 결론을 내린다. 모공이 예쁜 유럽인 스승이 아니라 피부가 가죽 같고 현명한 분위기가 나는 진짜 티베트인 스승이 필요하다. 나는 전화번호가 적혀 있는 쪽지를 꺼낸다. 제임스 홉킨스는 친구의 친구의 친구로, 원래 투자은행에 다녔지만 지금은 불교도가 되어 여기 카트만두에 살고 있다. 그가 틀림없이 라마승을 몇 사람 알고 있을 것이다. 나는 제임스에게 전화를 걸어 오후에 만나기로 약속을 잡는다. 그때까지 몇 시간이 남아 있기 때문에 나는 쉬면서 2500여 년에 이르는 불교 역사를 좀 살펴보기로 한다. 그래서 침대에 몸을 쭉 펴고 누워서 책을 살짝 펼친다.

부처는 응석받이 아이였다. 딱히 개구쟁이는 아니었지만, 응석받이였던 건 분명하다. 원래 이름이 싯다르타 고타마인 이 젊은 왕자는 모든 것을 갖고 있었다. 황금, 말, 여자 등등. 그의 아버지는 사랑하는 아들을 위해 재물을 아끼지 않았다. 만약 그 시절에 BMW가 있었다면, 아들의 열여섯 번째 생일에 BMW를 몇 대나 사줬을 것이다. 싯다르타는 처음부터 오만에 가까운 공격적인 자신감을 갖고 있었다. '싯다르타'라는 이름은 대략 '임무 완수'와 비슷한 뜻이다. 전설에 따르면, 싯다르타가 태어나자마자 일곱 걸음을 걷더니 이번 생에서 깨달음을 얻을 것이라고 선언했다고 한다. 베이브 루스가 센터 쪽 관중석을 가리킨 뒤 그 방향으로 홈런을 날린 사건의 영적인 버전인 셈이다.

물론 부처가 처음부터 부처였던 건 아니다. '부처'는 일종의 호칭이다. 문자 그대로 직역하면 '각성한 자'이고, 그보다 자연스러운 구어로 번역하면 '깨어난 사람'이 된다. 불교도들이 그를 부처님이라고 부르는 경우도 있지만, 그렇다고 부처를 신으로 숭배하는 건 아니다. 부처는 단순히 '깨어난 사람'일 뿐이다. 그런 의미에서 불교는 가장 포부가 큰 종교다. 누구든 '깨어난 사람'이 될 수 있으니까. 조금 전에 사리탑 주위를 돌고 있던 사람들도 모두 부처가 되려고 열심히 노력하는 것이며, 그들 자신도 거리낌 없이 그 사실을 인정한다. 우리는 부처가 되려고 수련하고 있어요. 그들은 이렇게 말한다. 그리스도교인이 예수가 되려고 수련하고 있다고 말하거나, 이슬람교도가 무함마드가 되고 싶다고 말하는 모습은 상상이 되지 않는다.

비록 싯다르타의 아버지가 아들을 응석받이로 만들기는 했지만, 그런 부모들이 항상 그렇듯이 그 역시 아들을 위하는 마음에 그런 행동을 한 것이다. 그는 틀림없이 항상 예언을 염두에 두었을 것이다. 싯다르타가 태어났을 때, 점쟁이들은 아들이 둘 중 한 가지 운명을 맞이하게 될 것이라고 아버지에게 경고했다. 만약 그가 집에 머무른다면 위대한 카카바티, 즉 '만국의 왕'(전륜성왕 - 옮긴이)이 되겠지만, 집을 떠난다면 방랑하는 수행자가 될 것이고 궁극적으로는 깨달음을 얻으리라는 것이었다. 싯다르타의 아버지는 만국의 왕 쪽으로 방향을 잡는 것이 더 유망하다고 생각했기 때문에 아들이 집을 떠나지 않게 하려고 수단과 방법을 가리지 않았다. 궁전을 높은 담으로 둘러싸고 경비병을 배치했으며, 아들에게 자신이 생각해낼 수 있는 모든 세속적인 즐거움을 제공해주었다. 심지어 자신이 상상조차할 수 없는 즐거움까지도 제공해줄 정도였다. 물론 싯다르타는 모든 10대들과 마찬가지로 아버지에게 반항했다(이 구절을 읽으면서 나는 싯다르타의 아버지가 아들에게 "무슨 짓을 해도 좋으니 절대 집에 머무르지 말라"고 말했어야 한다는 생각이 들었다). 호기심과 꾀가 많은 싯다르타는 어느 날 몰래 궁전을 빠져나왔다. 그리고 자신의 존재를 뿌리까지 뒤흔드는 여러 광경들을 보았다. 노인, 병자, 시체. 그때까지 싯다르타는 사람이 나이를 먹고 병이 들고 죽는다는 사실을 전혀 몰랐다. 그래서 그 사실을 깨닫고는 한 대 맞은 것처럼 충격을 받았다. 삶이란 오랫동안 쇠락해가는 과정이며, 그 뒤를 따르는 것은 죽음이라는 사실을 알게 되었기 때문이다. 이 덫에서 빠져나가는 길이 틀림없이 있을 거라는 생각이 들었지만, 그 길이 도대체 무엇이란 말인가. 이 수수께끼를 풀기 전에는 삶의 즐거움을 누릴 수 없었다.

그런데 네 번째로 목격한 광경이 해결책의 힌트를 주었다. 방랑하는 수도승. 그는 노란색 가사를 입고 손에는 그릇을 든 채 구걸하며 돌아다니고 있었다. 이 사람은 누구인가? 그는 무엇을 알고 있는가? 사실 당시 그런 수도승을 보는 것은 드문 일이 아니었다. 싯다르타가 살던 시대는 기축시대(Axial Age)라고 불리는, 불안하고 변화가 많은 시기였다. 사람들은 도시로 모여들어 새로 깨달은 개인주의를 시험하며 갈피를 잡지 못하고 있었다. "그들은 무력감에 휩싸이고, 자신의 유한한 생명에 집착했으며, 세상으로부터 소외되어 깊은 공포를 느꼈다." 캐런 암스트롱은 부처의 전기에 이렇게 썼다. 흠. 이건 어디서 많이 들어본 소리인걸. 나는 이런 생각을 하며 계속 책을 읽었다. "그들의 고통은 대부분 새로운 시장경제로 개인주의가 강화된 세상에서 느끼는 불안에서 솟아난 것이었다." 이건 진짜로 많이 들어본 소리인걸.

싯다르타가 살던 시대에 방랑 구도자들은 어디서나 존경의 대상이었다. 당시의 표현대로 '앞으로 나아가기'를 결정한 사람들은 선구자로 여겨졌다. 오늘날의 우주비행사들과 비슷했다고나 할까. 싯다르타는 이런 흐름에 합류해서 "갈망, 탐욕, 이기심의 지배를 받지 않는, 완전히 새로운 종류의 인간"을 만들어내는 산파 역할을 하고 싶은 마음이 간절했다고 암스트롱은 썼다.

가정생활은 싯다르타의 계획과 맞지 않았다. 그는 자신의 어린 아들을 라훌라 또는 '족쇄'라고 불렀다. 자신의 집은 깨끗한데도 '먼지투성이'라고 묘사했다. 여기서 '먼지'는 그가 소유한 물건들과 가족들을 일컫는 말로, 그는 그들이 영적인 발전에 장애가 된다고 보았다. 영적인 선구자들 사이에서는 흔한 일이다. 예수, 공자, 간디도 가정생활을 피했다. 어느 날 밤늦게 싯다르타는 살금살금 위층으로 올라가 잠든 아내와 아들에게 입을 맞추고 궁전을 떠나 다시는 돌아가지 않았다.

제임스 홉킨스는 피부가 구릿빛이고 몸이 탄탄하며 실제 나이인 마흔아홉 살보다 적어도 10년은 젊어 보인다. 진정한 행복감에서 나오는 부드러운 빛을 내뿜는 그는 자신의 흠 잡을 데 없는 삶을 편안히 즐기고 있음이 분명하다. 어쨌든 나는 그가 마음에 든다.

우리는 플레이버스라는 카페에서 만난다. 사리탑 옆에 있는 이 카페의 손님들은 다양한 구도자들이다. 나처럼 혼자 떠도는 사람들, 근처 수도원에서 공부하는 젊은 서구인들을 일컫는 '업의 토끼들(karma bunnies)', 그리고 가끔 찾아오는 독일인 단체 관광객들. 우리는 잠시 가벼운 대화를 나눈다. 나는 관광객들의 게토인 타멜에서 지낸 시간이 즐겁지 않았다고 제임스에게 말한다. 제임스는 공감한다는 듯이 고개를 절레절레 저으며, 이제 숙소를 제대로 찾았다고 나를 안심시킨다. 부다는 내게 꼭 맞는 곳이라면서.

나는 곧장 요점으로 뛰어들기로 하고, 제임스에게 어떻게 해서 투자은행에서 불교로 옮겨가게 됐느냐고 묻는다. 제임스는 그리스식 샐러드에서 토마토를 페어 들고는 잠시 살펴본 뒤 자신의 이야기를 풀어놓는다. 그는 로스앤젤레스에서 일하고 있었다. 실력이 좋았지만, 자신은 항상 부족하다고 생각했다. 회사에서는 매일 1위부터 90위까지 직원들의 순위를 공개했고, 제임스는 예를 들어 15위쯤에 자신의 이름이 적혀 있으면 도저히 말도 안 되는 일이라고 생각했다. 절대 이럴 수는 없다고. 그래서 그는 일에 쏟는 노력을 두 배로 늘렸다. 하루에 열세 시간, 열네 시간씩 일했다. 말리부에 아파트가 있었고 그는, 그 자신의 표현을 빌리면, "오만하고 역겨운 자식"이었다.

어느 날 그는 일본인 에이전트를 만났다. 그 일본인은 제임스의 고전적인 미국인 얼굴에 반해버렸다. 일본에 와서 모델로 일해보지 않을래요? 정신을 차리고 보니 제임스는 도쿄에 와 있었다. 회사를 휴직하고 와서 카메라 앞에서 방긋방긋 미소를 지으며 로스앤젤레스에서 벌던 것보다 더 많은 돈을 벌었다. 제임스가 처음 불교를 만난 곳이 바로 도쿄였다. 크리스마스라는 사람이 쓴 책을 우연히 발견한 것이 계기였다. 그 이름이 하도 공교로워서 지금도 그 이름만 생각하면 빙긋 웃음이 난다.

불교는 제임스에게 완전히 새로운 영역이었다. 그는 버지니아 시골의 장로교 가정에서 자라면서 일주일에 두 번씩 교회에 나갔다. 왜냐하면, 음, 다들 그렇게 했으니까. 하지만 불교는 신을 믿는 종교가 아니었다. 불교의 모토는 "와서 믿으라"가 아니라 "와서 보라"였다. 제임스는 흥미를 느꼈다.

다시 캘리포니아로 돌아간 제임스는 직장에서 로켓처럼 빠르게 승진의 사다리를 올라가고 있었지만, 예전과는 뭔가가 달랐다. 그가 달라져 있었다. 이제는 이 일에 예전처럼 전력을 다할 수 없었다. 그는 한 번에 두세 달씩 장기 휴가를 쓰기 시작했다. 그러고는 여자친구와 함께 인도, 네팔, 티베트를 돌아다녔다. 그는 순례지란 순례지는 죄다 돌아다니는 '법의 관광객'이었다. 네팔에서는 부처가 태어난 룸비니를 보았고, 인도에서는 부처가 깨달음을 얻은 부다가야에 갔으며, 달라이라마와 그의 망명정부가 있는 인도 다람살라에도 가봤다. 제임스는 티베트 불교에 푹 빠져버렸다. 처음에는 머리로만 불교를 대했지만, 점차 완전히 빠져들어 갔다.

그렇게 일정한 패턴이 생겨났다. 매년 제임스는 남아시아를 방문했다. 여자친구는 그때마다 달라졌지만, 그의 의도는 항상 똑같았다. 그는 불교라는 것의 핵심에 다가가고 싶었다. 불교의 본질은 무엇인가? 불교가 그와 잘 맞을 것인가? 그는 닥치는 대로 책을 읽었고, 명상을 했으며, 곰곰이 생각에 빠졌다. 제임스에게 티베트 불교의 가장 큰 매력은 바로 티베트인들 자신이었다. 그들은 모든 것을 잃었다. 고향은 물론이고 가족을 잃은 사람들도 있었다. 그런데도 행복해 보였다. 진심으로 행복한 것 같았다. 결과를 중시하며 돈을 좇던 제임스, 우주의 주인을 자처하던 제임스는 진정한 우주의 주인은 자신이 아니라 바로 티베트인일지도 모른다는 생각이 들기 시작했다.

한편 은행에서도 일이 아주 잘 풀려서 그는 마흔세 살의 나이에 앞으로 평생 단 하루도 일하지 않아도 될 만큼 돈을 벌었다. 대부분의 투자은행 직원들은 이 단계에서도 그냥 계속 일하는 편을 택한다. 그들이 일을 하는 것은 사실 딱히 돈을 벌기 위해서라기보다는 그 일 자체의 재미를 누리기 위해서이기 때문이다. 조지프 캠벨의 표현을 빌리면, "마음대로 써도 되는 리비도"의 분출구를 찾기 위해서라고 할 수도 있다.

하지만 제임스는 이제 자기 자신에게서 벗어나 자신의 "과거가 없는" 먼 곳으로 가고 싶었다. 사람들이 지구 반대편의 어떤 장소를 택해서 이주하는 건 모험을 위해서가 아니다. 순전히 모험만을 위해서 그러는 사람은 없다. 그들은 과거의 자신과는 완전히 다른 사람이 되고 싶어 한다. 하지만 어디로 가면 좋단 말인가? 그는 당시 사귀던 여자친구와 함께 후보 도시 10여 곳의 목록을 만들었다. 그리고 거기서 바르셀로나와 카트만두, 두 곳을 추려냈다. 바르셀로나에서는 시를 쓸 수 있을 것 같았고(이것도 제임스가 하고 싶어 하는 일이다), 카트만두에서는 불교를 공부할 수 있었다. 두 사람은 두 도시의 장점과 단점을 목록으로 작성해서 비교해보았다. 카트만두가 이겼다. 1점 차이로.

개종을 뜻하는 단어 컨버트(convert)는 문자 그대로 '돌아선다'는 뜻이다. 이것은 결코 가볍게 내릴 수 있는 결정이 아니다. 모든 개종은 배신이므로. 개종하는 사람은 가족과 신을 배신할 뿐만 아니라 때로 자신조차 배신한다. 대개 사람들은 아우구스티누스처럼 절망이 극에 달했을 때 마틴 가드너의 표현처럼 "천둥만큼 사람을 소스라치게 만드는" 갑작스러운 변화를 통해 개종이 시작된다고 상상한다. 하지만 보통 개종은 그렇게 이루어지지 않는다. 그보다는 점진적인 과정이다. 카를 융은 제임스처럼 나이를 먹은 뒤에 종교를 발견한 사람들은 천둥 같은 변화를 경험할 가능성보다 "명목상으로만 품고 있던 믿음이 강화"되는 현상을 경험할 가능성이 더 높다고 말한다. 다시 말해서 제임스 홉킨스는 원래 처음부터 불교에 끌리고 있었는데 마흔다섯 해가 지난 뒤에야 그걸 깨달았을 뿐인지도 모른다는 뜻이다.

하지만 하필이면 왜 불교였을까? 그냥 우연의 일치였을까? 제임스가 수피교도나 복음주의 기독교도가 될 수도 있었을까? 그렇지는 않을 것 같다. 제임스는 지적이고 회의적인 사람이다. 그는 이른바 '구도자'의 성격이라는 것을 갖고 있다. 다시 말해서 확실한 대답을 결코 찾지 못하리라는 사실을 잘 알면서도 뭔가를 찾아 나서는 사람이라는 뜻이다. 간디도 구도자였다. 그에게는 모든 것이 시행착오의 연속이었다. 모든 구도자가 그렇듯이, 간디도 의심이나 모호함을 견디며 살아갈 수 있었다. 지금은 세상을 떠난 학자 피터 버토치(Peter Bertocci)의 말처럼, 그는 "불안에서 도망치는 것은 인간으로 살아가는 것의 모든 의미, 종교의 모든 의미를 잃어버리는 것"이라고 믿었다. 내 무신론자 친구들이 종교를 바라보는 시각(약한 사람들이 종교라는 담요로 몸을 감싸고 안정감을 얻으려 하는 것)과는 정면으로 대립하는 생각이지만, 어쩌면 이것이 진실에 더 가까운지도 모른다.

제임스는 카트만두에서 한가로이 차를 마시고, 고향에서는 시간이 없어서 손도 대지 못했던 온갖 책들을 읽으며 사는 자신의 모습을 그려보았다. 하지만 실제 카트만두에서의 생활은 그렇지 않았다. 알고 보니 불교를 공부하는 것은 힘든 일이었다. 제임스는 셰드라, 즉 수도원에 부속된 불교학교에 등록했다. 거기서 공부하는 과목들은 난해하다 못해 어떤 때는 도저히 받아들일 수 없을 정도였고, 승려인 교수들은 용서가 없었다. 〈하버드대학의 공부벌레들〉의 불교판 같았다. "홉킨스 씨." 승려 교수들은 제임스를 가리키며 무섭게 딱딱거렸다. "선천적인 존재의 부재와 무의 차이점을 말해보세요."

나도 제임스처럼 하나의 행로에 자신을 온전히 쏟아붓고 싶다. 하지만 항상 걱정이 나를 사로잡는다. 내가 선택한 길이 틀린 거라면 어쩌지? 사리탑을 돌면서도 나의 일부는 다른 곳에 가 있다. 정확히 말하자면, 8분의 1은 이곳에 없다. 이게 많지 않은 것처럼 보여도 그것이 빚어내는 차이는 엄청나다.

제임스는 어려움을 이겨내고 불교 공부에서 점점 진전을 보이고 있었다. 이제야 비로소 과거의 자신에게서 벗어났다는 느낌이 들었다. 하지만 수도원이 급속도로 규모를 늘려가고 있었기 때문에 재정과 금융에 대해 잘 아는 사람이 필요해졌다. 주지승인 린포체가 학생 중에 그 조건을 완벽하게 갖춘 사람이 있다는 소문을 들었다. 그래서 제임스에게 도움을 요청했고, 제임스는 당연히 거절할 수 없었다. 그래서 제임스는 이제 또 돈을 다루고 있다. 그는 라마승들과 함께 돌아다니면서 부유한 기부자들을 만난다. 은행가들도 만난다. 과거의 승부욕이 다시 그의 몸을 흐르고, 스트레스도 함께 흐른다. 하루 일이 끝나면 제임스는 포도주를 세 잔이나 마시고서야 비로소 긴장이 풀린다. 이런 생활은 행복하지 않다. 그는 돈의 세계에서 벗어나려고 카트만두로 왔는데, 그 세계가 그를 뒤쫓아왔다.

제임스에게 불교는 아직도 미끌미끌 잡히지 않는 짐승과 같다. 어떤 부분들은 완벽히 말이 되는 것 같다. 예를 들어, 업의 법칙이 그렇다. 업은 행동을 뜻한다. 뉴턴 물리학을 우리 삶에 좀 더 광범위하게 응용한 것과 같다. 모든 행동, 즉 작용에는 똑같은 크기에 반작용이 있다. 제임스는 이것을 "이쪽에서 혼자 잘났다고 설쳐대면, 상대도 그렇게 군다"고 표현한다. 문제는 그 반작용이 언제 일어나느냐는 것이다. 5분 뒤? 5년 뒤? 다섯 번 환생한 뒤에? 제임스가 완전히 받아들일 수 없는 것이 이 부분이다. 아, 머리로는 환생이라는 개념을 이해한다. 하지만 그뿐이다. 그는 자신이 이것을 잘 받아들이지 못하는 것에 대해 교수에게 물어보았다. 라마승인 교수는 불교도들의 전형적인 유연성을 발휘하며, 간단히 요약하자면 다음과 같은 말을 했다. "그건 걱정할 필요 없어요. 중요한 문제가 아닙니다."

개인적으로 나는 환생이라는 개념이 마음에 든다. 공짜로 커피를 리필해주는 것과 같다. 하지만 불교도들이 환생을 바라보는 관점은 완전히 다르다. 그들에게 환생은 실패의 증거다(부처도 "가없은 탄생"이라고 말했다). 그들에게 환생은 7학년에서 계속 유급하는 것과 같다. 또 한 생을 살아가야 한다는 것은, 지난번 생을 제대로 살아내지 못했다는 뜻이다.

나는 라마승에게 조언을 구하는 것이 불편하게 느껴진다고 제임스에게 말한다. 자신의 정신(자신의 영혼이라고 할 수도 있을 것이다. 비록 불교도들은 영혼의 존재를 믿지 않지만)을 낯선 사람의 손에 맡기는 꼴이 아닌가. 나는 그것을 편안히 받아들일 수 없다. 남에게 내 돈 관리나 치아 관리를 맡기는 것도 그리 좋아하지 않는 사람인데, 나의 영적인 복지를 어떻게 다른 사람에게 맡길 수 있겠는가? 좋은 스승들이 많이 있는 건 사실이지만, 나쁜 스승들도 많다. 그러니까 내 스승이 깨달음을 얻은 사람일 수도 있고, 살인을 서슴지 않는 사이비 교주 같은 사람일 수도 있는 것이다. 왜 우리가 직접 자신의 구루가 될 수 없는가?

제임스의 눈이 휘둥그레진다. 확실히 그가 오랫동안 열심히 생각해본 주제인 모양이다. 그는 그것이 쉬운 문제가 아니라고 인정한다. 좋은 구루를 만나는 것. 세상에 나쁜 구루들이 있는 것도 사실이고, 스승을 부모의 대용품으로 삼고 싶어 하는 구도자들이 있는 것도 사실이다. 예를 들어, 아버지의 사랑을 받아보지 못한 사람이 스승에게서 애정이 넘치는 아버지의 모습을 찾는 것이다(여담이지만, 최근의 연구 결과도 이런 주장을 뒷받침한다. 대부분의 개종자들이 "약하거나, 아버지 노릇을 제대로 안 하거나, 잔혹한 아버지" 밑에서 자랐다는 연구 결과가 그것이다). 스스로 구루가 되는 길을 택했을 때의 문제는 스스로 자신의 마음을 조사해야 한다는 점이라고 제임스가 말한다. 다시 말해 마음이 진짜로 자신을 조사해야 하기 때문에 까다로운 문제가 발생한다는 것이다. 게다가 중요한 것은 "방석에 앉아 있을 때의 행동이 아니라 방석에서 일어난 뒤의 행동이에요"라고 제임스가 말한다.

"방석에서 일어난 뒤?"

제임스는 "방석에서 일어난 뒤"라는 말은 불교도가 명상하지 않을 때를 뜻한다고 설명한다. 명상실에 조용히 앉아 있을 때는 지각을 지닌 모든 생명체에게 측은지심을 느낄 수 있을지라도 러시아워의 꽉 막힌 도로에서 차를 몰고 있는데 누군가가 앞을 가로막고 들어올 때 그런 감정을 느낄 수 있는지는 별개의 문제라는 것이다. 나는 "방석에서 일어난 뒤"라는 말이 마음에 든다. 그래서 제임스에게 불교를 알게 된 후로는 방석에서 일어난 뒤에도 예전과 다른 사람이 되었느냐고 묻는다.

그는 그렇다고 말한다. 인내심이 더 강해졌고, 특히 "덜 역겨운 자식"이 됐다고 한다.

"그게 무슨 뜻이죠?" 나는 제임스가 역겨운 자식처럼 구는 모습이 잘 그려지지 않는다.

"옛날에는 화를 잘 냈어요." 제임스가 말한다. "아주 사소한 일에도 폭발하곤 했죠. 하지만 이젠 안 그래요." '영적인 사람들'(더 좋은 표현이 없어서 그들을 이렇게 부를 수밖에 없다)에게서 이것과 똑같은 얘기를 참 많이도 듣는다. 이제는 예전처럼 화가 나지 않는다는 얘기.

그래서 궁금해진다. 화를 덜 내고, 덜 역겹게 구는 것이 영적인 기준이라도 되는 건가? 교회도 간판에다가 "일요일 예배에 나와서 덜 역겨운 인간이 되세요"라고 써 붙여야 하는 건가? 사실 나쁜 생각은 아닌 것 같다. 영적인 수련이 우리를 더 훌륭하고, 덜 역겨운 인간으로 만들어주지 못한다면 그런 수련의 의미가 뭐겠는가?

그래요, 덜 역겨운 인간이 됐다는 건 알겠는데, 그럼 지금 행복한가요? 내가 묻는다. 혹시 불교에 실망한 점이 있느냐는 뜻이다. 애착을 끊느니 뭐니 하는 말이 내게는 차갑게만 들린다. 나는 제임스에게 내 고양이 망고 이야기를 한다. 얼마 전 세상을 떠난 망고는 뛰어난 고양이였다. 대다수의 고양이보다는 훨씬. 녀석이 죽었을 때 나는 울었다. 고통스러웠다. 내 어린 딸도 고통스러워했다. 물론 그 고통은 전혀 즐겁지 않았지만, 그래도 망고를 사랑하지 않았던 것보다는 그 편이 훨씬 나았다.

"애착을 끊는 것과 냉담해지는 것을 혼동하고 계시는 것 같네요." 제임스가 말한다.

"그 둘이 어떻게 다른데요?"

"냉담하다는 건 고양이를 전혀 사랑하지 않는 겁니다. 애착을 끊는 건 감정에 매달리지 않는 거예요. 고양이를 얼마든지 사랑해도 되지만, 그 감정에 매달리지 않는 겁니다. 그 둘은 달라요."

나는 포도주를 한 모금 마시고 한참 동안 생각에 잠긴다. 고양이를 사랑하지만, 그 사랑의 감정에 매달리지 않는다. 인간적으로 그런 게 가능한가? 제임스도 쉬운 일이 아니라고 인정한다. 충실한 불교도에게도 쉬운 일이 아니라고. 그가 절친한 친구를 잃은 라마교 고승의 이야기를 들려준다. 그 라마승은 며칠 동안 계속 울었다. 그러자 제자 한 명이 스승의 고통을 보고 이렇게 말했다. "스승님, 친구분이 그저 미망에 불과했다는 걸 아시잖아요."

"그래." 라마승이 대답했다. "하지만 정말 아름다운 미망이었다."

우리가 이야기를 나누기 시작한 지 두 시간이 넘었다. 제임스는 나가서 사리탑 탑돌이를 하자고 말한다. 나는 이 말이 마음에 든다. "거대한 마시멜로 주위를 걷자"는 말보다 훨씬 더 불교 냄새가 물씬 난다.

우리는 밖으로 나간다. 찬란한 날씨다. 하늘은 짙은 파란색이고, 모처럼 공기도 숨 쉴 만하다. 우리는 걸으면서 탑을 돌기 시작한다. 기분이 좋다. 나는 제임스 뒤를 바짝 따른다. 여긴 그의 세계다. 우리는 불교 순례자들, 관광객들, 그밖에 탑을 돌고 있는 또 다른 사람들의 흐름에 합류해서 시계 방향으로 돈다. 나는 제임스에게 묻는다.

왜 시계 방향이냐고. 그리고 심오한 형이상학적 답변을 들을 마음의 준비를 한다. 하지만 제임스는 실내에 수도관이 설치되어 있지 않던 고대에 사람들이 몸을 씻을 때 왼손을 사용했기 때문이라고 설명한다. 신성한 사리탑에 왼손을 노출시키기 싫어서 시계 방향으로 걷게 되었다는 것이다. 때로는 가장 간단한 설명이 정답이다.

나는 기도문통, 티베트 명상주발(singing bowl: 종처럼 두드려서 소리를 내는 악기. 천장에 매달려 있는 일반적인 종과는 달리 바닥에 놓인 주발 모양을 하고 있다. 원래 티베트와는 특별한 관계가 없지만 티베트 명상주발로 불리는 경우가 많다 - 옮긴이) 등 행복한 불교용품을 파는 가게들이 아주 많다고 한마디 한다. 제임스가 말한다. "성지 근처에서 사람들이 종교적인 허섭스레기를 파는 건 오래전부터 전통적으로 이어지고 있는 일이죠." 나는 고개를 끄덕이며 맞장구를 친다.

부다에는 거지가 많다. 여기는 거지로 살아가기에 좋은 곳이다. 선업을 쌓으려고 열심인 사람이 많기 때문이다. 제임스는 그들을 모두 알고 있다. 여기 이 사람은 알코올중독자고, 저 사람은 신세가 가련하죠. 그가 말한다. 문자 그대로 몸이 접힌 남자를 가리키고 있다. 그는 그렇게 90도 각도로 몸이 굳어져서 하루 종일 땅바닥만 바라볼 수밖에 없다. 제임스는 바닥에 웅크리고 있는 여자 앞에서 걸음을 멈춘다. 겉모습은 일흔 살쯤 된 것 같지만, 실제로는 아마 겨우 쉰 살쯤일 것이다. 여자는 네팔어로 쉴 새 없이 지껄여대며 양손을 한데 모아 제임스에게 돈을 구걸한다. 그때 여자의 치아가 눈에 들어온다. 아니, '치아'라는 말을 쓰는 건 허풍이다. 여자의 입안에는 잇몸 여기저기에 간신히 매달려 있는 에나멜 조각들이 있을 뿐이다. 제임스는 허리를 숙여 여자에게 몇 루피를 건네준다. 우아하고 품위 있는 동작이다. 선심을 쓰는 척하는 기미는 조금도 없다. 여자는 기분이 좋은지 씩 웃는다.

"이건 좋은 수련입니다." 제임스가 말한다.

"수련이라니요?"

"측은지심 수련이죠."

제임스는 팔다리가 없거나 치아가 상당 부분 사라진 사람에게만 돈을 준다는 원칙을 갖고 있다. 최근에는 정신적으로 특정한 문제를 지닌 사람도 포함시키기로 원칙을 바꿨다. 부다의 많은 거지들이 이 원칙에 포함되지만, 모두는 아니다. 제임스는 알코올중독자나 말썽꾼에게는 돈을 주지 않는다.

제임스가 자신의 구루, 그러니까 그가 '마음 스승'이라고 부르는 사람의 일터이자 거처였던 절을 내게 구경시켜준다. 스승은 얼마 전에 세상을 떠났다. 제임스는 구루를 찾기가 쉽지 않다고 말한다. 티베트 구루들은 쉽사리 제자를 받아들이지 않고, 상대가 진심인지 알아보려고 테스트를 한다.

"내 스승님 이야기를 해드릴까요?" 제임스가 묻는다. "조금 황당한 이야기일 수도 있는데."

나는 듣고 싶다고 말한다.

제임스는 어느 날 밤에 스승이 꿈에 나타났다고 말한다.

"스승님에 관한 꿈을 꾸었다고요?"

"아뇨." 제임스가 말한다. "그거랑은 좀 달라요. 스승님이 내 꿈에 나타나셨어요. 생시와 똑같이. 지금 당신이랑 내가 함께 서 있는 것과 똑같이. 생생하게 기억하고 있어요. 스승님이 티베트어로 딱 한마디를 하셨어요. 펫이라고."

제임스는 깜짝 놀라서 깨어났다. 이게 도대체 뭐지? 그날 스승을 만났을 때 제임스가 말했다. "스승님이 제 꿈에 오셔서 펫이라고 말씀하셨어요. 그게 무슨 뜻입니까?"

스승은 지체 없이 그에게 쏘아붙였다. "난 펫이라고 한 게 아니다. 파임이라고 했어."

나는 이 이야기를 어떻게 받아들여야 할지 모르겠다. 말도 안 되는 소리 같다. 혹시 불교라는 건 그냥 객쩍은 미신 같은 게 아닐까? 제임스는 거기에 홀라당 속아 넘어간 게 아닐까?

제임스가 내 생각을 눈치채고 말한다. "압니다. 황당하게 들린다는 거 알아요. 나도 그 잘난 투자은행에 다녔으니 이런 엉터리는 안 믿죠. 하지만 이건 정말로 있었던 일입니다."

불교도들은 초자연적인 것에 집착하지 않는다. 부처가 몇 가지 기적을 행했다는 이야기가 전해지는 것은 사실이다. 예수와 아주 비슷하게 물 위를 걸었다는 이야기도 있다. 하지만 이런 기적들은 신앙의 중심을 차지하지 않는다. 많은 불교도들도 코웃음을 칠 뿐이다. 불교의 수련에는 평범한 노동자의 생활 같은 측면이 있다. 불교는 꾸준히 수련에 참가하는 것을 높이 평가한다. 매일 수련장에 나와서 자신의 마음을 들여다보아야 한다는 것이다. "거짓으로 그런 척하다 보면 정말로 그렇게 된다"가 그들의 모토다. 깨달음을 얻은 척하면서 깨달음을 그려보려고 애쓰다 보면 어느 날 정말로 깨닫게 된다는 뜻이다. 이건 마이클 조던이 3점 슛을 머리로 계속 그려보다가 어느 날 획 하고 슛에 성공하는 것과 같다. 영적으로 불꽃놀이가 벌어진 것처럼 화려하게 깨달음을 얻었다는 얘기에 불교도들은 수상쩍은 시선을 보낸다. 종교학자인 휴스턴 스미스(Huston Smith)가 선(禪)

을 공부하는 서구인의 말을 인용한 적이 있는데, 나는 그 말이 불교도들의 생각을 잘 포착했다고 본다. "초과학적인 현상은 전혀 감지되지 않는다. 그러나 아침에 일어나면 세상이 견디기 힘들 만큼 아름답게 보인다."

내 경우에는 아침에 일어나면 세상이 견디기 힘들 만큼 불길해 보인다. 나는 관점을 바꿀 필요가 있다. 어쩌면 불교가 그것을 이루어줄지도 모른다. 제임스도 도와주겠다고 약속한다. 어쩌면 자신이 있는 수도원의 라마승과 만남을 주선해줄 수 있을지도 모르겠다면서. 하지만 내가 특별해서 그러는 것이 아니라 단순히 측은지심 때문이라고 설명한다.

나는 호텔로 돌아와 천장에서 빙글빙글 돌아가는 선풍기를 뚫어지게 바라보며 제임스의 이야기를 소화하려고 애쓴다. 그는 진정한 영적인 행로를 따라가고 있는 걸까, 아니면 단순히 카트만두의 낭만과 모험에 사로잡힌 걸까? 그는 자기 말대로 진짜 "덜 역겨운 자식"이 된 걸까, 아니면 자신이 승부욕을 발휘하는 장을 투자은행에서 불교로 바꾼 것에 불과한 걸까?

어쩌면 이런 건 중요하지 않을 수도 있다. 제임스는 확실히 만족스러운 삶을 살고 있다. 나는 그가 지닌 마음의 평정이 부럽다. 그의 조용한 측은지심을 나도 갖고 싶다. 그래, 불교가 마음에 든다. 불교도들이 유난히 피부가 좋다는 점 때문만은 아니다(부처도 "유난히 맑고 밝은 피부"를 지니고 있었다고 한다). 깨달음을 위해 스스로 노력하는 정신, 맹목적인 신앙보다 직접적인 통찰력을 강조하는 것이 마음에 든다. 대부분의 종교는 영적인 수련 방법이나 의식의 정당성을 평가할 때 이렇게 묻는다. 이것이 신의 의지인가? 신학적으로 기반이 탄탄한가? 하지만 불교도들의 질문은 단순하다. 이것이 효과가 있는가? 다른 건 몰라도 불교는 몹시 실질적이고 현실적인 길이다. 불교도들은 답을 찾으려고 "저기 저편"을 바라보지 않고, 자신의 내면을 본다. "너 자신을 등불로 삼아라." 이건 부처가 남긴 유명한 말이다. 나는 이 말에서 해방감을 느낀다. 무섭기도 하다. 등불을 밝히는 나의 힘이 모자라면 어쩌지?

제임스가 한 말 중에 특히 가슴에 와 닿는 것이 있다. 불교는 "궁극적으로 할 일이 아무것도 없음"을 가르친다는 말. 할 일이 아무것도 없어? 진짜? 이 말이 사실이라면, 그렇게 좋을 수가! 할 일이 아무것도 없다면 실수를 저지를 걱정도 없다. 할 일이 아무것도 없다면 습관적으로 애쓰는 것을 그만두어도 된다. 할 일이 아무것도 없다면 뭔가 하는 것을 그만두어도 된다. 그러면 좋을 것이다. 나는 지쳤다. 하지만 할 일이 아무것도 없다는 주장과 제임스가 이렇게 많은 일을 하고 있다는 사실을 어떻게 조화시켜야 할까? 티베트인들도 마찬가지다. 그들은 끊임없이 움직이며 오체투지를 하고 진언을 외우고 탑돌이를 한다. 가만히 지켜보기만 해도 지칠 정도다. 왜 이렇게 광적으로 의식에 몰두하는 거냐고 제임스에게 물었더니, 그는 그런 의식이 궁극적으로는 중요하지 않다고 가볍게 치부해버렸다. 그런 의식은 생각을 일깨우기 위한 것이라면서. "뇌에 붙이는 포스트잇 메모죠." 그럴지도 모른다. 하지만 포스트잇 메모도 금방 엄청나게 붙어나서 사람을 압도해버릴 수 있다. 실제로 세상에는 거대한 포스트잇 메모지 더미에 지나지 않는 종교도 있다. 생각을 일깨우려고 메모를 하고, 그 메모를 잊지 않으려고 또 메모를 하고, 이 메모를 잊지 않으려고 또 메모를 하고…… 그런데 정확히 뭘 기억하려는 거지? 아무도 기억하지 못한다.

　그래, 내가 불교에 매력을 느끼는 건 사실이다. 하지만 무섭기도 하다. 불교는 온통 마음으로 자신의 마음을 조사해봐야 한다는 얘기뿐인데, 이건 마치 자기 이를 스스로 물어뜯으려고 애쓰는 것 같다.

　더 이상은 안 되겠다. 머리가 아프다. 나는 형이상학적인 피로에 지친 마음을 달래주는 위대한 물건에 손을 뻗는다. 리모컨. 찰칵. 뉴스 앵커가 네팔어로 말하고 있다. 찰칵. 젖은 사리 차림의 풍만한 여자들이 우스꽝스럽게 엉덩이를 내밀고 테이프를 빨리 돌렸을 때처럼 이상한 소리로 노래를 부르고 있다. 찰칵. BBC 방송이다. 아, 형이상학적인 고뇌를 달래는 데는 옛날부터 보던 믿음직한 BBC만 한 것이 없다. 아나운서들은 언제나 아주 열성적이고, 아주 초연하다. 불교식이 아니라 "저 먼 곳에서 일어나는 저 무시무시한 일을 좀 보세요"라고 차분하게 말하는 것 같은 태도다. BBC에서는 모든 것이 항상 무시무시하다. 전부 무시무시하다. 아나운서들이 무시무시하다는 말을 하지 않을 때도 사실은 말하는 거나 다름없다. 지금 무시무시한 소식은 콜로라도주 어딘가를 집중적으로 다루고 있다. '기구 소년'이 어쩌고저쩌고 하는 이야기다. 아나운서가 '기구 소년'이라는 말을 할 때 그것이 모두가 알고 있는 단어라도 되는 것처럼 구는 것으로 보아 이 사건이 시작된 지 조금 된 것 같다. 여러 가지 사실들이 쏟아져 나오지만, 서로 연결되지 않고 뒤죽박죽 섞여 있다. 소년이 실종되었다. 그건 분명히 알겠다. 그 아이가 기구에 달린 곤돌라를 탔다는 것 같기도 하고 아닌 것 같기도 한데, 어쨌든 그 곤돌라는 지금 현재 콜로라도주를 맹렬히 가로지르고 있다. 기구 소년의 부모는 걱정스러운 표정이다. 경찰들도 걱정스러운 표정이다. 물론 BBC

아나운서도 걱정스러운 표정이다.

부처라면 저 기구 소년을 보고 무슨 생각을 했을까? 그 어느 것도 진짜가 아니다, 모든 것이 일시적이다, 부처는 이렇게 가르친 사람이니까, 이 사건도 너무 심각하게 받아들이면 안 된다고 말했을 가능성이 높다. 하지만 부처는 또한 지각이 있는 모든 생물에 대해 측은지심을 가지라고 했으므로, 저 기구 소년을 도와야 한다고 말했을 것 같기도 하다. 머리가 또 빙빙 돈다. 나는 젖은 사리를 입고 이상한 소리로 노래하는 여자들에게로 돌아가지만 곧 싫증이 나서 부처에 대한 책이나 더 읽기로 한다.

싯다르타는 인더스 계곡의 도시들과 마을들을 떠돌았다. 그는 그 일대의 영적인 구도자들 세계에 금방 끼어 들어가서 자신과 같은 수행자들 무리에 합류했다. 그는 아주 빨리 배우는 사람이었다. 그래서 무아지경과 비슷한 상태에 도달했다. 그 상태가 즐겁기는 해도 언제나 일시적이었으므로, 싯다르타는 그것에 가치가 별로 없다는 결론을 내렸다. 그리고 다른 수행자들과 함께 고행을 시작했다. 그것이 해방으로 이어진 길이라고 믿었기 때문이다. 싯다르타는 매일 완두콩 수프 한 그릇만으로 버텼으며, 못으로 만든 매트리스에서 잤다. 그리고 호흡도 오랫동안 참곤 했다. 그 결과 몸이 비쩍 말라서 손으로 배를 만지면 척추가 잡힐 지경이었다. 그가 머리를 만지자 머리카락이 한 뭉텅이 빠져나왔다. 숨을 너무 참아서 머리도 아팠다.

그가 거의 빈사 상태에 있을 때 젊은 여자가 렌즈콩을 내밀었다. 싯다르타는 그것을 받은 뒤, 서서히 몸을 보살피며 건강을 회복했다. 동료 수행자들은 싯다르타의 결정을 탐탁지 않게 생각했다. "아, 싯다르타를 좀 봐. 렌즈콩을 먹고, 그냥 마룻바닥에서 잔다네." 그들은 틀림없이 이런 이야기들을 주고받았을 것이다. "사람이 물렁해져버렸어."

이제 혼자가 된 싯다르타는 새로운 길을 모색했다. 그리고 그 길에 중도라는 이름을 붙였다. 욕구에 지나치게 관대하지도 않고, 욕구를 지나치게 참지도 않는 길. 그는 보리수 아래에 앉았다. 지금의 인도 비하르주였다. 그는 "최고의 최종적인 지혜를 얻기" 전에는 그 자리를 떠나지 않겠다고 맹세했다. 그리고 명상에 잠겼다. 그는 망상의 악마인 마라를 물리친 뒤, 어느 날 아침 일찍 "그것"이 "해방"되었다고 선언했다. '나'가 아니라 '그것'이었다. 그가 이 단어를 선택한 것에는 커다란 의미가 있다. 이제 부처가 된 싯다르타는 자신의 자아를 철저히 무너뜨리고 열반의 경지에 도달한 것이다.

우리는 열반에 대해 무엇을 얼마나 알고 있는가? 사실 아는 것이 거의 없다. 부처는 말로 표현할 수 없는 것에 대해 이야기하는 것을 꺼렸다. 혹시 그런 주제를 입에 올리더라도 부정문을 사용할 때가 많았다. 열반은 느낌이 아니다. 생각도 아니다. 그냥 존재하는 것이다. 열반은(열반을 뜻하는 니르바나를 문자 그대로 번역하면 '끄다'가 된다. 양초의 불을 끌 때의 그 '끄다'다) 즐거울 뿐만 아니라 심지어 황홀하기까지 한 상태이지만, 그 이상 우리가 아는 것은 거의 없다.

나는 책을 덮고 생각에 잠긴다. 불교도들은 깨달음, 즉 열반에 도달하려고 애쓰면서 일생을 보낸다. 아니, 사실은 여러 생이라고 해야 할 것이다. 그런데도 이 열반이라는 것이 정확히 무엇인지 그들에게 일러주는 사람이 하나도 없다. 기독교 경전은 천국을 자세히 묘사하고 있고, 그건 코란도 마찬가지여서 내세에 우리를 기다리는 처녀들의 숫자까지 정확히(72명) 적어두었다. 하지만 불교는 그저 신앙만으로 모든 것을 받아들이는 종교는 아니라면서도 열반 문제에만 이르면 "우리를 믿으라"고 말할 뿐이다. 다시 말해서 불교가 우리에게 미지의 목적지를 향해 여행을 떠나라고 요구하는 셈이다. 그러니 내가 매력을 느낀 것도 무리가 아니다.

나는 다른 모든 것을 추구할 때처럼 깨달음을 추구한다. 열광적으로, 절박하게, 그리고 다른 사람들의 짜증을 최대화하는 방식으로. 여느 때처럼 두려움이 주연을 맡는다. 조금이라도 실수를 저지르면 큰일이 날 것 같은 기분이다. 나한테 필요한 것은 그냥 평범한 구루나 라마승이 아니라 '최고'의 구루다. 하지만 그런 완벽한 스승을 어디서 찾는단 말인가? 포카라에 명상학교가 있다는 정보가 들어온다. 카트만두에서 비행기를 타면 금방 갈 수 있는 곳이다. 하지만 그곳에 전화를 걸었더니 아무도 전화를 받지 않는다. 나중에 나는 "수상쩍은 벨기에인들"이 그 학교를 운영하고 있다는 소문을 듣는다. 지금까지도 수상쩍은 벨기에인들을 성공적으로 피하면서 살아왔으니 그 완벽한 기록을 이제 와서 망가뜨릴 생각은 없다.

나는 디네시라는 세련되고 젊은 인도인을 만난다. 그가 네팔의 오지에서 살고 있는 현명한 승려 이야기를 해준다. 나는 강한 흥미를 느낀다. 그 승려가 사는 곳이 오지일수록 더 현명할 거라는 생각이 반사적으로 든다. 그 현명한 승려를 어떻게 하면 찾을 수 있죠? 내가 묻는다.

"비행기를 두 번 타셔야 돼요." 디네시가 설명한다. "그다음에 차를 몰고 구불구불한 산중 도로를 일곱 시간 동안 달린 뒤, 마지막으로 이틀 동안 오지를 걸으면 돼요."

나는 생각에 잠긴다. 음, 진짜로 현명한 승려인 모양인데. 그때 디네시가 점점 솟아오르는 나의 흥분을 감지하고는 내 기대를 부추긴다. "흔치 않은 경험을 하게 될지도 몰라요."

그래, 바로 이거야! 흔치 않은 경험! 중간에 누가 끼어들지도 않고, 지식이 강조되지도 않는 경험. 윌리엄 제임스가 상상할 수밖에 없었던 경험. 나는 당장이라도 일어서서 사흘이나 걸린다는 이 여행에 나설 준비가 되어 있다. 그 현명한 승려를 만나기 위한 탐험이다. 그때 디네시가 말을 덧붙인다. 그런데 그 스님이 댁에 안 계실지도 몰라요. 어딘가로 순례여행을 떠나셨을 수도 있거든요. 승려가 어디 있는지 확실히 아는 사람은 하나도 없다. 그 승려는, 당연히, 전화를 갖고 있지 않기 때문이다. 갑자기 이 현명한 승려를 만날 가능성이 희박해 보인다. 나는 이렇게 희박한 가능성에 기대를 걸 여유가 없다.

결국 원점으로 돌아왔다. 훌륭한 라마승들이 모두 미국에 가 있는 게 문제라는 생각이 든다. 그건 업의 법칙 때문이 아니라 수요와 공급의 법칙 때문이다. 라마승들은 돈을 따라 미국으로 갔다. 나더러 당장 비행기를 타고 캘리포니아나 콜로라도로 가보라고 말하는 사람이 한두 명이 아니다. "라마승을 찾으려면 그런 데로 가야죠." 그들은 말한다. "엉뚱한 데로 오면 어떻게 해요." 아니다, 그 방법은 이미 시도해봤다. 그리고 결과가 그다지 좋지 않았다. 그리고 원천을 찾아가는 일에는 가치가 있다고 나는 믿는다. "웨인은 생각해봤어요?" 네팔의 저명한 작가인 만주가 의견을 내놓는다. "웨인은 아주 현명해요."

"웨인? 그 사람은 티베트의 어디 출신인데요?"

"스태튼아일랜드요."

그렇군. 당연히 내가 기대하던 답은 아니지만, 웨인은 30년 전부터 카트만두에 살고 있다. 그러니까 사실상 이 나라 사람이라고 봐도 된다. 게다가 난 이제 필사적이다. 그래서 스태튼아일랜드 출신이라는 웨인을 만나보기로 한다. 나, 웨인, 그의 아내 주디, 만주, 이렇게 네 사람이 '눈에 익은 요리들'과 쾌적한 정원으로 유명한 일식집에서 모인다. 의도적이지는 않지만 하여튼 정신이 하나도 없는 카트만두 거리의 소음과 공해를 피해 쉴 수 있는 곳이다.

웨인은 하얀 탱크탑을 입고 있다. 반백의 머리는 뒤로 넘겨 하나로 단단히 묶었다. 그는 영혼의 악수(팔씨름을 할 때처럼 서로 손을 맞잡는 것 - 옮긴이)로 나를 맞이한다. 이런 악수를 본 것은 1975년 이후로 처음이다. 웨인이 미국을 마지막으로 떠난 게 그 무렵이니까 말이 된다. 그와 주디는 버클리에서 공부하며 뭔지는 모르지만 하여튼 무한한 것을 찾아 헤매다가 그곳을 찾아온 라마승의 강연을 우연히 듣게 되었다. 강연장은 거대한 격납고였다. "그 격납고를 떠날 때 우리는 완전히 다른 사람이 되어 있었어요." 웨인이 말한다.

모종의 돌이킬 수 없는 힘 같은 것이 그날 움직이기 시작했다. 웨인은 차를 몰고 곧장 스태튼아일랜드로 가서 부모에게 작별 인사를 하고 인도행 비행기에 올랐다. 웨인과 주디는 인도에 도착한 뒤 처음 1년을 아슈람에서 보냈다. 주디는 명상을 했고, 웨인은 화장실 변기 위에 웅크린 채로 대부분의 시간을 보냈다. 결국은 그의 소화기관도 새로운 환경에 적응했다. 그렇게 어찌어찌 해서(정확히 뭐가 어떻게 된 건지는 분명하지 않다) 그들은 카트만두에 도착했고, 그 뒤로 줄곧 이곳에 머물렀다.

내가 스태튼아일랜드 출신의 웨인을 만나자마자 호감을 느꼈다고 말할 수 있으면 좋겠지만, 사실은 그렇지 않다. 솔직히 나는 그가 마음에 들지 않았다(나중에 들으니 이건 좋은 징조라고 한다. 스승을 처음 만났을 때 호감이 덜하면 덜할수록 딱 맞는 스승일 가능성이 높다는 것이다. 데 이트랑 좀 비슷하다). 그에게서 냉담한 분위기가 감지된다. 자신이 힘 들게 얻은 우주적 통찰력을 나 같은 초보자와 나누기 싫어하는 것 같다. 하지만 나는 공손하게 굴면서 명상에 관해 묻는다. 명상을 잘 하기 위한 첫 단계를 좀 추천해주세요.

"첫 단계는 대개 마지막 단계입니다." 웨인이 말한다. 나는 무슨 말인지 알겠다는 듯이 고개를 끄덕이지만, 사실은 잘 모르겠다. 솔 직히 전혀 모르겠다. 웨인이 하는 말들은 대개 이런 식이다. 처음에 는 애매하고 심오하게 들리지만, 좀 더 면밀히 살펴보면 그냥 애매 할 뿐이다. 이런 말이 좋은 예다. "자신의 경험 앞에 내동댕이쳐져야 합니다." 이해가 잘 안 갈 뿐만 아니라 고통스러울 것 같기도 하다. 나는 웨인에게 카트만두에서 보낼 수 있는 시간이 겨우 몇 주밖에 안 되는데 그동안 어떻게든 영적인 진전을 이루고 싶다고 말한다.

"명상은 담보대출과 같아요." 그가 말한다.

"채무불이행이 될 가능성이 높다는 뜻인가요?"

"아뇨, 자신에게 30년의 궤적을 허용해줘야 한다는 뜻입니다."

"하지만 저는 그 정도로 여유가 없어요."

"자, 보세요." 웨인이 냅킨을 향해 손을 뻗으며 말한다. "막대인형 을 그릴 수 있습니까?"

"잘은 못 그리지만, 그릴 수는 있어요." 나는 그림을 그린다. 유치 원생이 그린 것 같은, 작고 불쌍한 막대인형을 냅킨에 그린다.

"좋습니다. 당신에게 필요한 건 이것뿐이에요. 당신이 바로 막대인형입니다."

내가 막대인형이라고? 무슨 말인지 모르겠다. 나는 우동 가락을
후루룩 먹은 뒤에 대화의 방향을 좀 더 철학적인 쪽으로 끌고 가기
로 한다.

불교는 대단히 부정적인 종교 아닌가요? 내가 묻는다. 고통과 공
허함에 관한 이야기가 그렇게 많은 걸 보면 말이죠.

아뇨. 스태튼아일랜드 출신의 웨인이 말한다. 불교는 세상에서 가
장 긍정적인 종교입니다. 원죄가 없으니, 죄책감도 없죠. 나는 의문
이 생긴다. 죄책감이 없다면 불교를 정말로 종교로 구분해도 되는
건가요? 하지만 이 질문을 입 밖에 내지는 않고, 대신 불교가 고통을
강조하는 것에 대해 묻는다. 그거 패배주의 아닌가요?

아뇨. 웨인이 말한다. 현실주의죠. 부처님은 삶이 고해라고 인정
하셨지만, 또한 탈출구도 제시해주셨습니다. 의사가 병을 진단한 뒤
에 치료해주는 것과 똑같아요. 부처님은 낙관론자였습니다.

나는 웨인에게 신을 믿느냐고 묻는다. 50년의 절반이 넘는 기간을
영적인 행로에 바친 사람에게 잘 어울리는 질문 같다. 하지만 내가
불교도에게 심각한 실수를 저질렀다는 느낌이 곧바로 든다.

"신의 얘기는 끝났습니다." 웨인이 쌀쌀맞게 대답한다. "새로운
의문들이 필요해요."

"좋습니다." 나는 실수를 만회하려고 애쓴다. "당신에게 신은 무
엇을 의미하죠?"

"아무 의미도 없습니다." 웨인이 쏘아붙인다.

내가 살살 구슬리며 캐물은 뒤에야 웨인은 '불가해한 것'의 존재
를 인정한다. 나는 이것을 나의 작은 승리로 간주하고 다시 우동을

먹기 시작한다.

점심을 마친 뒤 우리는 거리에서 대화를 계속한다. 웨인과 주디가 내 호텔로 나를 이끌고 있다. 자동차 소음 때문에 우리는 고함을 지르듯 이야기를 해야 한다. 특히 마스크를 쓰고 있는 주디의 말을 듣기가 힘들다. 화려한 색의 정교한 마스크에는 공기 필터가 사방으로 삐죽삐죽 나와 있다. 석면이 가득한 곳에서 공연을 요청받은 광대가 쓰고 올 것 같은 물건이다. "조심해요." 웨인이 말한다. 자동차들을 조심하라는 뜻인가 싶다. 아니, 어쩌면 나의 영적인 탐색에 대해 한 말인지도 모른다. 아니면 인생 전반에 관한 말일 수도 있고. 어느 쪽인지 잘 모르겠다. 우리는 작별 인사를 한다. 그리고 겨우 몇 초 뒤에 다시 돌아보자 두 사람은 이미 보이지 않는다. 짙은 스모그가 삼켜버렸다. 그날 저녁 호텔에서 나는 조니워커 블랙라벨을 마시고 작은 시가를 피우며 생각한다. 웨인이 내 스승으로 적합한 사람일까? 웨인은 내가 생각하던 타입, 그러니까 구루 같은 타입은 아니다. 나는 고목처럼 시들었지만 비밀스러운 지혜를 알려줄 것 같고, 눈이 반짝이는 라마승을 상상했었다. 머리를 하나로 묶고 수수께끼 같은 말만 하는 유대인 남자가 아니라. 하지만 내가 보는 것은 실재하지 않는 건지도 모른다. 일단 웨인에게 기회는 한 번 줘야 하는 건지도 모른다.

불교 학자이자 신자인 로버트 서먼은 "의미 있음의 패턴"에 대해 썼다. 그의 글은 종교를 다룬 것이지만 여행을 다룬 것이라고 해도 될 정도다. 여행은 흔히 현실도피로 오해받지만 그것은 옳지 않다. 아니, 반만 옳다. 우리가 지구 반대편까지 날아가는 것은 산산이 부서져 쓰러지기 위해서가 아니라 자신을 추스르고 '의미 있음의 새로운 패턴들'을 만들어내기 위해서다. 모든 여행자에게는 정해진 일과가 있다. 부다에서 나의 일과는 다음과 같다. 나는 아침 5시 30분에 일어나 얼굴에 물을 좀 끼얹고 나서 휘청거리며 아래층으로 내려가 졸지 않았던 척하는 경비원 옆을 지나서 정문으로 나간다. 그리고 이미 상당히 많이 모여서 거대한 마시멜로 주위를 돌고 있는 사람들 무리에 합류한다. 나는 점점 아침을 좋아하게 되었다. 동틀 무렵에는 무엇이든 가능할 것처럼 보인다. 정오가 되기 전에 낙담이 얼굴을 내미는 경우는 드물다.

이 시간이면 또한 관광객도 없다. 나와 티베트인 수백 명이 그저 돌고 또 돌 뿐이다. 항상 시계 방향으로. 걸으면서 발밑의 땅을 느끼고, 불교도들의 표현처럼 이 장소의 '본질'을 이해하는 것은 기분 좋은 일이다. 부옇고 부드러운 빛 속에서 태양은 이제 막 지평선 너머로 고개를 내밀고 있다. 기도문통이 타닥타닥 돌아가는 소리, 사람들이 중얼중얼 진언을 외우는 소리, 비둘기들이 날개를 퍼덕이는 소리, 상점 셔터들이 드르륵 열리는 소리, 깔깔 웃어대는 것 같은 티베트어 말소리가 들린다. 그리고 언제나 들려오는 소리, 잡동사니를 파는 모든 가게들과 차이 노점에서 배어나오거나 탑돌이를 하는 사람들이 크게 콧노래로 부르는, 부처에게 바치는 노래. 옴 마니 파드메 훔. 티베트어로 된 진언 중에서 가장 유명한 구절이다. 직역하면 '연꽃 속의 보석 찬양'이라는 뜻이다. 연꽃은 더러운 진흙에서 자라지만 깨끗하고 아름다운 꽃을 피운다. 훌륭한 불교식 정서다. 내 생각에 진흙은 세상이고, 꽃은 우리인 것 같다. 하지만 내가 이 말에서 가장 좋아하는 점은 티베트어로 이 말을 발음할 때의 소리, 그 진동이다. 이 진언이 꿈틀꿈틀 내 머릿속으로 기어 들어와서 나는 나도 모르게 그 진언을 외우고 있다.

청각은 시각보다 더 원초적이다. 우리 귀는 눈만큼 어지럽게 돌아다니지 않는다. 그래서 청각적인 요소를 지닌 종교들이 그토록 많은 것이다. 그리스도교의 찬송가, 샤먼들의 북소리, 코란 암송, 그리고 물론 불교의 진언. 티베트어는 산스크리트어나 아랍어와 마찬가지로 바이브레이션의 언어다. 단어들은 원초적이고 직관적인 차원에서 의미를 전달한다. 진언은, 라마 예셰의 말처럼, "내면의 소리"다. 제임스는 자신의 마음스승이 정해준 자신의 진언에 대해 "음절 하나하나가 몸으로 느껴진다"고 말했다.

여러 목소리들이 들린다. 특히 제임스의 목소리가 두드러진다. 깨달음을 시각적으로 상상해보라던 그의 충고가 떠오른다. 마이클 조던이 자유투를 던지듯이 상상해보라던 말. 사실 아주 잠깐 농구를 하던 시절에 나는 항상 슈팅보다는 리바운드 실력이 훨씬 좋았다. 미식축구를 할 때는 항상 쿼터백이 아니라 리시버였고. 나는 반응을 보이는 것, 이미 벌어지고 있는 현상에 반응하는 데는 아주 뛰어나다. 하지만 먼저 나서서 뭔가를 시작하는 실력은 훨씬 떨어진다. 영적인 면에서 이것이 왜 문제가 되는지 이제 알 것 같다. 나는 누가 밀어주기를 기다리고 있다. 나 스스로 나를 밀어 움직이게 만들어야 하는 순간인 것 같은데도. 나는 먼저 기도문통부터 시도해보기로 한다. 사리탑 주위에는 기도문통이 아주 많다. 나는 기도문통의 금속 받침에 손가락을 걸고 손목을 휙 움직인다. 기도문통이 움직인다. 이것이 시작이라는 생각이 든다.

나는 계속 걷는다. 둥글게, 둥글게. 다리가 지치고 마음이 안정될 때까지. 내가 탑돌이를 좋아하는 이유가 바로 이것이다. 탑돌이는 결말이 정해지지 않은 자유형이다. 탑 주위를 몇 번 돌아야 한다고 정해주는 사제나 랍비는 없다. 더 이상 걷고 싶지 않을 때까지 그냥 계속 걸으면 된다.

여덟 번째 바퀴, 아니 아홉 번째 바퀴던가, 하여튼 탑 주위를 돌다가 나는 프리웨이를 빠져나올 때처럼 빠져나와서 늘 아침 식사를 먹는 곳으로 스며든다. 새터데이 카페라는 이름의, 화려하지 않고 조용한 곳이다. 거대한 마시멜로를 정확히 바라볼 수 있는 훌륭한 안뜰도 있다. 나는 자리를 잡고 앉는다. 탑과 가깝지만 그렇다고 너무 가깝지는 않은, 항상 앉는 자리다. 나는 바나나 팬케이크를 주문한 뒤 책을 살짝 펼친다. 오늘은 라마 예셰의 책이다. 중간에 이런 말이 나온다. "기본적으로 그대의 마음은 약하다." 이 사람이 이걸 어떻게 아는지 궁금하다. 우리가 만난 적이 있던가? 이제 그는 자아에 대해 말하고 있다. 학교와 부모가 '자부심'이라는 이름으로 강화시키려고 애쓰는 바로 그것. 하지만 라마 예셰는 모든 불교도가 그렇듯이 자아는 적이라고 믿는다. "우리는 모든 에너지를 자아에 쏟지만 그 대가로 얻는 것이 무엇인가? 우리의 자아가 우리에게 내놓는 것이 무엇인가? 정신적인 오염이다. 그것이 우리 마음속에 역하고 숨이 막힐 것 같은 냄새를 들여와서 숨 쉴 공간이 거의 남지 않는다."

일리 있는 말이다. 우리는 자신이 정한 목표에 도달하려고, 자신이 정한 목표를 넘어서려고 발버둥치지만 그래도 비참하다. 다른 길이 있다고 라마 예셰는 말한다. "우리 내면에 있는, 영원한 기쁨의 나이트클럽"(이건 마음에 든다)으로 이어지는 길이 있다고. 이런 클럽이라면 반드시 자주 들락거리고 싶다. 하지만 이내 의문이 생긴다. 마음속 영원한 기쁨의 나이트클럽에도 봉사료가 있을까? 경비원은?

불교도들에게 물어보면 봉사료가 있다고 말할 것이다. 부지런히 명상하는 것. 이것이 우리가 그 클럽에 들어가기 위해 반드시 지불해야 하는 대가다. 경비원도 있다. 우리의 자아가 바로 경비원이다. 이놈은 특히나 위험한 경비원이라서 친구인 척 굴다가 제대로 골탕을 먹인다.

나는 책을 내려놓고 아메리칸 커피를 한 모금 마시며 저 아래에 펼쳐진 광경을 바라본다. 나이 많은 여자들 여러 명이 오체투지를 하고 있다. 양팔을 쭉 뻗고 허공을 획 가르듯이 땅으로 다이빙을 하는 것이다. 그러고는 다시 일어나서 같은 동작을 반복한다. 자꾸만, 자꾸만. 불교도들의 유연체조다. 그중 한 여자는 족히 한 시간째 그러고 있다. 잘 모르는 사람이 보면, 이 여자들이 거대한 마시멜로를 숭배하는 것 같다. 하지만 그런 게 아니다. 이 동작 역시 뇌에 포스트잇으로 메모를 붙이는 것 같은 행위다. 겸손함을 실천하고, 우리가 우리 자신만으로는 아무것도 하지 않고 아무것도 아님을 다시 일깨우는 행위. 나는 오체투지라는 개념이 아주 마음에 든다. 그게 바로 문제다. 무엇이든 그것 자체보다 그것의 개념을 더 좋아한다는 점.

그날 시간이 조금 지난 뒤에 나는 제임스를 만나 커피를 함께 마신다. 그러면서 그에게 탑돌이를 어떻게 해야 하느냐고 묻는다. 깨달음을 시각적으로 상상하는 것 말고, 적절한 기법 같은 게 있나요? 솔직히 깨달음을 상상하는 건 나한테 너무 애매하고 모호한 일이에요.

"아무것도 할 필요 없어요." 제임스가 말한다. "사리탑에 에너지가 있으니까요."

아, 에너지. 난 이 말을 기다리고 있었다. 뉴에이지 운동은 말할 것도 없고, 동방 종교의 추종자들은 이 에너지라는 말을 좋아해서 아무 때나 쓴다. "하지만 에너지는 어디에나 있잖아요." 내가 정중하게 반박한다. "사리탑의 에너지는 뭐가 특별한 거죠?"

"지미 헨드릭스의 기타가 특별한 것과 마찬가지예요. 우리가 세상을 보는 시각을 바꿔놓거든요."

내가 이 말을 곰곰이 생각하고 있는데, 제임스가 눈을 반짝이며 말을 덧붙인다. "물론 사리탑에 와서 그냥 남들 꽁무니만 보다가 갈 수도 있죠."

다음 날 나는 웨인에게 이메일을 보내기로 한다. 그와 함께 명상 연습을 하고 싶다는 열정을 겸손히 표현한 편지다. 웨인은 시로 답장을 보낸다. 알고 보니 그는 항상 그런다고 한다.

명상을 배우고 싶다면
내가 가르쳐줄 수 있소
기본적인 기법보다 더 많이
세 번이나 다섯 번 만에
이른 아침이나
늦은 오후가 가장 좋지요

다음 날 아침 나는 휘청거리며 아래층으로 내려가 택시를 잡는다. 웨인과 처음으로 명상수업을 할 생각에 들떠 있지만, 겁도 난다. 나는 처음 만났을 때 그가 했던 말을 계속 떠올린다. 자신의 경험 앞에 내동댕이쳐져야 합니다. 이걸 생각하니 너무…… 불안하다. 나는 내 영혼을…… 아니, 내 영혼일 리가 없다. 내게는 영혼이 없다. 불교도들은 그렇게 믿는다. 그러니까 영혼이 아니라 나의 영적인 운명을 그의 손에 맡기려 하고 있다. 내가 웨인에 대해 정말로 알고 있는 게 뭐지? 웨인이 사기꾼이라면 어쩌지?

택시가 멈춘다. 사원에 도착했다. 웨인은 자기 집 근처에 있는 유명한 건물인 이곳에서 만나자고 했다. 힌두교 사원인데, 유난히 무서운 분위기다. 한쪽 벽에는 해골이 상감으로 새겨져 있다. 놀이공원 귀신의 집에서 곧장 뛰쳐나온 것 같은 모습이다. 저 해골에 얽힌 흥미로운 이야기가 분명히 있을 것이다. 힌두교에는 재미있는 이야기가 잔뜩 있으니까. 하지만 지금은 저것이 과연 내 마음을 고요하게 가라앉혀줄지 궁금하다. 앨런 워츠는 불교가 "수출을 위해 거추장스러운 것을 벗겨낸 힌두교"라고 말한 적이 있다. 일리 있는 말이다. 불교는 날씬하게 다듬어진 종교다.

나는 웨인을 발견한다. 그는 야구모자를 쓰고 오르막길을 천천히 뛰어서 오르고 있다. 우리는 악수를 한다. 이번에는 일반적인 방식이다. 나는 그를 따라 구불구불한 길을 내려가서 자그마한 이발소와 코딱지만 한 채소 노점을 지난다. 가지와 콜리플라워가 플라스틱 그릇 안에서 일광욕을 하고 있고, 그 위에서 파리들이 어른거린다. 우리는 어떤 문 앞에 도착한다. 그 문은 정원으로 통하고, 그 정원은 집으로 통한다. 안에 들어가니 아늑하고 훌륭하게 장식되어 있다. 웨인과 주디가 아주 오랫동안 살고 있는 집 같다. 웨인은 초라한 방석 두 개와 물이 가득 든 포도주병을 집어 든다. 웨인은 불교도지만 승려는 아니다. 포도주를 즐겨 마시고 있음이 분명하다. 그는 매일 아침 프렌치프레스 커피를 한 잔 반씩 마신다고 내게 말한다.

우리는 옥상으로 올라간다. 나는 옥상을 좋아한다. 옥상에 올라가면 막연하나마 범죄를 저지르는 것 같은 느낌이 든다. 마치 내가 남의 집에 무단침입을 하는 것 같다. 실제로는 그렇지 않은데도. 이 옥상은 히말라야 기슭의 작은 산들을 향하고 있다고 해야 할 것 같다. 웨인이 오래전 아내와 함께 이리로 이사를 왔을 때는 전망이 더 탁 트여 있었지만 새로 들어선 건물과 스모그 때문에 시야가 많이 가려졌다.

우리는 선반처럼 툭 튀어나온 곳에 앉는다. 햇빛이 기분 좋다. 저 멀리에서 자동차 경적 소리가 삐이삐이 들려온다. 웨인은 자신이 명상에 "세속적으로 접근"한다고 설명한다. 그는 내게 불교를 가르쳐 줄 생각이 없다. 하지만 명상은 가르쳐줄 거라고 감질나게 말을 덧붙인다. 만약 내가 제대로 명상을 한다면 부처와 똑같은 통찰력을 많이 얻을 가능성이 높다고 한다. 내가 특별히 불교에 호감을 가질 필요는 없다고 그가 말한다. 딱 한 가지만 빼면. "당신이 명상을 하는 것은 당신 자신뿐만이 아니라 지각이 있는 모든 생물을 위한 겁니다."

"웨인, 솔직히 말할게요. 난 나 자신을 위해서 이걸 하는 거예요."

"알아요. 하지만 그건 순전히 당신이 만난 첫 번째 사람이 당신 자신이기 때문이에요. 원은 앞으로 넓어질 겁니다." 이렇게 못을 박아 두고 나서 웨인은 말을 잇는다. "많은 사람들이 명상을 하면서 욕심을 부려요. 욕심은 명상과 상관이 없는데 말입니다. 명상을 하는 건, 생각과 마음을 구분하는 작업입니다. 아이가 젖을 떼듯이 자신의 생각에서 자신을 떼어내는 거예요."

"그러니까 내가 생각을 제거하고 싶어 하게 된다고요?"

"제거하는 게 아닙니다." 웨인이 쏘아붙인다. 자기 말을 강조하려고 가라테식 수도(手刀)로 진한 네팔의 공기를 후려치는 것 같다. "'제거한다'는 게 바로 생각입니다. 그냥 몸과 하나가 되세요. 몸 안으로 들어가서 몸에 의지하세요. 몸은 알고 있습니다."

"몸이 알아요?"

"네. 몸은 바보가 아닙니다. 다들 몸은 멍청하고 마음이 똑똑하다고 하지만 그렇지 않아요. 몸은 단순하고 이미 지혜롭습니다. 스스로를 돌보고 있어요. 몸이야말로 우리의 마지막 스승입니다."

웨인이 내게 또 막대인형을 그리라고 해서 나는 그린다.

"당신의 몸이 막대인형과 같다고 생각하세요. 다리, 몸, 몸통. 이제부터 우리가 다루게 될 것들입니다. 이걸 계속 떠올리세요. 당신은 뼈들이 들어 있는 자루입니다. 당신 몸의 훌륭한 점은, 어딜 가든 당신이 그 자루를 가지고 다닌다는 것이죠."

웨인이 이토록 몸에 주의를 기울이는 것이 이상하게 보인다. 나는 불교가 특별히 신체적인 종교라고 생각한 적이 없다. 사실 나는 항상 불교를 마음의 종교로 생각했다. 승려들이 꼼짝도 않고 가만히 앉아 있는 광경 같은 것. 하지만 이것은 잘못된 데카르트적 사고방식이다. 마음과 몸을 구분하는 것. 마치 그 둘이 한 사람의 두 측면이 아니라 우연히 한 집에 살게 된 타인들이기라도 한 것처럼. 사실 모든 종교는 몸을 사용한다. 뱅글뱅글 돌면서 춤을 추는 데르비시들은 물론이고, 도교의 태극권, 기독교 부흥 운동에 나선 사람들이 황홀경에 빠져서 부르는 노래, 유대교의 활동적인 기도도 그렇다. 우리는 몸을 다뤄야 한다. 몸은 마음보다 뒤떨어지는 존재가 아니다. 어떤 의미에서는 몸이 곧 마음이다.

웨인은 유용한 정보의 원천이다. 이를테면 내가 언제든 공짜 마사지를 받을 수 있다는 말을 할 때가 그렇다. 내 마음이 몸을 마사지할 수 있다는데, 나는 아무래도 미심쩍어서 솔직히 내 생각을 말한다.

"손가락으로 감각을 집중해보세요. 무엇이 느껴집니까?"

"간질간질해요."

"그렇죠. 이제 손가락에서 궁둥이로 감각을 옮겨보세요."

나는 그렇게 한다. 역시나 이번에는 궁둥이가 간질간질하다. 나는 이 공짜 마사지의 원리에 대해 물어보고 싶은 것이 더 있지만, 웨인이 잠깐 기다리라고 말한다. 중요한 할 말이 있다면서.

"매번 100퍼센트 능력을 보여줘야 하는 공연을 위해 훈련하는 게 아닙니다. 남을 관찰하는 것도 아니고, 당신 자신이 직접 경험하고 있어요. 경험을 판단하고 평가하지 마세요. 판단하고 평가하는 행위를 판단하고 평가하지도 말고요. 자, 묻고 싶은 게 뭡니까?"

"잊어버렸어요."

"좋군요." 웨인이 말한다. "내 말을 알아들은 거예요." 그러고는 놀라울 만큼 강한 힘으로 내 등을 철썩 친다. "자, 이제 명상을 할까요?"

"안 될 것 없죠." 내가 말한다. 내가 처음 명상을 시도했을 때 어떤 일이 벌어졌는지 말하지 않는 편이 나을 것 같다.

웨인이 내게 방석을 고르라고 하자 나는 그대로 얼어붙는다. 나의 명상 경력, 깨달음을 향한 나의 길은 여기서 거의 끝날 것 같다. 웨인의 집 옥상에서. 나는 방석을 고를 수 없다. 내 마음속에서 이것은 아주 중요한 선택이다. 어떤 방석이 좋을까? 마침내 나는 둘 중에 더 낡은 것을 선택한다.

"좋습니다. 눈을 살짝 뜨고, 의식은 심장으로 보내세요. 그다음에는 모든 걸 놓아 보내고 5분 동안 앉아 있어요."

우리는 낡은 방석 위에 나란히 앉아 명상을 한다. 어색해서 견딜 수가 없다. 틀림없이 웨인이 내 머릿속에 들어와 정신없이 소용돌이치는 내 마음을 관찰하고 있을 거라는 확신이 든다. 그러다가 내가 헬리콥터를 타고 이 옥상 위에 떠 있는 상상을 한다. 우리 둘의 모습이 어떻게 보일지 궁금하다. 중년의 유대인 남자 둘이 각각 야구모자를 쓰고 카트만두의 어떤 집 옥상에 앉아 눈을 감았거나 거의 감은 채로 아무것도 안 하고 있다. 물론 웨인이라면 우리가 아무것도 안 하는 것이 아니라고 말할 것이다. 우리는 모든 것을 하고 있고, 유일한 것을 하고 있고, 아무것도 안 하고 있다. 웨인이라면 또한 내가 다시 내 이야기 속에 빠졌다며 내 몸으로 돌아올 필요가 있다고 말할 것이다. 우습다. 나는 평생을 내 몸과 하나가 되어 살았다고 생각했는데, 지금 웨인은 그렇지 않다고 말하고 있다. 내 마음이 내 몸에서 보내는 시간이 거의 없다는 것이다. 내 마음이 정확히 어디서 놀고 있는지는 나도 잘 모른다. 하지만 왠지 못된 짓을 하고 있을 것 같다.

"잘돼갑니까?" 웨인이 묻는다.

"좋아요." 나는 거짓말을 한다.

"정신이 산만해지는 생각은 안 해요?"

"조금 하는 것 같기는 해요."

"그걸 판단하려 하지 말고 그냥 느끼세요. 벌어지는 일을 그냥 보면 됩니다."

"그냥 경험하라는 거죠?"

"맞아요. 당신 몸과 하나가 되기만 하면 됩니다."

"하지만 내 몸은 아무것도 안 하고 있어요."

"아주 많은 것을 하고 있습니다. 숨을 쉬고 있잖아요. 자신이 성취한 걸 느껴보세요."

"성취한 거라고요?" 나는 아연실색해서 묻는다.

"네, 여기 5분 동안 앉아서 많은 걸 성취했습니다."

"그럼 우리가…… 명상을 한 거예요?"

"명상의 핵심 일부를 건드리긴 했죠."

이건 그렇다는 대답인 것 같다.

나는 웨인에게 마음을 잠잠히 가라앉히기가 어렵다고 털어놓는다. "당신이 내 머릿속에 들어올 수 있다면, 내 말이 무슨 뜻인지 알 거예요."

"난 당신 머릿속에 들어갈 필요가 없어요. 내 머릿속에도 볼 것이 많으니까요. 명상은 웃기지도 않을 만큼 간단합니다. 그래서 사람들이 헛발질을 하면서 명상을 배우지 못하는 거예요."

하지만 나한테는 간단해 보이지 않는다. 아주 복잡해 보인다.

"중요한 건, 명상을 시작하면서 모든 걸 놓아 보내는 겁니다." 웨인이 말한다.

"뭘 놓아 보내요?"

"명상 연습을 하고 있다는 사실."

"연습이 중요한 거 아니에요? 그런데 왜 그걸 놓아 보내요?"

"당신이 놓아 보내는 건, 당신이 연습 속에 투사한 이미지입니다."

"무슨 말인지 모르겠어요."

"당신은 지금 뭔가를 하고 있습니다."

"네, 명상을 하고 있죠."

"하지만 가장 중요한 목적은 명상이 아닙니다. 명상을 하지 않기 위해서는 20년 동안 명상을 해야 해요."

모순들이 무한히 뻗어 나온다. 산 넘어 산처럼. 나는 깊이 숨을 들이쉰다. "그러니까 내가 지금 명상을 하려고 애쓰고 있지만, 명상을 하고 싶다고 생각해서는 안 된다, 왜냐하면 난 사실 명상을 하고 있는 게 아닌데, 그건 명상이라는 게 아무것도 안 하는 것이기 때문이다?"

"아뇨, 당신은 뭔가를 하고 있습니다."

"내가 뭘 하는데요?"

"아무것도 안 하는 거요."

"어떻게 아무것도 안 하는 걸 해요?"

"함으로써."

나는 잠깐 보드카를 마시며 쉬자고 제안한다. 웨인은 대신 물을 내민다. 그것으로도 괜찮을 것 같다. 웨인의 고양이 한 마리가 몇 미터쯤 떨어진 곳에 앉아 있는 것이 보인다. 어찌나 고요해 보이는지 틀림없이 고양이 세계의 명상을 하고 있는 것 같다. 내가 이 점을 지적하자 웨인도 인정한다. "그래요, 저기서 뭔가가 벌어지고 있네요." 고양이들은 훌륭한 불교도의 자질을 지니고 있다. 녀석들은 마음 챙기기를 실천하고, 궁극적으로는 할 일이 하나도 없다는 것을 인식하고 있음이 분명하다. 고양이는, 내가 아는 한, 고통을 받지 않는다. 하지만 우리보다 먼저 죽음으로써 애정과 덧없음의 본질에 관해 고통스럽지만 귀중한 교훈을 우리에게 가르쳐준다. 어쩌면 불교가 잘못 알고 있는 건지도 모른다. 그러니까, 어쩌면 선업을 많이 쌓은 사람이 고양이로 다시 태어나는 건지도 모른다는 얘기다.

우리는 며칠 뒤에 다시 만나기로 한다. 웨인은 그동안 하루에 두 번씩 명상을 연습하라고 내게 말한다. 나는 그렇게 하겠다고 한다. 아주 간단한 약속인데도 놀라울 정도로 기분이 들뜬다. 나는 해낼 것이다. 내 마음과 다시 친해질 것이다. 그러다 죽는 한이 있어도.

정말로 죽을지도 모른다. 생각하지 않는 것에 대해 생각하는 것. 이것이 사람을 지치게 한다. 나는 내 호텔 방으로 돌아와 침대에 털썩 주저앉아서 확실히 생각이라고는 전혀 없다고 장담할 수 있는 단 하나의 물건, 텔레비전을 켠다. 기구 소년이 돌아왔다. BBC 아나운서의 목소리가 칙칙한 것을 보니 상황이 훨씬 더 끔찍하게 변한 것 같다. 기구 소년은 다친 곳도 없고 건강하지만 이번 사건을 둘러싸고 의심이 소용돌이치고 있다. 경찰들은 전보다 걱정은 덜하고 분노는 더하는 표정을 짓고 있다. 아이의 부모들은 켕기는 데가 있는 것 같은 표정이다. 이 사건은 일종의 중유(中有: 티베트 불교에서 죽음과 환생 사이의 상태 - 옮긴이) 단계, 즉 환생과 환생 사이에 머무르는 하계(下界)와 같은 곳에 들어섰다. 사람들은 한 가지 이야기를 믿었다. 불교도들의 표현처럼, 우리는 그 이야기에 애착을 갖고 있었다. 하지만 이제는 무엇을 믿어야 할지 잘 모르겠다.

내 전화기가 울린다. 제임스다. 좋은 소식이 있다고 한다. 자기 학교의 린포체가 나를 만나겠다고 했다는 소식. 겨우 몇 분밖에 안 되지만, 제임스는 이런 기회를 얻는 것이 아주 드문 일이라고 강조한다. 내가 전생에 틀림없이 선업의 광맥을 터뜨렸다는 증거란다.

린포체의 이름은 초키 니마다. 그에게는 충성스러운 추종자들이 있고, 만만찮은 명성도 있다. 그가 예전에 셰어(미국의 가수 겸 배우 -

옮긴이)를 만났을 때, 셰어가 "제가 아름답지 않나요?" 하고 물었다고 한다. 린포체는 "썩어가는 뼈 무더기처럼 보이는군요"라고 대답했다. 나는 그의 제자 한 명을 만난 적이 있다. 게리라는 열성적인 미국인인데, 자기가 린포체를 처음 만났을 때 린포체가 닭고기 한 조각을 주었다고 내게 말해주었다. 저는 고기를 안 먹는데요. 게리가 이렇게 말하자 음, 지금 먹으면 되지 하고 린포체가 말했다. 그러면 될 것 같네요. 게리는 이렇게 말하고서 곧장 닭고기에 달려들어 10년간의 채식주의에 종지부를 찍었다. 아, 그리고 린포체가 천리안일지도 모른다는 얘기도 있었다.

그래서 린포체와 약속이 잡힌 날 아침에 나는 흥분과 불안을 동시에 느낀다. 제임스는 나와 미리 카페에서 만나 아침 식사를 먹으면서 린포체와의 만남에 대해 간략히 설명해준다.

"공물은 준비했어요?" 제임스가 묻는다.

네. 나는 가방에서 1000루피(약 15달러)가 든 봉투를 꺼내며 말한다. 그리고 봉투를 다시 가방에 집어넣으며, 마치 이제부터 위험한 첩보 임무를 위해 떠나는 사람 같은 기분을 느낀다. 우리는 아침 식사를 마치고 구불구불한 골목들을 걸어 수도원으로 간다. 수도원 앞에는 사람들이 바글바글하다. 그때 갑자기 제임스가 몸을 곧추 세운다. 눈이 반짝이고, 등이 꼿꼿하다. 저기 계셔, 린포체. 그는 평범한 승복을 입고 있다. 특별한 건 하나도 없다. 키는 상당히 작은 편이고, 그가 몸을 돌릴 때 보니 가사 밑에 고어텍스 에코부츠를 신고 있다. 이해할 수 있을 것 같다. 부다의 진창길을 생각하면. 이번에도 나는 티베트인들의 대단히 실용적인 성향에 탄복한다.

나는 안내를 받아 2층으로 올라가서 신발을 벗고 방 안으로 안내

된다. 벽은 탕카로 뒤덮여 있다. 탕카는 윤회를 비롯한 여러 불교 개념들을 묘사한 티베트 그림이다. 조각상과 자질구레한 장식품과 그림이 사방에 있다. 눈을 어디에 두어야 할지 모르겠다. 린포체는 약간 높은 단 위에 앉아 있어서 방 안의 모든 사람보다 대략 10센티미터쯤 위로 솟아 있다. 그 앞에는 사과, 우유, 현금 봉투 등 공물로 뒤덮인 작은 탁자가 있다. 나는 대략 20미터쯤 떨어진 곳에서 나처럼 린포체를 보러 온 사람들과 함께 줄을 서서 기다리고 있다. 젊은 네덜란드 여자가 고개를 숙이며 린포체에게 다가간다. 긴장감이 역력한 표정으로 그녀는 세상에 더 많은 사랑이 필요하다는 내용의 말을 중얼거린다. 뭐라고 반박하기가 힘든 일반적인 발언이지만 린포체는 쏘아붙인다. "지혜가 먼저야. 그다음이 사랑이지." 여자는 혼이 달아난 얼굴로 뭐라고 또 말하는데, 내 귀에는 잘 들리지 않는다. 여자가 자리에서 물러난다.

내가 기다리는 동안 또 다른 사람들(서구인, 티베트인, 네팔인)이 자기들의 공물을 털썩 내려놓고 린포체와 짧게 대화를 나눈다. 나처럼 영적인 지침을 구하는 사람도 있고, 그보다 세속적인 관심사를 지닌 사람도 있다. 다음 금요일에 비행기를 타도 안전할까요? 다음 화요일은 사업을 시작하기 좋은 길일인가요? 린포체는 곧바로 대답하기도 하고, 주사위를 던지고 하얀 두루마리를 찾아본 뒤에야 대답하기도 한다. 그는 구루이자 심리치료사이며 점쟁이다. 그 작은 몸에 이 모든 역할이 들어 있다.

나는 공물이 순환된다는 것을 알아차린다. 린포체는, 예를 들어 어떤 사람이 내민 봉투를 감사히 받은 뒤 그다음 사람에게 건넨다. 그래서 공물들이 끊임없이 재활용된다. 상당히 독창적이다. 공물을 바치는 사람들은 선업을 쌓을 뿐만 아니라 실제로 손에 만져지는 보상도 얻는다.

내 차례가 다가올수록 나는 점점 더 긴장한다. 아마도 깨달음을 얻었을 가능성이 있는 사람에게서 영적인 통찰력을 얻을 수 있는 드문 기회다. 저 사람은 세상에 두려운 것이 없어서 망상의 악마인 마라는 물론 셰어까지도 눈 아래에 두었다. 이건 깨달음을 향한 고속열차에 올라타서 '마음속 영원한 기쁨의 나이트클럽'에 들어갈 자격을 얻을 수 있는 기회다. 나는 자칫 이 기회를 날려버릴까 봐 두렵다.

린포체가 어떤 사람인지 종잡을 수 없다는 점이 내 불안감을 부채질한다. 그는 가끔 성마르고 퉁명스럽게 군다. 그럴 때는 사람들에게 말을 한다기보다 고함을 지르는 것 같다. 하지만 더 자상한 모습을 보일 때도 있다. 그럴 때는 유대인 어머니 같다. "더 많이 걸어야 돼." 그가 어떤 사람에게 말한다. "피곤해 보이는구나. 잠은 충분히 자고 있니?" 또 다른 사람에게는 이렇게 말한다. 그는 또한 겸손하게 자기를 낮추는 모습을 보이기도 한다. "사람들은 우리 라마승들이 무슨 에너지나 힘이나 특별한 능력을 갖고 있을 거라고 생각하지만, 그렇지 않아요. 나도 조마조마 마음을 졸인답니다." 그가 가늘게 떨리는 손을 들어올리며 이렇게 말하자 사람들이 쿡쿡 웃는다. 이 라마승들은 그림으로 그려놓은 것 같은 성자가 아니다. 그들은 변덕스럽고, 웃기고, 무례하다. 그들은 생생한 현실이다.

마침내 내 차례가 온다. 나는 린포체에게 다가간다. 제임스가 나를 소개하자 린포체는 하얀 스카프, 즉 카타를 내 목에 둥글게 둘러주며 나를 맞이한다. 내가 그에게 현금 봉투를 건네자 그는 탁자 위에 쌓인 사과, 오렌지, 비스킷 옆에 노련한 솜씨로 그것을 놓는다. 그러고는 내 손바닥에 하얀 가루 같은 것을 놓아준다. 나는 가만히 서서 그것을 빤히 바라본다. 뭘 어떻게 해야 하는지 모르겠다. 제임스가 내 옆구리를 쿡쿡 찌르며 속삭인다. "그걸 먹어야 돼요." 나는 먹는다. 아무 맛도 나지 않는다(나중에 제임스가 그건 더스티, 즉 "귀한 약"이라며 사람이 장수하게 해준다고 설명한다).

제임스가 린포체에게 설명한다. 내가 세계를 여행하면서 "신을 쇼핑하고" 있다고. 옛날에 내가 나의 탐색을 짧게 설명할 때 쓰던 말이다. 린포체는 마음에 안 든다는 듯이 날카로운 시선으로 나를 쏘아본다. 나는 본능적으로 몸을 움츠리며 반걸음 물러난다.

"이게 무슨 소리냐? 신을 쇼핑해?" 린포체가 말한다. 방금 엄청나게 쓴 것을 입에 넣고는 삼켜야 할지 뱉어야 할지 판단이 안 서는 사람 같은 표정이다.

"저, 린포체." 나는 면목을 세워보려고 애쓴다. "쇼핑은 그냥 은유예요. 저는 신을 찾아 헤매고 있습니다." 린포체는 여전히 기분 나쁜 표정이고, 방 안의 사람들이 웅성거리며 긴장이 배인 웃음소리를 내고 있는 것이 어렴풋이 감지된다.

"그건 좀 편협한데. 그렇지 않으냐?" 린포체가 말한다.

"아닙니다, 린포체. 저는 사방에서 신을 찾고 있습니다. 온 세상에서요."

이제야 뭐가 문제인지 알 것 같다. 린포체가 싫어하는 것은 '쇼핑'이라는 말이 아니라 '신'이라는 말이다. 그가 '편협하다'고 한 건 그걸 가리킨 말이었다. 나는 놀라서 말문이 막힌다. 티베트 라마 앞에서는 신이 '좀 편협한' 존재가 되는구나.

티베트 불교도 신들을 믿기는 한다. 다만 신들을 너무 높이 평가

하지 않을 뿐이다. 그들이 믿는 신은 대문자가 아니라 소문자로 쓴다. 그 신들이 초자연적인 능력을 몇 가지 지니고 있고, 인간보다 훨씬 오래 살기는 한다. 하지만 그들 역시 삼사라, 즉 죽음과 환생의 영원한 반복 속에 묶여 있다. 불완전한 신이 되기보다는 깨달음을 얻은 인간이 되는 편이 낫다. 부처는 그런 인간에 대해 "신들조차 부러워한다"고 말했다. 이건 우리의 직관과 어긋나고, 언뜻 신성모독처럼 보이는 사고방식이다. 인간이 신들보다 더 높은 곳에 거한다니, 정말 흥미롭다.

내게는 딱 한 가지 질문을 할 시간이 남았다. 나는 내가 의심하던 것에 관해 불쑥 질문을 내뱉는다. 세상에 종교가 이렇게 많은데, 불교가 내게 맞는 종교인지 어떻게 알 수 있죠?

"세 가지가 필요하지." 린포체가 말한다. "조사하고, 숙고하고, 명상하는 것."

이걸로 끝이다. 내 시간이 다했다. 나는 방석과 초크세가 있는 곳으로 안내되어서 차를 대접받는다. 그동안 린포체는 다른 손님들을 상대한다. "그래도 망신을 당하지는 않으셨어요." 누군가가 내게 안심하라는 듯이 속삭인다. 나는 잘 모르겠다. 존경받는 라마를 만나는 것은 오랫동안 꿈꾸던 여자와 섹스를 하는 것과 같다. 먼저 '정말로 이런 일이 벌어지다니 믿을 수가 없다'는 흥분이 확 몰려온다. 온몸의 감각이 예민해지고, 상대에게 접근할 수 있는 틈을 찾으려고 여기저기를 더듬어대고, 이 순간이 오래 지속되었으면 좋겠다는 욕망도 있지만, 결국은 필연적으로 실망이 찾아온다. 나는 바닥에서 몸을 떼어 라마의 방을 나서면서 생각한다. 이게 전부인가? 번개처럼 찾아오는 통찰력은 어디 있는 거야? 나의 '마음속 영원한 기쁨의 나이트클럽'은 어디에 있는 거지?

하지만 알고 보니 린포체는 나와의 대화를 끝낸 것이 아니었다. 나의 실망을 눈치챘는지 뒤에 열리는 자신의 강연에 나를 초대한 것이다. 거기서 내 질문에 더 자세히 대답해주겠다는 암시와 함께.

우리는 커다란 강당으로 간다. 100명쯤 모인 것 같은데, 대부분 이곳에 장기간 머무르는 학생들이고, 수염이 텁수룩한 얼굴로 여기에 처음 온 배낭여행자들도 몇 명 있다. 나는 제임스와 나란히 자리에, 그러니까 방석에 앉아 귀를 기울인다.

"우리가 실천하는 불교는 일반 종교와 다릅니다." 린포체가 통역을 통해 말한다. 내 마음이 이리저리 방랑하고 있기 때문에 강연 내용은 띄엄띄엄 귀에 들어올 뿐이다. "우리 마음은 바람 속의 깃털 같습니다." 그래, 깃털. "우리는 마음속 생각들을 버려야 하지만, 생각을 버리는 것 또한 생각입니다."

나는 몸을 꼼지락거려보지만 편안한 자세를 잡을 수 없다. 왜 바닥에 앉아야 하는 건지 궁금하다. 좀 편안한 곳에서 이 고대의 지혜를 빨아들이면 안 되나? 나는 제임스를 바라본다. 그는 허리를 꼿꼿이 세우고 완벽한 가부좌 자세를 취하고 있다. 강연에 완전히 푹 빠져서 린포체의 지혜를 한마디도 놓치지 않고 자신의 완벽한 불교도 모공 속으로 빨아들이고 있음이 분명하다.

하지만 린포체의 다음 말이 나의 주의를 끈다. 그는 진짜는 하나도 없다고 말한다(맹세컨대, 그는 나를 똑바로 바라보며 이 말을 한다). "여러분이 경험하는 모든 것은 미망입니다. 우리가 생각한 것이나 경험한 것의 감각적 인상이 모두 진짜처럼 보이지만, 사실은 존재하지 않습니다. 우리가 마약을 먹었을 때나 꿈을 꿀 때와 같습니다. 꿈속에서 보는 것은 생생한 것 같지만 실체가 없죠. 여러분의 삶 전체가 꿈과 같습니다! 어떻게 생각하십니까?"

이런 말이 내 마음을 넓혀주고, 나의 시야를 확대시켜주어야 마땅하다는 것을 나는 알고 있다. 하지만 이 말은 내게 겁을 줄 뿐이다. 내 마음은 1994년 4월에 있었던 일들을 향해 달음질친다. 나는 그때 인도에 살면서 날아다니는 안과병원을 취재하고 있었다. 의사들이 낡은 DC-8기를 타고 인도 같은 개발도상국을 찾아다니며 눈 수술을 해준다는 이야기였다. 그건 우리 같은 언론계 사람들이 '미담'이라고 부르는 기삿거리였다. 하지만 나는 아름다운 느낌이 들지 않았다. 뭔가가 이상했다. 많이 이상했다. 잠도 잘 오지 않고, 얼굴 왼쪽 절반에 감각이 없었다. 아니, 어쩌면 그냥 내가 감각이 없다고 상상하는 것 같기도 했다. 확신이 서지 않았다. 그 무엇도 확신할 수 없었다. 발밑의 땅이 녹아서 쭉쭉 미끄러지고 있었다. 올 것이 왔구나. 나는 생각했다. 마침내 내가 정말로 미쳐가는 거야. 정신병은 내 유전자 속에 들어 있어. 어느 집안에나 헐거운 나사가 몇 개쯤은 있는 법이다. 그런데 우리 집안은 헐거워진 나사로 철물점을 차려도 될 정도다.

이런 생각들이 캔자스의 토네이도처럼 내 머릿속에서 소용돌이치는 가운데 나는 택시 합승을 하게 되었다. 나와 함께 타고 있는 승객은 인도 여성이었는데, 자기 옆에 앉은 이 미국인한테 뭔가 문제가 있다는 걸 직관적으로 알아차린 모양이었다. 낯선 사람들에게는 속을 털어놓기가 쉽다. 그래서 나는 그렇게 했다. 잠이 잘 안 온다는 얘기, 땅이 녹아버린 것 같다는 얘기, 세상에 진짜는 하나도 없는 것 같다는 얘기를 그 여자에게 털어놓았다.

"혹시 각성몽을 꾸시는 건지도 몰라요." 인도 여자가 말했다. 감정이 없는 건조한 말투였다.

"각성몽이라고요? 그게 뭔데요?"

"본인은 깨어 있다고 생각하지만 사실은 아닌 거예요. 꿈을 꾸는 중인 거죠. 사실 선생님은 지금도 꿈을 꾸고 있는 건지도 몰라요."

아, 이게 결정적이었다. 이 말이 나를 쓰러뜨렸다. 바로 그 자리에서. 솔직히 나는 깨어 있는 건지 꿈을 꾸고 있는 건지 알 수 없었다. 깨어 있는 꿈을 꾸는 것일 수도 있고, 깨어 있으면서 자신이 꿈을 꾸고 있다고 생각하는 것일 수도 있었다. 숨이 차오르고, 갑자기 손발의 감각이 사라졌다. 아무것도 느껴지지 않았다. 감각이 마비된 느낌이 다리와 팔을 타고 점점 올라오더니 나중에는 꼼짝도 할 수 없게 되었다. 인도 여자가 나를 호텔로 데려다주었고, 거기서 날아다니는 안과병원의 의사들이 나를 방으로 운반한 뒤 뭔가 주사를 놓아주었다. 나는 이틀 동안 잤다. 마침내 내가 눈을 뜨자 의사들은 그동안 무슨 약을 먹고 있었느냐고 내게 물었다. 말라리아 예방약만 먹었는데요. 내가 말했다. 바로 그거였다. 내가 그 약에 향정신성 반응을 보인 것이다. 그러니까 내가 꿈을 꾼 것이 아니었다. 그 경험은 진짜였다. 그런데 지금 린포체는 나더러 내가 진짜가 아니고, 내 인생 전체가 꿈이라고 말하고 있다.

강연이 끝난 뒤 나는 혼란에 빠진다. 단단하고 친숙한 땅으로 돌아가야 할 것 같아서 부다의 풍경과는 어울리지 않게 솟아 있는 하얏트 호텔로 걸어간다. 호텔은 벽 뒤에 요새처럼 서서 그 안에 세속적 위안이 있다고 암시하고 있다. 그래, 내게 필요한 것이 바로 이것이다. 별 다섯 개짜리 호텔이라는 친숙한 물건. 내가 금속 문을 톡톡 두드리자 경비원이 내가 꼭 필요한 만큼의 하얀 피부를 지니고 있음을 확인하고 나를 들여보내준다. 나는 체육관에 가서 러닝머신 위에서 달리고 또 달린다. 마치 굶주린 유령들에게 쫓기는 사람처럼. 이렇게 하면 내 머릿속에서 이 모든 공허함과 덧없음이 사라질까. 땀을 흘리는 것은 기분이 좋다. 웨인이라면 자기 몸과 하나가 된다고 표현했을 것이다.

운동을 마친 뒤 내가 한증막에 앉아 있는데 티베트 남자가 자기소개를 한다. 나는 지금 하고 있는 일을 설명한다. 위대한 뭔가를, 뭔지는 모르지만 무한한 것을 찾아다니고 있다고. 신을 찾아다닌다고 말하지는 않는다. 그런 실수를 다시 저지를 생각은 없다. 소남(이것이 그 남자의 이름이다)은 내 말을 아무렇지도 않게 받아들인다. 하야트의 한증막에는 열심히 업을 단련하다가 잠시 쉬러 온 서구의 영적인 구도자들이 많이 드나드는 모양이다. 나는 소남에게 명상을 하느냐고 묻는다. 아뇨. 그가 말한다. 너무 바빠서요. 라마승들은 돌볼 가족이나 직업이 없잖아요. 하지만 소남도 매일 아침 사리탑 주위를 돌기는 한다. 그건 좋은 운동이라고 그가 말한다. 덧없다고 하기는 힘든 배를 두드리며 미소를 짓는 표정이 마치 "아직도 할 일이 남았어요"라고 말하는 듯하다.

다음 날 아침, 예상대로 사리탑에서 소남을 발견한다. 그는 검은 운동복 차림으로 내게 미소를 지으며 사실상 뛰듯이 내 옆을 지나친다. 이제 다른 사람들의 얼굴도 어느 정도 눈에 익었다. 향 연기가 가득한 큰 통을 휘둘러대는 남자, 나이키를 걸친 젊은 여자, 가족들의 도움으로 탑돌이를 하는 노부인, 비둘기에게 먹이를 주는 남자, 밝은 노란색 금잔화로 만든 목걸이를 파는 여자, 놀라운 눈빛을 지닌 승려 등등. 이 사람들은 지금까지 내가 본 어느 누구와도 다르다. 짙은 갈색 연못 같은 차분함. 저 남자는 무엇을 알고 있는 걸까? 탑을 세 바퀴째 돌 때 나는 내 마음이 끊임없이 판단을 내리고 있음을 알아차린다. 그 어느 것도 중립적이지 않다. 내가 이렇게 주장이 많은 사람인 줄은 정말 몰랐다. 나는 모든 것에 대해 나만의 의견과 주장을 갖고 있다. 에티오피아 요리(너무 질척질척하다)에서부터 포스트모더니즘(이것도 너무 질척질척하다)에 이르기까지. 게다가 내 의견에 대한 의견, 그리고 그 의견에 대한 의견도 갖고 있다.

다섯 바퀴째에서 나는 불교도들처럼 이곳의 모든 사람이 전생에 내 어머니였다고 상상해보려고 애쓴다. 어떤 사람들은 상상하기가 쉽다. 거대한 기도문통을 힘들게 질질 끌고 있는 저 친절한 노부인처럼. 하지만 다른 사람들, 예를 들어 오토바이로 하마터면 나를 칠 뻔한 남자를 어머니로 상상하려면 훨씬 힘이 든다. 그것이 요점이다. 모든 사람이 한때는 내 어머니였다. 만약 우리가 이 말을 믿는다면, 진심으로 믿는다면 사람을 대하는 태도가 완전히 달라진다. 그래도 사람을 대하면서 이성을 잃고 화를 낼 때가 있기는 할 것이다. 진짜 어머니에게도 그렇게 하니까. 하지만 그런 상황이 닥치더라도 사랑의 관점에서 상황을 바라볼 것이다. 그리고 최대한 측은지심을 안고 상황을 풀어가는 방법을 찾아낼 것이다.

나는 이곳의 풍경 속에 온전히 참여하고 있지만, 내 마음속에는 내가 구도자를 사칭하는 사기꾼 같다는 생각이 여전히 남아 있다. 나는, 자주 그러듯이, 나 자신을 3인칭으로 생각하기 시작한다. 에릭은 커다란 흰색 기념물 주위를 걸어서 돌고 있다. 에릭은 영적인 경험을 하고 있다. 에릭은……. 이건 좋지 않다. 웨인이 이걸 보면 뭐라고 할지 알 것 같다. 내 생각에서 벗어나 몸으로 돌아가라고 할 것이다. 나는 그렇게 한다. 그리고 내 몸이 배고파하고 있음을 깨닫는다. 나는 새터데이 카페에 들러 항상 앉는 자리에 앉는다.

오늘 내가 읽는 책은《입보리행론》이다. 8세기 인도의 학자인 산티데바가 쓴 이 책은 대승불교의 결정적인 지침서로 간주된다. 대승불교는 티베트 불교와 선불교가 포함된, 대중적인 종파다. 보살은 깨달음을 얻은 존재, 아니 거의 깨달음을 얻은 존재. 보살은 다른 지각 있는 존재들을 돕기 위해 자진해서 자신의 구원을 포기한다. 전쟁터에서 벗어날 수 있는 비행기 표를 쥐고 있어서 다음 편 비행기에 오를 수 있는데도 다른 사람들이 표를 구할 수 있게 도와주려고 전쟁터에 남는, 설명할 수 없는 행동을 하는 사람 같다.

《입보리행론》에는 온갖 종류의 조언들이 가득하다. "다른 사람들이 사용하는 땅이나 물에 소변을 보는 것은 수치스러운 일이다"처럼 실용적인 조언도 있다. 이 말에는 이의를 제기할 수 없다. 다른 사람들을 상대하는 법에 대한 조언도 있다. "유치한 사람에게서는 멀리 도망쳐야 한다." 이것 역시 확실한 조언이다. 하지만 가장 내 마음에 든 것은, 이 책이 측은지심을 강조하고 있다는 점이다.

나와 타인이
행복해지기를 바란다는 점에서 비슷한데
나의 무엇이 그토록 특별한가?
나는 왜 나만의 행복을 위해 발버둥 치는가?

좋은 질문이다. 나는 맛 좋은 커피를 한 모금 마시며 이렇게 생각한다. 만약 우리가 자신의 팔다리에 대해 측은지심을 갖고 있어서 예를 들어 다친 팔을 반사적으로 감싸는 행동을 할 수 있다면, 왜 "형체를 갖춘 생명체들을 삶의 팔다리로 생각하지 않는가?" 내가 이런 생각에 잠겨 있는데, 형체를 갖춘 생명체 하나, 즉 젊은 미국 여자가 내 귀를 잡는다. 그 여자의 고함소리에 내 주의가 쏠렸다는 뜻이다. 그 여자는 정말로 고함을 지르고 있다. 자기 노트북컴퓨터를 향해서. 저 여자는 왜 노트북컴퓨터에게 화를 내는 거지? 하지만 나는 여자가 스카이프로 통화 중이던 상대방에게 화를 내고 있음을 깨닫는다. 그녀도 선업을 쌓으려고 부지런히 애쓰는 사람인 것 같다. 비록 한심하게 실패를 거듭하고 있지만, 화를 가라앉히려고 애쓰는 모습을 보니 그런 생각이 든다. 여자가 고함을 지르고 있는 상대는 가엾은 남자친구다. 남자는 십중팔구 미국에 있을 것이고, 여자의 생일에 전화를 걸지 않는, 용서받을 수 없는 죄를 저지른 것 같다. 물론 여자가 특별히 생일에 전화를 기대했던 건 아니지만, 전화를 받았다면 기분이 좋았을 것이다. 상대를 존중한다면 그렇게 해야 하는 것 아닌가. 이런 말들이 계속 쏟아진다. 불교의 오계(五戒) 중 "올바른 말"(오계는 불교도가 지켜야 하는 기본적인 생활규범. 첫째, 살생하지 말라, 둘째, 도둑질하지 말라, 셋째, 음행을 하지 말라, 넷째, 거짓말을 하지 말라, 다섯째, 술을 마시지 말라. 저자가 여기서 언급한 '올바른 말'은 4번에 해당한다 ─ 옮긴이)은 이런 것이 아닐 것이다. 여자의 말은 잘못되었다. 많이 잘못되었다. 하지만 무엇보다 나쁜 것은, 그 말이 지금 내가 경험하고 있는 것을 엉망으로 만들고 있다는 점이다.

나는 여자를 질책할 준비가 됐다. 공공예절에 관해 여자를 따끔하게 혼내줄 것이다. 그때 머릿속에서 목소리가 들린다. 약간 콧소리가 섞이고 스태튼아일랜드 말씨를 쓰는 목소리가 내게 몸과 하나가 되라고, 상대를 판단하려 들지 말라고, 감각과 경험을 분리시키라고 말한다. 나는 그 목소리에 귀를 기울인다. 호흡을 한다. 여자가 수동 적인 척하면서 공격적으로 폭언을 퍼붓는 소리가 여전히 들려온다. 짜증이 나는 것도 여전하다. 하지만 조금 전만큼 짜증이 나지는 않는다. 이제는 그저 조금 거슬리는 수준이다. 라디오 다이얼을 돌릴 때 나는 잡음처럼. 어쩌면 내가 조금 발전하고 있는 건지도 모른다.

나는 제임스의 아파트에 들러 나의 작은 발전을 알리기로 한다. 제임스는 거실 바닥에 무릎을 꿇고 앉아 있고, 그 앞에는 시계 여섯 개가 쫙 펼쳐져 있다.

"시계 장사를 하려고요?" 내가 농담을 던진다.

아니, 제임스는 마을 사람들에게 미국산 시계를 주기로 약속해놓 고 지난번 미국에 갔을 때 깜박 잊고 시계를 사지 않았다고 한다. 그 래서 여기 카트만두에서 시계를 샀다. 사소한 선의의 거짓말이다. 엄밀히 말하면 '올바른 말'이라는 계율을 어긴 것이지만, 전체적으 로는 사소한 잘못이다. 영적인 경범죄라고나 할까.

제임스가 말하는 마을은 거지들의 정착지다. 그 거지들은 인도에 서 온 이주민이고. 제임스는 자신이 어떻게 해서 그곳 사람들의 경 제자문 겸 후원자 역할을 하게 되었는지 설명한다. 여러 해 전에 제 임스는 '밀교 위기'를 겪고 있었다. 밀교는 불교 중에서 측은지심을 크게 강조하는 종파다. 그런데 제임스의 스승들은 측은지심이 강한 사람의 예를 들 때 항상 테레사 수녀를 언급했다. 그래서 제임스는 궁금해졌다. 불교의 테레사 수녀는 어디 있는 거지?

제임스는 자신이 테레사 수녀 같은 인물이 되기로 했다. 비록 제임스에게 직접 물어보았다면 정확히 이런 표현을 쓰지는 않았겠지만. 제임스는 사리탑 주위에서 시간을 보내는 거지들을 보았다. 뼈만 앙상한 그 젊은이들은 더럽고 교활했다. 온갖 속임수에 통달한 그들이 가장 즐겨 사용하는 것은 바로 우유 속임수였다. 거지들 중 어린 아가씨가 아기를 안고(자기 아기가 아니라 친척의 아기다) 지나가는 관광객들에게 우유를 사달라고 애걸한다. 돈은 필요 없으니 아기에게 먹일 우유만 사달라고 말하는 것이다. 그래서 관광객이 뻥튀기된 가격으로 우유를 사주면, 거지 아가씨는 돌아서자마자 가게 주인에게 우유를 다시 판다. 가게 주인도 물론 그 아가씨와 한패다. 이건 꽤나 영리한 속임수다.

그 거지들 중 밝은 빛 같은 존재인 빔라라는 여자가 제임스에게 말을 걸었다. 그리고 둘 사이에 금방 우정이 싹텄다. 우리 마을에 차나 마시러 와요. 빔라가 말했다. 이건 단순히 의향을 묻는 말이 아니었다. 빔라는 남에게 질문을 던지는 법이 없었다. 그래서 제임스는 마을로 갔다. 그 마을의 '혼돈 같은 즐거움'은 충격적이었다. 처음에 마을 사람들은 다른 외국인을 대할 때와 똑같이 제임스를 대했다. 그를 현금자동입출금기(ATM)로 취급했다는 뜻이다. 단추만 제대로 눌러주면 돈이 나오는 기계. 하지만 그들은 제임스가 돈을 내놓지 않는다는 것을 금방 깨달았다. 그들이 아무리 단추를 눌러대도 소용이 없었다.

제임스는 좀 더 깊은 차원에서 그들의 삶이 바뀌는 데 도움이 되고 싶었다. 그 마을에 의료서비스는 아예 존재하지 않았다. 제임스는 듀크대학에서 1년 동안 의예과 수업을 들었으므로, 의사 노릇을 해도 되겠다고 생각했다. "진통제와 병이 나을 거라는 암시만으로도 무엇이든 고칠 수 있어요." 제임스가 내게 말한다. 이건 그다지 심한 과장이 아니다.

이렇게 해서 그 마을의 의사가 된 제임스는 어느 날 그곳 여자들이 색색의 화려한 퀼트를 만든다는 사실을 알아차렸다. 그들은 그 퀼트를 덮고 자고, 그 퀼트로 아기를 감쌌다. 언제나 자본주의자 정신이 살아 있는 제임스는 거기서 기회의 냄새를 맡았다. 장담하건대, 관광객들이 틀림없이 적지 않은 돈을 주고 이 퀼트를 사갈 것 같았다. 그러면 그 돈으로 아이들을 학교에 보낼 수 있을 터였다. 제임스의 생각이 옳았다. 퀼트 사업이 호황을 누리기 시작하면서 전에는 학교에 다니지 못했던 아이들 수십 명이 지금은 학교에 다니고 있다.

나한테 그 마을을 보여줘요, 제임스. 내가 말한다. 나도 가보고 싶어요. 왜요? 나도 잘 모르겠다. 어쩌면 그저 구경이나 하자는 생각인지도 모른다. 어쩌면 가난한 사람들을 보면서 내 처지는 그래도 나은 편이라는 느낌을 받고 싶은 건지도 모른다. 아니, 그런 건 아니다. 나는 진정한 측은지심에서 우러난 행동을 보고 싶다. 제임스는 내게 마을을 보여주겠다고 한다. 나는 제임스의 뒤를 따라 혼이 달아날 만큼 북적거리는 도로를 건너 마을을 향해 내리막길을 내려간다.

알고 보니 그 마을은 정말 빈민가다. '집'은 천막인데, 그나마 튼튼한 천막도 아니다. 얇은 방수포를 대나무 기둥 두 개에 걸쳐 놓았을 뿐이다. 피부병에 걸린 지저분한 개들이 이리저리 바삐 돌아다닌다. 깔끔을 떠는 걸로 치면 세상에서 두 번째쯤 되는 제임스는 배설물 공포증이 있었다. 진짜 공포증이라서 이 마을을 돕기 위해 그것부터 극복해야 했다. 이곳에는 수돗물도, 실내 화장실도 없다. 하지만 위성 텔레비전과 휴대전화는 눈에 띈다. 대단히 21세기적인 빈민가다.

　제임스가 자신의 오두막을 보여준다. 거지들이 그를 위해 이 오두막을 지어주고, 백인 아기와 유람선 사진들을 카탈로그에서 오려내 장식해주었다. 그런 사진들을 보고 제임스가 고향에 온 것 같은 기분을 느낄 거라고 생각한 모양이다. 제임스는 임시변통으로 만든 침상에 털썩 주저앉는다. 사방에서 햇빛이 쏟아져 들어온다. 빔라가 오두막으로 들어온다. 몸이 좋지 않다. 신장결석 때문이다. 제임스가 가방 안에서 병을 하나 꺼내더니 빔라에게 제발 약을 먹으라고 간청한다.

　제임스의 자연스러운 측은지심이 인상적이다. 그는 남을 돕는 걸로 법석을 떨지 않고 그냥 돕는다. 불교가 없었더라도 제임스가 이런 선행을 해낼 수 있었을까? 아마 그랬을 것이다. 하지만 불교를 믿기 전에 제임스는 그러지 않았다. 측은지심은 지혜에서 자연스럽게 우러나는 것이라고 부처는 가르쳤다. 무릎이 아프면 손이 자동으로 무릎을 향해 다가간다. 모두 한 몸이기 때문이다. 마찬가지로, 우리가 모두 한 몸이라는 걸 깨닫는다면 굳이 머리로 생각하지 않아도 자신의 행위가 '도움'이라는 생각조차 없이 남을 돕게 된다고 불교도들은 믿는다. 제임스는 이렇게 설명한다. "지금 내 기분은 그저 이 사람들이 좀 차분히 마음을 가라앉히고 긴장을 풀고 자기 애들을 두들겨 패는 짓을 그만뒀으면 좋겠다는 거예요. 난 진심으로 이 사람들이 행복해졌으면 좋겠어요. 누가 나한테 시켜서 그러는 게 아니에요. 불교도가 되면 자연스레 이렇게 돼요. 이것이 우리가 가야 하는 길의 일부니까." 불교도들은 측은지심이 너절한 감정이 아니라 피아노를 치거나 뜨개질을 하는 것 같은 기술이라고 믿는다. 지혜가 없는 사랑은 효과가 없고, 어느 정도는 자기만족에 불과하다. 그래서 린포체가 세상에 사랑이 더 많이 필요하다고 말한 네덜란드 여자를 나무란 것이다. 사랑도 좋지만 지혜가 먼저다.

그날 저녁 나는 플레이버스에서 매티오라는 미국인 불교도와 만난다. 제임스가 지식인 불교도이고 웨인이 스핑크스 같은 불교도라면 매티오는 액션 영웅 같은 불교도다. 티베트 불교의 제임스 본드라고나 할까. 그는 자신의 자아를 베어버리고, 환상을 들이받고, 부정적인 업을 뻥! 하고 수도(手刀)로 내리친다. 그의 삶은 마치 스파이 소설 같다. 비록 부드러운 불교식 스파이 소설이긴 해도. 매티오는 속옷 속에 플래시드라이브를 숨겨 나온 적도 있고, 중국 여경과 잠을 잔 적도 있다. 즐거운 경험이었지만 당연히 애정이 있는 행위는 아니었다. 그는 그 경험을 통해 중국이 티베트인 죄수들을 어떻게 다루는지에 관한 귀중한 정보를 얻었다. 매티오는 명상도 한다. 리처드 기어와 점심을 먹은 적도 있다. 의심의 여지가 없다. 매티오는 진짜 멋진 불교도다.

나를 만나는 자리에 매티오는 쿠르타를 입고 나온다. 쿠르타는 편안하게 늘어지는 인도식 셔츠다. 매티오는 또한 티베트 염주인 말라를 여러 개 걸고 있다. 나는 웨인과 함께했던 명상수업에 관해, 린포체와의 실망스러운 만남에 관해 매티오에게 이야기한다.

그는 내가 너무 열심히 애쓰고 있다고 말한다. "깨달음은 우리 얼굴만큼 가까운 곳에 있어요."

"그게 정확히 무슨 뜻인데요?"

"지금 한 번 자기 얼굴을 보세요."

나는 멍하니 매티오를 바라본다.

"조금 어렵죠? 구루는 당신의 마음을 향해 거울을 들고 있습니다. 그러다가 구루가 뭔가를 하면······." 매티오가 손가락을 딱 튕긴다. "우리에게 자신의 진정한 모습을 볼 수 있는 방법을 가르쳐주는 겁니다. 궁극적으로 우리가 할 일은 아무것도 없어요. 자신의 마음을 바라보는 것밖에는."

하지만 티베트 불교의 그 모든 의식과 미신, 예를 들면 강박적인 예언 같은 것들이 나는 불편하다. "그런 것 때문에 흥미가 식어요." 내가 말한다.

"그래도 괜찮아요." 매티오가 말한다. "나는 몸집이 크고 뚱뚱한 여자를 보면 흥미가 식어버립니다. 하지만 그런 여자들을 좋아하는 사람도 있죠."

나는 고개를 끄덕이지만, 매티오가 무슨 말을 하려는 건지는 잘 모르겠다. 나는 방향을 바꿔보기로 하고 덧없음에 대해 묻는다. 이건 내가 그동안 씨름하던 주제다. 이 세상에 순간이 바뀌어도 똑같은 모습을 유지하는 것은 하나도 없다는, 절대로 없다는 불교의 개념. 정말 우울하지 않은가.

"아뇨." 매티오가 말한다. "난 그걸 생각하면 더 기운이 납니다. 모든 것의 허약함을 더 인식하게 돼요. 덧없음은 부정적인 게 아닙니다. 원래 세상이 그래요. 덧없음은 진짜입니다. 우리가 무엇과 마주치든 항상 덧없음을 맛보고 만져볼 수 있어요. 그보다 더 생생한 진짜가 어디 있겠습니까?"

"좋아요, 그건 인정하죠. 하지만 공허함은요? 솔직히 불교가 말하는 공허함에는 이제 질렸어요. 너무 부정적이잖아요. 진짜 실망이에요."

아뇨, 그렇지 않습니다. 매티오가 말한다. "번역이 형편없는 글들을" 읽은 모양이라면서. 마치 형편없는 번역이 사방을 돌아다니는 벌레라도 되는 것 같다. 산스크리트어인 슌야타를 제대로 번역하면, 공허함이 아니라 '가능성을 잉태한'이 된다고 한다.

이 편이 좀 더 매력적으로 들린다는 사실은 나도 인정할 수밖에 없다. 순수한 가능성으로서의 공허함이라. 내 눈에 텅 빈 캔버스는 그냥 텅 빈 것으로 보일 뿐이지만 피카소는 거기서 수많은 가능성들을 보았다. 그래도 나는 다시 묻는다. 그럼 진정으로 존재하는 건 하나도 없다는 주장은 어떤가요? 이건 미친 소리 같은데. 세상에 사물들이 존재하는 게 당연하잖아요.

"저기 저 자전거 보입니까?" 매티오가 말한다.

"네."

"가서 저 자전거를 만져보세요."

나는 그쪽으로 가서 자전거를 만져본다.

"아뇨, 당신이 만진 건 타이어입니다. 그건 자전거가 아니죠, 안 그래요? 자전거를 만져보세요."

나는 안장을 만진다.

"아뇨, 그건 안장이죠. 자전거를 만져보세요."

나는 자전거 뼈대를 만진다.

"아뇨, 그건 금속 파이프죠. 자전거를 만져보세요."

나는 포기한다.

"보세요, 만져볼 수 있는 자전거는 존재하지 않습니다." 매티오가 말한다. "존재하지 않아요. 하지만 또한 존재하기도 합니다. 정신적인 구조물로서. 자전거는 환상과 같아요. 생생한 현실 같지만 또 아니기도 하죠."

내가 이 말을 곰곰이 생각하고 있는데, 갑자기 정전이 되면서 카페가 불쑥 어둠 속으로 내동댕이쳐진다. 아니 내동댕이쳐진 게 아니다. 어둠 속으로 부드럽게 쏙 들어간 것 같다. 극적인 요소 같은 건 전혀 없이. 당황한 사람은 하나도 없다. 매티오는 심지어 우리가 이제 어둠 속에 앉아 있기 때문에 자기 얼굴은 고사하고 서로의 얼굴조차 보이지 않는다는 사실을 입에 올리지도 않는다. 그는 웨이터들이 식탁마다 돌아다니며 촛불을 켜주는 동안 계속 말을 이어갈 뿐이다.

나는 매티오에게 그동안 무슨 일을 했는지 이야기한다. 웨인과 함께 명상하며 호흡에 주의하고, 몸과 마음이 하나가 되게 했다고.

"그거 좋군요." 매티오가 말한다. "하지만 그 사람은 단계를 밟아 점점 올라가야 하는 길로 당신을 이끌고 있군요. 그 길을 통해 당신이 완벽해지려면 계산할 수도 없을 만큼 긴 억겁의 세월을 네 번이나 거쳐야 할 겁니다."

계산할 수도 없는 억겁의 세월 네 번이 도대체 얼마나 되는지는 잘 모르겠지만, 적어도 다음 화요일보다 뒤라는 건 확실한 것 같다. 나는 그날 카트만두를 떠날 예정이다.

"저, 벌써 쉰 살이 넘었죠?"

"겨우 마흔여섯 살이에요." 내가 항의한다.

매티오는 어깨를 으쓱한다. 마치 "그게 그거죠"라고 말하는 것 같다. "당신은 지금 내리막길에 들어서 있습니다. 그러니 낭비할 시간이 없어요." 내게 필요한 것은 다이아몬드 수레, 즉 탄트라라고 매티오가 단언한다.

"탄트라? 미친 듯이 섹스를 해대는 그것 말이에요?"

탄트라라는 말 또한 오해를 받고 있다고 매티오가 설명한다. 이것도 번역이 잘못된 탓이라는 것이다. 탄트라는 미친 사람들처럼 정신 없이 섹스에만 탐닉하는 것이 아니다. 마음을 챙겨가며 미친 듯이 섹스를 하는 것이다. 이 두 가지는 완전히 다르다. 탄트라는 또한 마음을 챙기며 녹차를 마시고, 마음을 챙기며 음식을 먹는 것이다. 무엇을 하든 마음을 챙기는 것. 대부분의 불교 종파들은 욕망이 마음을 산란하게 만든다고 본다. 깨달음을 향한 길 위의 울퉁불퉁한 혹으로 보기 때문이다. 하지만 탄트라는 욕망을 깨달음의 연료로 본다. 이건 결코 쉬운 일이 아니다. 때로는 위험하기도 하다. 악용될 때도 많다. 하지만 매티오는 탄트라를 통해 단 한 번의 생애에서 깨달음을 얻는 것이 가능하다고 확언한다(이것이 나를 사로잡는다).

나는 탄트라에 매혹되었다. 탄트라에 대해 더 알고 싶다. 그래서 이 주제에 관한 책을 여러 권 사서 곧장 뛰어든다. 그런데 그리 멀리 나아가지 못한다. 탄트라의 모든 것이 수수께끼와 위험에 감싸여 있다. 원전들은 '황혼의 언어'로 되어 있어서 오로지 소수만이 해독할 수 있다. 탄트라 고수들은 자기들의 길이 미끄러워서 걷기 힘들고, 악용당하기 쉽다고 경고한다. 또한 사람들은 탄트라를 입에 올릴 때 항상 숨죽인 소리로 조용히 말한다.

탄트라는 마음의 연금술이라고 할 만하다. 탄트라를 통해 우리는 저열한 욕망을 숭고한 것으로 바꿀 수 있다. "탄트라는 아무리 '비종교적'인 경험이라 할지라도 모든 경험을 성취의 길로 바꿔놓으려고 한다." 라마 예셰가 말한다. "우리의 모든 행동, 걷기, 먹기, 심지어 소변보기까지, 모든 행동을 우리의 영적인 길로 가져올 수 있다." 나는 잠시 독서를 멈추고 이것이 실제로 어떻게 작용할지 그려보려고 한다. 잘 알지 못하는 사람들 사이에 이것이 낳을 혼란도 그려보려고 한다. "미안해, 자기. 난 화장실에 가서 영적인 수행을 해야겠어."

탄트라는 수상쩍다. 보통 우리는 쾌락과 종교가 서로 양립할 수 있다고 생각하지 않기 때문이다. 기분 좋은 일이라면, 틀림없이 영적인 것과는 거리가 멀다. 그런데 생각해보면, 이건 꽤나 어리석은 말이다. 쾌락은 문제가 아니라고 라마 예셰는 말한다. "우리가 반드시 버려야 하는 것은 쾌락에 집착하고, 쾌락을 과장하고 왜곡하는 우리의 태도다." 좋은 말 같다. 하지만 이게 정확히 어떻게 작동한다는 거지? 잘 모르겠다.

다음 날 아침 나는 웨인의 마음 마사지 기법을 시도해보기로 한다. 내 생각에는 이것도 탄트라적인 일 같다. 나는 침대에 누워 웨인의 말대로 내 마음을 몸의 여러 부위에 놓는다. 이렇게 몇 분쯤 하다 보니 머리가 쪼개질 것처럼 아파 와서 더 이상 할 수 없다. 그래서 나는 근처 마사지실로 간다. 그곳에서 지각이 있는 존재가 손으로 내 몸을 마사지해준다. 여기에 마음은 아무 관련이 없다. 그리고 이 방법이 훨씬 더 효과적이다.

웨인과 또 수업을 한다. 나는 이 수업을 취소하는 쪽으로 거의 마음이 기울었다. 그날 아침 일어나 보니 내 대장이 제 나름의 밀교 위기를 겪고 있었다. 나는 화장실에서 지나치게 많은 시간을 보내고는 웨인에게 전화를 걸어 약속을 취소해야겠다고 생각했다. 하지만 다시 생각해보니 그러면 안 될 것 같았다. 부처라면 속에 문제가 좀 생겼다고 해서 이 수업을 취소하지 않을 테니, 나도 그러지 않을 것이다. 그래서 나는 다시 웨인의 집 옥상에 와 있다.

"명심하세요." 웨인이 말한다. "당신은 지금 세상에서 조금 물러난 상태입니다. 안정된 상태죠."

"내가요?"

"네. 그러니까 기본적인 동작은 그저 이곳에 존재하는 겁니다."

"지금 이곳에 존재하라(Be Here Now: 램 대스가 1971년에 내놓은 책 제목에서 따온 말인 듯. 서구인이 영적인 수행, 요가, 명상 등에 대해 쓴 최초의 책 중 하나로서 히피 운동을 비롯한 여러 영적인 운동에 커다란 영향을 끼쳤다 - 옮긴이)." 나는 1970년대의 후렴구 같은 이 말을 반사적으로 중얼거린다.

"그래요. 하지만 특정한 방식으로 존재해야 합니다." 웨인이 말한다.

물론 그렇겠지. 이 마지막 말이 아주 중요하다. 그냥 지금 이곳에 존재하라는 말보다는 덜 귀에 쏙 들어오고, 범퍼 스티커로 붙이기에도 그다지 잘 안 맞지만 이 말이 모든 차이를 만들어낸다. 지금 현재를 살라는 말은 듣기에는 좋지만, 그게 도대체 무슨 뜻일까? 우리는 원래 항상 지금 이 순간에 존재한다. 우리가 시간을 경험하는 방법은 그것뿐이다. 과거를 곰곰이 생각하거나 미래를 걱정할 때도 우리는 여전히 현재에 존재하며 그런 행동을 하고 있다. 그런데 웨인은 우리가 지금 이곳에 '어떻게' 존재하는가가 중요하다고 말하는 듯하다. 온전히, 아니면 부분적으로? 마음을 챙기면서, 아니면 아무 생각 없이?

"당신은 몸에 더 많은 무게를 두고 있어요." 웨인이 말한다. "당신이 바로 몸입니다. 마음을 몸에 두세요."

"아, 그리고 몸은 관찰하고 있겠죠." 내가 말한다. 이제 정말로 뭘 좀 알 것 같은 기분이다.

"아뇨." 웨인이 말한다. "관찰하는 게 아닙니다. 당신이 경험하는 거예요. 그건 서로 다릅니다. 관찰하고 있다면, 당신은 관중석에 앉아 있는 구경꾼이 됩니다. 경험하고 있다면, 당신은 골대 안으로 공을 던져 넣는 사람이 됩니다."

나는 웨인에게 내 농구 실력이 언제나 별로였다고 말하고 싶은 유혹을 느끼지만, 내가 이런 말을 하면 웨인은 십중팔구 내가 나의 이야기 속에 사로잡혔다고 말할 것이다. 그래서 나는 그 점에 대해서는 아무 말 하지 않고 대신 궁극적인 목적, 즉 열반을 성취하는 것에 대해 묻는다.

"자꾸 특별한 언어를 사용하는군요." 웨인이 말한다. 마치 그것이 무슨 범죄라도 되는 것처럼. "무슨 뜻으로 그 말을 하는 건지 분명히 밝히셔야 합니다. 성취한다는 말과 열반이라는 말."

이쯤에서 나는 당장 웨인의 목을 졸라버리고 싶은 기분이 된다. 아니면 웨인을 들어올려 그 자신의 경험을 향해 내동댕이쳐도 될 것 같다. 그에게는 모든 것이 조건적이다. 그냥 존재하는 것은 하나도 없다. 만약 내가 "오늘 정말 춥네요"라고 말한다면, 웨인은 아마 "그래요, 추위를 경험하고 있는 모양입니다" 하고 말할 것이다. 만약 내가 웨인에게 "살려줘요! 내 옷에 불이 붙었어요"라고 말한다면, 그는 아마 짜증나게 절제된 어조로 "말을 사용하고 있군요. 옷이라는 말, 불이라는 말. 말에는 의미가 있습니다. 그 의미들을 조사하고 살펴봐야 해요"라고 말할 것이다.

나는 그에게 왜 말을 싫어하느냐고 묻는다. 그는 전혀 싫어하지 않는다고 주장한다. "하지만 말은 우리를 조급하게 만들죠." 어떤 의미에서는 맞는 말이다. 말은 우리가 아직 실제로 느끼지 못한 감정이나 감각 속으로 우리를 서둘러 몰고 들어갈 수 있다. 하지만 말은 또한 우리에게 추진력이 되어줄 수도 있다. 때로 우리는 직접 소리를 내어 말할 때까지 진리를 깨닫지 못하기도 한다.

그래서 나는 웨인에게 고집을 부린다. 다만, 이번에는 다른 말을 사용한다. "깨달음이 그 모든 것과 어떻게 관련돼 있는 거죠?"

"원한다면 곧장 깨달음으로 향할 수도 있습니다."

"그거 근사하네요. 오후 5시까지 가능하다면 좋겠는데요."

"얼마든지. 오후 5시까지 하는 건 문제없어요. 하지만 먼저 당신이 이 옥상에서 뛰어내려야 합니다."

그 뒤로 나는 웨인 앞에서 다시는 깨달음을 입에 담지 않는다.

우리는 나란히 앉아서 명상한다. 하지만 오늘 나는 유난히 명상이 힘들다. 내 대장이 공중제비를 넘어대고, 모기들이 맹렬히 나를 물어댄다. 나는 웨인에게서 연민을 기대하며 이런 사연을 털어놓는다. 어리석은 생각이다.

"축하합니다." 웨인이 말한다. "그것이 불교의 기본적인 가르침입니다. 삶이 고통스럽다는 것."

"그래요! 난 지금 고통스러워요."

"그건 몸이 있기 때문입니다."

"그러니까 이게 좋은 일이라고요? 모기들이 물어대고 배가 아픈 게?"

"아뇨, 그걸 경험하시라고 말하는 겁니다. 관찰하지 말고."

"경험하고 있어요. 그게 문제라고요. 엄청난 불편을 경험하고 있어요."

"그건 괜찮습니다. 당신이 살아 있다는 뜻이니까요. 고통을 겪지 않는다면 그걸 알아차리지 못할 겁니다."

그런데 갑자기, 어떻게 된 영문인지 설명할 수는 없지만, 이해가 된다. 우리의 경험은 항상 생각을 통해 전달된다. 하지만 우리는 그것을 알아차리지 못한다. 경험과 생각이 거의 동시에 일어나기 때문이다. 모기가 몸을 문다, 몸이 가렵다, 고통스럽다. 우리는 이것을 쭉 이어진 인과의 사슬로 인식하지만 사실은 그렇지 않다. 우리에게 선택권이 있는 순간, 우리가 피부에 느껴지는 그 감각을 불편함으로 해석할 것인지 다른 것으로 해석할 것인지 아니면 그보다 더 좋은 것, 즉 아무것도 아닌 걸로 해석할 것인지 선택할 수 있는 순간이 존재한다. 찰나의 순간에 불과하지만, 그래도 존재하는 건 분명하다. 이런 현상은 모기에게 물리는 것처럼 비교적 사소한 불편뿐만 아니라 짜증나는 사람들이나 허리통증이나 두통에도 적용된다. 웨인에게 내가 깨달은 것을 말했더니 웨인이 빙그레 웃는다.

"생각과 생각 사이에 틈(pause)이 있습니다." 웨인이 말한다. "그 틈이 명상 경험의 기반이죠." 그는 먼저 그 틈을 인식한 뒤에 그 틈을 길게 늘이면 된다고 설명한다. 그 틈을 인정하는 것만으로도 틈을 늘일 수 있다는 것이다.

세상에는 은총이나 복종이나 배움을 기반으로 삼은 종교들이 있다. 불교의 기반은 순간적인 틈이다. 알아차리기도 힘들 만큼 아주 작고 작은, 생각들 사이의 틈. 대개 우리는 그 존재를 알아차리지도 못하지만, 그 틈 안에 우주 전체가 들어 있다. 우리는 이것을 직관적으로 알고 있다. 그래서 잠시 멈칫하며 생각에 잠길 일이 생겼을 때,

우리는 'to give us pause'라는 표현을 쓴다. 훌륭한 예술가나 실내장식 디자이너는 틈이 대단히 중요하다는 걸 알고 있다. 음악가나 대중 강연자는 침묵을 이용해서 효과를 높인다. 그들이 표현하고자 하는 것에 의미와 아름다움을 불어넣는 것이 바로 그런 틈이다.

이제는 웨인의 목을 조르고 싶다는 생각이 들지 않는다. 오히려 성자로 추어주고 싶을 정도다. 성자 웨인. 사실 새로운 종교를 하나 만들고 싶다는 생각까지 든다. 웨인교. 웨인교도들은 모두 머리를 하나로 질끈 묶고, 매일 아침 프렌치프레스 커피를 정확히 한 잔 반씩 마실 것이다. 웨인교도들은 콧소리가 뚜렷한 말씨로 심오한 동시에 불가해한 말들을 뱉어낼 것이다. 그들은 자유사상가들일 것이다. 웨인의 추종자들이니까. 그들은 순전히 시만으로 된 이메일을 써서 보낼 것이고, 모든 신들이 언급될 때마다 코웃음을 칠 것이다. 물론 스태튼아일랜드의 위대한 웨인님에 대한 말이 나올 때는 예외다. 그들은 웨인님에게 하루에 세 번씩 절하고, 웨인교의 안식일인 화요일에는 네 번씩 절할 것이다. 나는 웨인에게 이런 이야기를 전부 늘어놓으려다가 웨인은 웨인교를 좋아하지 않을 것 같다는 생각을 한다. 물론 바로 이 점 때문에 웨인교는 더욱더 매력적인 존재가 된다. 자신이 구루가 아니라고 강력히 주장하는 구루만큼 매력적인 구루는 없다.

오늘은 좋은 수업이었다. 하지만 이제 떠날 때가 됐다는 느낌이 온다. 내게 영적인 통찰력이란 비누거품처럼 연약한 것이다. 조금 전까지만 해도 모든 것이 눈부시게 선명했는데, 순식간에 손톱깎이에나 집착하는 수준으로 떨어져버린다. 나는 웨인에게 호텔로 가서 좀 누워 있어야겠다고 말한다.

"좋습니다." 웨인이 말한다. "하지만 누울 때 이렇게 하세요. 무릎을 올려서 가슴에 붙이는 겁니다."

"그게 에너지 흐름에 더 좋은 자세인가요?"

"아뇨, 바람이 더 잘 빠져나오게 합니다."

그렇지. 나는 옥상에서 내려오며 생각한다. 웨인교는 실용적이야.

다음 날 아침, 나는 다른 날과 마찬가지로 탑돌이를 한다. 공기는 상쾌하고, 하늘은 카푸치노 색깔이다. 어둠이 마지못해 햇빛에 자리를 내주고 있다. 한 바퀴를 도는 동안 어떤 벤치 주위에 사람들이 모여 있는 것이 보인다. 혹시 누가 연주를 하고 있는 건가 싶다. 아니면 배우가 거리 공연을 하고 있거나. 나는 살금살금 다가간다. 그리고 충격을 받는다. 어떤 여자가 여덟 살쯤 되어 보이는 사내아이와 함께 있다. 아마도 아들인 모양이다. 아이는 심한 화상을 입어서 가슴 피부 위에 불그스름한 거품들이 덩어리로 몰려 있는 것 같다. 왼손도 불길에 녹아서 곤봉처럼 변해버렸기 때문에 각각의 손가락을 알아볼 길이 없다. 여자는 티베트어로 말하고 있다. 고통으로 제정신이 아닌 것 같은 목소리다. 아이는 놀라울 정도로 차분하다. 곤봉처럼 변한 손으로 솜씨 좋게 사과를 들고 먹고 있다.

이 차분함, 거의 만족이라고 해도 될 것 같은 아이의 그 모습이 충격적이다. 아이의 일그러진 몸과 감정적 평형 사이의 부조화가 마치 주먹처럼 나를 후려친다. 나는 주머니에서 15루피(약 40센트)를 꺼내 여자가 앞에 놓아둔 마분지 상자에 떨어뜨린다. 그리고 다시 탑돌이로 돌아가 점점 속도를 내며 소년의 이미지를 내 마음에서 몰아내려고 애쓴다. 내가 왜 그렇게 푼돈을 주었을까? 그 마분지 상자에 1000루피쯤 넣어주었어야 하는 건데. 그래, 그렇게 해야겠다. 나는 마음을 정한다. 하지만 그 벤치로 돌아가 보니 소년과 어머니는 벌써 사라지고 없다. 마치 두 모자가 처음부터 그곳에 없었던 것 같다. 나는 사리탑을 돌면서 제임스가 했던 말을 되새긴다. 측은지심은 지혜에서 자발적으로 솟아난다는 말. 어떻게 이보다 더 현명해질 수 있을까?

나는 새터데이 카페에서 커피를 마시며 이 의문을 생각해보기로 한다. 오늘 아침의 탑돌이가 유난히 위안이 되었다는 생각을 하며, 나는 오늘도 책을 펼친다. 이번에는 불교의 원천인 부처에게로 곧장 돌진하기로 했다. 사실 부처는 단 한 자도 글을 쓴 적이 없다. 그의 제자이자 수행원인 아난다가 스승의 말을 충실히 기록했을 뿐이다. 나는 아난다를 동정한다. 그는 부처의 시중을 드느라 너무 바빠서 자신의 깨달음을 진지하게 추구할 시간이 없었다.

책을 읽다 보니, 몇몇 구절은 마치 성경에서 따온 것 같아서 놀랍다. 부처는 예수보다 500년쯤 먼저 태어났는데 말이다. 예를 들어, 부처는 이런 말을 했다. "너 자신이 상처를 입을 것 같은 방식으로 남에게 상처를 주지 말라." 이건 황금률과 지독히 비슷한 말이 아닌가. 남에게 대접받고 싶은 대로 너도 남을 대접하라는 말. 그리스도교와 불교 모두 비폭력, 측은지심, 세속적인 쾌락을 멀리하는 금욕을 가르친다. 일부 학자들은 두 종교의 이러한 유사성이 우연의 일치가 아니라고 믿는다. 예수가 불교사상에 영향을 받아서 생겨난 결과라는 것이다. 이건 보기만큼 터무니없는 얘기가 아니다. 예수가 살아 있던 동안에 불교 포교자들이 멀리 서쪽의 이집트 알렉산드리아에까지 나타났다.

하지만 예수는 우리의 죄 때문에 고통을 겪은 반면, 부처는 원죄라는 개념을 일축해버리고 단순히 모든 것이 고통이라고 단언했다. 부처가 말한 고통은 우리가 직장을 잃었을 때, 시험에 떨어졌을 때, 자동차에 주차위반딱지가 붙어 있는 것을 보았을 때 느끼는 고통만을 뜻하지는 않는다. 물론 이런 고통도 포함되기는 하지만. 부처가 말한 고통은 그보다 더 심오한 존재론적인 고통이다. 티베트 라마이며 인생을 즐기는 자인 초감 트룽파는 이것을 가리켜 "사방에 퍼져 있는, 기본적으로 엿 먹은 상태"라고 훌륭하게 표현했다.

　나도 이 기본적으로 엿 멋은 상태를 확인해줄 수 있다. 그것이 사방에 퍼져 있다는 점도 확인해줄 수 있다. 그것은 항상 존재한다. 내 인생이 잘 풀리고 있을 때조차. 아니 특히 내 인생이 잘 풀리고 있을 때 그렇다. 대부분의 종교는 사람들이 살면서 힘든 고비를 겪을 때 위안을 제공해준다는 점을 자기들의 일용할 양식으로 삼는다. 그래서 고집 센 세속주의자가 비극적인 일을 당하고는 종교를 발견하는 경우가 간혹 발생하는 것이다. 하지만 불교는 힘든 시절보다는 좋은 시절에 우리가 품는 마음가짐에 더 관심을 기울이는 것 같다. 모든 순간, 심지어 즐거운 순간조차, 아니 특히 즐거운 순간이야말로 절망의 씨앗을 품고 있다는 것이다. 고통은 텅 빈 포도주 잔이자 꽉 찬 포도주 잔이다. 사실 인생이 술술 잘 풀릴 때야말로 우리가 주의를 기울여야 하는 순간이라고 부처는 가르쳤다. "단단한 바위가 바람에 흔들리지 않듯이, 지혜로운 사람은 칭찬이나 비방에 흔들리지 않는다." 칭찬에 흔들려? 칭찬은 좋은 것 아닌가? 부처는 그렇지 않다고 말한다. 우리가 살면서 겪는 모든 일이 그렇듯이, 칭찬 또한 덧없는 것이므로 그 안에 고통의 씨앗을 품고 있다고 한다. 사실 이 고통이야말로 최악의 것이다. 기쁨으로 변장하고 있기 때문에.

호텔 방으로 돌아온 나는 텔레비전을 켠다. 기구 소년의 수수께끼가 풀렸다. 모든 것이 사기였다. 기구 소년의 야심만만한 부모가 텔레비전의 리얼리티 프로그램에 출연하려고 이런 쇼를 꾸며낸 것이다. 우리가 보는 것은 실재하지 않는다. 이 사건이 지극히 불교적인 이야기라는 생각이 문득 든다. 사람들은 그 귀여운 소년을 걱정하며 눈물을 흘리고 고통을 받았다. 그들의 감정은 진실했으나 상황은 그렇지 않았다. 그것은 환상이었다. 기구 소년은 처음부터 위험에 빠진 적이 없었다. 인생도 그런 건가? 정교한 사기극인가? 우리 모두 기구 소년인가?

불교도들에게 물어보면 자기네 종교가 '과학적인 종교'라고 할 것이다. 믿음과 신앙이 아니라 실험과 직접적인 경험을 바탕으로 한 종교라고. 이 말은 완전한 진실이 아니다. 사실 불교도들도 엄청난 양의 신앙을 지니고 있다. 다만 그 신앙이 신을 향한 것이 아니라 자신과 자신의 지혜로운 마음을 향한 것일 뿐이다. 이건 쉬운 일이 아니다. 불교는 신뢰를 이끌어내려고 고안된 실험과 같다. 파트너가 자기를 잡아줄 것이라는 확신을 안고 사람이 뒤로 쓰러지는 실험 말이다. 하지만 불교의 경우에는 자신이 자신을 붙잡아주어야 한다. 이건 당연히 불가능한 일처럼 보이기 때문에 우리는 아예 시도도 하지 않는다. 라마들이 여러 가지 소품과 선문답과 진언을 동원해서 하고자 하는 일은 한 가지다. 우리를 꾀어서 뒤로 쓰러지게 만드는 것. 앨런 워츠가 말했듯이, 우리는 "바닥에 쿵 부딪힐 거라고 생각하지만 사실은 튀어 오른다"는 것을 알게 될 것이다. 고무공처럼. 기구나 풍선처럼.

나는 이 튀어 오른다는 말이 마음에 들지만, 불교에 대한 끈질긴 의심을 떨쳐버릴 수가 없다. 불교에는 왠지 차가운 느낌, 거의 병원처럼 차가운 느낌이 있다. 불교도들은 팔정도(八正道)를 흔히 의사의 처방에 비유한다. 일단 이 약을 먹고, 두어 번 생을 산 뒤에 자기들에게 전화하면 된다는 식이다. 이건 훌륭한 비유다. 그리고 거기에 문제가 있다. 불교가 의사의 진찰실처럼 따스함이나 위안과는 거리가 멀다는 것.

카를 융은 종교가 우리에게 "확신과 힘을 주어서 우리가 우주의 괴물들에게 압도당하지 않게 해주는" 것이라고 보았다. 불교는 그런 괴물들을 피해 도망칠 피난처를 거의 제공해주지 않는다. 신학적으로 말해서, 기대어 울 수 있는 어깨를 전혀 제공해주지 않는다는 얘기다. 우리는 각자 자신의 어깨에 기대어 울 수밖에 없다. 그것이 위안이 되면 얼마나 되겠는가? 종교를 뜻하는 '릴리전'(religion: 라틴어 렐리기오religio에서 유래했다)이라는 단어는 '묶다'라는 뜻이다. 하지만 불교는 묶은 것을 푸는 듯한 행동을 오히려 장려한다. 불교는 모든 것을 내려놓아야 하는 종교다. 영혼이라는 개념, 신이라는 개념, 그리고 궁극적으로는 자신이라는 개념까지도 내려놓아야 한다. 내가 그것을 해낼 수 있을지 모르겠다.

그런 면에서 나는 마틴 가드너와 의견이 같다. 가드너는 신앙지상주의자였다. 신앙지상주의자는 신의 존재를 증명할 수도 없고, 증명할 시도도 하지 않는다. 그런데도 어쨌든 신을 믿는다. 신을 믿으면 기분이 좋아지기 때문이다. 내가 보기에 이것은 기분이 상쾌해질 만큼 정직한 말이다. 가드너는 결코 불교를 좋아하지 않았다. 신을 '우주'라거나 '상상조차 할 수 없는 존재'라는 식으로 애매하게 정의하는 종교에 대해서도 마찬가지였다. 우리에게는 인간의 형상을 딴 신이 필요하다고 그는 주장했다. "우리는 사람을 상대로 숭배하고, 사랑하고, 감사하고, 고해하고, 용서를 구하고, 부탁을 할 수 있다. 감자나 은하계, 또는 높이가 거의 2킬로미터나 되는 젤리과자처럼 생긴 신을 상대로는 이런 행동을 전혀 할 수 없다." 불교에서 우리가 얻을 수 있는 것은 거대한 마시멜로와 자신의 마음뿐이다. 이걸로 충분할까? 나는 궁금하다.

웨인과의 마지막 수업. 나는 점점 그가 좋아졌다. 그의 말을 항상 이해할 수 있는 것은 아니지만, 그래도 그가 마음에 든다. 내가 발전하고 있는 것 같은 기분도 든다. 비록 입 밖으로 말하지는 않지만. 전에 내가 아침 명상을 할 때 기분이 좋았다고 웨인에게 말했더니 그는 이렇게 말했다. "좋은 기분에 너무 애착을 갖지 마세요. 자칫하면 기분이 좋지 않을 때 더욱 기분이 나빠질 테니까요." 이 말은 충분히 이해가 갈 뿐만 아니라 불교의 원리를 깔끔하게 요약한 말이기도 하다. 모두 웨인님을 찬양하라.

오늘 웨인은 옥상에서 내려가 산책을 하자고 제안한다. 근처에 힌두교 사원이 하나 있다면서. 그곳에 가보니 사람들이 가족들과 함께 나와서 사원 담장 바로 안쪽에 담요를 펼쳐놓고 소풍을 즐기고 있다. 우리는 그늘진 곳을 찾아 앉아서 이야기를 나눈다. 나는 명상을 하는 동안에 아직도 답답한 생각이 든다고 말한다. 계속 명상을 잘못하고 있다는 생각 때문이다. 하지만 내가 '잘못'이라는 단어를 쓰는 것 자체가 잘못이라는 걸 나는 알고 있다. 어쩌면 좋을까요?

"그냥 다시 시작하세요."

그러면 그렇지. 우리는 언제든 다시 시작할 수 있다. 루미는 이렇게 말했다. "오라, 다시 오라." 아주 간단하다. 우리 고양이 망고가 죽었을 때, 나는 당시 다섯 살이던 딸에게 죽음이라는 개념을 설명하느라 애를 먹었다. 그 과정에서 나도 모르게 환생이라는 불교의 개념을 가져다 썼지만, 내 설명은 무척 서툴렀다. "저, 소냐, 뭔가가 죽으면 또 뭔가가 태어나. 이건 원처럼 계속 돌아가는 거야." 오, 하느님. 나는 속으로 생각했다. 서점 반즈앤드노블에서 뉴에이지 서가의 책들을 몽땅 집어삼킨 사람 같잖아. 하지만 아이는 내 말을 이해했다. 오히려 나보다 더 잘 이해했다. "아아, 그러니까, 세상이 다시 시작된다는 거야?" 그렇다고 나는 대답했다. 아이의 통찰력에 화들짝 놀라서. "세상이 다시 시작되는 거야." 이것이 덧없음의 좋은 점이다. 다섯 살짜리 아이가 지닌 지혜의 아름다움이기도 하고.

나는 웨인에게 호텔까지 걸어가면서 마음을 챙겨보겠다고 말한다. "내 발밑의 밑창을 느껴볼 거예요."

"좋군요." 웨인이 말한다.

"내 머리카락에 닿는 산들바람도 느껴볼 거예요."

"바람이 없는데요."

"그렇네요."

"당신은 머리카락도 없어요."

"그것도 그렇네요. 하지만 만약 바람이 불고 있고 내게 머리카락이 있다면, 나는 내 머리카락에 닿는 산들바람을 느낄 거예요. 그러고 나서 나중에는 택시를 타고 울퉁불퉁 달려볼 거예요."

"이야기 속으로 들어가고 있군요. 그건 계획을 짜는 겁니다. 마음을 챙기는 게 아니에요."

"알았어요. 뭐, 지금 당장은 내 엉덩이가 좀 아프네요. 앉아 있어서."

"좋습니다. 그건 핵심을 찌른 말이에요. 앞으로도 계속 핵심 가까이에 머무르세요."

"그러죠. 이제 자세를 좀 바꿀 거예요. 좀 더 편안한 자세로."

"그거예요!" 웨인이 말한다. 그는 나를 자랑스럽게 생각하는 비(非)구루다.

이때 아까부터 우리를 지켜보던 네팔인 청년이 우리에게 다가온다.

"실례." 그가 영어로 더듬더듬 말한다. "무슨 얘기인지 물어봐도 될까요?"

웨인이 대답을 하려는데 내가 막아선다. "내가 대답할게요, 웨인. 우린 아무 얘기도 하지 않았습니다. 전혀, 아무 얘기도."

스태튼아일랜드의 웨인이 웃음을 터뜨린다. 그리고 우리는 함께 이 순간을 경험한다.

네팔에서 보내는 나의 마지막 아침. 공기는 신선하고 상쾌하다. 눈 모자를 쓴 히말라야의 산들이 보인다. 물론 그들은 언제나 그 자리에 있었지만, 이제야 비로소 눈에 보인다. 나는 거대한 마시멜로 주위를 마지막으로 돌면서 내 발밑의 땅을 느끼고, 내 손가락에 작은 혹이나 덩어리처럼 닿는 염주 알들을 느낀다. 나는 대여섯 번 탑을 돈 뒤 계단을 올라 새터데이 카페에 들어가서 내 자리를 찾는다. 그런데 누가 그 자리에 이미 앉아 있어서 나는 다른 자리를 차지한다. 그리고 사람들이 똑같은 동작으로 오체투지를 하는 광경을 지켜본다. 내 커피는 아직 나오지 않았다. 내 마음은 여느 때와 같은 궤도로 날아오른다. 속도도 익숙하다. 내 커피는 도대체 왜 안 나오는 거야?

주문한 지 7분이나 됐는데! 간단한 커피 한 잔 만드는 데 시간이 얼마나 걸리는 거야? 웨이터를 불러야겠어. 그런데 이놈의 웨이터는 또 어디 있는 거야? 그러다가 잠시 멈칫한다. 거의 알아보기 힘들 만큼 작디작은 틈이다. 하늘에 빈 틈 하나 없이 구름이 잔뜩 긴 날 살짝 구름이 벌어지듯이. 나는 그 틈 안으로 깊이 뛰어든다. 그리고 마음의 긴장을 푼다.

곧 내 커피가 나온다. 내가 주문한 바나나 팬케이크도 함께. 나는 그것을 천천히 먹는다. 마음을 챙기면서. 누가 물어보면 맛이 좋다고 말할 수 있지만, 내가 지금 경험하는 것은 그런 것이 아니다. 팬케이크는 좋지도 않고 나쁘지도 않다. 그렇다고 중립적이지도 않다. 이것은 바나나 팬케이크이고, 바나나 팬케이크다운 본질을 화려하게 뽐내고 있다. 바나나 팬케이크 이외의 다른 것은 될 수 없다. 그건 나도 바라지 않는 일이다. 태양이 내 얼굴을 따스하게 데워주는 것이 느껴진다. 나는 《입보리행론》을 펼친다. 이제 이 책에는 꿀과 커피 자국이 나 있다. 나는 책에서 다음의 구절을 읽는다.

쓰레기 더미 속에서 보석을 찾아내는
눈먼 자와 똑같이
어떤 우연의 일치로
깨어난 마음이 내 안에서 태어났다

신은 전혀 언급되지 않는다. 신이 우리 삶에 개입해서 중재해주신다는 얘기도 없다. 그저 '어떤 우연의 일치'가 있을 뿐이다. 이 구절을 읽고 나는 숨이 막힌다. 신이 없음에도 불구하고가 아니라 바로 신이 없기 때문에. 우연의 일치가, 설명할 수는 없지만, 하여튼 뜻밖에도 우리에게 이로운 쪽으로 작용한다면, 우리는 축복받았다는 느낌을 떨쳐버릴 수 없다. 그리스도교인들은 이것을 은총이라고 부른다. 불교도들은 이것을 '본질'이라고 부른다. 아니면 간단히 원래 그런 것이라고 말하기도 한다. 그들은 이것을 가지고 법석을 떨지 않는다. 불교가 의도적이지 않은 종교임을 나는 깨닫는다.

이 순간이 영원히 계속되지는 않을 것이다. 나는 그것을 알고 있다. 몇 시간 뒤면 나는 공항 보안검색대에서 신발을 벗은 뒤, 흔히 비행기라고 불리는 금속 튜브 안에 내 몸을 구겨 넣을 것이다. 그 순간도 영원하지 않을 것이고, 나 또한 영원하지 않을 것이다. 내 몸은, 부처가 몹시 직설적으로 말했듯이, "겨우 1분 동안 빌려 쓰는 물건과 같다." 이 사실을 알고 나면 이 순간의 달콤함이 줄어드는가? 나는 마지막으로 남은 커피를 마시며 결론을 내린다. 줄어드는 게 아니라 오히려 늘어난다고. 확실히 늘어난다고.

3
신은 개인적이다

가톨릭 프란체스코회

'그럼에도 불구하고'는 영어에서 가장 거룩한 말이다.

우리는 죄를 지었는데도 불구하고 용서받았다.

우리는 증거가 부족한데도 불구하고 종교를 믿는다.

우리는 이웃들에게 결함이 있는데도 불구하고 그들을 사랑한다.

우리는 필연적으로 죽음이 다가오고 있는데도 불구하고

매일 아침 침대에서 일어난다. '그렇기 때문에'와 '그럼에도

불구하고' 사이에는 엄청난 틈이 있다.

그리고 그 틈이 바로 차갑고 이성적인 삶과 믿음의 삶을

갈라놓는다.

도시는 사람과 비슷하다. 우리는 도시를 안다고 생각하지만, 사실은 결코 그렇지 않다. 우리는 도시를 제대로 알지 못한다. 도시에는 언제나 또 다른 면이 있다. 가족모임에서 우리가 기를 쓰고 피해 다니는 괴짜 사촌처럼 뒤에서 어른거리는 그림자 도시. 나와 뉴욕의 관계가 바로 그렇다. 나는 뉴욕을 안다고 생각했지만, 알고 보니 내가 아는 것은 일부에 불과했다. 나는 베이글과 중고품 가게와 요가 스튜디오가 있는 뉴욕을 알고 있었다. 지금 내가 2번 지하철을 타고 쌩 하니 달려가고 있는 뉴욕은 그것과는 아주 다른 뉴욕이다. 정확히 어디가 어떻게 다른지는 말할 수 없다. 지금 이 뉴욕은 내가 한 번도 와본 적이 없기 때문에. 내가 왜 이 뉴욕을 보고 싶어 하겠는가? 〈암흑가의 투캅스〉 같은 영화들에 반영되어 있고, 또한 그 영화들이 어느 정도 만들어내기도 한 평판이 나와 이 뉴욕 사이에 장벽을 세워놓았다. 지금까지 지어진 그 어느 담 못지않게 난공불락의 장벽이다.

그런데도 나는 이곳에 와 있다. 찌는 듯이 덥고 사람이 가득한 지하철 안에 백인은 나뿐이다. 지금 나는 한동안 내 집이 되어줄 노숙자 쉼터를 향해 맹렬히 달려가는 중이다. 프란체스코회의 수도사들이 운영하는 쉼터인데, 수도사들은 자신을 '재생의 수도사들'이라고 부른다. 그들은 신에게 이르는 고대의 영예로운 길을 되살리려고 애쓰는 중이다.

나는 오래전부터 프란체스코회에 흥미를 갖고 있었다. 인도에서 그들은 내가 보호하던 고아에게 기꺼이 교육을 제공해주겠다고 나선 유일한 단체였다. 나중에 미국으로 돌아온 뒤에 나는 프란체스코회 수도사들이 워싱턴 시내를 걸어 다니는 모습을 가끔 보았다. 두건이 달린 갈색 수도복을 입은 그들은 마치 다른 세기에서 막 걸어 나온 사람들 같았다. 그밖에 내가 그들에 대해 아는 것은 별로 많지 않지만, 나는 그것들이 모두 마음에 들었다. 그들의 열광적인 영혼, 타협을 모르는 그리스도교 정신. 그들은 예수의 말씀, 특히 어려운 말씀들을 진지하게 받아들인다. 그렇다고 프란체스코회 수도사들이 말을 특별히 좋아하는 것은 아니다. 프란체스코회의 창시자인 아시시의 성 프란체스코는 다음과 같은 말을 한 것으로 유명하다. "항상 복음을 전파하라. 필요하다면 말을 사용해도 된다." 프란체스코회 수도사들은 그의 말을 따른다. 아무것도 소유하지 않고, 가난한 사람들에게 음식과 집을 제공해준다. 그것도 외따로 떨어진 수도원이 아니라 도시적 특징이 유난히 강렬한 곳에서 그런 것들을 실천한다. 나 같은 사람은 길을 잘못 들었을 때나 차가 고장 났을 때만 언뜻 보게 되는, 그런 동네다.

프란체스코회 수도사들의 삶은 내가 보기에 힘들고 완전히 비현실적이다. 하지만 바로 그 점 때문에 내가 매력을 느끼는 것이다. 무엇이 그들을 지탱해주는지 궁금하다. 이들의 신이 내게 맞는 신일까? 정말로 그랬으면 좋겠다. 나의 우울증은 이제 점점 더 번져나가고 있다. 전에는 가끔 발작처럼 우울해지는 정도였지만, 지금은 그보다 더 깊숙한 곳까지 파고들어 더 오랫동안 지속된다. 내가 신을 찾겠다고 나선 탓에 우울증이 더 심해진 건 아닌지 모르겠다는 생각이 또 든다. 앨런 워츠는 "업의 산술"에 대해 경고했다. 자신이 있는 진창 속을 파들어 가다 보면 과거의 쓰레기들(전생의 것도)이 표면으로 올라온다는 것이다. 그리스도교를 믿는 내 친구도 본질적으로 똑같은 말을 내게 해주었다. 표현이 좀 더 화려할 뿐이다. "하느님에게 가까워질수록 너를 갖고 싶다는 악마의 욕망이 더 커져."

지하철이 덜컹거리며 125번가를 지나자 나는 심호흡을 몇 번 한다. 나는 긴장하고 있다. 사우스브롱크스라는 이곳이 왠지 내게 중요하다는 생각이 든다. 고통의 가닥이 여기서 시작되었다. 아버지는 브롱크스에서 자랐다. 몹시 가난하게. 아버지가 다섯 살 때 아버지의 아버지는 가족을 버렸다. 그리고 내가 다섯 살 때 아버지도 똑같은 행동을 했다. 내가 지금 아직도 생생하게 벌어져 있는 조상들의 상처 중심부를 향해 가고 있는 것 같은 기분이다. 이제는 나도 다섯 살짜리 아이를 키우는 아버지가 되었으므로, 상처를 치유하는 것이 더욱더 시급해졌다. 혈통은 운명이 아니라고 나는 혼자 되뇐다. 지하철이 내가 내릴 역으로 들어선다.

나는 사우스브롱크스에서 나를 기다리고 있는 것들이 두려울 뿐만 아니라 나의 무지가 드러날까 봐 걱정스럽기도 하다. 나는 구약이든 신약이든 성경에 대해 거의 아는 것이 없는 상태로 중년의 나이에 이르렀다. 불교에 무지한 것과는 얘기가 다르다. 이곳은 그리스도교 국가이므로, 적어도 인구통계학적으로는 그렇기 때문에 성경을 모르는 것은 변명의 여지가 없는 일이다.

나는 저녁미사 시간에 맞게 도착한다. 루이스 신부가 미사를 이끌고 있다. 머리를 전부 밀었고, 희끗희끗한 수염을 기르고 있다. 사제라기보다는 ZZ톱(1969년에 결성된 미국 록밴드 - 옮긴이)의 은퇴한 멤버처럼 보인다. 그게 사실과 크게 동떨어진 얘기도 아니다. 나중에 알았지만 루이스 신부는 전에 월스트리트에서 중역으로 일하며 색소폰도 불고, 헬스도 하고, 여자들 꽁무니도 쫓아다녔다. 중고차 판매점을 소유한 적도 있었다. 그 자신도 예전에 아주 치열하고 열정적으로 살았다고 인정한다. 그 열정은 지금도 남아 있다. 다만 그것이 복음을 전하는 일에 집중되어 있을 뿐이다.

　예배당은 작고 소박하며, 바닥은 나무로 되어 있다. 몇몇 그리스도교 예배당에서 볼 수 있는 번드르르한 장식은 전혀 없다. 맨 앞에서 양초 두 개가 깜박거린다. 수도사 한 명이 기타를 연주하고 있는데, 솜씨가 좋다. "우리는 예수님을 우러러봅니다. 애인이나 어머니나 사랑하는 사람을 볼 때처럼." 루이스 신부가 말한다. "여러분이 그 사랑에 다가갈 수 있다면, 급류가 여러분의 삶으로 들어올 겁니다. 여러분이 수도꼭지를 열었으니까요. 그런 사랑은 벽도 부술 수 있습니다." 이탈리아식으로 손가락을 입술에 댄 채 루이스 신부가 말을 덧붙인다. "정말 기분 좋은 일입니다." 마치 예수 그리스도의 신성한 사랑이 아니라 알프레도 링귀네(링귀네는 파스타의 한 종류다 - 옮긴이)를 설명하는 것 같은 말투다.

　프란체스코회는 가톨릭 수도회다. 하지만 나는 가톨릭 미사에 대해 아무것도 모른다. 이번에도 나는 독실한 신자들 가운데에서 아는 척 시치미를 떼고 있다. 다들 일어서면 나도 일어선다. 다들 앉으면 나도 앉는다. 다들 무릎을 꿇으면 나도 무릎을 꿇는다. 성호를 긋는 순서가 되자 나는 허둥거린다. 오른손이 멋대로 이리저리 뻗어나간다. 누가 보면 내가 무슨 발작이라도 일으킨 줄 알 것 같다. 하지만 아무도 눈치채지 못한다. 아니면 눈치를 채고도 워낙 훌륭한 그리스도교인들이라서 아무 말 안 하는 것이거나. 어쨌든 나로서는 고마운 일이다.

"아버지시여, 저들을 용서하소서. 저들은 자기가 하는 일을 모르고 있습니다." 루이스 신부가 십자가에 매달린 예수의 말을 인용한다. "저는 이 말을 거의 매일 합니다." 그가 낡은 가죽 성경을 자기 입술에 대며 말한다. 그러고는 무릎을 꿇는다. 그의 대머리가 번들거린다. "주님, 저희를 도와주시고, 저희의 마음과 사악한 생각과 중독과 죄 많은 생각을 치유해주소서." 언제나 죄책감에 시달리는 나는 자리에 앉은 채 살짝 동요한다.

그다음 순서는 성찬식이다. "원한다면 축복을 받으러 나와도 좋습니다. 강요하는 사람은 아무도 없습니다." 루이스 신부가 말한다. 나는 마음을 정할 수가 없다. 나는 다른 사람들을 지켜보며, 그들이 제단에 어떻게 다가가는지, 포도주를 어떻게 마시는지, 그리고 어떻게 입을 벌려 성체를 받는지를 유심히 살핀다. 그래, 안 될 것 뭐 있어? 나도 할 수 있어. 나는 때가 되기를 기다렸다가 작은 제단을 향해 걸어간다. 루이스 신부가 팔을 휘둘러 내게 축복을 내린다. 나는 거기 서서 입을 벌린 채 기다리고 있다. 이제 언제든 좋습니다, 루이스 신부님, 언제든. 그런데 뭔가가 이상하다. 루이스 신부의 눈이 내게 뭔가를 말하려고 애쓰는 것 같은데, 뭐지? 내가 지금 꼭 해야 하는 말이나 행동이 있는 건가? 무슨 암호 같은 것? 어색함을 참을 길이 없다. 마침내 신부가 고개를 숙여 내게 속삭인다. "당신에게는 성체를 줄 수 없어요. 나중에 설명하겠습니다." 그제야 기억이 난다. 가톨릭 신자만이 성체를 받을 수 있다는 게. 이걸 왜 몰랐을까. 나는 살금살금 그 자리를 떠나며, 이번에도 또 신학적인 견지에서 스스로 바보짓을 했다는 걸 깨닫는다.

수도원과 노숙자 쉼터는 작고 보기 좋은 뜰을 경계로 나뉘어 있다. 크리스핀 수도사는 천사 같은 얼굴을 하고 있으며, 공부를 좋아한다. 그가 쉼터에 있는 내 방으로 나를 안내해준다. 방은 여기서 일하는 평신도 자원봉사자들이 머무는 층에 있다. 에어컨이 없어서 나는 창문을 살짝 열어놓은 채 잠든다. 밖에서 사이렌 소리와 성난 목소리의 스페인어 등 사우스브롱크스의 배경음이 들려온다.

다음 날 아침 나는 일찍 일어나서 커피를 찾아 헤맨다. 뜰 건너편의 수도원에서 커피를 조금 구한 뒤, 프란체스코회 수도사들의 서약에 순명과 청빈과 정결만 있을 뿐 카페인 음료를 삼가겠다는 내용이 없는 것에 소리 없이 감사한다. 두건을 쓴 사람 하나가 눈에 띈다. 루이스 신부다. 내가 서 있는 위치에서 보니, 아침 햇빛이 그의 어둡고 강렬한 눈, 그의 머리에 드리워진 중세식 두건, 근육(헐렁한 수도복을 입었는데도 근육이 확실히 드러나 보인다), 강하게 뭉쳐 있는 에너지를 비추고 있는 것 같아서 두려움이 나를 강타한다. 그의 외모에서 왠지 사탄 같은 분위기가 난다. 터무니없는 생각이라는 건 알지만, 그걸 부정할 수 없다.

나는 부엌에서 얼쩡거리며 커피가 어머니의 젖이라도 되는 것처럼 그 맛을 음미한다. 수도사들이 아침 식사를 준비하고 있다. 그들은 편안히 긴장을 풀고 서로 협동하고 있다. 마치 대학교 남학생회 같은 분위기다. 단지 맥주의 양이 훨씬 적고 기도의 양이 훨씬 더 많을 뿐이다. 나는 그들이 서로를 "형제"라고 부르는 것이 마음에 든다. "달걀 필요해, 형제? 고마워, 형제." 상당히 정이 가는 호칭이다. 그들이 나를 부를 때는 물론 형제라는 호칭을 쓰지 않는다. 나는 외부인이다. 대개 그렇듯이.

수백 년이 흐르는 동안 프란체스코회의 청빈 서약은 슬그머니 사라졌다. 이 수도원이 속한 수도회는 역사가 이제 겨우 25년밖에 안 되지만 그것을 바로잡으려고 열심히 애쓰는 중이다. 여기 수도사들은 아무것도 소유하지 않는다. 개인 은행계좌도 신용카드도 휴대전화도 없다. 그들의 선언문에 따르면, "단순히 즐거움과 오락을 위해 제조된 대중적인 전기 기구들"도 소유할 수 없다. 침대도 없다. 그들은 바닥에서 잔다. 인터넷도 텔레비전도 식기세척기도 에어컨도 없다. 이 모든 것들은 우리와 하느님 사이를 막는 장애물이라는 것이 프란체스코회의 믿음이다.

우리가 가진 것을 모두 제거해버리면, 우리는 과연 무엇인가? 데르비시 피에터가 말했듯이, 이것은 모든 종교가 해답을 내놓으려고 애쓰는 기본적인 의문이다. 만약 우리가 어느 날 아침 갑자기 모든 것, 그러니까 직장, 집, 돈, 평판, 사랑하는 사람들을 몽땅 잃어버린다면, 그대로 쓰러져 죽어버릴까, 아니면 계속 살아갈까? 그럴 때 무엇이 우리를 지탱해줄까? 프란체스코회는 이 질문을 머릿속으로 생각하기만 하지 않고, 생활 속에서 직접 체험한다.

그들의 하루는 기도로 시작된다. 그들이 새로이 기운을 얻고 하느님의 은총을 받는 것은 바로 이 첫 기도를 통해서다. 그러고 나서 하루 종일 그 은총을 남들에게 나눠주며 보낸다. 프란체스코회는 무엇이든 저장해두는 법이 없다. "너희가 거저 받았으니 거저 주어라"(마태복음 10장). 그들은 스스로를 "활동적인 명상가"로 부른다. 그들은 항상 움직인다. 그들을 찾는 사람이 많기 때문이다. 초인종이 울린 다면, 양말이나 구원이 필요한 누군가가 밖에 기다리고 있는 건지도 모른다. 수도사들에게는 양말이든 구원이든 달라질 것이 없다. 모두 사도로서 그들이 해야 하는 일의 일부이기 때문이다. 나는 세상에 도움이 되는 그들의 활동에 감탄한다. 나도 그들처럼 될 수 있다면 좋을 텐데.

부엌에 가보니 크리스핀 수도사가 커다란 컵에 커피를 따른 뒤, 시리얼 그릇을 공격하고 있다. 그가 주위를 구경시켜주겠다고 하기 에 나는 좋다고 한다. 우리는 수도원 밖으로 나간다. 무거운 나무문 이 등 뒤에서 단단하고 왠지 불길한 소리로 쿵 하고 닫힌다. 크리스 핀 수도사는 야구모자를 쓰고, 한 손에는 커피가 담긴 머그잔을 들 었다. 이 두 가지 물건이 13세기식 복장과 일시적으로 충돌을 일으 킨다. 그의 허리에는 성 프란체스코가 살던 시대의 수도사들과 똑같 이 굵은 줄이 매어져 있다. 우리는 모퉁이를 돌아 랠프의 구두수선 집에 들른다. 랠프는 기억도 나지 않을 만큼 오랫동안 사우스브롱크 스에 살았으며, 지금까지 여섯 번 강도를 당했다. 그는 목에 칼이 대 어져 있는 시늉을 하며 강도당한 이야기를 한다. 우리는 그에게 작 별 인사를 하고 멜로즈 애버뉴를 따라 남쪽으로 걷는다. 크리스핀 수도사는 랠프가 수도사들의 샌들을 무료로 고쳐준다고 말한다. 수 도사들은 그의 호의를 기꺼이 받아들인다. 프란체스코회 수도사들 은 사람들에게서 공짜로 물건을 얻어내는 재주로 명성이 높은데, 그 런 명성을 누릴 자격이 충분하다.

이곳의 수도사들 자신도 이걸 소재로 농담을 즐겨 한다. 도미니코회의 신부가 이발소에 들어갔다. 머리를 자른 뒤 그가 돈을 내려고 하자 이발사가 성직자에게서 돈을 받을 수는 없다고 말한다. 다음 날 아침, 이발사는 자신의 가게 문 앞에 꽃다발이 놓여 있는 것을 발견한다. 그의 다음 손님은 예수회 신부다. 이번에도 이발사는 돈을 받지 않는다. 다음 날 그의 가게 문 앞에는 포도주 한 병이 놓여 있다. 그다음에는 프란체스코회 수도사가 머리를 자르려고 그의 가게에 들어온다. 이발사는 이번에도 돈을 받지 않는다. 다음 날 아침, 그의 가게 문 앞에는 수도사 20명이 서 있다.

수도사들은 이 우스갯소리를 들을 때마다 웃음을 터뜨린다. 이미 수십 번이나 들은 이야기인데도. 이 이야기가 재미있는 건, 이것이 사실이기 때문이다. 프란체스코회 수도사들은 남에게서 공짜로 뭔가를 얻어내는 기술이 끝내준다. 하지만 그들이 그런 짓을 하는 것은 하느님을 위해서이기 때문에 모든 것이 용서받는다.

우리는 건축 현장 옆을 지나간다. 10여 채의 건물들이 높이 솟아 있다. 모두 크기도 똑같고, 칙칙한 것도 똑같다. 크리스핀 수도사가 건물 벽의 그림들을 가리킨다. 조폭 전쟁에서 목숨을 잃은 젊은이들의 초상화다. 최근 들어 폭력이 부쩍 늘었다. 수도원 맞은편 거리에서 총격이 벌어진 적도 있다. 크리스핀 수도사는 건조한 목소리로 이야기를 들려준다. 평범한 가정이 조폭 전쟁에 휘말려서 어느 날 아침 식구들이 일어나 보면 아파트 문 밑에 휘발유가 부어져 있고, "다음번에는 불을 붙이겠다"는 쪽지가 놓여 있는 경우가 드물지 않다고. 나는 그런 삶을 상상조차 할 수 없다. 눈에 보이지 않는 악의적인 세력의 손에 운명이 좌우되는 삶이라니.

경찰관들이 많이 나와 있다. 그들은 이동식 크레인에서 오가는 사람들을 감시한다. 거리 축제 때 군중 통제를 위해 동원되는 크레인과 같은 종류다. 경찰관들은 경찰관들 특유의 검은 선글라스를 쓰고 있다. 그리고 그들의 손은 다른 동네 경찰관들과 달리 계속 움찔거린다. 그 손은 총이 들어 있는 권총집이 정확히 어디에 매달려 있는지, 거기서 총을 꺼내는 데 정확히 몇 초가 걸리는지 예리하게 인식하고 있다.

크리스핀 수도사는 모든 수도사들이 그렇듯이 거리 사정에 훤하다. 그는 문신과 옷차림을 보고 폭력배들을 가려낼 수 있다. 새 관찰전문가가 100미터 밖에서도 노란엉덩이솔새를 알아보는 것과 마찬가지다. 크리스핀 수도사는 비록 13세기 움브리아(이탈리아의 지명 - 옮긴이) 사람 같은 옷을 입었지만, 21세기 사우스브롱크스에 아주 잘 맞춰져 있다. "나는 거리 사정에 대해 다른 사람들보다 두 배는 밝아야 합니다. 이 옷을 입고 있으니까요." 그가 말한다. 사실 크리스핀 수도사는 꾀바른 동시에 순진하다. 참으로 드문 조합이다.

앳된 얼굴의 남자가 검은 헤드폰을 쓰고 담배를 피우며 크리스핀 수도사에게 가만가만 다가온다. 이건 항상 있는 일이다. 옷차림 때문에 그는 반응을 보여야 한다. 낯선 사람들이 수도사에게 다가와 자기가 암에 걸렸다거나 자식이 마약을 한다거나 남몰래 후회하는 일이 있다는 등의 이야기를 늘어놓는다. 수도사는 심리치료사이자 구호요원이자 하느님의 대리인이자 걸어 다니는 심리검사지다.

"수도사님, 저는 항상 그리스도를 좋아해요." 앳된 남자가 나를 무시한 채 크리스핀 수도사에게 말한다. "전에 감옥에 간 적이 있는데, 지금은 감옥에서 나왔으니까 기도를 안 해요." 그는 직장을 잃었다는 얘기, 애인이 임신했다는 얘기 등을 계속 늘어놓는다. 대개는 길에서 만난 낯선 사람이 아니라 절친한 친구에게만 털어놓는 자세한 사생활 이야기들. 크리스핀 수도사는 남자가 늘어놓는 이야기에 참을성 있게 귀를 기울이다가 간단히 대답한다. "기도하세요."

"그럴게요." 남자가 이렇게 말하며, 자기 이름이 라몬이라고 밝힌다.

"저는 크리스핀 수도사입니다." 이 말에 남자가 킬킬 웃는다. 크리스핀 수도사가 나와 함께 그에게서 멀어지며 설명해준다. 자기가 이름을 말하면, 그걸 "메리 크리스마스"로 잘못 알아듣고 웃어대는 사람들이 있다고.

나는 그 남자와의 만남을 잘 이해할 수 없다. 수도사는 그 남자와 이야기를 하면서 뭘 이룩하고 싶었던 걸까? 그 남자는 솔직히 좀 불안해 보이던데.

"우리는 여기에 씨앗을 뿌리는 심정으로 일하고 있습니다. 저 남자가 내일 죽는다 해도 자기가 사랑받았다는 걸 아는 상태에서 숨을 거둘 겁니다."

우리는 피자 가게에 들른다. 무허가 가게처럼 조금 허름하지만 맛은 최고라고 크리스핀 수도사가 장담한다. 우리는 피자 두 쪽을 주문한다. 그리고 내가 지갑을 꺼낸다. 수도사와 함께 식사할 때는 돈을 낼 사람이 누구인지 절대 헷갈릴 필요가 없다. 상대방이 거짓으로 항의하는 시늉도 하지 않는다. 제가 내겠습니다. 아뇨, 제가 낼게요. 꼭 그러시다면야. 이런 헛소리는 전혀 오가지 않는다. 나는 이런 분명함이 마음에 든다.

우리는 각자 주문한 피자를 들고 자리에 앉는다. 내가 막 피자를 먹으려는데, 크리스핀 수도사가 제지한다. 먼저 기도를 해야 한다면서.

"이런 음식을 내려주셔서 감사합니다, 주님."

나는 기름기 많은 버섯 피자를 빤히 바라보며 뭔가 못된 소리를 지껄이려다가 참는다.

크리스핀 수도사는 내게도 호의를 베풀어줘서 고맙다고 인사한다. 나는 얼굴이 붉어진다. 겨우 몇 달러밖에 안 되는 돈인데. 정말 아무것도 아닌데. 축복기도에 담긴 애정, 진지함이 내 마음을 울린다. 다른 건 몰라도 그 기도 덕분에 나는 평소처럼 게 눈 감추듯 피자를 먹지 않고 천천히 맛을 음미하며 먹게 된다.

크리스핀 수도사는 배가 상당히 나왔다. 수도사들의 금욕적인 생활과는 어째 잘 어울리지 않는 것 같다. 나는 조심스레 그 점을 물어본다. 그러자 그는 서약을 하고 수도사가 된 뒤로 몸무게가 18킬로그램 늘었다고 말한다. "음식이 탄수화물 투성이니까요." 그가 피자를 또 한 입 베어 물면서 말한다.

우리는 멜로즈 애버뉴를 따라 몇 블록 더 걷는다. 상점 교회들(storefront churches: 거리에 면한 건물에서 한때 상점이 들어 있던 공간에 들어선 교회. 노예제도가 폐지된 뒤부터 흑인 사회의 중심 역할을 했으며, 지금은 라틴계나 아시아계 미국인 지역에서도 이런 교회를 볼 수 있다 - 옮긴이) 앞을 지나가는데, 신도들이 거리로 흘러넘치고 있다. 사람들이 인도에 접의자를 놓고 앉아 있다. 그래, 여긴 내가 아는 뉴욕과는 완전히 다른 뉴욕이다. 우리는 화려한 교회 앞에서 걸음을 멈춘다. 까마득한 옛날부터 이 자리에 있던 교회 같다. 크리스핀 수도사는 일주일에 한 번씩 하는 고해를 위해 이곳에 왔다. 그가 도대체 뭘 고해할 건지 궁금하다. 14세기에 살았던 어떤 그리스도교 신비주의자의 화려한 표현을 빌리자면, "고약한 악취를 풍기는 죄 덩어리"는 크리스핀 수도사가 아니라 바로 나다. 그 익명의 신비주의자는 《미지의 구름》(14세기에 나온 기독교 신비주의 책 - 옮긴이)의 저자이기도 하다. 나는 이런 생각을 크리스핀 수도사에게 털어놓는다.

"그럼 들어가시지 그래요?"

"저 안에요? 고해실에?"

"네. 안 될 것 없잖아요."

"난 가톨릭 신자가 아니에요. 아예 그리스도교를 안 믿는다고요."

"그건 상관없습니다. 만약 고해를 받는 사제가 그걸 문제라고 생각한다면, 그렇다고 말해줄 거예요."

나는 망설인다. 내 생각에 고해는 어둡고 하여튼 뭔가 마피아와 관련된 것 같다(내가 왜 이런 생각을 하게 됐는지는 잘 모르겠다. 아마 영화 때문일 것이다). 하지만 크든 작든 내가 지고 있는 죄의 무게가 나를 무겁게 짓누른다. 거기에 따르는 죄책감이 내 우울증의 뿌리인지도 모른다는 생각이 들기 시작한다. 그래, 조금 용서를 받는 것이 도움이 될지도 모른다. 폴 틸리히는 이런 말을 했다. "사람이 겪는 일 중에서 용서받는 것만큼 위대한 일은 없다."

그리스도교인처럼 용서를 해주는 사람들은 없다. 이 분야에서 그들은 1등이다. 불교도들은 용서에 관심이 없다. 용서할 것이 없다고 믿기 때문이다. 원죄 같은 것은 없고 오로지 악업이 있을 뿐이다. 유대인의 용서는 1년에 한 번이고, 대가도 아주 비싸다. 음식을 먹지 않고 24시간을 버텨야 한다. 뉴에이지 운동은 자기 용서를 약속한다. 그래서 나는 거울 등등을 통해 나 자신에게 말을 걸며 그것을 시도해보았지만, 항상 바보짓을 하고 있다는 느낌이 들 뿐이고 한 번도 효과를 본 적이 없다. 그래, 우리에게는 신의 용서가 필요하다. 거기에 못 미치는 것이라면 무엇이든 소용이 없다. 그리스도교의 용서는 완전하고 무조건적이다. 그것은 은총의 형태로 다가오는데, 은총을 뜻하는 '그레이스(grace)'는 공짜를 뜻하는 '그래티스(gratis)'와 어원이 같다. 은총은 하느님의 선물이다. 그리고 선물로 받는 물건은 언제나 더 좋아 보이게 마련이다. 중요한 것은 용서가 회개를 불러온다는 점이다. 일반적인 믿음과 달리 그 역(逆)은 성립하지 않는다.

나는 고해실을 슬쩍 바라본다. 그곳까지의 거리는 약 20미터쯤 되는 것 같다. 그래, 안 될 것도 없지. 데르비시처럼 빙글빙글 춤을 춰봤고 스태튼아일랜드의 웨인과 명상도 해봤으니, 이것도 해낼 수 있다. 나는 조심스레 고해실 문을 열고 그 작은 나무상자 안에 발을 들여놓는다. 칸막이 뒤에서 움직이고 있는 사람의 옆모습이 보인다. 조급한 느낌, 나쁜 분위기가 느껴져서 나는 도망치고 싶다. 하지만 이미 늦었다. 그가 나를 본다.

"죄송합니다만, 신부님, 저는 가톨릭 신자가 아닙니다."

"네, 그건 상관없습니다." 신부가 말한다. 하지만 목소리에 불편한 마음이 드러나 있다.

"아예 그리스도교를 믿지 않아요. 저는 유대인입니다."

"그건 상관없어요. 하지만……."

"네, 신부님?"

"지금부터 미사를 집전해야 합니다. 벌써 지각했어요. 그러니까 30분 뒤에 다시 오겠습니까?"

안도감이 파도처럼 나를 휩쓴다. 그런데 놀랍게도 실망감이 섞여 있다. 그럼요, 그럼요. 내가 말한다. 나중에 다시 오겠습니다.

나는 다시 가지 않는다. 그 순간은 지나갔다. 아주 가까이 다가갔었는데. 이번에도 8분의 7까지만 갔을 뿐이다. 그 작은 나무상자 안에서 고해를 했다면 과연 어떤 일이 일어났을지 궁금하다. 이름도 모르는 사제와 몇 마디 말을 주고받는 것만으로 내가 평생 안고 있던 죄와 죄책감이 씻겨나갈 수 있을까? 용서가 그렇게 쉬운 건가? 나는 결코 알 수 없을 것이다. 마치 내가 고해에 실패한 것 같은 기분이다. 이것 또한 언젠가는 반드시 고해해야 하는 문제다.

크리스핀 수도사가 자신과 함께 가자고 권유한다. 브루클린으로 일종의 임무를 수행하러 가는 길이라고 한다. 그는 중개인에게 돈(현금 8000달러)을 가져다주어야 한다. 그 중개인은 그 돈을 받아 아프리카로 보낼 것이다. 그는 그곳에 학교를 짓는 일을 돕고 있다. 나는 어딘가 가는 일에는 항상 열심이다. 특히 거액의 현금과 수상적은 중개인이 관련된 일이라면 말할 나위가 없다. 그래서 나는 가겠다고 한다. 크리스핀 수도사는 지폐 뭉치를 자기 옷 속에 쑤셔 넣는다. 그러자 마치 마법처럼 돈이 순식간에 사라져버린다.

수도사들은 낡아빠진 자기들 차에 각각 별명을 붙여놓았다. 모두 기증받은 차들이다. 우리는 1993년식 올즈모빌에 올라탄다. 회색유령이라는 별명이 붙은 녀석이다. 원래 별명은 회색거위였지만, 그것이 보드카 상표명이라는 것을 알고는 하느님의 자동차에 그다지 어울리지 않는다는 결론을 내렸다. 회색유령은 전면 대시보드에 성직자임을 알리는 플래카드가 달려 있고, 백미러에는 엷은 파란색 십자가가 대롱대롱 매달려 있다. 범퍼스티커에 적힌 말은 "여자들은 낙태를 후회한다"다. 크리스핀 수도사가 주차장에서 차를 빼더니 멈춰 선다. 그럴 만한 이유가 없는 것 같은데.

"무슨 문제라도 있어요?" 내가 묻는다.

"예수님, 저희의 일과 태도를 축복하시고 지켜주소서. 저희에게 이동할 수 있는 능력을 주셔서 감사합니다."

그저 간신히 움직일 수 있는 정도구먼. 나는 속으로 생각한다. 회색유령은 힘겹게 덜컹거리며 가쁘게 숨을 몰아쉰다. 이미 오래전에 은퇴했어야 마땅한, 늙은 짐꾼 노새 같다. 회색유령은 우리를 태우고 트라이보로 다리를 건너려고 안간힘을 쓴다. 에어컨에서 뜨거운 공기가 나오기 때문에 크리스핀 수도사는 에어컨을 끄고 대신 창문을 내린다. 플라스틱 십자가가 따뜻한 바람에 춤을 춘다. 지금 이 모습, 그러니까 낡아빠진 자동차와 뭔가 신성한 목적을 향해 가는 것 같은 느낌이 친숙하다. 그래, 그렇지. 블루스 브라더스(원래 〈새터데이 나잇 라이브〉의 뮤지컬 관련 코너를 위해 코미디언인 댄 애크로이드와 존 벨루시가 1978년에 결성한 밴드. 두 사람 외에도 쟁쟁한 음악인들이 참여했으며, 나중에는 음반과 영화도 제작되었다. 두 사람은 검은 양복에 검은 선글라스를 썼으며, 자기들 차에 블루스 모빌이라는 별명을 붙였다 - 옮긴이)다. 나는 선글라스를 끼고 선언하듯 말한다. "기름통에는 기름이 꽉 차 있고, 수중에 현찰 8000달러가 있고, 얼굴에는 검은 선글라스를 썼어요. 우린 하느님이 명하신 임무를 수행하러 가는 길입니다." 나는 회색유령에 갓모빌(God Mobile)이라는 이름을 새로 지어준다. 크리스핀 수도사가 웃음을 터뜨린다. 그와 동료 수도사들의 이런 태도가 마음에 든다. 그들의 신앙은 무겁지 않다. 그리고 그들은 프란체스코회의 설립자인 성 프란체스코와 마찬가지로 자신을 너무 진지하게 대하지 않는다(사실 그들의 서약에는 유쾌하게 살아야 한다는 조건이 포함되어 있다). G. K. 체스터튼의 말처럼, 좋은 종교를 가늠하는 방법은, 우리가 그 종교를 소재로 농담을 할 수 있는가 하는 점이다. 이건 좋은 종교다.

하느님이 명하신 임무라. 우리는 처음부터 꼬일 운명이었던 브루클린 여행에서 이 농담을 줄곧 주고받는다. 교통 체증에 갇히거나 차를 꺾어 들어가야 하는 지점을 놓치거나 완전히 길을 잃어서 도무지 어디가 어딘지 알 수 없게 될 때마다 나는 아무 문제 없다고 선언한다. "우리는 하느님이 명하신 임무를 수행하는 중"이니까. 이것이 긴장감을 흩어버리는 데 대단히 효과를 발휘한다. 내 긴장감이다. 크리스핀 수도사의 긴장감이 아니다. 그는 전혀 긴장하지 않는다. 적어도 나는 그에게서 긴장감을 감지할 수 없다.

"어떻게 하는 거예요? 뉴욕의 교통 체증 속에서 어떻게 프란체스코회 수도사다운 침착함을 유지할 수 있는 거죠?" 내가 묻는다.

"그냥 그리스도께 맡길 뿐입니다."

"하지만 누가 앞으로 끼어들기라도 하면요?"

"그러면 브레이크를 밟죠."

"좋아요, 그건 말이 되네요. 그래도 그게 다가 아니잖아요. 분노는 어떻게 처리해요?"

"저들이 개종하게 해달라고 기도합니다. 재빨리."

이 말을 하자마자 마치 신의 섭리가 작용하기라도 한 것처럼 누군가가 우리 차 앞으로 끼어든다. 크리스핀 수도사가 경적 위로 무겁게 몸을 기댄다. 나는 빙긋 웃는다. 정결, 순명, 청빈의 서약에 경적을 울리지 않겠다는 내용은 포함되지 않은 것 같아서 기분이 좋다. 다들 분출구는 필요하니까.

크리스핀 수도사의 눈 밑이 무겁게 처져 있다. 잠을 다섯 시간밖에 못 잤다고 한다. 어젯밤 쉼터에 문제가 생겼고, 아침에는 아침기도를 위해 6시에 눈을 떠야 했다. 완전히 녹초가 됐다고 그가 말한다.

그도 피로를 느낀다. 기분이 안 좋은 날도 있다. 경적도 울린다. 이 모든 사실들이 필연적으로 이끌어내는 결론은 하나다. 크리스핀 수도사도 사람이라는 것. 나와 똑같은 사람. 다만 나보다 소유물이 적고 측은지심이 더 많을 뿐이다. 우리는 수도복을 보고는 그 옷을 입은 사람은 생각하지 않을 때가 많다. 마치 서약이 그들을 더 인간적인 존재가 아니라 덜 인간적인 존재로 만들어버리기라도 하는 것처럼. 우리가 그러는 것은 일종의 자기 보호라는 생각이 든다. 만약 우리가 수도사들을 진짜 사람으로 본다면 그들이 우리와 더 비슷해 보일 것이고, 그들이 우리와 더 비슷해 보인다면 불편한 의문이 들 수밖에 없다. 우리는 왜 저들처럼 하지 못하는가? 우리는 그들을 신성시함으로써 그들과 거리를 두고, 그들과 같은 삶을 살아가지 못하는 것에 대해 핑계를 마련한다.

크리스핀 수도사가 천천히 움직이는 자동차를 추월하며 속도를 낸다. 온유한 자들이 땅을 차지할지는 몰라도(시편 37장 11절의 내용 - 옮긴이), 브루클린-퀸스 고속도로에서는 통하지 않는 것 같다. 우리는 고속도로를 벗어나 크라운 하이츠를 가로지른다. 하시디즘(유대교의 일파로 신비적 경향이 강하다 - 옮긴이) 유대인들 무리가 8월의 더위에 털옷을 입고 지나간다. 우리는 또 꺾어져 들어가야 할 길을 놓쳐서 온 길을 되돌아가야 한다. 크리스핀 수도사는 불법 유턴으로 이 문제를 해결하며 수줍게 어깨를 으쓱한다. 괜찮아요. 내가 말한다. 우리는 하느님이 명하신 임무를 수행하는 중이니까.

차가 우회전을 해서 애틀랜틱 애버뉴로 접어들 때, 우리의 대화도 신학적인 문제를 향해 급격히 방향을 꺾는다. "그리스도교는 모순으로 가득해요." 크리스핀 수도사가 여러 가지 예를 든다. 온유함에서 나오는 힘. 빈곤에서 나오는 부유함. 정절로 열매를 맺는 것. 죽음에서 나오는 생명. 당연히 맞는 말이다. 사실 모든 종교에는 모순과 역설이라는 요소가 있다. 선불교에는 선문답이 있고 도교에는 《도덕경》이라는 고전이 있다. 여기에도 모두 모순으로 보이는 생각들이 포함되어 있다. 프란체스코회의 사제이자 저술가인 리처드 로어는 여기서 한 걸음 더 나아간다. 역설은 영적인 진리의 선행조건이라는 것이다. "역설적인 성격을 어느 정도 지니지 않은 '상식'이라면 불신해야 마땅하다."

크리스핀 수도사가 어제 쉼터에서 한 명을 쫓아낼 수밖에 없었다며 자초지종을 말해준다. 그 남자가 다시 마약에 손을 댔는데, 쉼터에는 마약을 결코 용납하지 않는다는 방침이 있다. 그래서 크리스핀 수도사는 그 남자를 거리로 쫓아냈다. 그건 쉬운 일이 아니었다.

"난 수도사들이 착한 사람인 줄 알았는데요." 내가 말한다.

"우린 착하지 않습니다. 상냥할 뿐입니다." 착한 것과 상냥한 것은 다르다고 그가 말한다. "예수님은 우리에게 뱀처럼 지혜롭고 비둘기처럼 순수해야 한다고 말씀하셨습니다." 카트만두에서 린포체가 "지혜가 먼저고, 사랑은 나중"이라고 충고하던 것이 생각난다. 하지만 프란체스코회 수도사들은 그렇게 순서를 매길 필요가 없다. 사랑에 항상 지혜가 포함되어 있다고 믿기 때문이다. 톨스토이는 "사랑은 결코 어리석을 수 없다"고 말했다. 대개 우리는 사랑을 감정으로 생각한다. 그것도 엉엉 울어대는 감정. 하지만 그것은 사랑이라는 단어의 의미 중 하나에 불과하다. 사랑은 또한 존재의 한 방식이기도 하다. 올더스 헉슬리의 가정을 따른다면, 지식의 한 형태라고 할 수도 있다. "우리는 우리가 아는 것만을 사랑할 수 있다. 그리고 우리가 사랑하지 않는 것은 결코 완전히 알 수 없다."

마침내 우리는 브루클린의 성당에 도착해서 현금을 건네준다. 돌아오는 길도 갈 때만큼 파란만장하다. 몇 번 길을 잘못 들고, 정체에 갇히고, 그밖에 잡다한 불운을 겪은 끝에 우리는 수도원에 도착한다. 기진맥진했지만 만족스럽다. 게다가 저녁 식사 시간에 딱 맞게 도착했다.

남자들이 쉼터 밖에 줄을 서 있다. 낮에는 그들이 건물 안에 머무를 수 없다. 그들 모두에게 각각 몸수색과 음주측정이 실시된다. 사람들은 발을 질질 끌며 카페테리아 안으로 들어가 긴 나무 식탁과 나란히 놓인 긴 의자에 앉는다. 그들에게서는 열정도 반항도 보이지 않는다. 그냥 이곳에 있을 뿐이다. 대부분 술이나 마약 문제를 안고 있다. 살인을 비롯해서 전과가 있는 사람들도 많다. 크리스핀 수도사가 감사기도를 한다. 짤막한 훈계에 가까운 기도다. 내용을 요약하자면 이렇다. 우리에게는 하느님이 필요하고, 도움이 필요하다, 우리 힘만으로는 이것을 해낼 수 없으니까. 기도에 이어 몇 가지 발표가 있다. 먼저 이곳 주민(여기서는 이 남자들을 주민이라고 부른다) 한 사람이 취직했다는 소식이다. 다들 박수갈채를 보낸다. 내가 여기와 있다는 사실도 언급된다. 이번에도 사람들은 박수갈채를 보낸다. 뜻밖이다. 그들은 나를 작가선생이라고 부른다. 나중에 영화 〈아이, 로봇〉이 상영될 것이라는 소식도 있다. 수도사들 사이에서 그 영화를 보여주는 것이 적절한지를 놓고 잠깐 설왕설래가 이루어진다(적절하다고 한다). 음식은 맛있고 양도 많다. 남자들은 음식을 먹고 이야기를 나눈다. 하지만 그냥 먹기만 하는 사람들이 대부분이다. 식사가 끝난 뒤 수도사 한 명이 짤막한 기도를 드린다. "저희가 진정으로 쉴 수 있게 허락해주소서, 주님." 아멘.

남자들은 흩어진다. 자기 방으로 가는 사람도 있고, 다시 발을 질질 끌며 마당으로 나가 도미노 놀이를 하거나 담배를 피우거나 잡담을 하는 사람들도 있다. 노숙자 쉼터가 이 정도면 최상급이다. 사람들이 여기에 들어오려고 대기자 명단에 이름을 올려놓는 것도 놀랄 일이 아니다.

마당에서 루이스 신부의 모습이 눈에 띈다. 나는 그가 갑자기 개종한 이유가 궁금하다. 우리는 플라스틱 의자 두 개를 가지고 나무 옆의 자그마한 빈터로 간다. 달빛이 밝은 밤이다. 도미노가 짤깍거리는 소리, 띄엄띄엄하다고는 할 수 없는 사이렌 소리가 허공을 가득 채운다. 어디서부터 이야기를 시작해야 할지 잘 모르겠다. 루이스 신부는 여기 있는 그 어떤 수도사들보다도 더 확실하게 개종자의 신념을 내보이고 있다. 그의 강렬함이 나를 불안하게 만든다. 언제든 그가 나를 끌어안거나, 아니면 죽여버릴지도 모른다는 걱정이 든다. 어느 쪽이든 가능하다.

루이스가 예전 삶에서 열정을 쏟은 것이 두 가지 있었다고 말한다. 여자와 운동. 이 둘은 서로 자양분이 되어 서로를 지탱해주었다. 루이스는 매일 적어도 두 시간씩 운동을 했고, 그 열성은 아무도 따라올 수 없을 정도였다. 그리고 저녁이 되면 새로이 정복할 여자를 찾아 다녔다. "여자들이 내게 최초의 신이었다고 해도 될 겁니다." 그가 말한다. "운동은 여자들을 얻기 위한 수단에 불과했고요. 내 몸매는 순전히 여자들을 끌기 위한 거였습니다. 만약 내가 하루에 여자 셋을 취할 수 있었다면 실천에 옮겼을 겁니다."

그러던 어느 날, 이탈리아계 가톨릭 신자인 어머니가 말했다. "루이스, 보스니아로 가라."

"무슨 소리예요, 어머니?"

"보스니아로 가. 거룩한 성지로."

루이스는 보스니아에 무슨 성지가 있든 전혀 신경 쓰지 않는 사람이었다. 가톨릭 신앙에 대해서도 마찬가지였다. 당시 그는, 그 자신의 표현을 빌리면, "사실상 이교도"였다. 하지만 루이스는 어머니를 사랑했으므로, 어머니 말씀대로 보스니아에 가기로 했다. 좀 더 구체적으로 말하자면, 독실한 가톨릭 신자들을 수없이 끌어들이고 있는 순례지 메주고리예에 가기로 했다. 그는 순례가 끝난 뒤 로마에서 며칠 머무르는 일정을 덧붙였다. 가톨릭 신자의 의무를 수행해서 어머니를 기쁘게 해드린 뒤에 사흘 내내 로마에서 파티를 즐길 작정이었다. 훌륭한 계획이었지만, 훌륭한 계획이 으레 그렇듯이 이것도 실패할 운명이었다.

메주고리예는 숨이 막힐 만큼 아름다운 곳이었지만, 그는 하루라도 빨리 로마에 가고 싶어서 안달했다. 보스니아에 도착한 둘째 날, 아침미사 중에 지루해진 루이스는 시간을 죽이기 위해 엉뚱한 생각을 하기 시작했다. "난 속으로 생각했습니다. 만약 마리아가 내 어머니고 하느님이 내 아버지라면, 그리고 만약 마리아가 예수님의 어머니고 하느님이 또한 아버지라면, 예수님을 내 형제로 생각해도 되는 건가? 방금 말했듯이, 이건 그냥 머리로 해본 생각이었습니다." 루이스는 꼬박 6초 동안 이 의문을 생각했고, 그 사실을 아무에게도 말하지 않았다.

그날 오후에 그는 다른 순례자들과 함께 언덕을 올라갔다. 성당을 보기 위해서였다. 그 순례자들 중에 젊은 여성이 있었는데, 그녀는 다른 사람들에게 전달해야 하는 메시지를 머릿속으로 듣는 능력이 있다고 했다. "그 여자의 능력에 대한 이야기를 듣고서 나는 그냥 여자가 미쳤다고 생각했습니다. 머릿속에서 목소리를 듣는다니요? 아마 치료를 받아야 할 거라고 생각했죠."

그런데 정확히 오후 5시 40분에 여자가 사람들에게 모두 함께 무릎을 꿇고 명상을 하자고 제안했다. 루이스는 동의했다. 하지만 명상하는 법을 몰랐기 때문에 그냥 무릎을 꿇고 명상하는 척만 했다. 몇 분이 흐른 뒤 일행은 다시 언덕을 오르기 시작했다. 루이스가 풍경을 감상하고 있는데 그 여자가 그를 자기 옆으로 끌더니 이렇게 말했다. "루이스, 아까 명상 중에 예수님이 당신을 위한 메시지를 주셨어요."

루이스는 그럴 리가 없다고 생각했다. "그래, 뭐, 나더러 거룩하게 살라거나 일요일마다 미사에 나가라는 얘기를 하겠구나 했어요. 누구한테든 어울리는 아주 일반적인 메시지일 거라고 생각한 겁니다."

그런데 여자가 한 말은 이랬다. "예수님이 저더러 당신에게 전하라고 하셨습니다. '그래, 난 너의 형제이고, 너의 손에 기름을 부어주고 싶다.'"

루이스는 대경실색했다. 자신이 그런 의문을 품었다는 사실을 그 여자가 알 리가 없는데, 그 의문의 대답을 내놓은 것이다. "그 순간 그리스도에 대한 사랑이 내 마음에 들어왔습니다. 예수님이 내 머릿속에, 내 뇌 속에, 내 마음속에 있다는 걸 알게 되었으니까요. 예수님이 진짜라는 것도 깨달았습니다. 내가 평생 그를 따라야 한다는 것도 깨달았습니다."

루이스는 계획대로 로마에 갔지만 술집 대신 성당들을 돌아다녔다. 그러고서 뉴아크로 돌아왔을 때, 그는 다른 사람이 되어 있었다. 그는 운영하던 사업체를 팔고, 여자 유혹하기를 그만두었으며, 결국은 프란체스코회에 들어왔다. 그는 당시 자신이 갖고 있던 모든 물건, 즉 칫솔과 색소폰을 들고 수도원에 들어왔다.

"예전의 루이스는 어떻게 된 거죠?" 내가 묻는다.

"예전의 루이스는 죽어서 땅에 묻혔습니다. 지금도 거기 묻혀 있어요. 예전의 루이스를 생각하면, 솔직히 조금 무섭습니다. 그가 누군지 나도 모르겠으니까요. 하느님은 내 마음속에서 한시도 떠나지 않던 그 욕망을 가져가서 순수한 사랑으로 바꿔놓으셨습니다."

우리는 잠시 침묵 속에 앉아 있다. 뭘 어떻게 생각해야 할지 잘 모르겠다. 그런 극적인 변화를 상상하기가 힘들다. 나는 그것이 루이스의 설명처럼 완전한 변화였을지 소리 없이 의문을 던진다. 우리는 결코 완전히 다시 태어난 사람이 될 수 없다. 과거의 흔적 같은 것이 항상 남아 있게 마련이다. 그렇다면 그가 예전의 모습으로 돌아가는 걸 무엇이 막고 있는 건가? 아까 설교를 할 때 루이스는 자신의 약점을 살짝 암시했다. "약간의 무질서가 내게는 마약중독과 같은 것이 될 수 있습니다." 예전의 루이스가 아직 남아서 다시 떠오를 기회를 기다리고 있는 걸까?

도쿄에서 내가 겪었던 일이 내게는 왜 그만큼 결정적인 영향을 미치지 않았는지도 궁금하다. 나도 말하자면 빛을 본 셈인데, 거기에 등을 돌려버렸다. 나는 왜 루이스만큼 극적으로 변화하지 않았을까? 어쩌면 내가 그 경험을 어떤 맥락에서 해석해야 할지 몰랐기 때문인지도 모른다. 전에 없는 기쁨이 솟구치던 그 순간과 나의 세속적이고 일상적인 삶을 연결시킬 방법이 내게는 없었다.

"언젠가 당신도 그 둘을 연결시킬 수 있을 겁니다." 루이스가 내게서 도쿄 이야기를 듣고 나서 말한다. "예수님이 당신에게 앞으로 일어날지도 모르는 일을 살짝 맛보기로 보여주신 겁니다. 미래를 미리 준비시키신 거예요." 정말 그럴까 싶다. 하느님의 존재도 아직 모르겠는데. 하지만 나는 말하지 않는다. 시간이 늦었다. 우리는 잘 자라고 인사를 나눈다. 나는 마당을 가로질러 쉼터의 내 방으로 간다. 그리고 밤새 잠을 설친다.

다음 날 아침 성 프란체스코에 관한 책과 비디오 더미를 발견한다. 크리스핀 수도사의 메모도 있다. 프란체스코회에 대해 알아보라는 뜻이다. 나는 책 한 권을 펼쳐 읽는다.

그리스도교의 모든 성인들 중에서도 프란체스코는 가르침이나 기질 면에서 아마 예수와 가장 비슷한 인물일 것이다. 성 프란체스코는 예수와 마찬가지로 전설, 성인전(聖人傳), 터무니없는 이야기 등이 뒤섞인 안개에 가려져버렸다. 안타까운 일이다. 그렇게 과장된 이야기들이 아니더라도 그는 이미 놀라운 인물이었는데 말이다. 프란체스코는 흔히 동물을 사랑하고 남에게 해를 끼치지 못하는 인물로 묘사된다. 그가 자연에 깊은 애정을 품고 있었음은 의심의 여지가 없지만 그것만을 그의 성격으로 규정해서 그리스도교계의 닥터 두리틀 같은 사람으로 보는 것은 그를 지나치게 깎아내리는 짓이다.

프란체스코는 13세기 초에 성년이 되었다. 그의 전기를 쓴 힐러린 펠더(Hilarin Felder)의 설명처럼, 그 시대는 "지위를 높이려는 야심과 갈망, 명예와 명성을 얻기 위한 광적인 쟁탈전이 특징"이었다. 다시 말해 우리 시대와 흡사했다는 뜻이다. 교통 정체가 지금보다 덜하고, 나병 환자가 지금보다 많았다는 점이 다를 뿐이다.

젊은 프란체스코는 자신이 당대의 방랑시인, 즉 음유시인이라고 자부했다. 그는 옷차림이 훌륭했으며, 사교계의 한량이자 바람둥이였다. 그러던 어느 날 그는 기사의 갑주로 옷을 바꿔 입고 전쟁에 나갔다. 전사로서 그는 비참한 실패작이라서 적에게 붙잡혀 1년간 포로 생활을 했다. 그가 풀려난 것은 순전히 아버지가 거액의 몸값을 지불해준 덕분이었다.

고향 아시시로 돌아온 그는 아버지의 번창하던 포목상에서 수업을 쌓았지만, 그 일을 하고 싶은 마음은 없었다. 그런데 어느 날 낡아빠진 성당에서 혼자 기도를 하다가 예수의 목소리를 들었다. 예수는 그에게 이렇게 지시했다. "프란체스코, 가서 내 집을 수리하라. 너도 보다시피, 내 집이 완전히 무너지고 있느니라." 그래서 그는 그렇게 했다. 성당 수리비를 마련하기 위해 아버지의 상점에서 최고급 비단을 일부 가져다 몰래 팔았고, 건축에 필요한 돌도 모았다. 당연히 아버지는 화가 나서 펄펄 뛰었다. 그는 프란체스코를 집에 가두고 때렸다. 하지만 그것으로도 아들의 반항을 꺾을 수 없자 그는 돈을 되찾으려고 아들을 상대로 소송을 제기했다. 재판에서 프란체스코는 다음과 같이 극적인 말을 했다. "당신은 이제 더 이상 내 아버지가 아닙니다." 그는 아버지와 의절하고 상속권을 잃었을 뿐만 아니라 아예 그 자리에서 옷을 벗어 아버지에게 사실상 내던지다시피 했다.

이것이 프란체스코에게는 전환점이었다. 그는 내리막길을 거슬러 오르기 시작했다. G. K. 체스터튼은 프란체스코 전기에서 그의 궤적을 다음과 같이 묘사한다. "줄곧 아래로, 아래로 내려가던 사람이 마침내 어느 신비로운 지점에 이르자 위로, 위로 오르기 시작한다. 우리는 그렇게 아래로 내려가본 적이 없기 때문에 그렇게 높이 올라가본 적도 없다." 이 구절을 읽으면서 나는 혹시 이것이 나의 우울증을 해결할 열쇠가 아닌지 생각해보았다. 문제는 나의 우울증이 아니라 내가 충분히 우울하지 않다는 점인 건가? 혹시 내 우울증조차 8분의 7푼이인 건가? 나의 궤적을 역전시키려면 더 깊이 곤두박질쳐야 하는 건가? 위험한 전략 같다. 체스터튼이 말한 '신비로운 지점'이 실제로 나타날 거라는, 내가 그저 끝없는 심연 속으로 계속 떨어지기만 하지는 않을 거라는 보장이 어디 있는가? 물론 그런 보장 같은 건 없다. 그러니까 성자의 수가 이렇게 적은 것이다.

프란체스코의 삶에서 또다시 전환점이 찾아온 것은 어느 날 움브리아의 시골길에서 틀림없는 나병 환자의 딱따기 소리를 들었을 때였다. 당시 나병 환자만큼 욕설과 공포의 대상이 되는 존재는 없었다. 그들은 자기들이 다가가고 있음을 미리 알리기 위해 반드시 나무로 만든 작은 딱따기를 들고 다녀야 했다. 프란체스코는 특히 나병 환자들을 싫어했기 때문에 어떻게든 그들을 피해 다니려고 했다. 하지만 그날은 두려움을 느끼면서도 말에서 내려 나병 환자에게 다가갔다. 미라바이 스타(Mirabai Starr)가 들려주는 이야기에 따르면, 프란체스코는 "그 남자의 앙상한 어깨를 자신의 망토로 부드럽게 감싸주었다. 자신의 충동적인 행동에 아연실색한 프란체스코는 감사의 빛을 담은 나병 환자의 눈을 들여다보고는 눈물을 글썽이며 진물이 줄줄 스며 나오는 그 남자의 얼굴에 입을 맞췄다."

이 이야기를 어떻게 봐야 할까? 길에서 나병 환자를 만나는 것이 오늘날 딱히 흔한 일이라고 할 수는 없다. 하지만 이 이야기의 주제는 당연히 나병이 아니다. 프란체스코는 우리가 "우리 안의 나병을 사랑"하기를 원했다. 너무 끔찍해서 우리 자신조차 차마 보지 못하는 우리의 어떤 부분들. 우리의 어두운 자아들.

성 프란체스코는 신학자가 아니었다. 심지어 사제도 아니었다. 그는 시인이었다. 어쩌면 세계 유일의 행복한 시인이었다고 할 수 있을지도 모른다. 주로 행동을 통해 자신을 표현한 시인이기도 했다. 그는 미소를 지을 줄 아는 최초의 성자였다. "수도사가 하느님의 즐거운 음유시인 말고 달리 무엇이 될 수 있겠는가." 그는 임종을 앞두고 이렇게 말했다. 그 즐거움은 오늘날 사우스브롱크스의 프란체스코회 수도사들 사이에도 그대로 이어지고 있다. 그들은 항상 웃는다. 대부분의 사람들보다 많이 웃는다. 나보다 많이 웃는 건 확실하다. 나는 가진 물건도 많고 '성취한 것'도 많은데.

프란체스코에게 혹시 신학적 이론이 있었다면, 독일의 신비주의자인 마이스터 에크하르트가 "추상의 영성"이라고 표현했던 것이 그것이다. 프란체스코는 우리가 반드시 자신을 비워야 한다고 믿었다. 소유물, 생각, 자부심 등을 모두 비워야 하느님이 우리 삶에 들어올 수 있다는 것이다. 프란체스코에게 가난은 예속이 아니라 자유를 의미했다. 우리에게 가진 것이 없으면, 지켜야 할 것도 없기 때문이다. 심지어 지식조차 하느님이 우리 마음속으로 들어오는 데 방해가 될 수 있다고 프란체스코는 믿었다.

성 프란체스코의 이야기가 대개 분명한 전기의 형태가 아니라 우화의 형태로 전해지는 이유가 어쩌면 그것인지도 모른다. 지난 수백 년 동안 출처가 의심스러운 이야기들이 많이 등장했다. 그 이야기들의 진위 여부를 가려내는 것은 불가능하다. 그것이 중요한 문제도 아니다. 내가 결코 잊을 수 없는 이야기가 하나 있다. 프란체스코는 선천적으로 눈에 문제가 있어서 40대 무렵에는 거의 시력을 잃은 거나 마찬가지였다. 그런데 당시의 '치료법'이란 뜨거운 쇠로 눈을 지지는 것이었다. 그 치료를 받기 전에 프란체스코가 말했다. "불 형제, 하느님이 그대를 아름답고 강하고 유용하게 만드셨네. 자네가 나를 정중히 대해주기를 기도하겠네." 빨갛게 달아오른 쇠가 그의 눈에 닿았을 때(물론 마취 같은 건 없었다) 프란체스코는 심지어 움찔거리지도 않았다.

프란체스코는 극단적인 행동을 잘했다. 그의 생애는, 체스터튼의 표현처럼 "경솔한 맹세들의 난장판"이었다. 그런데 그 경솔한 맹세들이 공교롭게도 다 잘 풀렸다. 다른 건 몰라도 그는 대단한 실용주의자였다. 그의 관심은 일의 결과에 있었다. "모든 나무는 그 열매를 보면 알 수 있다." 그는 이렇게 말했다. 기본적으로 윌리엄 제임스의 실용주의 철학과 같은 말이다. 제임스는 유효하다고 증명된 것이 '진리'라고 믿었다. "효과가 있는 것이 진리다." 언뜻 제정신이 아닌 것처럼 보이는 프란체스코의 행동 밑에도 역시 상식이 깊고 넓게 자리 잡고 있었다. 윌리엄 제임스는 상식과 유머 감각이 서로 다른 속도로 움직이는 같은 원칙이라고 보았다. 그의 표현을 빌리자면, "유머 감각은 곧 상식이다. 춤추는 상식." 프란체스코회 수도사들은 훌륭한 춤꾼들이다.

나는 아니다. 그래도 프란체스코회 수도사들의 얼빠진 면은 옛날부터 항상 갖고 있었다. 어렸을 때 나는 볼티모어의 길고 뜨거운 여름 더위를 막으려고 머리에 속옷을 얹고 다니곤 했다. 어쩌면 그것은 내 나름대로 세상을 뒤집어엎으려는 시도였는지도 모른다. 프란체스코가 그랬던 것처럼. 아니면 그저 숨이 막힐 것 같은 8월의 권태를 물리쳐줄 뭔가를, 뭐라도 좋으니까 필사적으로 찾아 헤맸던 것일 수도 있다. 어느 쪽이든 그 방법은 효과가 있었다. 나는 기분이 좋아지고, 기운이 났다. 당연히 동네 아이들은 이렇게 외쳐댔다. "엄마, 아빠, 에릭이 또 머리에 속옷을 썼어요." 이 말을 할 때 아이들의 목소리에는 항상 충격과 안도가 섞여 있었다. 마치 속옷을 뒤집어쓴 내 머리가 계절의 흐름을 알려주기라도 하는 것 같았다. 아이들의 목소리에는 또한 스스로 놀림감이 되는 것쯤 아무렇지도 않게 생각하는 내게 남몰래 감탄하는 기색도 있었다. 13세기 아시시의 독선적인 사람들도 젊은 프란체스코가 예를 들어 알몸으로 눈밭을 굴렸을 때 비슷한 반응을 보였을 것이다. 프란체스코가 하느님의 사랑으로 가득했던 반면, 내게는 성마른 괴상함이 가득했던 것은 사실이다. 하지만 종교적인 충동이란 원래 이렇게 시작하는 법이다. 사소하지만 제정신이 아닌 짓으로. 이런 시작을 통해 나중에 성자의 반열에 오를 수도 있고…… 그렇지 않을 수도 있다. 차이점을 꼽는다면, 물론, 프란체스코는 자신의 광기를 행동으로 전환시켜 뭔가 유용한 일을 해낸 반면, 나는 머리에 속옷을 쓰는 수준에서 그다지 나아가지 못했다는 점이다. 어쩌면 성자들은 그 미친 듯이 순환하는 에너지를 어찌어찌 해서 앞으로 나아가는 힘으로 바꿔놓은 신경증환자들인지도 모른다.

하지만 성자는 문제가 많은 존재다. 성자는 사람들에게 영감을 줄 뿐만 아니라 반대로 기를 꺾어버릴 수도 있다. 어차피 우리는 아무리 애를 써도 그들이 성취한 것을 해낼 수 없고, 그들의 반열에 올라

설 수도 없는데 애쓸 필요가 뭐 있겠나. 사실 성자를 높이 우러러보는 것만큼 영적인 발전에 방해가 되는 것은 없다. 역겨운 발명품인 단상에 높이 앉아 있는 성자는 사람들의 시야에서 스르르 사라져버린다. 게다가 움직일 수 있는 방향은 한 군데뿐이다. 바로 아래쪽. 우리는 자신이 성자처럼 높은 세상에 사는 모습을 상상조차 할 수 없기 때문에 그냥 리모컨과 맥주를 향해 손을 뻗는다.

"성자의 첫 번째 징후는 다른 사람들이 그를 어떻게 보아야 할지 모르는 것이다." 토머스 머튼(Thomas Merton)의 말이다. 이건 상황을 점잖게 표현한 말이다. 달리 표현하자면, '성자들은 미친 놈'이라고 할 수 있다. 아시시의 프란체스코의 경우처럼 성자와 광인을 가르는 선이 가늘었던 적은 없다. 그는 남들이 다 보는 앞에서 옷을 벗었다. 나병 환자에게 입을 맞췄다. 동물에게 말을 걸었다. 머릿속으로 목소리를 들었다. 음식과 물을 비롯한 기본적인 안락함을 모두 거부했다. 그는 고통이 "완벽한 기쁨"이라고 말했다. 현대의 정신과 의사라면 십중팔구 그가 경계선인격장애를 앓고 있으며, 정신이상일 가능성도 있다는 진단을 내릴 것이다. 그럼에도 불구하고 그는 성자였다.

'그럼에도 불구하고(in spite of)'는 영어에서 가장 거룩한 말이다. 폴 틸리히가 지적했듯이, 모든 종교적 질문에 대한 답에는 항상 '그럼에도 불구하고'에 해당하는 요소가 들어 있다. 우리는 죄를 지었는데도 불구하고 용서받았다. 우리는 증거가 부족한데도 불구하고 종교를 믿는다. 우리는 이웃들에게 결함이 있는데도 불구하고 그들을 사랑한다. 좀 더 근본적인 차원으로 들어가 보면, 우리는 필연적으로 죽음이 다가오고 있는데도 불구하고 매일 아침 침대에서 일어난다(세상에 믿음에 의한 행동이라는 것이 있다면, 바로 이것이다). '그렇기 때문에(because of)'와 '그럼에도 불구하고' 사이에는 엄청난 틈이 있다. 그리고 그 틈이 바로 차갑고 이성적인 삶과 믿음의 삶을 갈라놓는다. 대개 우리는 '그렇기 때문에' 모드로 살아간다. 은행은 우리의 신용이 좋기 때문에 우리에게 돈을 빌려준다. 직장에서는 우리가 최소한의 직무를 수행하기 때문에 봉급을 준다. 경제생활은 '그렇기 때문에'에 전적으로 의지하고 있다. 하지만 종교생활은 '그럼에도 불구하고' 모드로 움직인다. 가정생활도 마찬가지다. 우리가 아이들을 사랑하는 것은 아이들이 착하고 사회적으로 성공을 거뒀기 때문이 아니다. 아이들이 성공을 거뒀든 아니든, 그럼에도 불구하고 우리는 아이들을 사랑한다. 아이들이 무슨 행동을 하든, 그럼에도 불구하고 우리는 아이들을 사랑한다. '그럼에도 불구하고'는 비용-편익 분석을 조롱거리로 만든다. '그럼에도 불구하고'는 전혀 말이 안 되는데도, 바로 그 이유 때문에 우리에게 필요하다.

일요일 미사. 비가 내리고 있다. 그리고 나는 위험할 정도로 카페인이 부족하다. 그다지 훌륭한 조합은 아니다. 그런데도 나는 여기와 있다. 이유는 잘 모르겠지만, 꼭 그래야 할 것 같다. 어쩌면 나의 유대인식 죄책감이 스스로 몸을 뒤틀어 가톨릭이라는 그릇에 억지로 맞추려 하고 있는 건지도 모른다. 아니면 그저 내 마음이 반복되는 일상을 갈망하고 있는데, 공교롭게도 여기서는 미사가 일상이라서 내가 여기 나와 있는 것일 수도 있다. 두 가지 모두 가능성이 있지만, 솔직히 말하자면 나는 가톨릭 미사를 정말로 즐기고 있다. 말씀도 그렇지만, 그보다는 분위기가 마음에 든다. 예배는 대단히 감각적인 경험이다(이건 내가 최고로 존중하는 마음을 담아서 하는 말이다). 예배는 우리의 감각에 호소한다. 기타가 연주되고, 향이 타오르고, 촛불이 깜박거린다. 모든 의식에는 극적인 요소가 들어 있는데, 지금 내 눈앞의 광경도 마찬가지다. 하지만 나는 그것을 온전히 즐기지 못한다. 왠지 배신처럼 느껴져서. 유대교-그리스도교 전통에서 불교를 비롯한 여러 이국적인 종교들의 땅을 향해 스스로 슝 하고 날아갈 때의 이점 중 하나는, 무거운 짐가방 같은 건 별로 없이 이국적인 종교들에 접근할 수 있다는 것이다. 하지만 그리스도교의 경우에는 그렇지 않다. 나는 짐가방을 지나치게 많이 들고 있다. 비록 음식에서만 유대인 전통을 고수한다고는 해도 어쨌든 유대인인 내가 지금 성당에서 뭘 하고 있는 걸까? 성호를 긋고(말하자면 그렇다) 성체를 받고(거의 그럴 뻔했다) 고해를 하면서(이것도 거의 그럴 뻔했다). 자신이 그다지 충실하게 믿지도 않던 종교를 배신하는 것이 가능할까?

중간 쉬는 시간에 나는 부엌에서 미지근한 커피를 몰래 가져온다. 루이스 신부가 나를 보고 그 준(準)사탄 같은 눈으로 나를 들여다본다. 그러면서 일요일 미사는 거룩한 행사 중에서도 가장 거룩한 행사이며, 오늘의 미사를 내게 헌정하고 있다고 말한다. 이것이 영광스러운 일이라는 뜻으로 하는 말이지만 내 귀에는 위협으로 들린다. 그가 하는 말은 모두 위협으로 들린다. 나는 그가 무섭다.

다시 예배당으로 돌아온 우리는 기도를 한다. 교황을 위해서, 병자들을 위해서, 노숙자들을 위해서. 나를 위해서도 기도한다. 나? 감동적이다. 좀 무섭기도 하다. 옛날에 누가 "널 위해 기도할게"라고 말할 때마다 마치 나를 깔아뭉개는 것 같았다. 적어도 내게는 그렇게 들렸다. 그럴 때 내 반응은 대개 "네, 뭐, 댁의 기도나 하세요. 난

고약한 기도 같은 건 필요 없어요"였다. 이걸 직접 말로 할 때도 있고, 그냥 생각만 할 때도 있었다. 그런데 지금은 다르다. 이 사람들이 날 위해 기도하겠다고 말할 때, 나는 그것이 진심이라는 걸 알 수 있다. "널 위해 기도할게"라는 말이 진심에서 우러나왔을 때만큼 다정한 말은 영어에 존재하지 않는다. 누군가 다른 인간이 자신이 아니라 나를 위해 저 높은 곳을 향해 탄원하겠다는 뜻이니까.

루이스 신부가 "처음과 같이 이제와 항상 영원히"라는 말로 미사를 끝낸다. 시간을 초월한 느낌, 뭔가가 필연적으로 계속 이어지고 있는 듯한 느낌이 나의 죄책감과 스트레스를 녹이고 기운을 북돋워준다.

동양 종교에 대해서는 "개인적이지 않다"고 쉽게 말할 수 있다. 윌리엄 제임스의 말처럼 그 종교들은 소매가 아니라 도매 차원에서 움직인다. 그리스도교는 그렇지 않다. 그리스도교는 확실히 소매에 빠져 있다. 그리스도교도에게 하느님은 모호하고 보편적이고 흐늘흐늘한 존재가 아니다. 윤곽이 확실치 않은 범신론적인 분위기는 여기에 없다. 그리스도교는 하느님과의 개인적인 관계를 약속한다. 이런 종교는 어디에도 없다. 수도사 한 명이 이런 말을 했다. "한 사람이 다른 사람 안으로 들어가는 것보다 더 개인적인 관계는 없습니다. 그건 아주 심오하고, 아주 과격하죠." 예수는 정말로 과격한 극단주의자였다. 오늘날 그리스도교가 주류를 차지하고 있는 탓에 자주 간과되는 사실이다. 극단주의는 아주 좋은 것일 수도 있고 아주 나쁜 것일 수도 있다. 우리가 그토록 극단적인 헌신을 할 준비가 되어 있는가에 따라 달라진다. 내가 그런 준비가 되어 있는지는 잘 모르겠다. 내 생애에서 가장 극단적인 순간이라고 할 수 있는 도쿄 사건은 이미 몇 년 전에 일어났다. 그래서 그 일의 기억이 점점 희미해지면서 이제는 정말로 그 일이 일어났던 건지조차 의심스럽다. 크리스핀 수도사에게는 그런 의심이 없다. 그에게는 그런 일이 항상 일어난다. 그는 그것을 하느님의 순간이라고 부른다. "그건 완전히 자연스러운 동시에 초자연적입니다." 크리스핀 수도사가 말했다. "그 순간에 당신과 하느님 사이에 협력이 이루어진 거예요. 하느님이 원하시는 것과 당신이 원하는 것 사이에 심오한 협력이 이루어진 겁니다. 마음의 결합이라고 불리는 협력이죠. 영적인 교섭이에요. 영적인 교섭이 이루어지면 기쁨이 생겨납니다. 그러니까 그 짧은 순간 동안 당신은 천국에서 사람들이 경험하는 영적인 교섭의 그림자를 언뜻 경험한 거예요."

나는 가만히 앉아서 이 말을 곱씹고 있다. 문제는 내가 모든 걸 혼자 하려고 한다는 점, 뭔가 변화를 일으키려고 한다는 점이라는 깨달음이 온다. 성 프란체스코는 그것이 불가능하다고 가르쳤다. 그는 "근본적인 의존성"을 성취하려고 애썼다. 우리는 아무것도 하면 안 된다. 모든 것은 이미 이루어졌다. 예수가 우리 대신 해준 것이다. 갑자기 남을 돕고 싶다는 욕망이 인다. 뭔가가 나 자신 말고 더 큰 일을 향해 나를 몰아붙인다. 유용한 사람이 되라고. 하지만 수도사들은 나를 어떻게 해야 할지 모르겠다는 표정이다. 나는 아무런 재주가 없다. 최소한 노숙자 쉼터를 운영하는 데 유용하게 쓰일 만한 재주는 하나도 없다. 수도사들이 내게 기증받은 의류를 옮겨달라고 부탁한다. 쓰레기봉투에 단단히 묶여 있는 옷들을 창고로 옮겨달라고. 나는 그렇게 한다. 기분이 좋다. 하지만 이걸로는 충분하지 않다.

마침내 크리스핀 수도사가 내게 임무를 준다. 커다란 병에 든 샴푸를 작은 여행용 병에 옮겨 담는 일이다. 주민들에게 나눠주기 위해서다. 좋아, 이건 내가 할 수 있는 일이다. 시간이 많이 들고 지루한 일이기도 하다. 나는 계속 사방에 샴푸를 흘린다. 한 시간 뒤 내 몸에서는 싸구려 미용실 같은 냄새가 난다. 그동안 내내 내 머릿속에서 후렴구처럼 반복되는 말이 있다. 에릭이 착한 일을 하고 있어. 에릭이 얼마나 착한 사람인지 봐. 이건 프란체스코의 방식이 아니라는 걸 나는 알고 있다. 이건 이타적인 사랑을 실천하는 방식이 아니다. 내가 지금 이런 허드렛일을 하는 건 하느님을 위해서가 아니다. 심지어 쉼터의 주민들을 위해서도 아니다. 나는 나 자신을 위해 이 일을 하고 있다. 나 자신에 대해 더 좋은 감정을 느끼고 싶어서. 이게 그렇게 끔찍한 일인가? 어쨌든 사람들은 샴푸를 받을 것이다.

어느 날 점심시간에 나는 리치 신부에게 행동의 동기에 대해 묻는다. 리치 신부는 몸이 호리호리하고 구약시대 사람들처럼 수염이 턱을 완전히 덮고 있다. 동기가 중요한가요?

네, 중요합니다. 리치 신부가 말한다. 하지만 "완벽한 동기가 생길 때까지 무작정 기다릴 수는 없어요. 그랬다가는 아무 일도 못할 겁니다." 이런 의미에서 프란체스코회는 윌리엄 제임스와 거의 같은 길을 걷고 있다. 제임스는 감정이 행동에서 우러나온다고 믿었다. 사람들이 흔히 믿고 있는 것처럼 행동이 감정에서 우러나오는 것이 아니다. "나는 행복하기 때문에 노래하는 것이 아니라 노래하기 때문에 행복하다." 제임스는 이렇게 말했다. 마찬가지로 프란체스코회 수도사들도 행동이 새로운 현실을 만들어낸다고 믿는다. "거짓으로 그런 척하다 보면 정말로 그렇게 된다." 그들은 이 말을 즐겨 한다. 카트만두의 제임스 홉킨스와 똑같다. 이 말을 달리 표현하면, 우리가 행동을 하다 보면 생각이 발전하는 것이지 생각을 많이 해서 행동이 좋아지는 것은 아니라고 할 수 있다. 명상이나 자기 성찰과는 정반대다.

개인적으로 나는 자신의 내면을 들여다보는 일을 워낙 오랫동안 해왔기 때문에 내 내면이 사생활을 침해당했다고 불만을 제기하지 않는 것이 놀라울 정도다. 그만 좀 들여다봐, 이 변태야. 지금까지 살아오면서 나는 반드시 머리가 먼저 맑아져야 한다는 생각에 행동을 미루고 머뭇거린 적이 많았다. 하지만 머리가 맑아지는 순간이 결코 오지 않을 수도 있다는 것을 이제 알겠다. 그동안 나는 너무나 많은 경험을 잃어버렸다. 그 경험들이 내가 그토록 필사적으로 원하는, 머리가 맑은 상태를 만들어주었을지도 모르는데. 행동은 믿음에 선행한다. "일단 해봐(Just Do It)"라는 말은 그저 영리한 광고 카피가 아니다. 이건 철학이다.

나는 감사에 대해 묻는다. 쉼터 사람들이 고마워하나요? 꼭 그렇지는 않아요. 수도사들이 감사 인사를 받는 경우는 거의 없다. 한 수도사는 수도원에 오기 전에 가난한 사람들을 돕는 행위에 대해 몹시 낭만적인 생각을 품고 있었다고 말한다. 그는 볼리비아의 산속에서 자신에게 고마워하는 온순한 주민들을 돕는 상상을 했다. 하지만 그것은 그저 상상일 뿐이었다. "여기서 경험한 것은 달랐어요. 가끔 고맙다고 말하는 사람도 있지만 배은망덕하게 구는 사람도 많고 이런 도움을 받는 게 당연한 일인 것처럼 생각하는 분위기도 있습니다. 예나 지금이나 그게 힘들어요. 자기는 남을 사랑하려고 열심히 애쓰는데, 정작 상대방은 사랑받는 걸 원하지 않는 셈이니까요." 나라면 미쳐버릴 것 같다. 이 사람들이 어떻게 버텨내는지 모르겠다.

점심은 한가롭다. 프란체스코회의 우주에서 시간은 무한히 늘릴 수 있는 차원인 까닭이다. 그들은 나의 귀찮은 질문을 상대해줄 시간이 아주 많다. 나는 그들이 정결의 서약을 어떻게 지켜나가는지 궁금하지만 그건 지나치게 사생활을 파고드는 질문인 것 같아서 대신 서약의 다른 부분, 즉 청빈에 대해 묻는다. 이런저런 물건들이 아쉽지 않나요?

아뇨, 그렇지 않습니다. 그들이 말한다. 일부 수도사들, 즉 어려서부터 디지털 시대를 접한 젊은 수도사들은 휴대전화를 소유하고 페이스북을 사용하던 때의 삶을 지금도 기억하고 있다. 가끔은 지금도 주머니에서 진동이 느껴질 때가 있다고 한다. 사지를 절단했는데도 사라진 사지가 아직도 존재하는 것처럼 느끼는 환자와 같다. 예전 삶의 먼 메아리 같은 것이라고나 할까. 하지만 그들이 그 생활을 그리워하는 것은 아니다. "저는 주의를 기울이는 법을 다시 배워야 했어요." 방긋방긋 잘도 웃는 젊은 수도사 안젤로가 말한다. 그는 흔들리지 않는 눈빛을 지니고 있으며, 주기적으로 번쩍이는 스크린을 들여다보지 않고 대화를 계속 이어나가는 법을 알고 있다. 이 얼마나 신선한 일인지.

나는 절망적인 가난이 기쁨의 원천이라는 말을 이해해보려고 애쓰는 중이다. 크리스핀 수도사는 물건이 우리를 행복하게 해줄 수 있다는 말은 "새빨간 거짓말"이라고 말한다. 제멋대로 날뛰고 있는 물질주의가 일종의 중독이라는 말도 한다. "사람들은 물건이 공허함을 메워줄 거라고 생각하지만 사실은 그렇지 않습니다. 그저 물건을 더 많이 원하게 될 뿐이에요. 바다 전체를 공허함이라는 구멍 속에 밀어 넣어도 그 구멍은 여전히 텅 비어 있을 겁니다."

지금까지 나는 수도사들의 청빈을 일종의 자기부정으로 보았다. 거의 마조히즘에 가깝다는 생각도 했다. 하지만 아무도 그들에게 이런 식으로 살라고 강요하지 않았다. 간디의 말처럼 "스스로 삼가는 것은 강요가 아니다." 수도사들에게 물질적 가난은 자유를 뜻한다. 물건을 전혀 소유하지 않았으므로, 그들은 물건을 지켜야 할 부담으로부터 자유롭다. 남의 물건을 탐내는 것(또는 다른 사람이 이쪽의 물건을 탐내는 것)으로부터도 자유롭다. 항상 더 좋은 물건을 사야 한다는 부담에서도 자유롭고, 자기가 꼭 사야 할 물건을 제대로 샀는지 걱정하는 일에서도 자유롭고, 그 물건들을 놓아둘 장소를 찾아야 한다는 부담에서도 자유롭다. 물건뿐만이 아니다. 경험도 있다. 우리는 경험에도 애착을 갖는다. 나도 거기서 벗어날 수 없다. 나는 경험을 수집한다. 완벽한 식사, 완벽한 여행…… 언제나 전보다 더 완벽한 경험을 찾아다닌다. 이 수집은 결코 끝나는 법이 없다. 내가 이슬람의 4대 칼리프인 알리 이븐 아비 탈리브의 말에 주의를 기울이지 않는 한은. "금욕이란 아무것도 소유하지 않는 것이 아니라 그 어느 것에게도 소유당하지 않는 것이다." 경험도 물건과 마찬가지로 우리를 소유해버릴 수 있다. 벽장의 공간을 덜 차지한다는 점이 다를 뿐이다.

　텔레비전도 라디오도 인터넷도 없기 때문에 수도사들은 '현실 세계'에서 일어나는 일들을 잘 모르는데도 그럭저럭 잘 살아가고 있는 것 같다. 그들은 정말로 중요한 뉴스라면 무엇이든 결국 자기들 귀에도 들어올 거라고 생각한다. 나는 시사 문제의 흐름과 '최신 정보'를 놓치지 않으려고 지금까지 투자한 시간을 생각하며 그것이 과연 훌륭한 투자였는지 의심스러워진다. 나는 세상의 문제에 정통하지만 그 문제들의 해결에 손을 쓴 적은 거의 없다. 프란체스코회 수도사들은 나보다 아는 것이 훨씬 적지만 훨씬 많은 일을 하고 있다. 사실 그들은 세상과 동떨어져 있다는 사실에 괴상한 자부심을 느낀다. "나는 세상에서 워낙 동떨어진 나머지 세상 안에 들어가 있다." 이 수도회의 창립자 중 한 명인 글렌 신부가 즐겨 하는 말이다.

정오 종이 울린다. 나는 지금 시각이 사실은 12시 45분이라고 지적한다. 수도사들은 그냥 어깨를 으쓱한다. 마치 "45분이 뭐 어때서요? 여기선 프란체스코회 시간을 따르면 돼요"라고 말하는 듯하다.

다음 날 수도사들이 내게 쉼터의 프런트데스크를 맡아달라고 부탁한다. 이곳의 업무는 주로 보안카메라를 감시하고 전화를 받는 것이다. 이곳에는 정말이지 이상하기 짝이 없는 전화들이 걸려온다.

"샴이 쓸 방 있어요?" 어떤 사람이 전화로 묻는다.

"음, 샴이라면 태국에서 온 사람인가요?"

"아뇨, 샴 고양이요."

"죄송합니다, 부인. 여긴 그런 쉼터가 아니에요."

그런데 이런 오해를 하는 사람이 많은 것 같다. 이유는 잘 모르겠지만 구글에서 '브롱크스'와 '동물 쉼터'를 검색해보면 이 프란체스코회 쉼터가 가장 먼저 튀어나온다.

또 전화가 울린다. "여보세요. 성 안토니오 쉼터의 에릭입니다. 무엇을 도와드릴까요?"

"오늘 밤 방이 필요해요."

"죄송합니다만, 방이 모두 찼습니다. 괜찮으시다면 대기자 명단에 이름을 올려드리죠."

"대기자 명단이라니요?"

"그건 종이(sheet)에……."

"뭐요? 침대보(sheet)만 준다고요? 담요는 없이?"

"아뇨, 종이(a sheet of paper)를 말하는 겁니다. 제가 그 명단에 이름을 올려드릴게요."

"난 대기자 명단 같은 거 싫어요. 내가 스코틀랜드 출신이라 그런 거죠? 그래서 나한테 방을 안 주는 거야."

"아뇨, 선생님, 그런 게 아닙니다. 방이 다 찼어요."

"당신도 스코틀랜드인을 싫어해?"

"아뇨, 좋아합니다."

"그런데 왜 나한테 방을 안 줘요?"

이렇게 되자 나는 당황스러워서 더 이상 어떻게 해야 할지 모르겠다.

"말씀드렸잖아요. 방이 다 찼어요. 선생님이 화성에서 오신 분이라 해도 여기에는 방이 없습니다."

"아, 이젠 화성인이 싫다는 거지?"

"아뇨, 아까도 말씀드렸지만……."

"내가 백인이라 이러는 거야. 그래서 나한테 방을 안 주는 거라고."

이제 정말로 당황스럽다. "아뇨, 선생님, 말씀드렸듯이……."

유리로 둘러싸인 사무실 밖에서 웃음소리가 들려온다. 아일랜드계 수도사인 오이신이 전화기를 들고 있다. 내가 놀림을 당한 것이다. 그것도 아주 제대로.

"선함에도 조금은 모난 구석이 있어야 한다. 그렇지 않다면 그 선함은 아무것도 아니다." 에머슨은 이렇게 말했다. 프란체스코회 수도사들은 모난 구석이 아주 많다. 그들은 그리스도교 세계의 유쾌한 장난꾸러기들이다. 하느님이 재미없다고 말한 사람 누구야?

어느 날 오후 나는 수도원 중앙 예배당 입구에 서 있다. 보통 미사를 드리는 작고 아기자기한 예배당보다 훨씬 큰 곳이다. 나는 작은 예배당이 더 마음에 든다. 건축은 단순한 미학의 문제가 아니다. 건물이 예배의 성질마저 결정한다. 나는 웅장한 성당이나 시나고그의 매력이 무엇인지 도무지 이해할 수 없다. 그런 건물들은 하느님의 위엄을 환기시키고 그의 위대함을 반영하기 위해 그렇게 지어진 것 같지만 나는 그저 내가 작아지는 느낌만 받을 뿐이다. 예배를 드리는 건물이라면 사람들이 하느님을 더 가까이 느낄 수 있게 해주어야 하는데도 대부분의 예배당들은 정반대의 효과를 낸다. 모든 종교 중에서도 가장 개인적인 그리스도교가 그처럼 인간적인 체취가 없는 공간에서 예배를 드린다는 것은 특히나 어울리지 않는다. 역사는 많은 것을 설명해준다. 그리스도교가 1세기에 중동에서 유럽으로 이주해 왔을 때 예배도 작은 건물이나 야외에서 웅장하고 화려한 바실리카(바실리카 양식의 초기 기독교 교회 – 옮긴이)로 옮겨 왔다. 그때부터 사제들은 건물의 형식성과 어울리는 제의를 입기 시작했다. 그리고 오래지 않아 예배 자체도 더욱 정해진 양식을 따르게 되었다. 의식(儀式)은 확대되어 자신에게 제공된 공간을 가득 채운다.

날이 덥다. 라틴 음악이 인도에서 둥실둥실 흘러들어와 양념처럼 예배 소리에 뒤섞인다. 루이스 신부가 앉아서 기도하는 모습이 보인다. 뜨거운 공기 속에서 그의 머리가 앞뒤로 흔들린다. 젊은 수녀가 내 옆에 서 있는 것을 알아차린 나는 그녀에게 인사를 건네며 내 이름을 밝힌다. 수녀의 이름은 케이틀린이다. 미술사 학위를 갖고 있다고 한다. 나는 어떻게 미술사를 공부하다가 수녀가 되었느냐고 묻는다. 케이틀린은 대학 때 파티를 즐겼다면서 "하지만 그래도 행복해지지 않았어요. 그건 자기중심적인 역겨운 짓이었죠. 나 자신의 자기중심적인 성격이 나를 짓누르는 것 같았어요"라고 말한다. 그래서 그녀는 수녀원에 들어갔다.

"그리스도교의 어떤 점이 그토록 매력적인가요?" 내가 묻는다.

"용서죠. 다른 종교는 불가능한 일이에요. 무조건적인 용서. 그건 사랑이에요."

나는 더 이상 덧붙일 말이 없어서 옷에 대해 어설픈 질문을 던진다. "수녀복을 입는 것에 대해서는 어떻게 생각해요? 여름에는 덥지 않아요?"

"아뇨, 저는 이 옷이 아주 좋아요." 진심인 것 같다. 케이틀린의 머리카락은 당연히 가려져 있고, 얼굴에는 화장도 전혀 하지 않았다. 그런데도 그녀가 매력적인 여성이라는 걸 분명히 알아볼 수 있다.

그때 수녀가 아닌 다른 여자가 다가오며 자기 가방을 향해 손을 뻗는다. 그녀는 기부를 하고 싶다고 말한다. 나는 수도사를 찾아 두리번거리지만 다들 기도를 드느라고 여념이 없다. 그래서 여자를 피하려고 했더니 여자가 쉽사리 물러나지 않는다. 벌써 돈을 꺼내 들고 있다. "제발 받아주세요." 여자가 이렇게 말하며 돈을 사실상 내게 던지다시피 한다. 그녀는 내가 누구인지 전혀 모른다. 그저 수녀와 이야기를 하고 있으니 착한 사람일 거라고 생각했을 뿐이다 (저 여자가 내 실체를 알아야 하는 건데). 나는 돈을 받기로 한다. 와, 이렇게 쉽게 5달러를 벌어보긴 처음이야. 이런 생각이 든다. 하지만 그러면 안 된다. 그건 잘못이다. 잘못. 잘못. 나는 퍼뜩 정신을 차린다. 이 돈을 수도사에게 전해줄 것이다. 어쨌든 이 건물이 너그러운 마음을 이끌어낸다는 사실에 감탄을 금할 수 없다. 성직자들이 매일 어떤 유혹을 겪고 있는지 조금 맛본 것 같다.

"토요일에 우리랑 같이 갈 건가요?" 수도사 한 명이 묻는다.

"물론이죠. 어디 가는데요?"

"낙태 병원에요."

이 말을 들으니 마음이 불편해진다. 눈을 마주칠 때보다 더하다. 나는 낙태에 대해 이렇다 할 견해를 갖고 있지 않다. 하지만 군이 내 의견을 밝혀야 하는 상황이라면, 낙태를 선택할 여성의 권리에 찬성한다고 말할 것이다. 내 주위에는 나와 다른 의견을 가진 사람이 전혀 없다. 아마 내가 지금까지 사우스브롱크스에 한 번도 와보지 않았던 것과 같은 이유 때문일 것이다. 우리의 궤도는 결코 만나는 법이 없다.

우리는 회색유령에 올라탄다. 대시보드의 달력은 한 달 전을 가리킨다. "그나마 연도는 틀리지 않은 게 놀라운 걸요." 오이신 수도사가 말한다. 우리는 병원에 도착한다. 루이스 신부가 차에서 내리면서 우리에게 한데 모이라고 말한다. "이건 몸싸움이 아니라 정신적인 싸움이라는 걸 명심하세요. 악마가 이 건물 사방에 있습니다." 그러고 나서 루이스 신부는 우리가 서 있어도 되는 자리와 서 있으면 안 되는 자리를 가르쳐준다. 이건 아주 중요한 문제다. "울타리에는 손대지 마세요." 루이스 신부가 말한다. 우리는 병원 앞쪽으로 걸어간다. 루이스 신부가 인도에 성모 마리아의 그림을 세워놓는다. "괜찮다면 여러분 어머니의 사진을 여기 세우겠습니다." 루이스 신부가 우리를 호위하듯 에워싼 사람들에게 말한다.

그들은 낙태의 권리에 찬성하는 사람들로, 낙태를 받으러 오는 여성들이 병원 안으로 무사히 들어갈 수 있게 해주려고 이 자리에 모였다. 그들이 입은 티셔츠에는 '호위대'라는 말이 찍혀 있고, 굳은 표정은 '날 함부로 건드리지 마'라고 말하는 듯하다. 그들은 수도사들과 나란히 서서 상황을 관찰하며 메모를 하는 나를 어떻게 보아야 할지 모르는 듯하다.

대부분의 수도사들은 조용히 묵주기도를 읊조리지만 루이스 신부는 다르다. 그는 모든 사람에게 다가가 말한다. "여러분, 여러분, 이러시면 안 됩니다. 양심을 따르세요." 초록색 수술복 차림의 간호사가 담배를 피우려고 밖으로 나오자 루이스 신부가 말한다. "이봐요, 왜 진짜 병원에서 일하지 않는 겁니까?" 호위대 중의 한 명인 거친 인상의 여성에게는 수도원으로 저녁을 먹으러 오라고 초대한다. "난 유기농 채식주의자예요. 그냥 댁이나 가서 드세요." 여자가 쏘아붙인다.

나는 이런 식의 대치가 싫다. 그래서 크리스핀 수도사와 오이신 수도사가 조용히 묵주기도를 드리고 있는 병원 뒤편으로 간다. "은총이 가득하신 마리아님, 주님이 함께하십니다. 거룩한 어머니시여, 저희의 죄를 사하여 주시고, 지옥의 불구덩이에서 저희를 구해주소서." 이건 나도 감당할 수 있다. 그런데 루이스 신부가 우리 옆으로 오더니 또 사람들과 대치하기 시작한다. 그가 호위대원 중에 체격이 건장한 여성에게 말을 걸지만 그녀는 들은 척도 안 한다. 그녀는 어린이용 타악기 같은 것을 가져와서 두드리고 있다. 기도 소리와 항의 소리를 가려버리기 위해서다. 그녀는 루이스 신부에게 등을 돌리고 있는데, 어느 순간 손바닥을 내민다. 마치 더 이상 다가오면 안 되는 경계선을 정해주려는 것처럼. 루이스 신부가 몸을 기울여 그 손에 입을 맞춘다. "이건 성희롱이에요." 여자가 말한다. "이러다 체포될 수도 있어요."

"당신을 위해 기도하고 있습니다." 루이스 신부가 말한다.

"난 당신 기도 같은 거 원하지 않아요." 여자가 말한다.

나는 커피가 든 스티로폼 컵을 꼭 쥔 채 가만히 서 있다. 이 자리에서 사라져버리고 싶은 마음뿐이다. 마침내 수도사들이 피켓과 묵주 등을 챙겨서 다시 회색유령에 오른다. 그날 밤 침대에서 자려고 애쓰는데 굿유머(아이스크림 상표명 – 옮긴이) 트럭 소리가 들린다. 트럭에서 흘러나오는 동요 같은 후렴구가 밤의 소리, 어른들의 소리와 충돌한다. 나는 오전에 병원에서 있었던 일을 이해해보려고 애쓴다. 오전에 나는 지금까지 그럭저럭 피해오던 것과 마주쳤다. 고약할 뿐만 아니라 때로는 위험하기도 한, 신앙과 정치의 엇갈림. 나는 프란체스코회 수도사들을 존경하지만 낙태에 반대하는 시위에는 찬성할 수 없다. 이 두 가지가 서로 어긋나는 걸까? 아니면 이건 종교생활의 특징인 역설의 또 다른 예일까?

어느 날 나는 크리스핀 수도사에게 내 우울증에 대해 이야기한다. 그는 내 말에 공감한다. 어쩌면 자기 일처럼 느끼는 것 같기도 하다. "기도하세요." 그가 말한다.

"네? 명상을 말하는 건가요?"

"아뇨, 기도요. 하느님과 대화하는 것."

"하느님이 내 전화를 안 받으실 텐데요."

"그렇지 않아요. 하느님을 어떻게 생각하시는지 모르지만, 그냥 하느님께 기도하세요."

기도라. 그런 생각은 한 번도 해본 적이 없다. 나는 그보다 이국적인 영적 경험에는 반감이 없다. 지금까지 명상도 해보았고, 음식을 열심히 씹어보기도 했고, 뱅글뱅글 돌며 춤도 춰보았고, 오체투지도 해보았고, 열심히 생각에 잠긴 적도 있고, 토한 적도 있고, 유대교 기도문도 외워보았고, 교황이라도 되는 것처럼 거들먹거린 적도 있고, 성찰을 해본 적도 있고, 무릎을 꿇은 적도 있다. 책도 많이 읽었다(내가 책을 읽었다는 걸 하느님도 아신다). 하지만 기도를 한 적은 없다. 사람이란 모름지기 어디서든 선을 그어야 하는 법이다.

내가 정확히 어떤 경위로 기도에 대해 지금과 같은 견해를 갖게 되었는지는 모르겠다. 지금 내 생각을 '견해'라고 불러도 되는지도 잘 모르겠다. 사실 나는 기도에 대해 별로 생각해본 적이 없다. 나와 어울리는 피곤하고 지친 사람들은 기도라는 말을 입에 잘 담지도 않지만 혹시 입에 올리더라도 약하고 망상에 시달리는 사람들을 위한 목발 같은 것이라며 무시해버린다. 주의 깊게 호흡하는 것이나 차크라(산스크리트어로 '바퀴' 또는 '원반'을 의미하며, 인간 신체의 여러 곳에 있는 정신적 힘의 중심점 가운데 하나 ─ 옮긴이)를 정돈하는 것과 기도는 상당히 다른 문제다. 기도라는 말을 들으면 침대 옆에 무릎을 꿇고서 죽은 고양이를 되살려달라거나 이런저런 장난감을 갖게 해달라거나 학교에서 자기를 괴롭히는 못된 녀석을 혼내주라고 하느님에게 간청하는 아이의 모습이 떠오른다. 난 이미 그런 수준은 넘어섰다. 아니, 정말로 그럴까?

환청이 들린다. 머릿속에서 들려오는 목소리 중 하나는 유대인 신학자 에이브러햄 헤셸(Abraham Heschel)의 것이다. 그라면 틀림없이 내가 "종교적인 수줍음"으로 고생하고 있다고 진단할 것이다. 그는 우리가 스스로 아주 세련됐다는 환상에 빠져 있기 때문에 기도생활이 메말라버렸다고 주장한다. 우리가 이것을 극복해야 한다는 것이다. 기도는 멍청이들을 위한 것이 아니다.

그래, 맞다. 프랑스의 철학자이자 그리스도교 신비주의자인 시몬 베유도 이렇게 맞장구를 친다. 가장 기본적인 수준까지 파고 들어가 보면, 기도란 단순히 주의를 기울이는 일이라고. 기도는 "절대적으로 흐트러지지 않은 주의를 기울이는 것"이다.

마하트마 간디도 맞다고 말한다. 하지만 기도에는 자기기만적인 요소도 있다. 비록 무신론자들이 말하는 자기기만과는 다르지만. 여기서 기만이란 하느님이 저 위에, 우리의 외부에 있다는 것이다. "한 순간 우리는 신이 우리와 다르다고 생각하고 신에게 기도한다." 간디는 이렇게 말했다. 간디의 기도에는 어린애 같은 측면은 전혀 없었다. 그는 신에게 이 세상을 바꿔달라고 간청하는 대신, 세상을 대하는 자신의 태도를 바꿔달라고 간청했다.

내 머릿속의 목소리 중에서도 가장 큰 것은 마틴 가드너의 것이다. 그의 놀라운 책《철학적 서기(書記)의 이유들(The Whys of a Philosophical Scrivener)》에서 뽑혀 나온 구절들(위대한 책이 으레 그렇듯이, 이 책의 독자들도 이 책이 마치 자신을 위해 쓰인 책 같다고 단언한다)이 들린다.

"당신도 동양 종교를 집적거리며 가부좌를 틀고 앉아서 진언이나 옴이나 아니면 무에 관한 명상을 하는 것을 즐기는 사람입니까?"

네, 마틴, 그래요. 그걸 어떻게 알았어요?

"내가 좀 더 고대의 방법을 추천해드리죠. 한 번 신에 대해 명상해보세요. 신에게 뭔가 말을 해봐요. 고맙다는 말도 하고, 용서도 구하고, 당신이 원하는 걸 달라고 부탁도 해보세요. 당신이 그걸 가져야하는지 어떤지 신이 당신보다 더 잘 안다는 점을 명심하시고요."

그런데 저는 기도를 할 수가 없어요. 바보짓을 하는 것 같아서요.

"밑져야 본전이잖아요. 역사가 오랜 종교들에 생명력을 주고 예나 지금이나 수많은 사람들의 마음을 묶어두고 있는 뭔가가 그 종교들의 심장부에서 피와 허튼소리 밑에 묻혀 있다는 걸 알게 될지도 모릅니다. 당신도 결국 신자들과 공통점이 있다는 걸 알게 될지도 몰라요."

목소리들이 조용해진다. 나는 내 방으로 돌아와 침대에 걸터앉는다. 그리고 합창하듯 들려오는 사이렌 소리, 머리 위를 날아가는 비행기 소리, "죽여버릴 거야, 이 씹새끼야" 하고 외치는 소리를 모두 차단한 채 기도를 드린다. 정확히 무슨 일이 일어난 걸까? 화려하게 눈에 띄는 일은 아니다. 수백 년 동안 누구도 해보지 않은 일도 아니다. 하지만 이 이상은 말하고 싶지 않다. 그건 개인적인 경험이었다.

휴식이 필요하다. 금욕과 선행의 분위기가 나를 짓누르고 있다. 물질적인 나의 가려운 부분들을 여기저기 긁어주고, 선천적인 이기심과 다시 접촉할 필요가 있다. 지금 이 시대와도 접촉해야 한다. 아침기도가 끝난 뒤 나는 아무도 몰래 슬쩍 빠져나와 2번 지하철에 오른다. 흥분과 죄책감이 똑같이 느껴진다. 처음에는 내가 전철 안의 유일한 백인이다. 하지만 남쪽으로 내려갈수록 상황이 변한다. 우리는 MTA(Metropolitan Transportation Authority: 뉴욕의 대중교통 운영 기관

- 옮긴이)라는 이름이 붙은 거대한 눈덩이처럼 계속 흰색을 불려가다가 마침내 소호에 이르자 흰색을 뺀 모든 색깔이 사실상 빠져버린 상태가 된다.

나는 스프링 거리에서 지상으로 나오자마자 주위 분위기에 압도된다. 이렇게 물건이 많다니! 최신 유행의 미니멀리즘을 따른 물건들이 저마다 물건이 아닌 척하려고 열심히 애쓰고 있지만, 그래봤자 물건은 물건이다. 나는 프란체스코회에서 지내는 동안 물건에 대한 나의 내성이 얼마나 달라졌는지 미처 깨닫지 못했다. 다들 자의식이 아주 강하다는 점도 충격적이다. 그들의 습관적인 행동 중 많은 것들이 일종의 공연 같다. 인도는 그들의 무대다. 마치 내가 방금 13세기에서 이곳에 도착한 사람 같다. 어떤 의미에서 보면 그것이 사실이기도 하다. 나는 문자 그대로 세상과 동떨어져 있다. 내가 자꾸 사람들의 앞길을 가로막는다. 그들의 속도를 따라갈 수 없다. 나는 프란체스코회의 속도로 움직이고 있다. 이제 보니 그것은 소호의 속도보다 상당히 느리다.

사람들이 무엇에든 주의를 별로 기울이지 않는다는 점도 눈에 들어온다. 다들 마음은 다른 곳에 둔 채로 움찔거리며 엄지손가락으로 블랙베리를 조작한다. 최신 유행에 민감한 이 사람들, 나의 젊은 버전이라고 해도 될 이 사람들은 틀림없이 사우스브롱크스의 수도사들이 '진짜 세상'과 동떨어진 구제 불능의 사람들이라고 생각할 것이다. 하지만 나는 이런 생각이 든다. 세상과 동떨어져 있는 사람이 과연 누구인가? 소호의 주민들과 달리 수도사들은 자신의 삶에 온전히 참여하고 있다. 그들은 느긋하게 꾸물거리는 법을 알고 상대의 사회적인 점수 같은 것을 속으로 계산하지 않으면서 상대의 눈을 똑바로 바라보는 법도 안다. 소호의 물질주의가 특히 음험한 것은 바로 음험하지 않은 척하는 데 많은 노력을 쏟고 있기 때문이다. 500달러에 팔리고 있는 군용 배낭. 노숙자 쉼터 사람들 모두에게 일주일 동안 충분한 식사를 제공해줄 수 있을 만한 금액을 달고 있는 카고 팬츠.

나는 걷고 싶다는 충동을 느낀다. 걷기는 때로 대단히 종교적인 행위가 될 수 있다. 예루살렘에서 십자가의 길을 따라 걸으며 기도처를 순례하는 그리스도교 순례자들도, 눈을 감고 걷기 명상에 잠겨 있는 불교 승려도, 메카의 카바 주위를 돌고 또 도는 이슬람교도도 마찬가지다. '불가지론(agnostic)'이라는 단어를 만들어낸 토머스 헉슬리는 자신의 가벼운 등산을 "교회에 가는 것과 동등한 행위"로 보았다. 소로는 이른 아침의 산책을 가리켜 "그날 하루를 위한 축복"이라고 말했다. 기행문 작가인 브루스 채트윈은 이보다 한 걸음 더 나아간다. 걷기는 신에 이르는 길이 아니라 그 자체로서 신이라는 것이다. "열심히 걷다 보면, 십중팔구 다른 신이 필요 없어질 것이다."

나는 이 말이 마음에 든다. 그래서 걷는다. 브로드웨이를 따라 북쪽으로 걷다가 서쪽으로 방향을 꺾어 5번 애버뉴로 들어선다. 나는 계속 걷는다. 자신의 리무진에 오르고 있는 억만장자 스티브 포브스 옆을 스쳐 지나간다. 거지도 스쳐 지나간다. 그러면서 생각한다. 성 프란체스코라면 어떻게 할까? 그가 무엇을 할지 알 것 같다. 그는 바로 여기 길거리에서 옷을 벗을 것이다. 아시시에서 실제로 그랬던 것처럼. 그리고 자기 옷을 모두 거지에게 준 뒤 그를 끌어안으며 줄 것이 더 없어서 미안하다고 사과할 것이다. 이래서 나는 성자가 못되는 것이다(사실 이것 말고도 이유가 많다). 하지만 나도 거지에게 2달러를 건네기는 한다. 걸어가는 나를 향해 그가 말한다. "고맙습니다. 이거면 비아그라를 사는 데 도움이 될 거예요."

나는 걷고 또 걷는다. 다리는 피곤하고, 머리는 여러 생각들을 떨쳐내고 있다. 성 프란체스코가 훌륭한 비단옷을 허물처럼 벗어버렸듯이. 타임스 광장에 이르렀을 무렵에는 내 생각이 완전히 멈춰버렸다. 그래도 나는 계속 걷는다. 86번가까지 줄곧. 그리고 거기서 북쪽으로 가는 지하철에 오른다. 마침내 수도원에 도착했을 때, 나는 녹초가 되었지만 기분이 좋다. 집에 돌아온 기분이다.

나는 쉼터 음식에 질렸다. 밖에 나가서 음식을 먹고 싶지만 밤의 사우스브롱크스가 무섭다. 그래서 수도사 두 명에게 함께 가자고 권유한다. 그들이 나의 방패다. 안젤로 수도사와 조지프 수도사. 두 사람은 내 제안에 그다지 저항하지 않는다. 두 사람도 분위기 전환을 기대하고 있는 것 같다.

우리는 겨우 한 블록을 걷고서 호세와 마주친다. 호세는 흥분해서 들떠 있다. 술에 취한 상태다. 술기운에 기분 좋게 굴고 있지만, 그의 에너지가 금방 불길한 쪽으로 변할 수 있다는 느낌이 든다. 나는 1미터쯤 뒤로 물러나서 수도사들에게 일을 맡긴다. 두 사람은 귀를 기울인다. 호세에게 뭔가 중요한 할 말이 있는 듯하다. 아, 이런, 정말 중요한 이야기인데 그는 그 말을 제대로 하지 못한다. 술기운 때문이다. 호세가 나를 노려본다. 그는 내가 안달하는 걸 알고 있다. 내가 그걸 알아차린 건 그가 "안달하지 마" 하고 말했기 때문이다. 아냐, 호세, 난 안달하지 않아. 그냥 배가 고플 뿐이야(사실이다). 하지만 수도사들은 인내심 그 자체다. 그들은 가만히 서서 호세의 말에 귀를 기울인다. 그동안 나는 살짝 내리막길을 내려가 두 사람을 기다린다. 마침내 호세가 자리를 뜨고 수도사들이 내게로 온다. 어떻게 한 거죠? 내가 묻는다.

"친구를 기다리게 하는 건 무례한 짓이라고 호세에게 말했어요."

현명한 말이다. 호세의 고상한 감정에 호소해서 그가 스스로 좀 더 고상한 사람이 되게 해주다니. 하지만 나도 교훈을 얻었다. 급한 일이 있을 때는 절대로 수도사와 함께 움직이면 안 된다는 것. 그것 말고도 교훈이 또 있다. 수도사들에게는 절대로 음식에 관한 조언을 구하지 말라는 것. 그들은 그 분야에 대해서는 아는 것이 눈곱만큼도 없다. 외식을 하는 일이 드물고, 어쨌든 청빈의 서약을 한 사람들이기 때문이다. 그들은 식도락가가 아니다. 우리는 어두워지는 거리를 정처 없이 돌아다니다가 마침내 어떤 멕시코 식당에 들어가기로 한다. 수도원에서 두 블록 떨어진 곳이지만, 두 사람은 처음 보는 곳인 듯하다. 괜찮은 식당이다. 진짜 식당. 이 동네는 몇 년 전부터 줄곧 환경이 좋아지고 있다. 지금보다 훨씬 더 좋아진다면, 수도사들은 이보다 나쁜 곳을 찾아 옮겨 가야 할지도 모른다. 그런 곳에 그들이 더 필요할 테니까. 그들은 도시 탈출을 역으로 실천하고 있는 셈이다. 동네가 좋은 곳으로 변하기 전에 항상 한 발 앞서 나아가면서.

우리는 자리에 앉는다. 두 수도사는 구아카몰레와 칩을 앞에 두고 감사기도를 한다. 아보카도뿐만 아니라 내게도 축복을 내린다. 물주인 내게도. 이번에도 나는 이 사람들이 기계적으로 암기한 기도문을 읊지 않고 진지하게 기도하는 것이 마음에 든다. 하지만 대개 그렇듯이, 내게는 다른 저의가 있다. 지금도 나는 남을 돕는 법을 모르겠다. 그런 행동을 하는 나를 생각할 때는 지금도 나 자신을 3인칭으로 지칭한다. 에릭이 가난한 사람들을 돕고 있다, 에릭은 정말로 테레사 수녀 같은 사람이다 하는 식으로. 어떤 마음가짐이 옳은 건지 나는 아직도 모르겠다.

"당신 자신을 위해 그런 일을 한다면, 좋은 일입니다." 조지프 수도사가 말한다. "전혀 남을 돕지 않는 것보다는 낫죠. 만약 당신이 도움을 주는 그 사람들을 위해 그런 일을 한다면, 그건 더 좋은 일이죠. 하지만 하느님을 위해 그런 일을 하는 게 가장 좋습니다. 테레사 수녀님은 이런 말씀을 하셨습니다. '남에게 봉사하는 것, 특히 가난한 사람에게 봉사하는 것은 곧 하느님께 봉사하는 것이다.'"

이건 대단히 그리스도교적인 생각이지만, 그리스도교만 이런 생각을 하는 것은 아니다. 모든 종교는 다양한 방식으로 이타주의를 설교하지만, 그것이 단순히 한 사람이 다른 사람을 돕는 행위만을 의미하는 경우는 결코 없다. 선행은 언제나 더 큰 일의 일부다. 이슬람교도가 다른 사람을 돕는 것은 하느님의 의지에 복종하는 행동이다. 유대인의 티쿤 하올람은 세상의 잘못된 부분을 바로잡는 행위다. 불교도는 선행을 통해 선업을 쌓는다. 이런 것들이 의미 있는 일인가? 예를 들어, 그리스도교도는 자기가 돕는 사람들을 하느님에게 봉사하는 일에 이용하고 있다고 볼 수 있지 않을까? 만약 그렇다면, 그것이 선행의 의미를 감소시키는가 아니면 더욱 증폭시키는가? 나는 토르티아칩을 구아카몰레에 찔러 넣으면서 조용히 이런 생각에 잠긴다.

우리가 주문한 케사디야가 나온다. 맛있다. 식사를 마친 뒤 우리는 걷는다. 그것도 마음에 든다. 수도원에 도착했을 때 내 배에는 케사디야가 가득하고 내 마음에는 후회가 가득하다. 이건 좋지 않다.

내가 왜 이렇게 많이 먹었을까? 내가 이런 후회를 안젤로 수도사에게 털어놓자 그가 말한다. "의심스러운 마음이 들 때는 감사하세요." 이 무슨 뜻밖의 대답인가. 의심스러운 마음이 들 때는 감사하라니. 의심스러운 마음이 들 때 나는 걱정하거나 하릴없이 시간을 낭비하거나 내게는 초기 값으로 설정되어 있는 슬픔에 빠져든다. 그러니 고마워하면 안 될 것도 없지 않은가. 고마움의 반대는 당연히 받을 것을 받는다는 사고방식이다. 그리고 그것은 비참함으로 향해 가는 확실한 길이다. 무엇이 됐든 이 세상이 내게 마땅히 주어야 할 것이 있다는 생각이라니. 나는 지금 이곳에 존재하고 있다. 그것으로 충분하지 않은가.

다음 날 아침에 나는 아침기도 시간이 끝날 때까지 내처 자고 일어나서 아침 식사를 하려고 부엌으로 간다. 그리고 그릇에 시리얼을 부어서 식당에 자리를 잡고 앉는다. 혼자서. 그리고 창밖을 빤히 바라본다. 오늘은 날씨가 화창할 것 같다. 나는 시리얼을 한 숟갈 뜨려다가 멈칫한다. 숟가락이 허공에 멈춰 있다. 뭔가가 이상하다는 느낌이 든다. 뭐지? 아, 그렇지. "주님, 일용할 양식을 주셔서 감사합니다……." 젠장. 그다음 구절이 기억나지 않는다. 아, 무슨 상관이람. "감사합니다, 하느님. 이렇게 먹을 걸 주셔서." 나는 숟가락을 풍덩 집어넣는다. 나는 아직도 고통스럽다. 나의 죄나 다른 사람들의 죄 때문은 아니다. 그냥 고통스럽다. 이유 같은 건 없다. 그런 것 같다. 아니면 "살에 박힌 가시"에 대해 투덜거린 것으로 유명한 성 바오로와 같은 처지이거나. 그래, 바로 그거다. 다만 내 경우에는 가시가 아니라 가지가 박힌 것처럼 느껴지는 것이 다를 뿐이다. 아니, 가지가 아니라 아예 미국삼나무가 한 그루 박혀 있는 건지도 모른다.

나는 이것에 대해 크리스핀 수도사에게 묻는다. 크리스핀 수도사는 이곳의 수도사들 중에서 심리학에 가장 조예가 깊다. 나는 고통이 일종의 '완벽한 기쁨'이라는 그리스도교의 사고방식, 특히 프란체스코회의 사고방식을 이해할 수 없다. 나는 아주 오래전부터 고통에 시달리고 있지만, 완벽한 기쁨이든 뭐든 고통 안에서 기쁨을 발견한 적이 없다. 내가 뭔가를 놓치고 있는 건가요? 아니면 혹시 프란체스코가 마조히스트였나요?

아뇨, 그렇지 않습니다. 크리스핀 수도사가 말한다. 그의 후계자들도 마조히스트는 아니에요. "고통은 사람의 자아가 부서져서 신성한 사랑의 이미지로 다시 만들어지는 과정에서 경험하는 것입니다." 크리스핀 수도사가 말한다. 나는 이 폭력적인 발언에 또 몸을 움찔거린다. 자아의 소멸을 옹호하던 수피교도들, 나의 경험을 향해 나를 내던져버리겠다고 위협하던 스태튼아일랜드의 웨인이 생각난다. 신은 왜 항상 이토록 심한 고통을 주는 걸까? 고통과 사랑 사이에 반드시 과도기를 거쳐야 하기 때문입니다. 크리스핀 수도사가 말한다. "사람은 사랑을 위해 하다못해 아주 조금이라도 고통을 받습니다. 사랑하고자 하는 의지가 자기애적인 자아를 파괴하기 때문이죠." 이건 좋은 고통이라고 그가 말한다. 그럼 나쁜 고통은요? "그건 자기 파괴적이고 마조히즘적입니다. 심한 경우에는 일종의 마초적 영성일 수도 있죠." 마초적 영성이라는 말이 무슨 뜻인지 나도 알고 있다. 그런 사람들을 만나본 적이 있기 때문이다. 자기들이 차분하고 고요한 침묵 속에 얼마나 오랫동안 앉아 있을 수 있는지 자랑삼아 떠들어대며 잘난 척하는 명상가들, 자신의 겸허함을 뽐내는 독실한 그리스도교 신자들. 그들은 자신의 영적인 능력에 자신이 넘쳐서 그 누구의 도움도 필요로 하지 않는다. 그래서 그냥 됐다면서 거절해버린다.

나는 그런 사람이 아니다. 전혀 그렇지 않다. 그래서 내가 쉼터에 머무르기로 한 기간이 거의 끝나갈 무렵에 오이신 수도사가 "우리가 당신을 위해 기도해드릴까요?" 하고 물어도 화를 내지 않는다. 그의 말이 정확히 무슨 뜻인지는 잘 모르겠지만, 어쨌든 그 말이 마음에 든다. 프란체스코회 수도사들이 천사처럼 내 머리 위에 떠 있는 모습이 눈앞에 그려진다. 나는 오이신 수도사에게 좋다고 말한다.

그가 다른 수도사 두 명과 함께 저녁때 중앙 예배당에서 만나자고 말한다. 나는 몇 분 일찍 도착한다. 예배당은 비어 있다. 들리는 소리라고는 천장에서 탁탁탁 선풍기 돌아가는 소리뿐이다. 나는 신도석에 자리를 잡고 앉는다. 마치 병원 대기실에 와 있는 기분이다. 책임질 줄 아는 사람답게 옳은 일을 하고 있다고 생각하면서도 앞으로 닥쳐올 일을 두려워하며 너무 아프지 않았으면 좋겠다고 바라는 기분.

오이신 수도사가 다른 수도사 두 명과 함께 나타난다. 그중 한 명은 오이신 수도사와 마찬가지로 아일랜드계지만 키가 더 크다. 눈은 깊숙하고 이마는 크게 툭 튀어나왔다. 이런 얼굴은 본 적이 없다. 얼굴의 다른 부분들보다 이마가 몇 초 먼저 눈에 들어온다.

"그래, 무슨 문제로 고민하시는 겁니까?" 이마 수도사가 묻는다. 환자를 진찰하는 의사 같은 말투다.

"은근한 통증이 있어요." 나는 이렇게 말하고 나서 곧바로 후회한다. 너무나 어설프게 들리는 말이다.

"그렇군요." 이마 수도사가 말한다. 나에 대해 이러쿵저러쿵 판단을 내리는 기색은 없다. 유난히 힘든 환자를 상대하고 있는 것 같은 기색이다.

나는 지시대로 고개를 숙이고 눈을 감는다. 누군가의 손길이 느껴진다. 나를 안심시켜주는 손길이다. 들리는 것이라고는 천장의 선풍기 소리뿐이더니 이내 이마 수도사가 말한다. "예수님, 이 자녀를 도와주십시오."

"예수님은 당신을 사랑하고, 소중히 여기신다고 말씀하십니다. 분명히 알려주십시오, 주님. 이 은근한 통증의 원인, 이 사람을 찌르고 있는 창끝은 무엇입니까? 그것을 제거해주십시오."

"생각나는 게 있어요." 오이신 수도사가 끼어든다. 그리고 성경 구절을 읊는다. "향락을 좋아하는 자는 살았으나 죽었느니라"(디모데전서 5장 6절을 바꾼 것이다- 옮긴이). 그다지 도움이 되는 구절은 아니라는 생각이 든다. 도움이 안 된다.

"어떤 이미지가 떠오르네요." 다른 수도사가 말한다. "이상하게 들릴지도 모르지만, 아직 어린 당신이 생일 파티장에 있어요. 모자와 양초와 케이크가 보이는데, 사람은 하나도 없습니다. 울타리 밖에서 무슨 소리가 들려서 가보지만 거기에는 아무것도 없어요. 어쩌면 당신이 반드시 있어야 할 곳은 어디에도 없다는 교훈인지도 모르겠습니다."

"우리 주 예수님." 또 다른 목소리가 들린다. "에릭이 집을 찾을 수 있게 도와주시고, 그에게 지혜를 주시고, 그를 인도해주소서."

이마 수도사는 내가 부두에서 간단한 톰 소여 낚싯대로 낚시질을 하고 있는 모습이 떠오른다고 말한다. 낚시질을 하고 있는 내 모습은 절망이 아니라 기대를 품고 있는 것 같다고 한다. 또 다른 수도사는 내가 암소의 젖을 짜고 있는 모습을 떠올린다. 그것이 무슨 의미인지 아무도 제대로 설명하지 못한다.

　세 수도사는 내게 축복을 준다. 그들은 나의 탐색을 위해서, 가족과 친구를 위해서 기도한다. 이마 수도사가 말한다. "이런 이미지들을 보여주셔서 감사합니다, 주님." 이것으로 끝이다. 그들은 가버렸다. 나는 넓은 예배당에 혼자 남았다. 선풍기도 이제는 조용하다. 들리는 것이라고는 가끔 지나가는 비행기 소리와 내 심장 고동 소리뿐이다. 울고 싶은데 눈물이 나오지 않는다. 그런 이미지들을 어떻게 해석해야 할지 모르겠다. 나는 암소의 젖을 짜본 적도 없고, 낚시를 좋아하지도 않는다. 어쩌면 거기에 숨은 의미가 있는지도 모른다. 그렇지 않을 수도 있고. 어쨌든 고마운 마음이 나를 가득 채운다. 러시모어산만큼 커다란 이마를 달고 있던 수도사를 비롯해서 그 세 사람이 원인 불명인 나의 은근한 통증을 걱정해서 신의 은총을 구했다는 사실이 감동적이다. 하지만 안타깝게도 사우스브롱크스의 그 따스한 저녁에 신의 은총은 보이지 않았다. 적어도 나는 신의 은총을 전혀 감지할 수 없었다. 하지만 올더스 헉슬리가 "인간의 호의"라고 지칭했던 것은 잔뜩 있었다. 어쩌면 그것만으로도 충분한지 모른다.

*　　*　　*

　이제 집으로 돌아갈 때가 되었다. 수도사들이 내게 자원봉사를 할 수 있는 곳을 여러 군데 알려준다. 나는 반드시 찾아가보겠다고 약속하지만, 그러지 않을 가능성이 높다는 것을 알고 있다. 나는 바빠질 것이다. 생활이 중간에 끼어들 것이다. 크리스핀 수도사에게 이런 이야기를 했더니, 그가 이렇게 말한다. "그래도 괜찮아요. 부인과 따님이 당신의 사도입니다." 물론이다. 자선은 집에서부터 시작된다. 내가 왜 그 생각을 못 했지?

하지만 궁금한 것이 있다. 내가 지금과는 완전히 다른 사람이 되어서 남을 돕는 데 인생을 바칠 수 있을까? 내가 실제로 수도사가 될 수 있을까? 지난 세월 동안 나는 그들이 서약하는 것들 중 두 가지, 즉 청빈과 정결을 가끔 지킨 적이 있다. 하지만 자발적으로 지킨 것이 아니기 때문에 별다른 의미는 없을 것 같다(나는 세 번째 서약인 순명에는 마음이 끌린 적이 한 번도 없다). 비록 프란체스코회 수도사들을 존경하고 좋아하기는 하지만, 유감스럽게도 내가 수도사가 된 모습은 상상이 가지 않는다. 나는 그 정도로 자제심이 없다. 예수와 개인적인 관계를 맺고 있지도 않다. 게다가 나는 내 물건들을 너무 좋아한다. 나의 경험들도 너무 좋아한다. 그리고 솔직히 섹스도 너무 좋아한다.

그때 몇천 킬로미터 떨어진 곳에서 그런 즐거움과 방종을 허락할 뿐만 아니라 축복하기까지 하는 종교가 나를 기다리고 있다는 것을 나는 몰랐다.

4
신은 저 멀리에 있다

라엘교

심리학자인 차나 울먼이 개종자들을 대상으로 실시한

기념비적인 연구가 약간의 단서를 제공해준다.

울먼은 개종자들에게 가장 중요한 것은 믿음이 아니라

경험임을 밝혀냈다. 개종자들은 새로운 교리보다는 오히려

새로운 형태의 "정서적 안도감"을 받아들이고 있었다.

라엘교도들은 망상에 빠졌든 아니든 커다란 안도감을

느끼고 있다.

처음에 나는 길을 잘못 든 줄 알았다. 사막에 솟아나는 플라스틱 꽃들처럼 라스베이거스에 우후죽순으로 솟아나는 갖가지 잡다한 모임들, 그러니까 공인중개사 모임이나 마케팅 담당 중역 모임 같은 것과 우연히 마주친 줄 알았다. 그런 모임들과 똑같이 지나치게 호화스러운 카펫이 깔려 있고, 교외에서 온 사람들의 창백한 목에 역시 그런 모임들과 똑같이 코팅한 이름표가 매달려 있고, 지난번 휴스턴 모임 이후로 처음 보는 거지 어쩌고 하는 진부한 수다도 똑같이 오갔다.

하지만 이 모임은 다르다. 모두들 아름답다. 그리고 프랑스어를 쓴다. 눈이 어지러울 만큼 알록달록한 색깔로 '라엘교의 세계 행복 투어'(라엘교는 외계인이 복제 기술로 인류를 창조했다고 믿는 신흥 종교 - 옮긴이)라고 적힌 커다란 간판이 있고, 그 옆에 탁자 두 개가 있다. 그 중 하나에는 미래주의적 주택단지 같은 것을 묘사한 축소 모형이 있다. 돔처럼 생긴 건물들과 잘 손질된 오솔길로 이어진 정원들. 세세한 부분까지 섬세하게 표현된, 전문가의 솜씨다. 작은 차들이 보이고, 어떤 건물 위에는 은색의 작은 비행접시도 있다. 프랭크 로이드 라이트(1867~1959, 미국의 건축가 겸 실내장식가 - 옮긴이)가 디자인했을 법한, 그러니까 그가 만약 외계인들에게 납치를 당했다면 디자인했을 법한 풍경이다. 조금 떨어진 곳에는 똑같은 모양의 탁자 위에 고리버들로 짠 그릇 두 개가 놓여 있는데, 다양한 색깔의 콘돔이 가득하다. 빨간색, 초록색, 자주색…… 콘돔 무지개다.

그때 상황이 이상하게 돌아가기 시작한다.

이 모임에 등록한 사람들에게 주는 꾸러미를 받으려고 줄을 서 있는데, 누군가의 손이 내 왼쪽 궁둥이를 스치는 것이 느껴진다. 행사장 안이 북적거리고 있기 때문에 나는 우연히 손이 스쳤나 보다라고 생각한다. 그런데 그 손이(틀림없이 그 손이다) 아주 살짝 머뭇거리더니 내 오른쪽 궁둥이로 미끄러지듯 옮겨 가서 거기서도 역시 찰나의 순간 동안 어른거린다. 그 행동이 의도적인 것임을 알아차리기에는 그 정도로도 충분하다. 내가 휙 돌아서자 키가 큰 금발 여성이 행사장을 가로질러 가는 모습이 눈에 들어온다. 그 손의 주인일 것이다. 여자의 입꼬리가 위로 올라가 있는 것이 아주 희미하게나마 미소를 짓는 듯하다. 그러고는 여자의 모습이 사라진다. 이게 무슨 인사 같은 건가? 어쩌면 이 사람들, 그러니까 스스로 라엘교 신도라고 부르는 이 사람들은 이런 식으로 서로에게 인사를 건네는 건지도 모른다. 아니면 외계인들에게는 이것이 악수나 뺨에 가볍게 입을 맞추는 인사 같은 것일 수도 있고. 물론 나는 그런 것이 아니기를 바랄 뿐이다. 수백 명의 사람들이 이 일주일짜리 행사에 등록했다. 다시 말해서 어느 모로 보나 궁둥이가 무지무지하게 많다는 뜻이다.

내가 이런 이상한 분위기 때문에 완전히 당황한 것은 아니다. 나도 나름대로 이미 조사를 마쳤다. 라엘교는 UFO를 믿는 종교단체로는 최대 규모다(맞다, 그런 종교단체가 여럿 있다). 라엘교 신도들은 인류는 물론 지구상의 모든 생명체가 2만 5000년 전에 엘로힘이라는, 놀라울 정도로 지능이 높고 호의적인 외계인들에 의해 창조되었다고 믿는다. 조금 전 내가 보았던 축소 모형은 라엘교도들이 2035년에 되돌아올 창조주들을 환영하기 위해 예루살렘에 세우고 싶어 하는 대사관 모형이다. 엘로힘은 자기들이 지구에 되돌아올 때까지 기본적으로 우리 인간들이 기가 막힐 만큼 엄청나게 즐거운 삶을 살기를 바란다(분명히 말하지만, 안전한 즐거움을 추구해야 한다. 그래서 콘돔이 전시되어 있는 것이다). 엘로힘은 우리가 쾌락을 즐기도록 만들었다. 다른 종교들은 대부분 고집스레 그 사실을 외면하고 있지만, 라엘교는 그 점을 반드시 바로잡으려 한다.

우리는 엘로힘을 볼 수 없지만, 엘로힘은 우리를 볼 수 있다. 그들은 우월한 기술 덕분에 항상 우리를 지켜보다가 가끔 '최후의 예언자'를 통해 메시지를 보낸다. 최후의 예언자는 클로드라는 이름의 왜소한 프랑스인 기자이자 전직 자동차 경주 선수인데, 지금은 라엘이라는 이름으로 통한다. '전령'이라는 뜻이다.

이런 이야기가 이상하게 들리는가? 나도 워싱턴 근처의 집에서 라엘교에 관한 자료를 처음 읽었을 때는 그랬다. 하지만 여기 라스베이거스에 와보니 확실히 덜 이상해 보인다는 점을 인정할 수밖에 없다. 라스베이거스에는 그런 분위기가 있다. 아무리 이상한 일이라도 부드럽게 다듬어서 그럴듯한 일처럼 보이게 만드는 분위기. 이상함이란 상대적인 특징이기 때문인 것 같다. 사실 라엘교의 모임은 이 호텔에서 열리는 여러 모임 중 하나일 뿐이다. 지금 이 호텔에서는 어린이 미인대회도 열리고 있는데, 다섯 살짜리 여자아이들이 황금 왕관과 부모의 기대에 눌려 바들바들 떨고 있다. '연기로 몰아내기'라는 모임도 있는데, 내 짐작으로는 가죽옷과 시가를 좋아하는 우람한 남자 동성애자들의 모임인 것 같다. 그밖에 이라크에서 휴가를 온 군인들 모임도 있고, 물론 여느 때처럼 속성 결혼식을 위해 모인 사람들도 있다. 젊은 신부들은 어울리지도 않는 하얀 드레스를 입고 가슴골을 넘치도록 드러낸 채 행복에 잠겨 있다. 이러니 라엘교 모임은 눈에 잘 띄지도 않는다.

확실히 해둘 것이 있다. 나는 단순히 경박한 호기심으로 라스베이거스에 온 것이 아니다. 조사를 하러 온 것이다. 라엘교는 합법적인 종교로서 최고의 권위를 지닌 기관인 국세청의 인정을 받았다. 라엘교는 세금을 면제받고 있을 뿐만 아니라 종교로서 필요한 장식품도 모두 갖추고 있다. 창조설화, 성직자, 신학이론, 의식, 성스러운 휴일 같은 것들 말이다. 단 하나 빠진 조각이 있다면 에로틱한 성추문뿐인데, 거기에는 이유가 있다. 아, 이런, 내가 너무 앞서 나갔다.

라엘교도인 자원봉사자 한 명이 미소를 지으며 내게 작은 마닐라 봉투와 신분증(이것도 라미네이트 코팅이 되어 있다)을 건네준다. 이 신분증을 항상 목에 걸고 다녀야 한다고 한다. 모든 것이 잘 돌아가고 있다. 나는 대사관 모형, 콘돔 그릇을 차례로 지나서 긴 복도로 들어선다. 이제 어디로 가야 할지 몰라서 머뭇거리고 있는데, 다리가 미끈하고 피부를 갈색으로 태운 캘리포니아 출신의 라라(이름표에 이렇게 적혀 있다)가 라엘교도 특유의 눈부신 미소를 지으며 내게 인사를 건넨다.

"처음이신가요?" 라라가 묻는다.

"네." 내가 말한다. 누가 봐도 내가 처음 왔다는 걸 알 수 있을 것이다.

"환영합니다." 라라가 내 어깨에 가볍게 손을 대더니 앞장서서 복도를 걸어간다. 그러면서 자신은 13년 전에 처음으로 '메시지'를 받았다고 말한다. 나는 무슨 말인지 안다는 듯 고개를 끄덕이지만, 사실은 그 '메시지'라는 게 정확히 뭔지 잘 모르겠다.

"선생님은 언제 메시지를 받으셨어요?" 라라가 묻는다.

"아, 최근이에요." 내가 말한다.

라라는 알겠다는 표정으로 나를 바라본다. 우리는 커다란 강당으로 들어간다. 맨 앞에 연단이 있고, 연단과 나란히 거대한 텔레비전 스크린 두 개가 있다. 축제 분위기가 감돈다. 라스베이거스 특유의 억지 축제 같은 분위기. 삼바 음악이 연주되고 있다. 내 시선이 연단으로 이끌린다. 비키니 상의와 짧은 치마를 입은 여자들 여러 명이 쇼걸처럼 춤을 추고 있다. 나는 지금 총각 파티에 온 것이 아니라 종교 모임에 왔음을 다시 한번 나 자신에게 일깨운다. 라라가 나를 어떤 의자로 데려가더니 휴대전화를 끄고 행복한 시간을 보내라고 조언한다. 그러고는 사라진다.

내 옆에 앉은 사람은 반백의 머리를 짧게 자른 중년 여성이다. 이런 곳에 올 사람처럼 보이지 않는다. 공인회계사이거나 아니면 누군가의 이모 같은 분위기다. 강당 안을 흘깃 돌아보니 이 여성과 비슷한 분위기의 사람들이 많이 보인다. 머리를 하나로 묶고 몸에 문신을 한 사람들도 물론 많지만, 재킷과 바지를 단정히 차려입은 사람들도 상당수 있다. 그동안 음악은 디스코로 퇴화했다. **춤을 조금 추고, 사랑을 조금 나누고, 오늘밤을 즐겨요.** 모두들 술이라고는 한 방울도 안 마신 것 같다. 라엘교는 마약과 술을 금한다. 심지어 커피도 금지되어 있다. 내가 보기에는 라엘교의 교리 중에서 가장 기괴한 부분인 것 같다.

강당 안의 사람들 사이에 기대감이 높아진다. 다들 뭔가를 기다리고 있음이 분명하다. 뭘 기다리는 거지? 내 머리가 정신없이 돌아간다. 나는 혹시라도 불이 나거나 난잡한 연회가 벌어질 경우에 대비해서 비상구를 주시한다. 확실히 그런 일이 일어날 가능성이 있다. 라엘교도들이 난잡한 연회를 좋아한다는 이야기를 어딘가에서 읽은 적이 있다. 하지만 나는 그런 연회에는 조금도 관심이 없다. 이미 말했듯이, 나는 집단 활동에 대해 반사적인 반감을 갖고 있다. 그런데 난잡한 연회만큼 활동적인 집단 활동은 없다.

음악이 스르르 사라져간다. 조명이 어두워진다. 프랑스어 말씨가 섞인 감미로운 목소리가 우주 깊숙한 곳에서 날아와 스피커로 흘러나온다. 아니, 그냥 막 뒤에서 나는 소리 같기도 하다. 어쨌든 아주 좋은 목소리다.

"그분은 지난 37년 동안 세상을 더 좋은 곳으로 만드는 일에 헌신하셨습니다. 여러분, 환영해주십시오. 예언자이십니다." 그 목소리가 말한다.

어떤 남자가 강당으로 들어온다. 들어온다기보다는 그냥 스르르 나타난 것 같다. 그러고는 통통 튀듯이 연단으로 올라간다. 나이는 60대 초반쯤 된 것 같고, 몸매도 잘 다듬어져 있다. 점점 숱이 줄어들고 있는 흰머리를 단단히 잡아당겨 사무라이처럼 상투를 틀었다. 무엇보다 놀라운 것은 그의 옷차림이다. 온통 흰색이라니. 하얀 바지, 하얀 셔츠, 하얀 신발, 그리고 부풀어 오른 우주복 같은 하얀 조끼. 방금 〈스타트렉〉 화면 속에서 튀어나온 사람 같다. 목에는 자그마한 프리스비 크기의 황금 원반이 걸려 있다. 빈약한 옷차림의 여자들

두 명이 예언자 라엘에게 꽃을 선물한다. 모든 것이 대단히 연극적이고 완벽하게 연출되어 있다.

사람들은 모두 일어서서 박수갈채를 보낸다. 나도 일어서 있다. 한참 시간이 흐른 뒤 사람들이 조용해지자 예언자가 입을 연다.

"여러분에게 질문이 있습니다." 그가 클루조 형사(영화 〈핑크팬더〉 시리즈의 등장인물 - 옮긴이)의 느낌이 물씬 풍기는 말씨로 말한다. "'앵복'하십니까?"

"네!" 모두 소리친다.

"좋습니다." 그가 말한다. "그럼 저는 집에 가도 되겠군요. 여러분에게는 제가 필요하지 않으니까요." 숨죽여 키득거리는 소리가 사람들 사이로 잔물결처럼 번진다.

"뭡니까? 아, 더 '앵복'해지고 싶은 겁니까? 여러분은 왜 여기 오셨습니까?" 라엘이 말을 계속한다.

"당신을 보려고요!" 강당 뒤편에서 누군가가 소리친다.

"아뇨, 그것만이 아니죠." 라엘이 이 아부의 말을 가볍게 제쳐버린다.

"더 행복해지려고요!" 다른 사람이 말한다.

"아뇨, 그것만이 아니죠."

"사랑하려고요!"

"더."

"의식을 가지려고요."

"좋습니다. 그래도 더."

"엘로힘을 느끼려고요."

"그렇습니다." 라엘이 말한다. 교실에서 가장 똑똑한 학생을 칭찬

하는 듯하다. "엘로힘과 하나가 된 기분을 느끼려고 온 겁니다. 엘로힘은 앞선 기술을 갖고 있습니다. 그래서 항상 지구를 보고 있습니다. 엘로힘은 우리를 볼 수 있지만, 만약 우리가 모두 한데 모여 있다면 보기가 더 쉬울 겁니다. 우리는 엘로힘을 사랑합니다. 그러니 엘로힘을 힘들게 하고 싶지 않죠." 또 웃음이 터진다.

라엘교도로 사는 건 쉽지 않다고, 예전에 클로드라고 불리던 이 예언자가 말한다. 사람들이 여러분을 놀리니까요. 사람들이 웃음을 터뜨린다. "뭐? UFO를 믿는다고?" 그가 촌뜨기 말투를 대충 흉내 낸다. "우리는 이 동물원에서 탈출해야 합니다." 동물원이란 이 세상을 말한다. "여기 올 때 여러분도 이미 오염된 상태인지 모릅니다. 아무리 훌륭한 라엘교도라도 오염되어 있습니다. 우리는 동물원을 탈출하기 위해 한데 모여야 합니다." 일주일 동안 계속 반복될 이야기가 이렇게 시작되었다. '이 세상이 바로 문제'라는 이야기. 여러분에게 문제가 있다면, 혹시 마약에 중독되어 있다면, 문제는 여러분에게 있는 것이 아니라 여러분의 '프로그램'에 있다는 것이 라엘의 주장이다. 그가 '프로그램'이라는 단어를 사용한 것은 결코 우연이 아니다. 나도 나중에 알았지만 라엘교는 비록 멋대로 말을 고쳐 쓰기는 해도 어쨌든 과학 용어들을 사용한다.

라엘은 부처를 언급하며, 그가 예수, 무함마드와 함께 자신의 이복형제라고 말한다. "부처의 가르침이 최고였습니다. 거의 완벽했지만 완전하지는 않았죠." 이것도 반복되는 테마다. 다른 사람들이 거의 진리를 이해할 뻔했지만 완전하지는 않았다는 것. 라엘은 최후의 예언자일 뿐만 아니라 최고의 예언자이기도 하다.

이상하게 보일지 모르지만 라엘교의 메시지는 온통 힘과 능력을 북돋는 것이다. 그들은 우리에게 무엇이든 해낼 수 있다고 말한다.

"여러분도 모두 부처가 될 수 있습니다." 라엘이 말한다. "여러분도 모두 라엘이 될 수 있습니다. 심지어 나보다 더 훌륭한 사람이 될수도 있습니다." 이 말과 함께 사람들이 헉 하고 놀라는 소리가 들린다. 라엘보다 더 훌륭한 사람이 된다고?

"맞습니다. 여러분의 잠재력은 무한합니다. 말해보십시오, '네'라고." 우리는 그렇게 한다. "네!" 우리는 있는 힘껏 소리를 지른다. 솔직히 기분이 좋다.

라엘은 한 시간 넘게 강연을 한 뒤 잠시 휴식을 취하기 위해 특별히 자신만을 위해 마련된 흰색 일색의 의자에 앉는다. 이어폰을 꽂고 무서운 표정을 지은 근육질 남자 두 명이 그에게 그림자를 드리운다. 라엘은 경호를 중요하게 생각한다. 이 유쾌한 프랑스인을 해치고 싶어 할 사람이 어디 있을지 나는 상상이 잘 가지 않지만.

나는 방금 들은 말을 되새겨본다. 솔직히 나는 그의 말에 대부분 동의한다. 외계인 이야기는 아니지만. 그 부분은 심히 의심스럽다. 그가 부처의 이복형제라는 말 역시 사실이 아닐 것이라는 데에 내기라도 걸 수 있다. 하지만 그 밖의 내용, 그의 강연 중 상당 부분은 자기계발서의 진부한 말 중에서도 가장 진부한 것들로 짜여 있다. 행복에 대한 라엘의 말, "행복은 안에서부터 옵니다." 기회를 잡는 것에 대한 라엘의 말, "쾌적하고 편안한 것만 추구하면 안 됩니다." 진정성에 관한 라엘의 말, "본연의 모습이 되세요." 미래에 대한 라엘의 말, "꿈은 크게 꾸세요." 알고 보니 라엘은 우주복을 입은 토니 로빈스(미국의 작가 겸 심리학자 - 옮긴이)다.

라엘교도들은 우리의 창조주인 외계인 엘로힘을 숭배한다. 하지만 신을 믿지는 않는다('엘로힘'이 히브리어로 '신'을 의미하는 단어인데도 그렇다). "우리의 신은 과학입니다." 그들은 이렇게 말한다. 실제로 그들은 언제나 과학적인 연구들을 연달아 인용하며, 각종 슬라이드 와 파워포인트를 이용한다(라엘교도들은 거의 섹스만큼이나 파워포인트를 사랑한다). 그런 방식으로, 이를테면 우리의 생각이 신경회로들을 바꿔 뇌의 기본 틀 또한 바꿔놓는다는 자신들의 주장을 강조하는 것이다.

"우리에게는 아주 작은 임무가 있습니다." 라엘이 다시 연단으로 나와서 말을 잇는다. "우리는 세상을 구하고 싶습니다." 청중이 웃음을 터뜨린다. 하지만 라엘은 진지하다. 라엘교도들은 정말로 세상을 구하려고 애쓰고 있다. 비록 전형적인 방식은 아니지만. 그들은 나무를 심거나 가난한 자들을 먹이는 방식을 쓰지 않는다. 대신 토플리스 데이 같은 행사를 후원하거나, 클리토레이드 같은 자선활동에 자금을 댄다. 클리토레이드는 아프리카에서 성기를 훼손당한 젊은 여성들을 전문적으로 치료해주는 병원을 여러 곳 운영하고 있다(그들의 웹사이트를 찾아보니 나도 "클리토리스를 후원"할 수 있다고 한다). 하지만 라엘교의 가장 유명한 사업은 따로 있다. 클로네이드. 이 사업의 목적은 인간 복제다. 라엘교의 세상에서는 이것이 말이 된다. 엘로힘은 자기들의 모습을 따서 우리를 창조했다. 따라서 현재 라엘교도들은 창조주를 흉내 내려고 시도하고 있다. 2002년에 클로네이드의 과학자들은 인간 복제에 성공했다는 주장으로 헤드라인을 장식했다. 나중에 설익은 주장으로 드러나기는 했지만, 그들이 인간 복제로 태어났다고 주장한 여자아이의 이름은, 물론, 이브였다.

하지만 인간 복제에 실패했어도 추종자들 사이에서 라엘의 명성에는 전혀 흠집이 나지 않았다. 무슨 일이 있어도 그렇게 될 것 같지 않다. 지미 스왜거트(Jimmy Swaggart) 같은 설교자들이나 교황과 달리 라엘은 사실상 어떤 추문에도 흔들리지 않는다. 불시에 약점을 잡힐 걱정을 할 필요가 없다. 오히려 이 최후의 예언자가 너무 **훌륭**하게만 행동한다면 라엘교 추종자들 사이에서 분노가 폭발할 것 같기도 하다.

신참들에게 모두 줄을 서서 한 명씩 연단으로 올라와 간단하게 자기소개를 하라는 지시가 떨어진다. 이건 집단의 유대감을 쌓기 위한 순서인 것 같다. 기업체의 단체수련회나 알코올중독자 모임 같은 데서 볼 수 있는 순서. 다들 정상적인 사람들 같다. 어떤 남자가 연단에 올라가서 자기는 지금 시러큐스에 살고 있으며, 식당에서 일한다고 말한다. "특별한 건 전혀 없어요." 그가 얌전하게 말한다.

"아냐, 당신은 특별해요." 어떤 라엘교도가 이렇게 소리치자 다들 박수를 친다.

그다음으로 연단에 오른 사람은 목장에서 일하다가 은퇴한 예순아홉 살의 텍사스 남자로 도박을 하러 라스베이거스에 왔다가 라엘교 모임에 한 번 와보자는 생각을 했다고 말한다. 왜 그런 생각을 했는지는 자기도 잘 모르겠다면서. 또 박수가 쏟아진다. 어떤 여자가 연단에 올라가서 이렇게 말한다. "저는 옛날부터 줄곧 라엘교도였어요. 그저 그걸 제가 몰랐을 뿐이죠." 열렬한 박수가 터진다. 강단이 있어 보이는 중년 남자가 다음 순서다. 검은 머리가 부드럽게 굴곡을 그리고 있는 그는 원래 푸에르토리코 출신이라고 한다. 그는 아홉 살 때부터 자신에게 항상 보호자가 있다는 걸 알고 있었다며, 임사 체험을 한 뒤 삶과 우주에 대해 수많은 의문들을 품게 되었다고 설명한다. 그러다가 라엘의 책을 읽고는 자신의 의문이 모두 해결되었다는 것이다. 박수갈채가 쏟아진다. 하지만 그의 이야기는 아직 끝나지 않았다. 그는 이야기를 끝낼 생각이 전혀 없는 것 같다. 계속 말을 이어가면서 연단에서 내려갈 생각을 안 한다. '지도사제' 중 한 명인 리키가 그를 부드럽게 이끌어 이야기를 끝내게 하려고 하지만 이 남자는 무작정 이야기를 계속할 뿐이다. 나는 자리에 앉은 채 몸을 뒤튼다. 불편하다. 하지만 아주 흥미롭기도 하다. 라엘교도들은 자신의 뜻을 따르지 않는 사람을 어떻게 다룰까? 페이저(《스타트렉》에 나오는 미래 무기. 광선총과 비슷한데 광선의 강도를 '기절'과 '살상'으로 조절할 수 있다 - 옮긴이)를 꺼내서 강도를 기절로 맞추고 쏘아댈까? 하지만 라엘교도들이 선택한 해결책은 확실히 그보다는 덜 극적이다. 리키가 그 남자에게 부드럽지만 단호하게 자신의 뜻을 밝힌다. 다른 사람에게 자리를 양보해주어야 한다고. 마침내 그 남자가 마지못해 연단에서 내려간다.

리키는 남은 신참들 몇 명을 그냥 빨리 처리하려고 한다. 나도 그중 한 명이다. 나는 마치 사기꾼이 된 것 같은 기분이다. 엄밀히 말하면 그게 사실이기도 하다. 내 의도를 숨기고 여기 잠입한 거니까. 라엘교도들은 이미 기자들한테 덴 적이 있다. 정신 나간 쾌락주의자라고 조롱당했을 때. 그러니까 그들이 내 존재를 호의적으로 받아들일 것 같지 않았다. 사람들의 시선이 느껴진다. 어쩌면 그냥 내 상상인지도 모르지만.

나는 가만히 있는 것과 행동에 나서는 것의 결과를 조용히 가늠해본다. 그리고 행동에 나서기로 한다. 연단에 오르자마자 두려움과 흥분이 동시에 번개처럼 나를 강타한다. 많은 사람들 앞에 설 때면 항상 일어나는 일이다. 죽어버리고 싶어와 여기 영원히 있고 싶어가 뒤섞인 감정. 나는 행복 컨설턴트라고 자기소개를 한다. 나의 전작(前作)을 생각하면 진실과 동떨어진 소리는 아니다. 나는 친구의 친구를 통해 '메시지'를 접하게 되었으며(이것 역시 진실과 동떨어진 소리는 아니다. 인터넷에서 라엘교를 접했으니까), 호기심이 생겨서 이 자리에 참석했다고 말한다. 이건 정확한 사실이다. 나는 정말로 호기심을 느끼고 있다. 많은 사람들이 그렇듯이, 나도 이 우주에 우리밖에 없는 건 아니라고 믿는다. 수십억 개나 되는 그 모든 행성 중에는 틀림없이 생명체가 있는 곳도 있을 것이다. 그리고 그 생명체가 우리보다 더 발전한 존재일 수도 있고, 그 생명체가 다른 생명체를 창조해낼 능력을 지니고 있을 수도 있다. 지구에 살고 있는 우리도 실험실에서 이제 막 그런 능력을 얻기 시작했다. 그러니까 어쩌면 라엘교도들이 정말로 뭔가를 알고 있는 건지도 모른다. 게다가 내 몸을 어루만진 손길과 수많은 콘돔이라는, 작지 않은 문제도 있다. 나는 그것에 대해서도 호기심을 느끼고 있다. 특히 쾌락의 부정이 아니라 추구를 종교의 기반으로 삼는 것이 가능한지 궁금하다. 만약 그런 것이 가능하다면, 그 결과로 만들어진 교리는 육체적 문제를 강하게 배척하는 그리스도교나 이슬람교 같은 종교들의 교리보다 덜 정당할까? 라엘의 익살맞은 우주복에 대해서도 궁금하고, 나도 그런 옷을 한 벌 구할 수 있을지도 궁금하다.

물론 연단에서 이런 말은 한마디도 하지 않는다. 대신 나는 이곳에 와서 정말 행복하다는 말로 내 이야기를 마무리한다. 이건 사실이다. 박수가 쏟아진다. 이 사람들은 모두 나를 위해 박수를 치고 있다. 나를 승인(혹시 사랑?)한다는 뜻이다. 내가 이곳에 와 있으며, 단순히 나 자신이라는 그 이유 때문에. 인정할 수밖에 없다. 기분이 좋다. 한 손으로 손뼉을 치는 것에 관한, 선불교의 저 오래된 화두 따위에 신경 쓸 필요 없다. 200개의 손이 손뼉을 치는 소리가 훨씬 더 만족스러우니까. 어쩌면 바로 이런 점 때문에 사람들이 종교에 이끌리는 건지도 모른다. 교리나 의식은 물론 심지어 천국의 약속 때문이 아니라 남들이 나를 받아들여주고 무조건적으로 사랑해준다는 느낌 때문에. 프랑스 사회학자인 에밀 뒤르켐은 이것을 '집단적 열광 (collective effervescence)'이라고 지칭했다.

라엘교도들이 이상해 보이기는 해도 나는 그들에게서 놀라울 정도로 친숙한 면을 발견한다. 하지만 정확히 뭔지는 모르겠다. 그러다가 서서히 깨달음이 온다. 라엘교도들은 1970년대의 왜곡된 시간 속에 붙들려 있다. 그들은 자신을 먼저 내세우고, 디스코를 좋아하고, 이런저런 도구들에 전적으로 열광한다. 그들의 삶은 마치 예술을 흉내 내는 듯한데, 이때 예술이란 우디 앨런의 영화 〈슬리퍼〉(1973년에 나온 공상과학 코미디 영화. 1973년에 강제로 냉동 인간이 된 주인공이 200년 뒤에 깨어나 독재자의 음모를 저지한다는 내용. 냉동 인간을 비롯해서 인간 복제 등 유명한 공상과학 작품들의 여러 요소들을 패러디한 장면이 많다 - 옮긴이)다. 오르가스마트론(〈슬리퍼〉에서 인위적으로 오르가슴을 느끼게 해주는 기구 - 옮긴이)이 사실상 눈에 보이는 듯하다. 1970년대에 나는 10대였다. 그때 라엘교에 대해 알았다면 좋았을 텐데. 그때라면 두말할 것도 없이 라엘교도가 되었을 것이다. 라엘교는 열여섯 살짜리 소년들에게 딱 맞는 종교다. 갖가지 멋진 도구들 그리고 여자들이 있고, 자위행위를 거룩한 행위로 격상시켜놓았으니 말이다. 또한 살짝 반사회적인 성격도 지니고 있다. 부모님의 속을 긁어놓기에는 충분하지만, 경찰에 체포되지는 않을 만큼만. 그래, 당시 우리 동네 시나고그와 라엘교를 비교해보았다면 시나고그는 상대도 되지 않았을 것이다. 전혀.

휴식시간이다. 나는 커피를 금지한 라엘교를 소리 없이 욕하며 플라스틱 물잔을 집어든다. 그리고 라엘의 책들이 판매용으로 전시된 작은 탁자 앞으로 가서 책을 몇 권 고른다.《외계인이 준 메시지》,《외계인이 나를 자기네 행성으로 데려갔어요》,《외계인을 환영합시다》.《관능적인 명상》이라는 책도 추가로 고른다. 이 책들의 표지는 모두 과장스럽게 표현되어 있고, 신비롭게 빛나는 눈과 대머리를 지닌 ET들의 복고풍 그림이 그려져 있다. 나는 이 책들을 가방에 챙겨 넣고 나서 라엘교도들과 이야기를 좀 나눠보기로 한다.

이유는 잘 모르겠지만, 라엘교는 프랑스계 캐나다인들에게 특히 매력적인 것 같다. 과학이나 기술 쪽 배경을 지닌 신도들도 적지 않다. 나는 몬트리올에서 온 의사, 오하이오에서 온 경제학 교수, 소프트웨어 엔지니어 몇 명과 이야기를 나눈다. 그들은 라엘교의 메시지가 말이 되는 것 같아서 라엘교에 마음이 끌렸다고 내게 말한다. "이건 멍청이들은 이해할 수 없는 종교입니다." 경제학 교수가 말한다. 그럴지도 모르지만, 나는 물어보고 싶은 것이 많다. 예를 들어, 이 엘로힘이라는 외계인들은 왜 프랑스의 2류 기자를 자기네 전령으로 골랐을까? 일정이 아주 빡빡했다면서 왜 군이 모기나 바퀴벌레 같은 것들까지 창조했을까? 하지만 나는 이런 의문들을 입 밖에 내지 않는다. 이 사람들 눈에 지나치게 시비를 거는 것처럼 보이고 싶지 않다. 게다가 지금 이 자리가 즐겁다. 그러니 괜한 질문으로 분위기를 망칠 필요가 없지 않은가.

나는 물을 세 잔째 마시고 있다. 물속에 카페인이 조금이라도 들어 있으면 좋을 텐데. 아니, 카페인이 아니라 무엇이라도 좋다. 음악 소리가 들린다. 라엘교의 창작곡으로 가사는 대략 이렇다. 닥치고 행복해져. 슬퍼하는 건 시시해. 이 말이 자꾸만, 자꾸만 반복된다. 이건 이제 그만 자리에 가서 앉으라는 신호다. 라엘이 다시 연단 위에 현신해 있다. 그는 분위기를 바꿔 이제 미국의 대외정책을 공격하기 시작한다. 미국이 보장하는 종교의 자유 덕을 보고 있음이 분명한데도 (사우디아라비아에서 라엘교도로 살아간다면 어떨지 생각해보라). 라엘은 특히 이 나라의 여성들이 상의를 모두 벗은 채 다닐 수 없다는 사실에 열을 낸다. 여자들이 반드시 젖꼭지를 숨기고 다녀야 한다는 말을 할 때 라엘의 목소리는 마치 물고문 얘기라도 하는 것 같다. 여자들이 상의를 벗지 못하는 것이 내게도 반갑지 않은 일인 건 사실이지만 세계 여러 나라의 기근이나 에이즈만큼 걱정스럽지는 않다.

라엘이 여자들의 가슴을 억압하는 이 얼토당토않은 정책을 계속 성토하고 있을 때 누군가가 소리친다. "가슴 해방은 정신 해방." 다른 사람이 맞장구를 치고 나서더니 이내 두 명, 세 명, 10여 명, 100명으로 불어난다. 모두 "가슴 해방은 정신 해방"을 외치고 있다. 그리고 내 주위의 사람들이 갑자기 자기 말을 실천하는 것을 보니 이상하다는 생각이 든다. 그들은 자기 가슴을 해방시키고 있다. 여자들은 물론 남자들 몇 명도 단번에 셔츠를 벗어버린다. 나는 방금 해방된 풍만한 가슴들의 바다에 둥둥 떠 있다. 이 갑작스러운 사태를 설명할 길이 없다. 이들은 아마 정신도 해방되었을 것이다. 하지만 나의 시선을 끈 것은 결국 가슴이다. 대부분 햇볕에 갈색으로 그을린 건강한 가슴들이지만, 모두 그런 것은 아니다. 알고 보니 라엘교도들의 가슴은 지구인들의 가슴과 아주 흡사하다. 그들에게도 중력의 법칙이 똑같이 적용되며, 그 결과 또한 예상했던 그대로다.

낮 행사가 끝났다. 몇 시간 동안의 '자유시간' 이후에 저녁 행사가 시작될 것이다. 카니발의 밤이라고 한다. 나는 자유시간을 이용해서 라엘교에 대해 좀 더 알아본다. 이런 정신 나간 짓이 어떻게 시작되었는가? 나는 다섯 살짜리 미인대회 출전자들과 시가를 피워대는 동성애자들을 살짝살짝 피하면서 내 방으로 돌아가 라엘의 책들을 들고 침대에 털썩 주저앉는다. 그리고《외계인이 준 메시지》를 펼친다.

1973년 12월이다. 스물일곱 살의 프랑스인 클로드 보리롱은 자동차경주 열성팬들을 위해 제작되는, 별로 유명하지 않은 잡지를 편집하고 있었다. 그러던 어느 날 프랑스 남부의 화산 분화구에 꼭 가봐야 할 것 같은 기분이 들었다. 그 근처를 걷고 있는데 갑자기 하늘에 어떤 물체가 보였다. 처음에는 헬리콥터인 줄 알았지만, 소리가 나지 않았다. 전혀. 그 물체는 클로드에게서 약 9미터쯤 떨어진 곳에 착륙했고, 클로드는 카메라를 가져오지 않은 것을 후회했다. 그 물체의 문이 열리고 계단이 내려왔다. 그 안에서 생명체 둘이 모습을 드러냈는데, 각각 키는 120센티미터쯤 되었고, 눈은 아몬드 모양이었으며, 머리가 검고 길었다.

"카메라를 가져올걸 그랬다고 생각합니까?" 그 생명체들이 완벽한 프랑스어로 물었다.

"네, 당연하죠." 클로드가 말했다.

그 엘로힘은 클로드에 대해 모르는 것이 없었다. 그들은 그가 태어났을 때부터, 아니 "그전에도" 그를 줄곧 지켜보고 있었다. 그리고 인류에게 자신들의 메시지를 전달할 사람으로 그를 선택했다.

외계인들은 클로드에게 다음 날 성경과 공책을 가지고 다시 오라고 말했다. 그는 그렇게 했다. 그들은 성경을 한 줄, 한 줄 샅샅이 훑으면서 그곳에 묘사된 사건들을 반박하는 대신 기술과 과학으로 설명했다. 예를 들어, 〈창세기〉의 홍수는 핵미사일 폭발로 인해 일어났다는 식이었다. 노아의 방주? 그것은 사실 허공에 아주 높이 떠 있던 우주선이었다. 홍해가 갈라진 것은? 척력 광선이 그것을 가능하게 했다. 예수의 치유 능력은? 멀고 먼 우주선에서 한 지점에 레이저 광선을 집중적으로 발사해서 병을 치유한 것이다.

클로드는 물었다. 당신들은 왜 지구에 왔습니까? 엘로힘은 이렇게 설명했다. 먼 옛날에는 그들도 지금의 인간들과 매우 흡사했다. 그들은 새로운 생명체를 창조하는 실험을 하고 있었는데, 그 문제로 그들 행성에서 논란이 일었다. 실험에 찬성하는 엘로힘도 있었고, 그렇게 장난을 치다가 위험한 괴물이 만들어질지도 모른다고 경고하는 엘로힘도 있었다. 그래서 그들은 어딘가 다른 곳에서, 즉 지구에서 실험을 실시하기로 합의했다. 아마도 우주 쓰레기 투척의 최초 사례일 가능성이 대단히 높은 일이 그렇게 시작되었다.

나는 책을 덮는다. 이걸 어떻게 생각해야 할지 모르겠다. 이 책에 묘사된 일들이 실제로 일어나지 않았으리라는 점에 대해서는 상당히 확신하고 있다. 라엘, 그러니까 클로드는 거짓말을 하고 있거나 아니면 망상에 빠져 있음이 분명하다. 둘 다일 수도 있다. 하지만 그를 따르는 사람이 8만 명이나 되는 것을 어떻게 설명해야 할까? 그들도 모두 망상에 빠져 있는 건가? 많은 사람들이 정신적으로 상당히 멀쩡해 보인다. 솔직히 나보다 더 멀쩡해 보이는 사람들도 있다.

게다가 사실과 부합하는 창조설화가 종교의 정당성을 가늠하는 유일한 요인이라면, 이 세상에는 종교가 거의 없을 것이다. 세상에는 사실과 부합하는 진실 말고 다른 종류의 진실도 있다. 도덕적 진실. 마음의 진실. 외계인을 만났다는 라엘교의 주장은 완전히 틀렸을지 몰라도 다른 면에서는 옳을 수도 있다. 이를테면 종교에 재미를 조금 가미해야 한다는 주장이나 과학의 경이와 콘돔의 적절한 사용을 강조하는 주장 같은 것. 한 가지 거짓으로 인해 이들의 주장 전체가 쓸모없어지는 것은 아니다.

나는 교황의 측근인 바티칸의 고위 주교가 예전에 〈워싱턴포스트〉의 전직 종교 담당 기자에게 한 말을 떠올린다. "이제 나는 동정녀 출산에 대한 믿음이나 산타클로스에 대한 믿음이 거의 비슷한 수준입니다. 하지만 나는 나의 신앙을 사랑합니다." 순간적으로 반짝하고 정직성을 내보인 순간에 그 주교는 골수 합리주의자들이 간과하는 사고방식을 분명하게 표현했다. 우리가 신화에서 커다란 혜택, 손으로 만질 수 있을 것처럼 생생하고 분명한 혜택을 얻을 수 있다는 것. 신화는 인생이라고 알려진 이 가시덤불을 헤치고 나아가는 우리에게 길잡이가 되어준다. 조지프 캠벨은 이렇게 표현했다. "신화가 사실이냐고? 그런 걸 신경 쓰는 사람이 어디 있는가? 이것은 내 삶의 원천이다. 성직자가 우주에 대해 지니고 있는 고풍스러운 이미지의 우주론적 정당성, 세상의 역사에 관한 그의 생각에 대해 질문을 던져보라. [그러면 그는 십중팔구 이렇게 대답할 것이다.] '내 삶 전체의 원천인 이 놀라운 것에 대해 질문을 던지다니, 당신의 지성에 그토록 자신이 있는가?'"

많은 미국인들이 이것을 직관적으로 느끼고 있다. 최근 한 설문 조사에서 그들이 믿는 종교의 가장 중요한 점이 무엇이냐는 질문에 "종교가 진리의 원천이라고 믿는다"고 대답한 사람은 겨우 40퍼센트에 불과했다. 엄청나게 많은 사람들이 신앙에서 다른 혜택을 보고 있다는 뜻이다. 그것이 무엇일까? 심리학자인 차나 울먼(Chana Ullman)이 개종자들을 대상으로 실시한 기념비적인 연구가 약간의 단서를 제공해준다. 울먼은 개종자들에게 가장 중요한 것은 믿음이 아니라 경험임을 밝혀냈다. 개종자들은 새로운 교리보다는 오히려 새로운 형태의 "정서적 안도감"을 받아들이고 있었다. 라엘교도들은 망상에 빠졌든 아니든 커다란 안도감을 느끼고 있다.

솔직히 사정(射精)에 반대하지 않는 종교가 있다는 것이 신선하다. 사정에 반대하는 종교가 얼마나 많은지 알면 깜짝 놀랄 것이다. 섹스가 우리의 정신을 산만하게 해서 하느님을 생각하지 못하게 만든다고 믿는 것은 가톨릭교도만이 아니다. 도교 추종자들도 마찬가지다. 그들은 사정이 귀한 기의 낭비라고 믿는다. 고대의 금욕적인 종교인 인도의 자이나교 신도들은 사정이 곧 살인이라고 믿는다. 사정을 하는 과정에서 수많은 정자가 죽기 때문이다. 이 말을 처음 들었을 때 나는 죄책감에 부르르 떨었다. 열여섯 살 때 나만의 개인적인 인종학살을 저지른 날이 떠올랐기 때문이다. 하지만 라엘교는 사정을 철저히 지지한다. 그들은 내가 사정하기를 원한다. 그것도 곧. 아니, 뭐, 지금 당장 하라는 것은 아니지만, 그래도, 어쨌든, 신선하다.

뭔가가 마음에 걸리는데, 그것이 무엇인지 콕 집어 말할 수가 없다. 외계인 이야기나 가슴 해방 때문이 아니다. 그러니까 그것뿐만이 아니라 라엘교의 다른 어떤 점이 불편하게 느껴진다. 내가 보기에 라엘교도들은 위험하지 않다. 그들이 갑자기 집단자살을 할 것 같지도 않다. 이렇게 재미있는 시간을 보내고 있는데 그럴 리가 없다. 바로 이것이 문제라는 생각이 든다. 재미. 그걸로 충분한가?

다음 날 아침에 강당으로 들어가니 모두 바닥에 누워 있다. 나도 배낭을 베개 삼아 그들 옆에 눕는다. 뉴에이지 음악이 스피커에서 흘러나오고 있다. 어제의 그 목소리가 다시 돌아왔다. 어제와 똑같이 감미롭고 프랑스어 느낌이 물씬 풍긴다. 심호흡을 하라고 그 목소리가 말한다. 나는 그렇게 한다. 목소리가 나더러 내 발가락의 세포들을 느껴보라고 말한다. 각각의 세포를 어떻게 하면 느낄 수 있는지 잘 모르겠지만, 나는 그 목소리를 기쁘게 해주고 싶어서 노력해본다.

"이제 팔에 주의를 집중하세요. 팔을 부드럽게 수축시킵니다. 이제 창자로 옮겨가세요." 나는 목소리가 시키는 대로 내 창자를 가로질러 가서 복부 왼편의 비장에서 왼쪽으로 방향을 꺾어 쓸개를 향해 급히 달려간다. 옛날에 라퀠 웰치가 나온 영화 〈바디 캡슐〉 속에 들어와 있는 것 같은 기분이다. 영화 속에서 과학자들은 팀을 이뤄 아주 작게 축소된 잠수함을 타고 어떤 사람의 몸속을 돌아다닌다. 이 영화는 여러 면에서 의미를 지니고 있어서 라퀠 웰치가 자기들 몸속의 모세관들 속을 돌아다니는 것을 상상하며 좋아하는 사람들뿐만 아니라 해부학에 관심이 있는 사람들에게도 매력적이다. 다시 말해서 거의 모든 미국인들에게 이 영화가 호소력을 지니고 있다는 뜻이다.

"여러분은 세포들의 혼합물입니다." 목소리가 말한다. "모든 세포가 완전히 긴장을 풀고 편안합니다. 여러분은 평화롭습니다." 웃기는 건, 내가 정말로 평화롭다는 것이다. 이유는 잘 모르겠다. 내가 여느 때처럼 온갖 걱정거리를 머릿속으로 주워섬기는 일 말고 다른 일에 주의를 집중하고 있기 때문인지도 모른다. 목소리의 인도로 우리는 나선형을(물론 시계 방향이다) 그리며 우리 자신의 뇌 속으로 깊이 들어간다. 약간 어지럽기는 하지만 불쾌하지는 않다. "모든 것이 에너지입니다." 목소리가 말한다. 내가 뭐라고 이 말에 감히 이의를 제기할까. "모든 것이 움직임입니다. 여러분은 움직임입니다. 영원히. 가만히 서 있을 때도 여러분은 진동하며 움직이고 있습니다. 여러분은 자신을 자각하는 우주입니다."

나는 나선형을 그리며 움직이고 있는 마음으로 이 말을 이해해보려고 애쓴다. 그때 목소리가 명상의 끝을 알린다. 나는 목소리의 지시대로 천천히 눈을 뜬다. 그리고 어떤 여자가 나를 내려다보며 서 있는 것이 눈에 들어와서 깜짝 놀란다. 여자는 밤색 토가를 입고, 작은 과일 그릇을 들고 있다. 여자가 나와 눈높이가 같아지도록 무릎을 꿇고 앉더니 그릇에서 딸기를 하나 꺼낸다. 나는 뭘 어떻게 해야 하는지 잘 모르겠다. 목소리의 인도가 필요한 이 순간에 목소리는 침묵을 지키고 있다. 잠시 어색한 순간이 흐른다. 적어도 나는 어색하다. 여자는 라엘교도다운 그 몸속에 어색함을 느끼는 세포가 없는 것 같다. 이제 나도 뭐가 어떻게 된 건지 알 것 같다. 여자는 내게 음식을 먹여주려고 이 자리에 있는 것이다. 그럼 그렇지. 내가 입을 벌리자 여자가 내가 지금까지 먹어본 것 중에서 가장 신선하고 맛있는 딸기를 넣어준다. 그러고 나서 다른 사람을 먹이려고 자리를 뜬다.

나는 주위를 둘러본다. 여기 사람들이 쾌락로봇이라고 부르는 사람들이 토가 차림으로 사람들에게 신선한 과일을 먹여주고 있고, 부드러운 뉴에이지 음악이 흐른다. 두 개의 커다란 스크린에는 성운과 소용돌이치는 은하들의 이미지가 우주 포르노처럼 번쩍번쩍 지나간다. 지금의 이 광경이 당연히 낯설지만, 또한 묘하게 친숙하기도 하다. 내가 이런 장면을 어디서 봤더라? 고대 로마에 관한 다큐멘터리들이 떠오른다. 아니, 그게 아니다. 그렇지! 이건 〈스타트렉〉의 한 장면이다. 커크 선장이 지상 파견대와 함께 광선이동으로 어떤 행성에 내려갔는데, 그곳 주민들이 오로지 커크 선장 일행을 즐겁게 해주는 데에만 전념하던 장면. 그건 에덴동산의 부활이었다. 모든 것이 완벽하다. 커크 선장의 부하들 중 본즈는 어떤 관능적인 여자와 사라져버렸고, 체코프는 햇볕 속에 누워 시를 읽고 있다. 물론 스폭은 으레 그렇듯이 회의적이다(〈스타트렉〉에서 스폭은 벌컨이라는 행성에서 온 외계인. 벌컨인들은 감정을 철저히 배제하고 오로지 논리와 이성으로만 모든 것을 판단한다 - 옮긴이). 틀림없이 뭔가 꿍꿍이가 있을 텐데. 물론이다. 이 행성의 주민들이 내민 신선한 과일에는 알고 보니 황산이 들어 있고, 이 행성의 아름다운 주민들은 엔터프라이즈호의 선원들을 죽이고 우주선을 차지할 음모를 꾸미고 있었던가 뭐 그랬다. 하여튼 아주 끔찍한 일을 꾸미고 있었다. 지금 내 기분이 그렇다. 바닥에 누워서 프랑스어 말씨를 쓰는 아름다운 라엘교도들이 지극히 헌신적인 태도로 먹여주는 신선한 과일을 받아먹고 있는 이 상황이 그렇다. 무슨 꿍꿍이지?

다음 날 아침에 또 그 지긋지긋한 노래가 나온다. "닥치고 행복해져. 슬퍼하는 건 시시해." 이 노래 때문에 미치겠다. 라엘이 다시 나타난다. 이번에는 진지한 표정이다.

"여러분 중에 술 때문에 문제가 있는 사람이 몇 분이나 됩니까?" 그가 묻는다.

많은 사람이 손을 든다.

"그럼 마약은?"

또 손들이 올라간다.

"자살을 생각해본 사람은 몇 분이나 됩니까?"

많은 사람들이 손을 드는 것을 보고 나는 깜짝 놀란다. 그 손 중에 내 손도 끼어 있는 건 더욱더 놀랍다. 나는 왜 이 호색적인 UFO 마니아들에게 나의 어두운 생각을 고백한 걸까? 이번에도 역시 분위기 때문이다. "외계인이 우리를 창조했다"거나 "커피는 나쁘다"는 식의 요상한 이야기들을 연달아 듣다 보니 "자살하고 싶다"는 터무니없는 생각 또한 아무에게나 던져줘도 되겠다고 생각해버린 모양이다.

하지만 내게 그것은 그다지 터무니없는 생각이 아니다. 자살과 자살 미수의 역사가 내 유전자 속에 숨어 습격의 기회를 노리고 있다. 가끔 어둠이 찾아올 때 나는 순간적으로 그 방법을 생각한다. 아니, 최소한 내가 그 방법을 선택하려면 할 수도 있다는 생각을 한다. 실제로 계획을 짜본 적은 없다. 천장의 서까래에서 바닥까지의 높이를 재본 적도 없고, 철물점에서 고무호스 진열대 앞을 서성거린 적도 없다. 푸근한 기분이 들 때는 그런 어두운 생각들 덕분에 내가 더 나은 사람이 될 수 있다고 속으로 되뇐다. 대부분의 사람들과 달리 나는 삶이 아닌 다른 대안을 고려해본 끝에 능동적으로 삶을 선택했다는 말도 속으로 되뇐다. 방금 말했듯이, 이건 내가 푸근한 기분이 들때 하는 생각이다. 보통은 그런 우울한 생각이 자기혐오를 더욱 부채질할 뿐이다.

우리는 손을 내린다. 주위를 둘러보니 나를 비난하는 사람은 없는 것 같다. 얼마나 자유로운지. 자신의 가장 어두운 생각을 고백했는데도 상처도 비난도 받지 않고 무사히 벗어날 수 있다니. 엘로힘의 존재는 여전히 의심스럽지만, 너그러운 조물주는 마음에 든다. 나는 내가 원하는 신의 요건 목록에 이것도 추가해야겠다고 속으로 다짐한다.

이 행복 아카데미 모임의 나흘째 날, 나는 이 사람들의 꿍꿍이를 알아차린다. 그날 오후에 강당에 들어갔더니 커다란 현수막이 걸려 있다. "성별 바꾸기 워크숍에 오신 것을 환영합니다." 아, 이런. 나는 불안한 표정으로 출구를 주시한다. 이 워크숍의 목적은 나와는 다른 성별을 지닌 사람의 눈으로 세상을 바라보는 것이라고 한다. 이번 모임에서 이것이 가장 중요한 세미나라고 한 안내인이 말한다. 이런 건 정말 하기 싫다는 생각이 든다. 그런데 그때 안내인이 말을 덧붙인다. "이걸 하기 싫어하는 사람일수록 이것이 필요한 사람입니다."

몇 시간 뒤에 다들 한자리에 모여 성별 바꾸기를 할 것이라고 한다. 여자들은 그 자리에 남자로 나타날 것이고, 남자들은 여자로 나타날 것이다. 안내인은 이것이 단순히 의상만 바꿔 입는 파티 같은 것이 아니라고 말한다. 우리는 모든 면에서 극단적으로 자신을 변화시켜야 한다. "우리 모두 자신의 감정을 모조리 열어젖힐 겁니다." 안내인이 말한다. "울음을 터뜨릴 거예요." 이번에는 나도 그의 말을 의심하지 않는다.

행사를 준비할 시간이 몇 시간 주어진다. 남자들은 극장의 무대 뒤 분장실처럼 보이는 방으로 안내된다. 사방에 원피스, 구두, 가발이 쌓여 있다. 나는 근사한 파란색 물방울무늬 옷과 금발 가발, 목걸이를 고른다. 야심차게 34C 사이즈의 브래지어도 고른다. 나는 이것들을 모두 가방에 쑤셔 넣고 곧바로 호텔 바로 가서 결의를 다지려고 쓰디쓴 보드카 마티니 두 잔을 급하게 연달아 들이켠다.

보드카 덕분에 떨리는 마음이 조금 진정된 나는 내 방으로 돌아와 침대에 털썩 주저앉아서 지금 상황을 가늠해본다. 그냥 이 행사를 건너뛸 수도 있다. 아무도 알아차리지 못할 것이다. 하지만 그런 건 도피처럼 보인다. 기왕 여기까지 왔으니 끝까지 해보는 편이 좋을 것이다. 그래도 의문은 남는다. 현실적인 의문들이다. 이를테면, 빨간 구두가 파란색 원피스와 충돌을 일으킬까 하는 것. 형이상학적인 의문도 있다. 이성의 옷을 입는 것이 외계인이나 행복이나 나의 신 탐구와 도대체 무슨 상관일까 하는 것. 스피커에서 흘러나오던 목소리는 이런 의문에 답변해주지 않았으므로, 내가 직접 빈 칸을 메워야 한다.

신의 여성적인 측면, 즉 아니마는 중요한데도 흔히 간과되곤 한다. 창조주는 오로지 뜨거운 유황불과 남성적인 기적으로만 이루어진 존재가 아니다. 부드러운 측면도 있다. 거의 문명이 처음 시작될 때부터 인류는 여신을 숭배했으며, 거의 모든 종교가 섬기는 신에게도 여성적인 측면이 있다. 유대교에는 셰키나가 있고, 힌두교에는 샤크티가 있다. 루미는 이렇게 말했다. "여성은 섬세한 베일을 통해 빛나는 신이다." 그러니까 성별 바꾸기라는 이 라엘교의 행사도 그러한 신의 특징과 접촉하려는 시도인 것 같다. 혹시 내가 라엘교도들을 너무 높이 평가하고 있는 걸까?

그런 건 상관없다. 내게는 더 시급한 문제가 있다. 두 시간 안에 에릭에서 에리카로 변신해야 한다. 가장 먼저 할 일은 다리털을 미는 것이다. 이건 잘 풀리지 않는다. 면도날이 계속 내 다리털에 걸린다.

피가 흐른다. 욕도 나온다. 나는 다시 시도한다. 또 피가 난다. 욕도 나온다. 여자들은 어떻게 이런 걸 하는 거지? 나는 원피스를 입는다. 이게 생각보다 시간이 오래 걸린다. 나는 다른 사람들이 준비하고 있는 방으로 걸어간다. 안내인 중 한 명인 모니카라는 친절한 여성이 내 얼굴에 화장을 해주고 손톱을 손질해준다. 이렇게 많은 일이 필요하다니 정말 놀랍다. 우주셔틀 발사에도 이렇게 많은 준비가 필요하지는 않다. 이제 까다로운 부분이 남았다. 내 가슴. 모니카가 화장지를 둥글게 뭉쳐서 내 옷 속에 쑤셔 넣는다. 처음에는 제대로 되지 않는다. 너무 우툴두툴하거나, 너무 납작하거나, 짝짝이가 된다. 마침내 문제가 모두 해결되자 내게도 가슴골 비슷한 것이 생긴다. 모니카가 내 발에 구두를 신겨준다. 변신이 완성되었다.

거울에 비친 내 모습을 보니 내 눈을 믿을 수가 없다. 근사한 모습이다. 정말로 근사하다. 풍성한 금발이 풍만한 가슴 위로 멋지게 늘어져 있다. 방금 면도한 얼굴은 매끄럽고 볼연지는 내 얼굴이 섬세하면서도 건강하게 빛나는 것처럼 만들어준다. 그래, 의심의 여지가 없다. 거울을 보고 있으려니 이상한 일이 벌어진다. 나 자신에게 매력을 느끼다니. 적어도 나의 여성형인 이 모습에 마음이 끌린다. 나는 이것이 무슨 의미인지 잠시 생각해보지만, 이 생각이 향하는 곳이 마음에 들지 않아서 생각을 그만두고 행사장으로 향한다.

내가 문으로 막 나가려는데 모니카가 나를 불러 세운다.

"그렇게 하면 안 돼요."

"안 되다니, 뭐가요?"

"걸음걸이요."

그럴 리가 있나. 나는 걷기 시작한 지 40년이 넘었고, 항상 잘 걷는 편이라고 생각했다. 그런데 아닌 모양이다. 내가 남자처럼 걷는다고 모니카가 설명한다. 여자처럼 걸어야 한단다. 모니카가 내게 여자의 걸음걸이를 잠시 가르쳐준다. 팔꿈치를 딱 붙이고, 손바닥을 아래로 해야 한다. 이렇게 하면 엉덩이를 흔들 수밖에 없게 된다고 모니카가 설명한다. 지금까지 살아오면서 이런 걸 중요하게 생각한 적은 없었는데. 내가 몇 번 연습을 한 뒤에야 모니카가 이제 제대로 걷고 있다고 선언한다.

나는 행사장에 도착한다. 여자 옷을 입고 다리털을 밀면 왠지 모르게 곧장 심술궂은 여자로 변하는 모양이다. 나는 행사장의 다른 '여자들'에 대해 이러쿵저러쿵 논평을 한다. 호의적이지 않은 말도 섞여 있다. 저 여자 옷이 마음에 안 든다. 저 여자 꼴을 좀 봐라. 누굴 놀리나. 이 여자는 힐이 아니라 플랫슈즈를 신다니, 세상에나. 나는 자리에 앉지만, 앉는 자세(앉기는 걷기보다 더 오랫동안 해온 일이다)도 역시 완전히 틀린 모양이다. 다리를 꼬면서 사타구니가 드러난 것이 문제다. 숙녀라면 그런 식으로 앉지 않는다고 누군가가 말해준다.

'남자들'은 더 그럴듯하다. 양복을 차려입은 사람도 있고, 캐주얼한 옷을 입은 사람도 있다. 엉덩이 중간까지 헐렁하게 내려온 트레이닝복 바지를 입은 남자가 마치 고깃덩이를 보듯이 우리 여자들을 바라본다.

나는 다른 여자들과 가벼운 이야기를 나누고 있다. 우리들 중 몇몇 사람은 솔직히 면도를 좀 해야 할 것 같다. 짐이라는 '남자'가 내게 춤을 청한다. 이것도 어렵기는 다리털을 밀 때와 마찬가지다. 구두 때문에 발이 아프다. 하지만 그보다 더 나쁜 건 내 가슴이 자꾸만 이리저리 돌아다닌다는 거다. 틀림없이 해방되고 싶은 모양이다. 하지만 나로서는 그것들을 다시 가두는 수밖에 없다. 다행히 짐은 눈치채지 못한 것 같다. 그는 자신이 할리우드의 거물급 프로듀서라는 이야기를 늘어놓느라고 여념이 없다. 나는 그의 말에 의심이 가고, 그가 허풍선이라는 생각이 드는데도 살짝 웃어준다. 음악의 템포가 빨라지자 짐이 느닷없이 섹스하는 흉내를 낸다. 다 같이 춤을 추는 그 자리에서! 나는 핑계를 대고 화장실로 간다. 막 남자화장실로 들어가려는데 안내인이 나를 제지한다. 여자 분이니까 여자화장실로 가셔야죠. 맞다. 나는 여자화장실로 들어간다. 여자화장실이 남자화장실보다 훨씬 더 근사하다는 말은 꼭 해야겠다. 우선 여자화장실은 더 깨끗하고, 예쁜 탁자에 티슈도 준비되어 있다. 성별 바꾸기 모험을 한 지 몇 시간이 지난 뒤에야 마침내 나는 여자라서 좋은 점을 하나 찾아냈다.

무도장으로 돌아와 보니 짐은 턱수염이 있는 갈색머리 여자에게 다가가 이야기를 나누고 있다. 잘됐다. 저 여자가 알아서 짐을 물리치겠지. 나는 품위까지는 잘 모르겠지만, 하여튼 정조가 손상되기 전에 이 자리를 뜨기로 한다. 방으로 돌아온 나는 가발을 벗고, 목걸이를 풀고, 가슴을 내던져 나의 여성형 페르소나를 해체한다. 가슴은 한참 헤맨 끝에 콩팥 근처에서 빈둥거리고 있는 것을 간신히 찾아냈다. 나는 이제 처음 공장에서 생산된 모습으로 돌아왔다. 아니, 뭐, 거의 돌아왔다. 피가 묻어 있고, 털을 밀다 만 다리는 아직 그대로다. 상처가 나으려면 며칠 걸릴 것이다.

다음 날 저녁은 라엘교 시나고그다. 이건 그 사람들이 직접 부르는 이름이다. 시나고그. 처음에 나는 유대교와 라엘교의 의식이 혼합된 행사인 줄 알았다. 하지만 알고 보니 그냥 사람들에게 질문 기회를 주는 것뿐이다. 아마 라엘교도들은 유대교가 바로 그런 것이라고, 즉 질문을 던지는 것이라고 생각하는 모양이다. 어떤 의미에서는 맞는 생각이기도 하다. 어쨌든 나는 궁금한 것이 많다.

조명이 어둡다. 너무 어두워서 내 수첩이 잘 보이지 않는다. 바닥에는 흰색 에어매트리스 위에 흰색 침대보가 덮여 있고, 색색으로 반짝이는 구슬들로 둥글게 둘러싸인 베개(역시 흰색)가 있다. 중앙에는 자그마한 불상과 그보다 큰 라엘교 상징(다윗의 별 안에 나치의 십자가를 그려 넣은 것)이 있다. 촛불이 사방에 있다. 시나고그라기보다는 레이브파티(원래는 버려진 창고처럼 틀에 박히지 않은 장소에서 청소년들이 밤새 춤을 추는 모임을 뜻했으나, 지금은 클럽에서 DJ들이 즉흥적으로 연주하는 테크노음악에 맞춰 밤새 춤을 추는 것을 뜻한다 - 옮긴이)를 위한 준비 같다. 하지만 이런 분위기가 긴장을 풀어준다는 점은 인정할 수밖에 없다. 나치의 십자가만 빼면. 그걸 보면서는 긴장을 풀 수 없다(라엘교는 나치의 십자가가 원래 고대 인도에서 사용되던 기호인데, 나치가 나중에 그것을 멋대로 가져다 썼을 뿐이라고 지적한다. 맞는 말이다. 하지만 그래도 뭔가 다른 상징을 생각해내면 안 되나?).

이 자리에서는 무엇이든 물어봐도 된다고 한다. 무엇이든. 나는 근본적인 질문, 그러니까 라엘교 교리의 핵심을 꿰뚫는 최고의 질문이자 며칠 전부터 내 머리를 떠나지 않던 질문을 던지고 싶다는 유혹을 느낀다. 당신들 미친 거요, 뭐요? 하지만 나는 이 질문을 던지지 않는다. 왜냐고? 반드시 무례하게 보일까 봐 걱정스러워서 그런 것만은 아니다. 앞으로 이 사람들을 다시 볼 일은 없을 테니까. 스톡홀름 신드롬도 아니다. 갇혀 있는 사람이 자신을 가둔 사람에게 유대감을 느낀다는 심리적 현상 말이다. 보잘것없다 해도 라엘교의 신학적 기반에 대해 의문을 던지는 것이 잔인하고 오만한 행동이라는 생각이 든다. 지성인임을 자부하는 내가 그렇게 야만적인 행동을 할 수는 없다.

그래서 나는 대신 다른 질문을 던진다. 엘로힘은 왜 우리를, 아니 우리 외에도 지상의 모든 생명체를 창조한 겁니까? 그들의 문명이 그렇게 앞서 있다면, 호모사피엔스처럼 결함 많은 생물을 창조하는 것보다 더 나은 할 일이 있었을 텐데요.

"엘로힘은 자신들의 즐거움을 위해 우리를 창조했습니다." 여성 안내인이 말한다. "모든 생명체의 목적은 즐거움입니다."

난 받아들일 수 없다. 즐거움이 훌륭한 인생의 바람직한 부수효과인지는 몰라도 오랜 옛날부터 철학자들이 지적했듯이 인생의 제1목표로 삼기에는 적당하지 않다.

또 다른 안내인이 내 의심을 눈치챘는지 냉큼 끼어든다. "아이가 있습니까?" 그가 묻는다.

"네." 나는 이렇게 대답하면서 내 딸을 떠올리고 빙긋 웃는다.

"음, 그것과 비슷합니다. 엘로힘도 우리와 똑같이 번식의 욕구가 있습니다. 그래서 우리를 창조한 것은 그들의 즐거움을 위한 일일 뿐만 아니라 사랑에서 우러나온 행동이기도 합니다."

이 답변은 그래도 조금 만족스럽다. 즐거움을 위해서 부모 노릇이라는 시련을 견딘다고 말할 사람은 없을 것이다. 사실 여러 연구 결과들은 자식이 있는 사람들이 자식이 없는 커플보다 더 행복하지는 않다는 점을 일관되게 보여주고 있다. 따라서 만약 엘로힘이 우리를 창조했다는 말이 사실이라면 틀림없이 즐거움보다 더 커다란 뭔가를 위해 그렇게 했을 것이다.

라엘교 지도자들은 거듭 우리에게 말한다. "우리는 신을 믿지 않습니다. 과학이 우리의 종교입니다." 하지만 그들은 과학 중에서도 자기들 마음에 드는 것만 골라서 읽는다. 우선 진화론 대신 일종의 지적 설계론을 받아들인다. 다만 우리를 설계한 존재가 신이 아니라 외계인일 뿐이다. 라엘교도들은 또한 빅뱅 이론도 믿지 않는다. 아인슈타인에 대해서는 그가 천재였던 건 맞지만 몇 가지를 잘못 이해했다고 말한다. 상대성이론이 그중 하나다.

질문을 하고 그걸 슬쩍 얼버무려 넘기는 모습이 진짜 시나고그에서 펼쳐지는 광경과 조금은 닮은 듯도 하지만, 여기서는 신체 접촉이 훨씬 더 많다. 내 옆의 에어매트리스에 누워 있는, 말도 안 되게 매력적인 커플은 상당히 진한 애무를 하는 중이다. 라엘교도들이 이렇게 끊임없이 관능을 표현하기는 하지만, 웃기는 건 우리가 그런 광경에 금방 싫증을 내게 된다는 점이다. 심지어 짜증까지 난다. 침실에 문이 달린 데에는 다 이유가 있는 법이다.

마치 내 생각을 알아차리기라도 한 것처럼, 어깨가 축 처진 반백의 남자가 묻는다. "메시지를 믿기는 하지만, 이런, 그러니까, 관능적인 일에는 아직 준비가 안 된 사람은 어떻게 합니까? 우리처럼 한심한 풋내기들은 어떻게 되는 거예요?"

이 시나고그 신도들이 키득거린다. 하지만 이건 좋은 질문이다. 나는 어떤 답변이 나올지 정말 궁금하다. 여성 안내인 한 명이 대답한다. "차분히 시간을 갖고 기다리세요." 짐짓 수줍어하는 표정이다. 또 웃음이 터진다. 하지만 어깨가 처진 그 남자는 이 답변에 만족하지 못한 눈치다.

"관능이 뭐라고 생각하세요?" 여성 안내인이 묻는다.

"섹스랑 뭐 그런 거죠." 남자가 대답한다.

모든 안내인들이 이구동성으로 "아" 하고 탄성을 발한다. 저 신참이 착각을 하고 있구나. 여성 안내인이 말한다. "사람들이 관능과 성을 혼동하는 것이 문제입니다. 관능 없는 섹스를 하는 사람들은 토끼와 같습니다." 이 말을 하면서 그녀가 높은 소리를 낸다. 아마도 토끼들이 아무 생각 없이 교미하는 소리를 흉내 낸 것 같다. "우리는 감각을 섬세하게 다듬어야 합니다. 우리가 누군가에게 다가갈 때……." 그녀가 자기 옆의 안내인을 어루만진다. "성은 즐거운 것입니다." 마치 이것이 논쟁의 주제가 될 수 있다고 생각하는 듯한 말투다. "우리는 서로를 위한 장난감과 같습니다."

옆의 에어매트리스에 있는 커플은 확실히 그렇게 생각하는 듯하다. 그쪽은 장난감 가게 같다. 여성 안내인이 자신의 말을 마무리한다. "우리는 즐거움을 위해 창조되었으니, 죄책감을 느낄 이유가 없습니다. 게다가 언제든 원한다면 여기서 나갈 수 있습니다."

이 마지막 말이 어깨가 처진 남자의 마음에 든 모양이다. 그도 원한다면 여기서 나갈 수 있다.

내 옆의 반짝이는 금발, 그 장난감 가게 커플 중 한쪽이 상대에게서 잠깐 몸을 떼고 질문을 던진다. 21그램 이론에 관한 질문이다. 사람이 죽고 나면, 몸무게가 생전에 비해 정확히 21그램 줄어든다고 하는데, 그것이 신비주의를 믿는 사람들 사이에서는 영혼이 존재한다는 증거로 여겨지고 있다.

"그건 오래된 소문이죠." 남성 안내인이 말한다. 화가 나서 언성이 높다. "증거를 내놓으세요. 이런 이야기는 아예 입에 담지도 말아야 합니다. 이런 건 시간낭비예요. 과학은 우리의 종교입니다." 이제 완전히 흥분한 기색이다. "메시지는 대단히 과학적입니다. 우리는 과학을 고수해야 합니다. 그런 헛소리에 200명이나 되는 사람들을 노출시키면 안 돼요." 기가 막힌다. 21그램 이론은 헛소리고, 엘로힘의 존재는 확실한 과학이라고? 사실 라엘교도들은 UFO를 믿는 다른 집단들을 시종일관 조롱하고 멸시하며 그들에게 정신적으로 문제가 있다는 듯이 군다. 어떤 사람에게는 미친 짓으로 보이는 일이 다른 사람에게는 신앙일 수도 있다.

이제 들을 건 다 들었다는 생각에 막 자리를 뜨려는데 안내인 한 명이 뜬금없는 이야기를 한다. "이 철학 덕분에 제 인생이 풍부해졌습니다." 그의 표정이 어찌나 진지하고 확신에 차 있는지, 내가 내심 짜증을 내고 있는 것이 미안해서 가슴이 아플 지경이다. 이런 미친 소리가 저들의 삶을 풍부하게 만들어주었다면, 내가 뭐라고 감히 저들을 조롱하겠는가? 로마의 저술가이자 신학자인 테르툴리아누스는 이런 말을 했다. "나는 그것이 어리석기 때문에 믿는다." 어리석음에도 불구하고가 아니라 어리석기 때문이다. 이건 물론 어리석은 말이지만 이상하게도 말이 되는 것 같다. 허클베리 핀이 틀렸다. 거짓말로 기도하는 건 가능하다.

다음 날 아침 항상 앞줄에 함께 앉아 있던 여자들 몇 명이 눈에 띈다. 모두 하얀 깃털이 달린 은 목걸이를 하고 있고, 하나같이 아름답다. 라엘교의 기준으로 봐도 그렇다. 저 사람들은 누구죠? 나는 가까이에 있는 사람에게 묻는다.

아, 천사들이에요. 그가 말한다.

천사요?

네, 라엘의 천사단.

천사단은 15년 전쯤 라엘이 사무라이처럼 위로 올려 묶은 상투를 통해 텔레파시로 엘로힘의 메시지를 받은 뒤 만들어졌다. 천사들은 금욕 서약을 하는데, 그 서약에서 제외되는 존재가 둘 있다. 2035년에 다시 지구를 찾을 엘로힘과 예언자. 현재 살아 있는 예언자는 당연히 라엘뿐이다. 내가 여자 친구들에게 이 이야기를 했더니 다들 알 만하다는 표정을 지었다. 유난히 어려운 십자말풀이의 마지막 힌트가 무슨 뜻인지 방금 알아낸 사람들 같았다. 이제 수수께끼의 모든 조각들이 제자리를 찾았다. 수수께끼는 풀렸다. 라엘이 이런 짓을 하고 있는 건 여자 때문이다. 이런 결론을 내린 그 친구들에게 내가 라엘교에 대한 다른 이야기들을 아무리 들려주어도 소용없다.

내 생각에도 그들의 결론이 사실일 가능성이 있기는 하지만, 그것이 전부는 아니다. 그것만이 사실이라고 주장하는 건, 교황이 로마에서 임대료 없이 널찍한 집에 살고 있는 걸 보고 부동산에 대한 욕심 때문에 그 일에 뛰어들었다고 말하는 것과 같다. 그런 욕심 말고도 뭔가 다른 것이 있을 가능성이 있다.

내가 교황을 떠올린 것은 라엘이 교황을 자주 언급하기 때문이다. 좋은 뜻으로 언급하는 게 아니다. 라엘교도 중에는 원래 가톨릭을 믿던 사람이 많은데도 라엘교는 아무런 거리낌 없이 무자비하게 가톨릭에 반대한다. 라엘교를 연구한 사회학자 수전 파머(Susan Palmer)는 "UFO와 십자가를 대결시킨다"고 표현한다. 라엘은 의도적으로 가톨릭교회의 신경을 긁는다. 예를 들어, 캐나다에서 가톨릭계 고등학교들 앞에서 콘돔을 나눠주기도 했고, '자위행위 세미나'를 연 적도 있고, '가정은 위험한 분파'라는 글을 쓴 적도 있다.

하지만 사람이 뭔가를 상대로 열심히 싸운다는 것은 그 상대에게서 결코 벗어나지 못했다는 뜻이다. 사실 싸우면 싸울수록 상대방과 더 얽히게 되어 있다. 증오는 우리를 집어삼키는 불꽃이라기보다는 겉으로 보기에 부정하고 거부하는 듯이 보이는 것과 우리를 묶어주는 아교와 같다. 터무니없는 아교. 중동은 이 현상의 살아 있는 증거이고, 라엘교도 마찬가지다. 그들은 가톨릭과의 죽음의 포옹 속에 갇혀 있다. 사실 라엘교 자체가 가톨릭교회를 뒤집어놓은 것과 같다고 할 수 있다. 가톨릭에 세례가 있다면, 라엘교에는 '전이'가 있다. 가톨릭에 수녀들이 있다면, 라엘교에는 라엘의 천사단이 있다. 라엘교도들은 정신과 의사들이 '반동형성'(억압된 욕구와는 반대의 행동을 나타내는 것 - 옮긴이)이라고 부르는 행동을 하고 있다. 그들은 반(反)가톨릭 감정이 워낙 강한 나머지 자신이 가톨릭교회에 얼마나 단단히 얽매여 있는지 깨닫지 못한다.

라엘교가 즐거움을 강조하는 것은 확실히 가톨릭의 가르침에 대한 반동이다. 라엘교도들은 기분이 좋아지는 일은 반드시 좋은 일이라고 믿는다. 우리가 가톨릭교회나 죄책감 같은 것에 구애받지 않고 온갖 종류의 즐거움을 마음대로 추구할 수만 있다면 행복해질 수 있다는 것이 그들의 생각이다. 하지만 부처가 분명하게 보여주었듯이, 욕망을 만족시키고 나면 더 많은 욕망이 생겨날 뿐이다. 행복해지지 않는다.

처음에는 라엘교도들의 주장을 일단 좋은 쪽으로 생각해주기로 하고, 그들이 네팔에서 만난 탄트라교도들과 비슷하다고 생각해본다. 탄트라교도들도 역시 쾌락을 영적인 발전의 도구로 삼는다. 하지만 차이점이 있다. 탄트라에서 쾌락은 목적을 위한 수단, 도구다. 하지만 라엘교도들에게는 즐거움 그 자체가 목적이다. 하지만 이것은 결코 실현되지 않는다. 즐거움도 행복과 마찬가지로 언제나 훌륭한 삶의 부산물이기 때문이다. 만약 엘로힘이 그토록 앞선 존재라면, 인간 본성의 이 기본적인 특징을 왜 미처 보지 못했는지 궁금하다.

나는 존을 만난다. 그는 대단히 정상적으로 보인다. 컨설팅 회사를 경영하고 있고, 국무부와도 많은 일을 하고 있다. 그는 아직 '전이'를 하지 않았지만, 라엘교에 끌리고 있음이 분명히 드러난다. 이렇게 정상적으로 보이는 사람이 어떻게 이런 집단에 들어온 거지? 궁금하다.

나는 존과 이야기를 나누고 싶지만, 이곳을 벗어나 라엘교도들의 눈이 없는 곳에서 해야 할 것 같다. 우리는 근처 멕시코 식당에서 만나 점심을 먹기로 한다. 날이 따뜻해서 우리는 야외 테이블에 앉아 각자 코로나를 한 병씩 주문한다. 웨이트리스가 바구니에 담긴 토르티아칩과 작은 수영장만 한 크기의 그릇에 담긴 살사소스를 가져온다.

어떻게 이야기를 꺼내야 할지 모르겠다. 내가 하고 싶은 말은 이거다. "존, 아주 정상적인 사람처럼 보이는데, 왜 라엘교도가 되려고 합니까? 엘로힘 어쩌고 하는 그 헛소리를 정말로 믿는 거예요?" 이건 너무 따져 묻는 느낌을 줄 것 같아서 나는 대신 존의 어린 시절에 대해 묻는다.

그는 버지니아의 시골, 말을 키우는 마을에서 자랐다. 행복한 어린 시절이었다는 말에 나는 하마터면 살사에 사레가 들릴 뻔했다. 행복한 어린 시절? 그래, 그런 게 존재한다는 건 알고 있었다. 이론적으로는. 다른 행성에 생명체가 존재할 가능성이 있다는 것과 마찬가지로. 하지만 자기 어린 시절이 행복했다고 말하는 사람은 만나본 적이 없다. 그런 사람이 있다 해도 최소한 이런저런 조건이 붙게 마련이다. '비교적 행복한 어린 시절'이라거나 '당시 상황을 감안하면 행복한 어린 시절이었다'는 식으로.

존의 행복한 가족들은 일주일에 세 번씩 교회에 나갔다. 목사는 신앙이 깊고, 불같은 설교를 하기 일쑤였다. "예수 그리스도여!" 목사는 이렇게 외치곤 했지만, 어린 존은 그의 말을 잘못 알아들었다. "예수가 추락했다(crashed)!"로. 이 말이 영상으로 바뀌어 어린 존의 마음속에 각인되었다. 예수가 하얀 우주복을 입고, 우주선에 탄 채 지상으로 추락하는 모습. 그러던 어느 날 교회에서 예수 탄생 연극을 했다. 사람들은 존에게 양치기의 옷을 입히고, 인형을 하나 주면서 안고 있으라고 했다. 그 인형이 아기 예수라면서. 존은 그럴 리가 없다고 말했다. 예수님은 추락했어요. 우주선을 타고서.

그러자 사람들이 존의 부모에게 연락했고, 부모님은 존을 집으로 데려가 그리스도교 교리를 제대로 가르쳐주었다. 그때부터 존은 공식적인 교리를 따랐지만, 그의 마음에는 이미 씨앗이 뿌려진 뒤였다. 하느님이 우주에서 왔다는 생각의 씨앗.

사실 이건 그다지 황당한 소리가 아니다. 종교와 우주는 이미 오래전부터 하나로 얽혀 있다. 아프리카에서부터 오스트레일리아에 이르기까지 모든 곳에서 거의 모든 고대 다신교들에는 강력한 '하늘의 정령'이나 '하늘 신' 같은 것이 포함되어 있었다. 사실 인간을 뜻하는 단어 안트로포스(anthropos)에는 '올려다보다'라는 뜻이 있다. 그래서 우리는 올려다본다. 천체들을, 하느님을.

학자로서 눈부신 경력이 황혼기에 이르렀을 때, 카를 융은 UFO 현상에 관한 책《비행접시: 하늘에서 보이는 것들에 대한 현대의 신화(Flying Saucers: A Modern Myth of Things Seen in the Skies)》를 썼다. 잘 알려지지 않은 이 책에서 융은 외계인의 존재에 관해 불가지론적인 입장(어쩌면 혼란주의라고 해도 될지 모른다)을 고수했지만, UFO 목격담이 갑자기 쏟아져 나오는 현상과 그것의 심리적 의미에는 확실히 홀린 듯이 흥미를 느꼈다. 융은 UFO가 종교 충동을 상징한다는 결론을 내렸다. 외계인들은 우리를 우리 자신에게서 구해주려고 찾아온 "기술의 천사들"이라는 것이다. 이 천사들은 우리보다 앞선 문명을 지니고 있기 때문에 우리를 가르칠 수 있다. 그들은 기술이 생명에 도움이 될 뿐만 아니라 때로는 생명을 파괴해버릴 수도 있다는 사실을 힘들게 배웠다. UFO는 새로운 현상인지 몰라도 그들이 들려주는 이야기는 이미 오래전부터 있던 것이라고 융은 결론지었다.

존이 자라면서 신앙에 대한 회의도 점점 자라났다. 그가 살던 마을 사람들은 아들이 마약에 빠지거나 딸이 임신을 하는 등 문제가 생겼을 때, 좀처럼 교회에 도움을 청하지 않았다. 존은 뭔가 이상하다는 생각이 들었다. 그리고 그리스도교 신앙에 점점 더 의문을 품게 되었다. 그리스도교 교리 중 어떤 부분은 그가 보기에 도무지 말이 되지 않았다. 모든 인류, 모든 다양한 종족들이 어떻게 아담과 이브 두 사람에게서 나올 수 있단 말인가? 루시퍼가 축출되었다는 천국의 전투는 또 어떤가? 천국이 완벽하게 평화로운 곳이라면, 어떻게 거기서 전투가 벌어질 수 있는가?

존의 의문들은 점점 더 깊어졌다. 그러다가 자신이 우연히 이곳에 태어났기 때문에 그리스도교인이 되었다는 생각이 들었다. 만약 그가 이스라엘에서 태어났다면 십중팔구 유대교인이 되었을 것이고, 일본에서 태어났다면 불교나 신도(神道)를 믿게 되었을 것이고, 인도에서 태어났다면 힌두교도가 되었을 것이다. 신 또는 모종의 초월적인 존재에 대한 존의 믿음은 한 번도 흔들린 적이 없지만, 존은 기성 종교에 대해 점점 더 많은 의문을 품게 되었다. 그래도 행복한 어린 시절부터 그랬던 것처럼 매일 기도하는 것을 그만두지는 않았다. 언제나 혼자서. 하지만 지금은 공개적으로 기도할 길을 찾고 있었다.

그럼 왜 라엘교를 택한 거죠?

존은 몇 년 전 프랑스에서 살 때 우연히 라엘의 책을 접했다. 외계인이 인류를 창조했다는 내용이었다. 하지만 존은 그 책을 제대로 이해할 수 없었다. 프랑스어 실력이 모자랐기 때문에. 그래서 그는 그 책을 프랑스인 동료에게 보여주었다. "이건 사이비 종교야." 동료가 말했다. "신경 쓸 필요 없어." 존은 그 책에 대해 더 이상 깊이 생각하지 않았다. 그러다가 라스베이거스로 옮겨 와서 라엘교의 그 지역 대표인 토머스와 만나면서 사정이 달라졌다. 존은 활기와 낙관주의를 온몸으로 발산하는 토머스에게 감탄했다. 토머스는 존을 모임에 초대했고, 존은 그 모임이 마음에 들었다. 모임에 참석한 사람은 대략 30명이었는데, 다들 "대단히 균형 잡히고 지적인" 사람들 같았다. 특히 존이 매력을 느낀 것은 라엘교도들이 아무것도 감추지 않고 모든 것을 드러낸다는 점이었다.

웨이트리스가 우리에게 주문한 음식을 가져온다. 내 음식은 내 머리통만 한 부리토다. 나는 잠시 그것을 빤히 바라보며 공격 계획을 짠다. 그와 동시에 다른 계획도 짜고 있다. 나는 존에게 좀 더 직접적인 질문을 던지고 싶다. 이성이 잘 발달한 사람 같은데, 그 머리에 라엘교의 교리를 어떻게 끼워 맞췄죠? 그 교리가 옳다는 증거는 어디 있어요?

존도 틀림없이 이런 생각을 해본 적이 있는 것 같다. 그는 자기가 보기에 라엘교가 다른 종교와 다를 것이 없다고 말한다. 종교는 추종자들에게 자신의 교의, 이야기 등을 믿음으로 받아들이라고 요구한다. 그리스도교도들은 동정녀가 출산했다는 증거를 보이라고 요구하지 않고, 이슬람교도들은 히라 동굴에서 무함마드가 계시를 받았다는 증거를 내놓으라고 요구하지 않는다. 유일한 차이점이 있다면, 이슬람과 그리스도교는 적어도 1000년 이상의 역사를 지닌 반면 라엘교는 겨우 포드 행정부 시절에 생겨났다는 것이다. 존이 여기에 말을 덧붙인다. "예수는 살아 있을 때 악당, 사이비 교주로 간주되었고, 예수와 어울린 사람들은 모두 조심해야 했습니다. 그들의 목숨이 위태로웠으니까요."

물론 맞는 말이다. 세월은 황당한 이야기들을 어엿한 지혜로, 미친 사람을 현자로 바꿔놓는 재주가 있다. 라엘교도 그렇게 될까? 앞으로 몇천 년 뒤에 전 세계의 수많은 사람들이 우리를 창조해줘서 고맙다며 엘로힘에게 인사하고, 아침마다 관능적인 마사지로 하루를 시작하게 될까? 비록 별로 가능성이 없어 보이는 일이기는 해도 단박에 그럴 리가 없다고 무시해버리는 것 또한 어리석은 짓이 될 것이다.

그래도 나는 여전히 궁금하다. 외계인들이 우리를 실험실에서 창조했나요?

"제가 한 가지 물어보죠." 존이 말한다. 나는 내 부리토와 씨름 중이다. "만약 내일 모든 사람이 라엘교도가 된다면 세상이 지금보다 나아질까요?"

"글쎄요." 내가 말한다. "사람들이 지금보다 훨씬 더 즐겁게 살기는 하겠죠."

"제 진심을 말하자면, 지금까지 제가 배운 모든 것들에도 불구하고, 세상이 지금보다 나아질 거라고 말할 수밖에 없습니다. 전쟁이 사라지고, 쇼핑몰 같은 데서 격분해서 기관총을 휘두르는 사람도 십중팔구 줄어들 거예요. 사람들의 인생은 내면에 차곡차곡 쌓입니다." 존이 말한다. 나는 존이 지금 자기 얘기를 하고 있는 건지 궁금해진다. "그러다 어느 날 정신을 차리고 보면 자신이 이미 나이를 먹었다는 걸 알게 되고, 이런 생각이 들죠. '난 평생 착한 사람으로 살아왔는데, 그래서 내가 도달한 곳이 어디지?'"

이제는 존이 정말로 자기 얘기를 하고 있다는 확신이 든다. 그는 교회에 다니면서 규칙을 잘 지키고 쾌락을 거부하며 참고 견딘 착한 소년이었다. 착한 소년은 그래야 하는 법이니까. 하지만 이제 마흔 살이 넘은 존은 착한 사람 노릇에 지쳤다. 즐기고 싶어 한다. 하지만 버지니아에서 자랐고 존이라는 이름으로 세례를 받은 이 착한 사람은 '성별 바꾸기 워크숍' 같은 일들을 어떻게 감당하는 걸까? 그러고 보니 그 행사에서 존을 본 기억이 없다. 존은 덩치가 상당히 큰 남자이기 때문에 아무리 여장을 했어도 틀림없이 그를 알아볼 수 있었을 것이다. 그때 존은 어디 있었을까?

"아, 거기엔 사연이 있습니다. 시간이 넉넉하십니까?"

내 부리토는 여전히 만만치 않은 난적이다. 물론 나는 시간이 넉넉하다.

그날 저녁 존은 처음부터 모든 것이 삐걱거렸다. 라엘교 옷장에 마련된 여자 옷들 중 어느 것도 존에게 맞지 않아서 그는 친구에게 옷을 빌렸다. 거기에 '흉악한 가발'을 덧붙이고, 어울리는 화장까지 한 뒤 자기 차의 운전대를 잡았다. 호텔까지는 가까운 거리였다. 그런데 차선을 바꾸는 도중에 마스카라가 흘러내리기 시작해서 눈을 찌르는 바람에 그는 운전대를 휘청휘청 정신없이 꺾어댔다. 사이렌 소리가 들리더니, 파란색 경광등 불빛이 백미러에 나타났다.

"면허증과 등록증을 보여주십시오, 부인."

"아, 그런 게 아닙니다." 존이 묵직한 바리톤 목소리로 경찰관에게 말했다.

라스베이거스의 경찰관이라면 틀림없이 이 꼴 저 꼴 다 보았겠지만, 어쩌면 이성의 옷을 입고 외계인을 숭배하는 사람들을 상대하는 특별부대까지 만들어놓았는지도 모를 일이지만, 이 경찰관은 아무래도 신참이었는지 눈을 정말로 휘둥그렇게 떴다.

존은 대시보드 서랍으로 손을 뻗었는데, 그 순간 친구에게서 빌린 옷의 솔기가 뜯어지는 소리가 크게 들려왔다.

"나더러 차에서 내리라고 할 생각은 아니죠, 경관님?"

"아뇨, 부인, 어, 선생님. 그러실 필요는 없습니다."

연민인지 충격인지 알 수 없는 표정을 언뜻 내보이며 경찰관은 존에게 운전을 조심하라는 경고만 하고 그냥 보내주었다. 하지만 그런 옷을 입고 어디로 가는 중이냐는 질문은 빼놓지 않았다.

"믿지 않으실지도 모르지만, 난 지금 세상을 구하려고 애쓰는 중입니다."

나중에 존은 라엘교 모임에서 사람들에게 이 이야기를 해주었다. 다들 웃음을 터뜨렸다. 그리고 그의 얘기가 끝나자 강당 전체가 떠나가도록 박수갈채가 쏟아졌다. 존은 사람들이 그렇게 자신을 받아들이고, 관심을 가져주는 것이 즐거웠다. 어느 누군들 그렇지 않겠는가. 이번에도 나는 어쩌면 이것이 바로 가장 중요한 점인지도 모른다는 생각을 떨쳐버릴 수 없다. UFO나 외계인이나 유전공학은 물론이고 심지어 관능적인 여행 등에 관한 터무니없는 이야기들까지 죄다 상관없다. 라엘교는 다른 모든 종교와 마찬가지로 추종자들에게 공동체 의식, 소속감, 인간이 아름다운 존재라는 생각을 제공해준다. 그들이 실제로 무엇을 믿는지는 거의 중요하지 않다.

하루하루 시간이 흐르면서 나는 존이 라엘교를 지칭하는 말이 '그들'에서 '우리'로 바뀌었음을 눈치챘다. 그러던 어느 날 존이 목에 라엘교 펜던트를 걸고 있는 것이 눈에 띄었다. 그는 진짜 라엘교도가 되어가는 중이었다.

'세계 행복 투어'가 점점 끝나갈 무렵, 나는 불편하지만 불가피한 결론에 도달한다. 우리 자신은 인정하고 싶지 않을지 몰라도 라엘교도들은 우리와 비슷하다는 것. 그들은 우리의 캐리커처와 같은 존재다. 그리고 모든 캐리커처에는 당연히 일말의 진실이 들어 있다. 라엘교도들은 기술을 극단적으로 숭배한다("과학은 우리의 종교입니다"). 하지만 우리도 그렇지 않은가? 우리도 기술을, 그러니까 특정한 기술이 아니라 그냥 기술이라는 개념 자체를 이 세상에 좋은 영향을 미치는 신성한 힘에 버금가는 것으로 보고 있지 않은가? 기술은 우리의 종교일 뿐만 아니라 마법이기도 하다. 밉살맞게 잘난 척하는 표정으로 스마트폰의 화면을 터치하면서 우리는 비밀스러운 정령과 요정을 믿었던 원시시대의 조상들보다(지금도 이런 것을 믿는 사람이 있다) 몇 광년이나 앞서 있다고 여길지 모르지만, 잘 생각해보면 우리가 조상들과 다른 게 무엇인가? 우리가 눈으로 보고 손에 쥐는 것이 정령이 아니라 스마트폰인 것은 맞다. 하지만 우리는 이런 기술 제품들에 마법 같은 힘을 잔뜩 불어넣었다. 시간과 공간을 초월하는 힘, 우리를 연결해주는(그러니까 이어주는, 즉 렐리기오) 힘, 아이들을 가르치는 힘, 병자를 치유하는 힘.

그럼 즐거움은? 우리가 라엘교의 섹스 게임이나 쾌락로봇을 비웃을 수는 있지만, 우리 역시 쾌락의 신 앞에 고개를 숙인다. 내 지갑은 생각해낼 수 있는 모든 곳에서 온 다양한 '회원카드'로 흘러넘친다. 이 카드들은 모두 한결같이 넌지시 암시한다. 자신에게 선물을 주라고. 당신은 그럴 자격이 있다고. 정말 그런가? 내가 진짜로? 내가 정확히 무엇을 했기에 그토록 기가 질릴 만큼 굉장한 선물을 받을 자격이 있다는 것일까? 나한테 별로 필요하지도 않은 주서기를 24달러 75센트에 샀을 뿐인데. 이 점에서도 라엘교는 우리 모두가 지니고 있는 성향을 우스꽝스러울 만큼 극단적으로 밀어붙이고 있을 뿐이다. 그러니까 어쩌면, 사회학자인 수전 파머의 말처럼, 라엘교도들이 사실은 사회 풍자가인지도 모른다. 어쩌면 그들이 이렇게 괴상한 종교를 만든 것은 우리가 얼마나 어리석게 살아가고 있는지 보여주기 위해서인지도 모른다.

아니, 그렇지는 않은 것 같다. 내가 보기에 그들은 좋은 뜻으로 그런 행동을 하고 있는 것 같다. 그들이 조금 상처를 입고 길을 잃은 사람들인 것은 맞다. 어쩌면 대부분의 사람들보다 더 그런지도 모른다. 하지만 이건 정도의 차이가 있다는 뜻일 뿐, 그들이 우리와 종류가 다른 사람들이라는 말은 아니다. 나는 라엘교가 사이비 종교라고 생각하지 않는다. 라엘교도 중 어느 누구도 내게 단 한 푼이라도 돈을 요구한 적이 없다. 내가 하기 싫은 일을 억지로 강요한 사람도 없다. 게다가 모임이 재미있었던 것도 사실이다. 나의 우울증도 조금 가벼워졌다. 아마도 라엘교의 충격요법에 놀라 얌전해진 것 같다.

하지만 애석하게도 나는, 지금까지 많은 사람들이 그랬던 것처럼, 만족하지 못한 채 라스베이거스를 떠난다. 아주 한참 동안 샤워를 하고 싶다. 내 말을 오해하면 안 된다. 라엘교도들과 일주일을 보내며 나는 많은 것을 배웠다. 종교와 재미가 한데 섞일 수 있다는 것을 배웠고, 집단적인 흥분이 아주 강한 힘을 지니고 있다는 것을 배웠고, 구두와 치마를 완벽히 조화시키는 법을 배웠다.

문제는 라엘교도들이 급진적이라는 점이 아니라 오히려 그들이 **충분히** 급진적이지 않다는 데 있다. 그것이 내 결론이다. 라엘교는 신도들에게 중대한 희생을 요구하지 않는다. 참고 자제하는 것은 바보들이나 가톨릭 신자들만 하는 짓이다. 라엘교의 교리는 '즐기라'는 것이다. 이런 말은 놀이공원이나 라스베이거스 같은 도시에서는 통할지 몰라도 종교의 기반으로는 불충분하다. 쾌락주의는 생활방식이지 종교의 교리가 아니다. 종교란, **훌륭한** 종교란 우리가 일상적으로 겪는 신경증을 덮어주는 거품 물약 이상의 존재다.

프랑스 남부, 라엘이 외계인들과 조우한 곳에서 멀지 않은 장소에 세계적인 불가사의 중 하나인 라스코 동굴이 있다. 여러 개의 석실로 이루어진 이 커다란 동굴 안에는 구석기시대까지, 그러니까 적어도 2만 5000년 전까지 거슬러 올라가는 정교한 그림들이 수백 점이나 남아 있다. 사냥 의식, 뛰어오르는 황소, 달리는 조랑말 떼, 새처럼 옷을 차려입은 샤먼 등이 정교하게 묘사되어 있다. 하지만 나를 가장 매혹시킨 것은 이 그림들의 정교함이 아니라 그 먼 옛날 인간들이 이 그림들을 그려놓은 장소다. 미로처럼 얽힌 동굴 내부에서도 가장 외진 구석에 그들이 그림을 그려놓았다는 사실. 원시시대의 화가들이 이런 구석진 장소들까지 가려면 앞이 보이지 않는 통로들을 요리조리 헤치며 갑자기 위험할 정도로 바닥이 푹 꺼지기도 하는 길을 나아가야 했을 것이다. 그림이 그려진 외진 곳들 중에는 땅속으로 800미터가 넘는 깊이에 자리 잡은 곳도 있다. 그들은 왜 이런 곳을 선택했을까? 동굴 입구 근처에 그림을 그리는 편이 훨씬 더 편하고 안전했을 텐데.

좋은 종교는 우리에게 이런저런 요구를 한다. 좋은 종교는 사람을 힘들게 한다. 좋은 종교는 사람을 밀기도 하고 당기기도 하며 헤셸이 다급하게 던진 질문과 정면으로 씨름한다. "사람은 어떻게 해서 눈을 들어 자신보다 조금 더 높은 곳을 바라보는가?"

라엘교도들은 외계인이나 비행접시 얘기를 계속 늘어놓으면서도 가슴 높이 이상 시선을 들지 않는다. 안타깝지만 그 높이로는 충분하지 않다. 충분한 높이의 근처에도 가지 못한다.

5
신은 무위(無爲)다

도교

대개 우리는 종교를 믿는 사람들이 그렇지 않은 사람들보다
더 신경 쓰는 일이 많을 거라고 생각한다.
하지만 꼭 그런 건 아니다. 종교를 진심으로 믿는 사람들은
남들보다 더 적은 일에 깊이 신경을 쓴다. 그리고 나머지
것들에 대해서는 아예 상관도 안 한다.
윌리엄 제임스의 말처럼, "현명해지는 기술은 곧 무심히
넘겨야 할 것을 알아내는 기술이다."

"에너지는 기쁨." 블레이크는 이렇게 썼다. 중국 시인이라면 절대 그런 말을 쓰지 않을 것이다. 자명한 말이니까. 중국인들에게는 에너지가 곧 생명이다. 우리를 감싸고 살아 움직이게 하는 활기, 즐거운 에너지를 중국어로는 기라고 한다. 기가 없으면 우리는 아무것도 아니다.

그런데 내게는 기의 문제가 있는 것 같다. 기가 부족한 것은 아니다. 머리가 정신없이 빙빙 돌아가고 심장이 벌렁거리는 것을 보면 그건 확실하다. 문제는 기의 흐름이다. 어쩌면 나의 기가 막혀 있는 건지도 모른다. 내가 평범한 사람들보다 훨씬 더 많은 에너지를 쏟아야만 간신히 하루를 살아낼 수 있는 것도 그 때문일 수 있다. 내가 느끼는 피로는, 힘든 하루 일을 마친 뒤 또는 10킬로미터를 달린 뒤에 느끼는 만족스러운 피로가 아니다. 아주 오랫동안 제자리 뛰기만 하는 사람이 느끼는, 아무것도 성취하지 못했을 때의 피로에 가깝다. 막힌 나의 기를 뚫어줄 사람이 필요하다. 이를테면, 중국식 배관공이라고나 할까.

그래서 등장한 사람이 빌 포터다. 빌은 중국인이 아니지만, 중국인에 가깝다. 워싱턴주 출신의 백인치고는 최대한 중국인에 가깝다.

그는 중국에서 오랫동안 살았고, 중국 여자와 결혼했으며, 중국어를 유창하게 구사한다. 사람들은 그가 중국인의 영혼을 갖고 있다고 말한다. 그는 도교의 고전적인 문헌인《도덕경》을 번역했다. 중국의 은자들에 관한 책을 쓰기도 했다. 포트 타운젠드에 있는 그의 집에서 그를 처음 만났을 때, 나는 깜짝 놀랐다. 야성적인 수염과 잔주름이 자글자글한 현명한 눈을 지닌 그가 정말로 중국인 은자처럼 보였기 때문에. 책을 쓰는 것도 개를 기르는 것과 같은 일인가 하는 생각이 든다. 사람은 자기가 글의 소재로 삼은 사람을 닮아가는 걸까?

우리는 빌의 서재에 모여 있다. 아늑한 곳이다. 빌이 우리에게 차를 따라주는데, 전문가 같은 솜씨다. 조지아의 꾀바른 신비주의자인 구르지예프는 이런 말을 했다. "차를 제대로 대접할 수 있는 사람은 무엇이든 할 수 있다." 이 말이 사실인지는 몰라도 이 원칙이 커피에는 적용되지 않는다. 우리가 일상적으로 마시는 그 음료에는 차와 같은 신비로운 분위기가 전혀 없다. 커피를 제대로 따를 수 있는 사람은 아무것도 할 수 없다. 커피를 따르는 일 외에는. 왜 그런지는 나도 모르지만, 어쨌든 그렇다.

빌은 자신의 번역서를 '레드 파인(Red Pine)'이라는 필명으로 발표한다. 나는 그 이유를 묻는다. 그는 전에 브리티시콜럼비아주 빅토리아의 절에 살 때 '빅토리아의 구름'이라는 이름으로 불렸다고 설명한다. 그것이 그의 이름이었다. 그런데 그 절을 떠난 뒤 세상에서는 '빅토리아의 구름'이라는 이름으로 행세할 수 없다는 것을 깨달았다. 그런 이름을 대면 사람들이 그를 진지하게 대하지 않을 것이다. 그래서 레드 파인이라는 이름을 만들어냈다. 그리고 6개월 뒤 그는 레드 파인이 도교 최초의 위대한 도사 이름이라는 사실을 알게 되었다. 차를 함께 마시고 이야기를 하면서 나는 빌을 레드 파인으로 생각한다. 그 이름이 더 현명해 보인다.

나는 막혀 있는 나의 기 이야기를 꺼내고 싶지만, 그 주위만 어른거리고 있다. 그 이야기를 어떻게 꺼내야 할지 모르겠다. 민망해서. 그래서 우리는 도교 철학에 대해 이야기한다. 이것 또한 내게 고민을 안겨주는 주제다. 나는 도교를 잘 이해할 수 없다. 내가 지금까지 탐색해본 모든 종교 중에서 도교가 가장 손에 잡히지 않는다. 마치 로스앤젤레스 같다. 실체가 잡히지 않는다는 점에서. 나는 도교에 관한 고전적인 책들을 모두 읽었고, 심지어 태극권 수업도 들었다. 그런데도 여전히 도교가 무엇인지 모르겠다. 내가 아는 거라고는 흐름에 어울려야 한다는 모호한 개념뿐이다. 도교를 '이해'하려고 애쓰는 것은 마치 선크림으로 범벅이 된 물개를 껴안으려고 애쓰는 것과 같다. 도대체 왜 이렇게 어려운 걸까?

"그건 도교가 무정형의 종교이기 때문입니다." 빌이 말한다. 의도적으로 모호한 종교라는 것이다. 《도덕경》은 모호함이라는 측면에서 기념비적인 작품이다. 빌은 이렇게 표현한다. "우리가 상상하는 것은 고사하고 이름조차 붙여줄 수 없는 어떤 것을 찬양하기 위해 지어진 한 편의 장시." 그 '어떤 것'은 '도'를 뜻한다. 도는 대개 '길'로 번역되지만 우주, 자연, 신, 위대한 무, 위대한 신비 등으로도 번역된다. 단순히 "세상 이치"로 번역될 때도 있다. 《도덕경》 또한 모든 구절들을 읽는 방법이 무한해 보인다. 그래서 그토록 수많은 번역본과 주석이 존재하는 것이다. 성경을 제외하면 그 어떤 경전보다도 많다. 다들 《도덕경》의 의미를 안다고 생각하지만 사실은 아무도 모른다.

그건 원래 우리가 알 수 있는 것이 아니다. '안다'는 말의 평범한 의미를 따진다면 그렇다. 도교 추종자들에게 지식은 적이며, 영적인 진전을 막는 장애물이다. 성 프란체스코나 루미가 생각했던 것과 똑같다. 도교가 딱히 무지를 찬양하는 것은 아니다. 그보다는 조금 다른 종류의 지식을 권장한다고 해야 할 것이다. 개념이나 차가운 논리가 아니라 사물에 대한 직관적인 감각을 바탕으로 한 지식. 다시 말해서 지혜다.《도덕경》의 저자인 수수께끼 같은 인물 노자가 오늘날 세상에 나타난다면, 틀림없이 인터넷에 관해 몇 마디 할 것이고 그건 호의적인 말이 아닐 것이다. 그 수많은 데이터, 블로그, 대화방……. 정보는 많지만 지혜는 없다. 노자는 틀림없이 이렇게 말할 것이다.

가엾은 빌은 철저한 지식의 결여를 권장하는 이런 문헌들을 번역하기 위해 지식의 세계에 몸을 담가야 했다. 예를 들어, 중국어를 배우는 식으로. 그것을 모순이라고 생각하는 사람은 아직 아무것도 깨닫지 못한 것이다. 내가 지금까지 탐색했던 그 어떤 종교보다도 도교는 특히 역설의 산 위에 앉아 있다. 역설이 어찌나 많은지 머리가 핑핑 돌 지경이다. 하지만 또한 그렇지 않기도 하다.

노자는 우리에게 실패하라고 가르친다고, 빌이 말한다. 차를 더 따라주면서.

우리가 실패하기를 바란다고요? 왜요?

"그래야 성공할 수 있으니까요. 달과 같습니다. 보름달보다는 초승달처럼 되는 것이 낫죠. 보름달이라면 남은 건 고통밖에 없어요. 이제부터 이지러져야 하잖아요. 하지만 항상 초승달 같은 상태를 유지할 수 있다면 언제나 성장을 경험하게 될 겁니다."

이 말이 마음에 든다. "처음부터 다시 시작하라"던 웨인의 명상법 조언도 생각난다. 하지만 우리가 어떻게 초승달 상태를 유지할 수 있는지 모르겠다. 초승달이란 원래 항상 보름달을 향해 가게 마련인데. "서핑과 같습니다." 빌이 말한다. 그는 차를 따르듯이 힘 하나 들이지 않고 은유와 은유 사이를 옮겨 다닌다. 노자는 언제나 파도의 가장 낮은 지점을 향해 움직이는 서퍼와 같다고 한다.

도교의 초석을 하나 더 꼽는다면, 무위(無爲)라는 개념이 있다. 문자 그대로 번역하면, '행동하지 않는 것'이다. 이 말을 처음 들었을 때 나는 수백 년 전 중국의 게으름뱅이가 게으름을 정당화할 구실을 잘도 만들어냈다고 생각했다. 빌은 그렇지 않다고 단언한다. 무위는 사실 '힘들이지 않고 행동하는 것'이다. 어떤 일이 일어나게 만드는 것과 어떤 일이 일어나게 내버려두는 것의 차이. 도교 추종자들에게 저항은 무익할 뿐만 아니라 어리석기도 하다. 불필요한 노력인 것이다. 무위란 삶을 전쟁으로 보기보다는 항해로 보는 것이다. 어쨌든 이론적으로는 그렇다. 불교도들의 말처럼, 조금 조사가 필요하다.

불교 이야기가 나와서 말인데, 불교와 도교 사이에는 확실히 몇 가지 비슷한 점이 있다. 지난 수백 년 동안 이 두 종교가 서로에게서 이런저런 것들을 많이 빌려왔기 때문이다. 그래도 확실한 차이가 있기는 하다. 불교가 마음을 다룬다면, 도교는 몸을 다룬다. 가장 넓은 의미의 몸. 도교는 태극권이나 기공 같은 수련법들을 통해 표현된 몸의 철학이다. 궁극적으로 불사(不死)의 경지에 오르려는 도교 추종자들의 노력에도 역시 이런 철학이 표현되어 있다. 그들은 천국에서 불사의 경지에 오르려 하지 않고 바로 이곳, 그러니까 이 지구상에서 지금의 몸으로 불사의 경지에 오르려 한다.

"그것은 생각 없이 이루어지는 행동과 몸을 조화시키는 겁니다."
빌이 말한다. 나는 또 혼란을 느낀다. 대개 우리는 '생각 없다'는 말을 부정적으로 본다. '그는 아무 생각 없이 행동했다'는 표현에서처럼. 하지만 도교에서는 그 의미가 완전히 달라져서 '생각의 방해를 받지 않는 행동'이라는 뜻이 된다. 빌은 일단 이 경지에 오르고 나면 기가 흐르기 시작한다고 말한다. 나는 여기서 기회를 잡는다. "기라는 게 정확히 뭐죠?" 내가 묻는다.

"그건 힘입니다. 일관된 에너지죠. 제가 두어 번 그걸 봤는데……."

"잠깐만요. 기를 봤다고요? 정말로 봤어요?"

"네. 두 번."

"세상에. 그게 어떻게 생겼던가요?"

"밝게 빛나는 정자와 비슷합니다. 정자가 빛을 내면서 사방에서 움직이고 있었어요. 마치 마약에 취한 것 같았습니다."

"저, 일단 분명히 해둬야 할 것 같아서 그러는데요, 당신을 비난할 뜻도 없고요, 그때 혹시 마약에 취하셨나요?"

"아뇨. 저는 절에 있었습니다."

나는 말문이 막힌다. 기를 실제로 봤다는 사람이 내 눈앞에 있다. 기는 어떻게 생겼을까?

"사방에서 정자가 흐르듯 움직이고 있다고 상상하세요. 모양은 정자랑 똑같지만, 그 안에 전구가 들어 있다고 생각하면 됩니다."

나는 그런 모습을 그려보려고 하지만 쉽지 않다. 전구가 들어 있다는 말은 알겠는데, 문제는 정자다.

빌이 차를 더 따른다.

"무섭던가요? 그 야광 정자가?" 내가 묻는다.

"아뇨, 무섭지 않았습니다. 그냥 혼란스러웠지요. 그래서 나중에 도교 수행자들에게 물어보았더니 '아, 그건 기예요. 평소에는 눈에 안 보이지만 가끔 볼 수 있죠'라고 말했습니다."

빌은 자신이 본 것이 기라는 사실을 전혀 의심하지 않는다. 나는 어떻게 생각해야 할지 모르겠다. 확실히 있을 수 있는 일이기는 하다. 우리가 반드시 머리로 이해하는 현상만을 경험하는 것은 아니니까. 우리는 전기의 원리를 완전히 이해하지 못해도 하늘에서 번득이는 번개에 경탄할 수 있다. 마찬가지로, 침술의 원리는 모르지만 침술이 효과가 있다는 것은 다들 확실히 알고 있다. 빌은 침술의 기반이 바로 기라고 말한다. 그의 표현을 빌리자면, "밝게 빛나는 정자들의 일관된 흐름"이 바로 기다.

이 말이 너무나 마음에 든다! 월트 휘트먼의 시에 나오는 표현 같다. 아니면 1980년대 펑크 밴드의 이름 같다는 생각도 든다. 빌에게는 나의 회의와 의심을 가라앉히는 분위기가 있다. 은자 같은 그의 외모 때문인 것 같기도 하고, 그가 오랫동안 심층 명상을 했다는 사실 때문인 것 같기도 하다. 나는 태극권을 수련하며 기를 단련하는 중국인들을 만난 적이 있다. 그들은 자기 나이의 절반밖에 안 되는 젊은 사람들과 맞먹는 유연성과 활기를 지니고 있었다.

기에 대해서 더 알아보아야겠다. 이 우주의 야광 정자들에 대해서. 도에 대해서도 더 알고 싶다. 그러니까, 직관적인 의미에서 도를 알아야겠다는 뜻이다. 수많은 역설과 모호함 속에 내게 딱 맞는 뭔가가 있다는 느낌이 든다. 《도덕경》의 시적인 간결성, 태극권에서 생생하게 느껴지는 신체, 그리고 우리가 정상이라고 착각하며 살아가는 일상적인 마찰과 헛된 발버둥에서 자유로워질 수 있다는 감질 나는 기대. 이 모든 것이 내게 매력적이다. 그럼 이제 무엇을 해야 할까?

중국. 중국에 가야겠다. 지금 당장. 나는 지금 완전히 그 생각에 사로잡혔다. 이렇게 뭔가에 한 번 사로잡히면, 나는 애정 결핍에 시달리는 강아지처럼 변한다. 생각을 놓아버릴 수가 없다. 무위를 향한 나의 탐색이 행동을 낳다니, 그것도 이를 악물고 헛바퀴를 돌려가며 열광적으로 몰두하는 행동을 낳다니, 노자라면 이런 역설을 당연히 엄청 좋아했을 것이다.

나는 중국에 한 번 가본 적이 있다. 오래전에. 그런데 그때의 경험은 대단히 실망스러웠다. 영적인 측면에서 그랬다는 얘기다. 나는 〈젯슨 가족〉(2062년을 배경으로 한 애니메이션 - 옮긴이)의 한 장면처럼 보이는 네온사인과 꽉꽉 막힌 도로와 고층빌딩 등을 각오하고 있었다. 그건 전부 미리 각오하고 있었는데, 사람들의 눈빛이 그럴 줄은 미처 몰랐다. 50인치 플라즈마 스크린 텔레비전의 영혼을 지닌, 어쩔 줄 모르고 한꺼번에 여러 가지 일을 해내느라 분주한 눈빛. 다도와 고대의 지혜가 있는 중국은 어디로 갔을까? 그런 중국은 아직도 존재한다고 사람들이 말해주었다. 그런 사정을 잘 아는 사람들이. 하지만 그들도 내가 혼자 힘으로는 그런 중국을 결코 찾지 못할 거라고 말해주었다. 적어도 100만 년은 걸릴 거라고. 내가 찾는 사람들이 불교도라면 전혀 어려울 것이 없었다. 불교는 조직이 잘 갖춰져 있으니까. 불교 수련원, 불교 잡지, 불교 관광 프로그램 운영자, 불교 제품들도 있다. 불교도들이 사실상 먼저 나서서 사람들을 향해 달려드는 꼴이다. 하지만 도교 추종자들은 다르다. 그들의 조직력은 형편없다. 그것이 그들 철학의 일부인지 아니면 단순히 그들이 칠칠치 못한 탓인지는 잘 모르겠지만, 내 힘으로는 도교 추종자들을 전혀 찾아낼 수 없다. 전혀.

그러던 어느 날 그것이 눈에 들어온다. 〈빈 그릇〉이라는 잡지. 제목을 보자마자 벌써 마음에 든다. 두 단어 모두 매력적이다. 그 두 단어를 합쳐놓으니 지혜가 뭉클뭉클 배어나오는 것 같다. 그래서 〈빈 그릇〉 잡지사에 전화를 건다. 그런데 이곳의 그릇은 정말로 비어 있다. 아니, 거의 비어 있다. 사무실 안에는 한 사람밖에 없다. 오리건 주 유진 출신의 늙은 히피인데, 옛날에는 허버트라고 불렸지만 지금은 솔랄라라고 불린다. 이유가 뭔지는 잘 모르겠다. 솔랄라는 자기네 잡지사가 두어 달 뒤에 중국 도교 관광 프로그램을 실행할 예정이라고 내게 말한다. 관광이 조금 포함되어 있기는 하지만, 편안한 사찰 둘러보기 프로그램은 아니라고 한다. 결코. 이 프로그램의 핵심은 일주일짜리 기공 집중 코스다. 솔랄라는 진지하게 기를 움직이는 훈련을 할 것이라고 말한다. 그것도 중국에서 가장 성스러운 산들 중 한 곳에서. 나는 즉시 그 프로그램에 이름을 올린다.

나는 우한시로 날아간다. 콘크리트와 꽉 막힌 도로와 날것 그대로의 야망이 도시를 가득 채우고 있다. 이만큼 도교와 거리가 먼 곳도 드물 것이다. 내 가방이 무겁다. 도교에 관한 책들을 잔뜩 싸온 탓에 그 무게가 나를 짓누른다. 이렇게 책을 가져오는 것이 잘못이라는 건 알지만 나도 어쩔 수 없다. 책이 없으면 나는 벌거벗은 것 같은 기분이 든다(책 대신 킨들을 사용할 생각도 없다. 내게 책은 사람과 같다. 책들은 내가 자기를 만져주고 냄새를 맡아주기를 열망한다).

우한의 번쩍거리는 신공항 청사 안을 걷다가 나는 그들을 발견한다. 아주 진지하고 열성적인 표정의 미국인 여덟 명과 조금 불안한 표정의 중국 여자. 내 일행이다. 우리 안내인인 중국 여성의 이름은 준이다. 청바지와 티셔츠 차림의 준은 솔랄라와 이야기를 나누고 있다. 솔랄라는 미국인인데도 청나라 시대에서 튀어나온 사람 같다. 그는 손목에 빙 둘러 구슬이 붙어 있는 중국식 비단 셔츠를 입고 있다. 하지만 나를 뒤흔든 건 그의 팔뚝이다. 한쪽 팔에는 중국 한자들이 문신으로 새겨져 있는데,《도덕경》의 첫 구절이다. "도를 도라고 말할 수 있으면 참된 도가 아니다(道可道非常道)." 아주 유명한 구절이고 널리 읽히는 구절이지만, 이걸 팔뚝에 새기고 다니는 사람은 많지 않다. 그의 다른 팔뚝에는 티베트 불교의 한 구절이 새겨져 있다. 몸의 다른 부분에는 힌두교 문헌도 새겨져 있다는데, 정확히 어디인지 묻기가 무섭다. 그는 한 몸에 온갖 종교를 담고 있다. 문신을 보니 조금 기가 질린다. 그리고 중국인들 또한 그것을 보고 기가 질린다는 사실을 나는 곧 알게 된다. 솔랄라가 소매를 걷어 올릴 때마다 중국인들은 모두 눈이 통방울만 해져서는 대충 이런 말을 한다. "와. 우리도 정신없는 사람들이지만 미국인들은 우리보다 훨씬 더 정신없어." 설사 그런 말을 입 밖으로 내지 않는 사람이라 해도 속으로는 그런 생각을 하고 있다.

우리 모두 작은 버스에 오른다. 나는 보통 단체여행을 좋아하지 않는다. '단체'라는 부분이 마음에 들지 않기 때문이다. 하지만 이 단체는 비교적 규모가 작은 편이고, 다들 편안한 사람들이다. 이들에게서 약초 냄새가 진하게 풍기는 것도 그다지 놀랍지 않다. 마사지 치료사, 침술사, 나무 껴안기 운동가 등이 섞여 있기 때문이다. 하지만 밥은 뉴저지 출신의 은퇴한 기술자로 아내에게 끌려서 하는 수 없이 여기까지 왔다. 그는 사람들이 허공에 뜨지 않게 중심을 잡아준다. 솔랄라가 방전된 건전지를 양손 손바닥으로 비비며 자신의 기를 이용해서 되살렸을 때, 밥은 기가 아니라 손의 온기가 그런 효과를 낸 것이라고 지적한다. 수수께끼 같은 샌디도 있다. 그녀는 우리 집단에서 짝이 없는 유일한 인물인데, 정확히 어떤 사람인지 파악하기 힘들다. 샌디는 60대이고, 첨단기술 분야에서 일하며, 도교 순례를 위해 중국을 찾은 것이 세 번째라고 한다.

우한의 어둠이 물러나고 곧 탁 트인 고속도로가 나온다. 모두들 지쳐서 의자에 늘어져 있다. 하지만 솔랄라가 내게 가만가만 다가와서 이상한 소리를 한다. 산에 도착하면 우리가 '척추 비틀기'를 할 것이라고. 왠지 마음에 안 드는 소리다. 솔랄라는 또한 우리가 침을 많이 삼킬 것(도교에서는 침을 '하늘의 음료'라고 부른다)이라는 말도 한다. 이건 정말로 마음에 안 든다. 하지만 솔랄라가 우리가 삼키는 것은 우리 자신의 침이라며 나를 안심시킨다. 그는 '앉아서 잊어버리기'라는 도교 명상수련법에 대해서도 말해준다. 이 말은 마음에 든다. 사실 나는 대학 2학년 때 이런 수련을 한 적이 있는 것 같다. 비록 그때는 여기에 종교적 의미가 있다는 사실을 몰랐지만. 솔랄라는 이번 수련은 그때와 다르다고 말한다. 좌망(坐忘)이라고 불리는 이 명상수련법은 세상에서 벗어나 "내면의 고요하고 빈 공간"을 찾는 것이다.

우리는 작은 편의점 앞에 멈춘다. '이지 조이'라는 이름이 붙어 있다. 모두들 이 이름을 좋아한다. 예를 들어 '퀴키 마트' 같은 이름보다는 훨씬 더 느긋하게 들리기 때문이다. 우리는 사진을 몇 장 찍은 뒤 간식거리를 잔뜩 산다. 준이 사람들을 버스에 다시 태우려고 하지만 쉽지가 않다. 다들 꾸물거리는 바람에 준은 미칠 지경이다. 그녀는 매사가 똑 부러지는 사람이다. 도를 닦는 사람이 아니다.

다시 출발한 뒤 나는 샌디에게 다가간다. 샌디는 다른 사람들에 비해 약초 냄새가 덜하다. 담배도 피우고 술도 마신다. 딱 달라붙는 청바지 차림의 중국 젊은이들을 유심히 본다. 20년쯤 전에 샌디는 중국인과 사랑에 빠졌다. 특정한 중국인 한 사람이 아니라 16억 명의 중국인 모두와. 샌디는 중국을 사랑하고, 중국과 관련된 모든 것을 사랑한다. 중국에 대해서는 아무리 많은 것을 알아내도 부족하다. 뭔가 저항할 수 없는 힘 같은 것이 샌디를 계속 중국으로 끌어당긴다. 집에 남아 있는 샌디의 남편은 "남의 종교에 끼어들지 않겠다"고 말한다. 하지만 그도 평소에는 행동이 서투른 편인 샌디가 중국에 다녀올 때마다 우아하게 움직이는 사람이 된다는 사실은 알아차리고 있다. 집에 있을 때 샌디는 도교와 인생에 관한 블로그를 운영한다. 블로그 이름은 '도 61'인데, 그런 이름을 붙인 것은 밥 딜런의 노래 〈61번 고속도로〉를 좋아하기 때문이기도 하고 《도덕경》의 61번째 구절을 좋아하기 때문이기도 하다. 그 구절은 고요를 통해 남성을 극복하는 여성의 이야기다.

"바람을 틀 수 있어요." 준이 말한다. 손목을 비트는 모습을 보니, 자연의 힘을 다스리는 고대 기공 동작인 것 같다. 아니, 준의 말은 머리 위의 환풍기를 돌려서 켤 수 있다는 뜻이다. 흔한 실수다. 심오한 말이란 모두 문맥에 달린 것이니까. 심오한 말을 찾는 사람이라면 실제로 그런 말을 찾아낼 가능성이 높다. 이곳이 낯선 이국이라는 점도 한몫한다. 무엇이든 낯선 것, 특히 아시아적인 것은 심오함의 가능성을 세 배쯤 높여준다. 중국인이 빅맥과 감자튀김을 주문하는 소리조차 뭔가 심오한 형이상학적 진리를 말하는 것처럼 들릴 수 있다.

우리는 우당산(武當山) 기슭에 도착한다. 우당산은 중국에서 가장 신성한 산인데, 공산당이 이곳을 국립공원으로 만들었다. 그건 좋게 봤을 때 그렇다는 얘기고, 나쁘게 보면 테마 공원이 되어버렸다고 할 수 있다. 모든 가게들이 똑같이 탑 모양을 하고 있고, 똑같은 간판을 달고 있다. 찻집의 이름은 그냥 '찻집'이고, 검을 파는 가게는 그냥 '검집'이다. 중국인의 창의성을 최대한 보여주는 이름들이라고 하기는 힘들다.

샌디는 이 '오래된 건물들' 중 일부가 3년 전에는 없던 것임을 알아차린다. 사실 산을 오르려고 기다리던 중에 우리는 아직 건설 중인 '오래된 건물들'을 발견한다. 그래도 거짓으로 꾸며낸 문화유산이나마 아예 없는 것보다는 나은 것 같다. 문화혁명보다는 확실히 더 낫다.

우리는 큰 버스로 옮겨 탄다. 우당산에는 개인 차량이 허용되지 않기 때문이다. 정신을 차리고 보니 버스는 산을 지그재그로 가로지른 도로를 따라 달리고 있다. 어디를 봐도 푸른 숲이 우거진 산들이 황금색 빛을 받고 있는 모습이 보인다. 건설 작업용 크레인은 보이지 않는다. 마침내 또 다른 중국의 모습이 나타난 것이다. 샌디를 슬쩍 보니, 미소를 짓고 있다. 집에 돌아온 사람의 미소다. 나는 중국의 도로표지판이 좋다. 뜻하지 않게 심오한 느낌을 주기 때문이다. '소요곡'(逍遙谷: 영어 이름은 Carefree Valley – 옮긴이)이라는 표지판이 보인다. 그것만으로도 혈압이 쑥 내려간다. 그다음에는 '마음을 바꿔주는 집(mind-changing hall)'이라는 이름이 적힌 표지판을 보고, 엉거주춤한 사람들로 가득한 커다란 방을 상상한다.

우당산은 중국인들의 마음속에서 특별한 자리를 차지하고 있다. 산꼭대기에는 수십 개의 도관들이 흩어져 있다. 전설에 따르면, 수백 년 전 이곳에서 태극권이 만들어졌다고 한다. 어떤 사람이 학과 뱀의 싸움을 지켜보다가 본능적으로 그들의 움직임을 흉내 낸 것이 시작이었다. 어쨌든 전설에 따르면 그렇다. 이 이야기가 사실인지 아닌지는 아무도 모른다. 사람들이 그것에 신경을 쓰는 것 같지도 않다. 그래도 훌륭한 이야기이기는 하다.

우리는 호텔에 도착한다. 뭐, 이를테면 그렇다는 말이다. 가파른 둑 아래쪽에 입구가 있다. 한 사람만 빼고는 우리 중에 짐을 가볍게 싼 사람이 없기 때문에 우리는 바퀴가 달린 여행가방들을 끌고 산길을 내려가느라 애를 먹는다. 책 때문에 묵직한 배낭끈이 내 어깨를 파고든다. 날이 차갑고 습하다. 모두들 지쳐서 심술이 났다.

"책임자가 누구야?" 누군가가 고함을 지른다.

"책임자는 도입니다." 솔랄라가 말한다. 이것으로 분위기가 조금 가벼워진다.

다음 날 아침 우리는 아침 식사를 위해 식당에 모인다. 솔랄라는 중국식 옷차림에 검은 베레모를 더해서 훨씬 더 우스꽝스러운 모습이다. 샌디가 입은 티셔츠에는 "그것은 선(禪), 이것은 도(道)"라고 적혀 있다. 귀에는 검은색과 흰색의 음양 귀걸이를 했다. 음양의 개념은 아마 도교 철학의 여러 측면들 중에서도 가장 유명한 축에 속할 것이다. 이 개념은 서구 사람들의 담론 속에도 스며들었다. 다만, 언제나 그렇듯이, 번역 과정에서 많은 의미가 사라져버리기는 했다. 우리는 음양을 '반대'라는 뜻으로 사용하는 경향이 있다. "여자는 음이고 남자는 양이야"라고 말하는 식이다. 하지만 음양의 정확한 의미는 그런 것이 아니다. 음양은 반대가 아니라 양극을 묘사하는 말이다. 이 둘은 차이가 있다. 양극은 서로를 필요로 하며, 서로가 없으면 존재할 수 없다. 아래가 없으면 위도 없고, 차가운 것이 없으면 뜨거운 것도 없는 것과 마찬가지다. 음과 양은 서로 의존하고 있으며, 상호보완적이다.

아침 식사가 저녁 식사와 너무 똑같아 보여서 싫다. 정체를 알 수 없는 소스 속에서 다량의 만두와 국수가 헤엄치고 있다. 카트만두의 바나나 팬케이크가 그립다. 하지만 이보다 더 중요한 건, 커피가 없다는 사실이다. 중국의 인권 상황이 지독하다던 말이 확인되는 순간이다. 기술자 출신인 밥은 만반의 준비를 해왔다. 티백처럼 생긴 커피백을 챙겨온 것이다. 그가 최고의 측은지심을 발휘해서 내게 그것을 하나 내밀자 나는 약을 먹을 시간이 된 마약중독자처럼 그것을 움켜쥔다.

카페인을 적당히 섭취한 뒤 나는 사람들과 합류해서 첫 번째 기공 수업을 듣기 위해 산을 오른다. 산에 안개가 끼어 있다. 중국인들은 안개를 사랑한다. 안개가 낀 날은 햇볕이 화창한 날보다 훨씬 더 좋고, 우당산의 도관들을 바라보는 데에도 달걀을 푼 수프처럼 짙은 안개가 낀 날보다 더 좋은 날이 없다. 하지만 오늘의 안개는 지나치게 완벽해 보인다. 마치 영화 속에서 튀어나온 것 같다. 그러고 보니 이 장면은 정말로 영화에 나온 적이 있다. 〈베스트 키드〉 리바이벌 작품의 촬영 장소가 여기다. 영화제작자들은 촬영 당시 자기들 일정에 맞춰 안개가 낄 거라고 장담할 수 없었기 때문에 직접 안개를 만들어냈다. 산허리를 깎아 환풍구를 만들어서 정교한 안개 제작 시스템을 구축한 것이다. 촬영이 끝난 뒤에는 그 시스템을 우당산

사람들에게 선물했다. 그래서 이제는 매일 우당산에 완벽한 안개가
낀다.

우리는 출입구를 지나 도관 영내로 들어선다. 남자는 오른쪽 줄,
여자는 왼쪽 줄이다. 솔랄라는 방금 들어온 문으로 나가면 안 된다
고 말한다. "공항 화장실과 같아요." 그가 말한다. 우리는 계단을 조
금 올라가다가 걸음을 멈추고 산신령에게 인사한 뒤 우리를 가르칠
스승을 만난다. 종 선생이다. 그는 키가 크고, 몸이 호리호리하며, 가
늘고 검은 턱수염을 길렀고, 길고 검은 머리를 단단히 잡아당겨 정
수리에서 묶은 뒤 작은 나무막대기로 고정시켰다. 고전적인 도사 머
리다. 옷은 온통 흰색. 나이는 젊은 편이지만, 그래도 겉으로 보이는
것만큼 젊지는 않을 것이다. 우리는 나이를 물어볼 생각이 없다. 나
이를 묻는 것은 무례할 뿐만 아니라 자칫 위험할 수도 있다. 그들은
불멸을 향해 가고 있는 사람들이니까.

우리는 아름다운 마당에서 한데 모인다. 새들이 지저귀고, 할리우
드가 제작한 안개를 뚫고 햇볕이 쏟아진다. 이곳에는 좋은 기가 모
여 있다고 한다. 고대의 도사들도 바로 이곳에서 수련을 했다. 어쩌
면 이곳의 기 때문일 수도 있고, 단순히 주변 분위기가 좋기 때문일
수도 있지만 어쨌든 평화가 스멀스멀 내 몸을 타고 기어오르는 낯선
감각이 느껴진다. 우리는 넓게 벌려 선다. 서로의 모습이 보이기는
하지만 손을 뻗어 따귀를 때리는 건 불가능한 거리다. 나는 본능적
으로 출구와 가까운 자리를 찾는다. 혹시 모르는 일이니까.

우리는 오늘 기본적인 기공을 배울 것이다. 종 선생은 '여덟 가지
동작'이라고 설명한다. 기공은 그보다 유명한 태극권과 비슷하지만,
동작보다는 기의 배양에 더 중점을 두고 있다. 종 선생이 첫 번째 동

작의 시범을 보인다. 두 눈을 감고, 양팔을 들어올려 손가락을 깍지 낀다. 그리고 양옆으로 몸을 비튼다. 아주 쉬워 보인다. 아침에 침대에서 일어나 기지개를 켜는 것과 비슷하다. 종 선생은 이것이 "하늘과 땅, 남자와 여자, 한밤중과 정오의 균형을 맞추는 동작"이라고 말한다. 단순한 스트레칭 동작에 지나치게 많은 것을 기대하는 것 같지만, 이번에도 나는 불신의 마음을 밀어둔다. 그리고 그 불신의 마음이 갑자기 튀어나오지 않기를 기도한다.

우리가 동작을 연습하는 동안 종 선생은 부하들을 감시하는 훈련 교관처럼 주위를 빙빙 돈다. 그러다 내 앞에 이르더니 걸음을 멈추고 내게 긴장을 풀라고 말한다. 긴장을 푸는 것이 매우 중요하다면서. 물론 나는 이 말을 듣고 더욱더 긴장한다. "그리고 허리를 똑바로 펴고 서세요." 종 선생이 말한다. 기공 스승이라기보다는 우리 어머니 같은 말투다. 누가 나를 지켜보고 있는 것 같은 느낌이 든다. 실제로 사람들이 지켜보고 있기 때문이다. 중국인 관광객 몇 명이 마당에 고개를 들이밀고 동물원의 짐승들을 보듯이 우리를 보고 있다.

휴식시간이다. 다들 이 기회를 틈타서 내게 조언을 해준다. 솔랄라는 좀 더 차분하게 호흡하라고 말한다. 콜로라도 출신으로 야외활동을 좋아하는 강인한 사람처럼 보이는 스티브는 사람들 중앙에 서라고 말한다. 사람들이 거대한 생명체처럼 나를 밀어줄 거라면서. 언제 숨을 들이쉬고, 언제 내쉬어야 하는지에 관한 토론이 벌어진다. 분명한 결론이 내려지지는 않지만, 호흡이 중요하다는 데에는 다들 의견이 일치한다. 나도 반대하지 않는다.

다시 마당에 줄을 맞춰 늘어선 우리는 첫 번째 동작을 연습한다. 이번에는 느낌이 더 좋고, 더 자연스럽다. 반짝이는 정자는 보이지 않지만 몸을 한 번 비틀 때마다 마음이 가라앉는 것이 느껴진다. 그 다음 동작은 훨씬 더 복잡하다. 종 선생은 말 등에 올라탈 때처럼 앉 더니 활을 쏠 때처럼 팔꿈치를 잡아당긴다. 믿을 수 없을 만큼 느리 게, 물 흐르듯이 이 동작이 이어진다. 사람이 이렇게 움직이는 건 본 적이 없다. 그가 고개를 살짝살짝 기울일 때마다, 엉덩이를 축으로 몸을 움직일 때마다, 근육이 수축할 때마다 그의 의도와 완벽한 조 화를 이룬다. 불필요한 동작도, 미흡한 동작도 전혀 없다. 그의 동작 에 기계적인 느낌도 없다. 이것은 완전히 지각을 갖춘 존재의 동작 이다.

이제 우리 차례다. 나는 술 취한 코끼리가 된 것 같은 기분이다. 남 들 눈에도 십중팔구 그렇게 보일 것이다. 발 동작과 팔 동작이 계속 꼬인다. 내 뒤엉킨 몸을 푸는 데 귀한 기가 다 빠져나간다. 지나치게 남의 시선을 의식하는 바람에, 안 그래도 서투른 동작들이 더욱 꼬 인다. 남들 앞에서 춤을 출 때나 방금 만난 여자의 뺨에 입을 맞추려 고 할 때의 기분과 비슷하다. 이번에는 종 선생이 특별히 안타까운 진단을 내리는 의사처럼 나를 바라보며 간단히 말한다. "연습하세 요. 연습."

점심시간이다. 우리는 도관 계단을 내려가 도교 부적과 음양 장식 품을 파는 작은 기념품 가게들을 지나간다. 여기서 나는 처음으로 쓰레기통 지혜와 마주친다. 우당산의 모든 쓰레기통에는 짤막한 조 언과 격려의 말이 적힌 판들이 붙어 있다. 내가 처음으로 본 쓰레기 통에 새겨진 말은 "여러분이 우당산을 돕고 계십니다. 우당산은 여 러분이 자랑스럽습니다"다. 마음에 드는 말이다. 이 산이 나를 자랑 스러워한다니. "무단 쓰레기 투척 벌금 500달러"라는 말보다 훨씬 더 좋다.

호텔로 돌아온 우리는 점심 식사를 위해 자리에 앉는다. 그런데 점심 식사가 아침 식사와 지독히 닮은꼴이다. 우리는 아침의 힘겨웠던 식사를 검시하듯 되짚는다. 모두들 상냥하고 친절해서 내게 기공에 소질이 많은 것 같다고 말한다. 긴장만 조금 풀면 된다면서. 뉴멕시코에서 온, 진지하고 열성적인 말라깽이 청년 피터가 갑자기 잔뜩 흥분해서 말한다. "봐요. 음양 상징이에요!" 확실하다. 누군가가 식탁에 간장을 흘렸는데, 그것이 분명한 음양 상징 모양으로 고여 있다. 우리 모두 감탄하며 그것을 빤히 바라본다. 이건 만든 지 2주일 된 치즈 샌드위치가 성모 마리아와 비슷한 형상으로 변한 것을 보았을 때 그리스도교 신자가 느낄 법한 기분을 도교판으로 바꿔놓은 꼴이라고나 할까. 하지만 도는 도이기 때문에("얻는 것이 곧 잃는 것이요, 잃는 것이 곧 얻는 것이다") 우리는 간장이 묻은 식탁을 이베이에 매물로 내놓지 않고, 그냥 간장을 닦아낸 뒤 각자 먹던 국수를 다시 먹으며 대화를 이어간다.

우리는 자세에 대해 이야기한다. 도교 수행자들은 무엇을 하든 거기에 맞는 자세를 잡아야 한다. 심지어 잠잘 때의 자세도 있다(태아 자세와 비슷하지만 조금 다르다). 누군가가 나무 명상을 이야기한다. 한 시간 동안 나무처럼 꼼짝도 않고 서 있는 것을 말한다. 샌디는 자기가 아는 사람이 한 시간 동안 웅크리고 있었던 적이 있다고 말한다. 그리고 나서 그는 뇌졸중 발작을 일으켰다. 나는 내 그릇의 국수를 빤히 바라본다.

그날 저녁에 샌디와 나는 술을 한잔할 필요가 있다는 결정을 내리고, 다른 사람들이 호텔에서 차를 마시는 동안 산 위의 작은 식당으로 살그머니 올라간다. 사실 식당이라기보다는 가게에 불과해서 탁자 하나와 플라스틱 의자 두어 개가 있을 뿐이다. 텔레비전에서는 두 남자가 킥복싱 경기를 하면서 서로를 주먹으로 마구 때리고 있다. 샌디가 중국어로 맥주 두 병을 주문한다. 샌디의 중국어는 진짜가 아니라 타이완 영화를 보면서 주워들은 쿵푸 중국어에 가깝다. 샌디는 여기에 활발한 손짓과, 묘하게도 프랑스어를 곁들인다. 샌디가 중국어를 말하려고 할 때마다 대학 시절에 배웠던 프랑스어가 오랫동안 생각해본 적도 없는 옛날 애인처럼 불쑥 튀어나오는 탓이다. 어쨌든 그 말이 통했기 때문에 커다란 맥주 두 병이 곧 우리 앞에 놓인다.

우리가 재빨리 맥주를 마셔버리자 눈이 빨갛고 얼굴에는 벙글벙글 미소를 짓고 있는 가게 주인이 안개처럼 흐릿한 액체가 담긴 작은 잔 두 개를 우리에게 가져온다. "약주예요." 샌디가 말한다. 나는 내 것을 한 모금 홀짝거린다. 샌디는 손목을 가볍게 꺾어 자기 것을 단숨에 마셔버린다. 술을 팔기만 하는 게 아니라 마시기도 하는 게 분명한 가게 주인은 영어를 한마디도 못 하지만, 손짓과 소도구와 표정을 창의적으로 이용해서 다음과 같은 뜻을 내게 전달한다. "당신 겁쟁이야 뭐야? 같이 온 여자는 술을 단숨에 마셨는데, 당신은 좀팽이처럼 홀짝거리기만 하잖아. 남자답게 굴어." 그래서 나는 시키는 대로 한다. 한 모금에 꿀꺽. 한 달쯤 된 부동액 같은 맛이다. 이때부터 모든 게 조금 흐릿해진다. 하지만 샌디와 나는 도에 대해 이야기하고 있다. 그것만은 확신할 수 있다. 도라는 게 정확히 뭐죠? 내가 묻는다.

"그건 길이에요." 샌디가 말한다.

"그건 저도 알아요. 그런데 그게 무슨 뜻이냐고요."

"선불교에서 영향을 받은 거예요."

"그런데 그게 뭐냐니까요?"

"흐름과 함께 가는 거예요. 그러면서 재미있는 이야기를 하는 거죠."

"이게 종교인가요?"

"그래요. 아니에요."

"철학인가요?"

"그래요. 아니에요."

샌디는 내 질문에 대부분 이런 식으로 대답한다. 이런 대화가 농담처럼 계속 반복되지만 샌디는 지금 농담을 하고 있는 것이 아니다. 도교에서는 모든 것이 그렇기도 하고 아니기도 하다. 아니, 좀 더 정확히 말하자면, 샌디의 지적처럼 '그렇다/아니다'다. 둘 사이에 접속사 같은 건 없다. 그렇다와 아니다가 연속적으로 발생하는 것이 아니라 동시에 발생하기 때문이다. 샌디가 말하는 모든 것이 '그렇다/아니다'다. 싸구려 중국 술을 흡입하듯 마셔댈 기회가 생겼을 때만 빼고. 그런 기회가 생겼을 때는 무조건 '그렇다'다.

"지금 우리가 하고 있는 건 아주 도교스러운 거예요." 샌디가 단언한다.

"네? 담배를 피우고 수상쩍은 술을 마시는 게요?"

"그래요. 우린 지금 이 순간에 실재하고 있으니까요."

우리는 지금 이 순간을 더욱 탄탄하게 만들기 위해 약주를 한 잔씩 더 주문한다. 중간에 샌디가 화장실에 가다가 약주가 담겨 있는 커다란 통을 발견한다. 그리고 그 통을 빤히 바라본다. 내가 있는 곳에서는 그 통이 보이지 않지만 샌디의 눈이 엄청나게 커지는 건 보인다.

"왜 그래요?" 내가 묻는다.

"모르는 편이 나아요. 이거 보지 마세요."

하지만 나는 당연히 유혹을 이길 수 없다. 그래서 그 통으로 다가간다. 샌디가 옳았다. 모르는 편이 나았다. 그 통은 어항인데, 다만 물고기 대신 우유처럼 하얀 액체가 들어 있고, 바닥에 거대한 버섯들이 있다. 그리고 한쪽 구석에 뱀이 똬리를 틀고 있다. 바로 그 자리에서 나는 약주를 그만 마시기로 결정한다.

가게가 문을 닫을 시간이 됐다. 그것도 좋은 일이다. 내 머리가 빙빙 돈다. "나중에 또 계속해요." 내가 샌디에게 말한다. 우리는 비틀거리며 산길을 내려와 호텔로 돌아온다. 그런데 사람들이 우리를 걱정하고 있다. 대략 도교스러운 방식으로.

저녁에는 날씨가 차다. 호텔에는 난방도 들어오지 않는다. 그래서 나는 옷을 모두 입은 채 잔다. 원래 입고 있던 옷뿐만 아니라 내가 가져온 옷을 모두 껴입고서. 낮에 몸을 이리저리 비틀어댄 탓에 근육이 쑤시고, 머리는 술과 도교 철학으로 흐릿하다. 나는 이불 속으로 들어가서 손에 손전등을 들고 《도덕경》을 읽는다. 간결성이야말로 재치의 영혼이다. 그런데 알고 보니 지혜도 마찬가지다. 이 책은 간결성에 바쳐진 한 편의 짤막한 시다. 겨우 5000단어 분량밖에 안 되기 때문에, 45분 만에 전문을 다 읽을 수 있다. 아니, 어쩌면 평생이 걸릴 수도 있다.

노자에 대해서는 사실 알려진 것이 거의 없다. 내 생각에는 노자도 그 편을 좋아할 것 같다. 《도덕경》은 노자가 혼자 쓴 책일 수도 있고 아닐 수도 있다. 노자는 공자와 같은 시대 사람일 수도 있고 아닐 수도 있다. 확실한 것은 노자가 강연을 하지 않았다는 것이다. 조직을 만들지도 않았다. 그는 그저 남의 요청을 받아 글을 몇 장 써주고는(전설에 따르면 그렇다), 물소를 타고 가버렸다. 그것이 전부다. 전체적으로 따져보면, 그는 여기저기 돌아다니며 설교를 한 예수나 45년 동안 인도의 흙길을 돌아다니며 법을 설파한 부처에 비해 그저 잠깐 나타났다 사라진 점 하나에 불과하다.

나는 책을 읽지만 나답지 않게 손에 펜을 들고 있지 않다. 《도덕경》은 내가 밑줄을 긋지 않는 유일한 책이다. 어떤 구절에 밑줄을 긋는 건 곧 그 구절을 격리해서 가둬두는 것인데, 노자는 그런 격리에 항거한다. 그의 말이 모호한 건 사실이지만 정치가의 모호함과는 다르다. 정치가들이 모호한 말을 하는 것은 아무 말도 하고 싶지 않기 때문이다. 의미 없는 말을 하는 것이 그들의 목적이다. 반면 노자는 할 말이 아주 많은 사람이고, 다의적인 말이 그의 목표다. 모든 구절이 대단히 구체적인 여러 가지 의미로 해석될 수 있다. 읽는 사람의 마음가짐에 따라서, 그 사람이 아침 식사로 먹은 음식에 따라서, 책에 닿는 불빛에 따라서 해석이 달라진다. 이런 변수는 헤아릴 수 없이 많다. 이 책은 볼 때마다 이미지가 다르게 보이는 요술 사진과 비슷하다.

방금 세계를 절반쯤 돌아 이곳까지 온 나는 47장을 보고 절로 한숨을 내쉰다. "멀리 나갈수록 덜 알게 된다. 따라서 현자는 돌아다니지 않고도 안다." 나는 이 구절을 무시하기로 하고 15장을 펼친다. "혼란 속에서 참을성을 발휘하면 명확성을 배울 수 있다." 중국은 이 교훈을 우리에게 매일 가르쳐주고 있다. 조용한 시골에서 차분함을 유지하는 건 쉬운 일이다. 도시의 혼란 속에서는 그런 차분함이 시련을 겪게 된다. 정중동(靜中動). 이것이 도교 수행자의 목표다.

차분함뿐만 아니라 부드러움도 있다. "부드러운 기수가 날뛰는 말을 다스리듯이 세상에서도 부드러움이 강함을 이긴다." 노자는 이렇게 썼다. 우리의 생각과는 다르다. 우리는 부드러운 것보다 강한 것을 좋아하고, 우리가 쓰는 언어에도 이런 성향이 반영되어 있다. 우리는 '피도 눈물도 없는 사람'이나 '산전수전 다 겪은 사람'은 물론이고 심지어 '속을 알 수 없는 사람'에게도 감탄한다. 부드러움은 약점, 성격상의 결함으로 여겨진다. "날 물렁하게 대하지 마." 우리는 친구들에게 이렇게 간청한다. 부드럽다는 말을 칭찬으로 쓸 때조차 거기에는 항상 약간의 경멸이 섞여 있다. 마음이 부드럽고 약한 사람은 멍청이라는 듯이.

생각해보면, 강한 것을 선호하는 건 말이 되지 않는 행동이다. 갓난아기는 부드럽고, 시체는 딱딱하다. 부드러운 것은 휘어지지만 강하고 딱딱한 것은 부러질 뿐이다. 도교는 부드러움 속에 숨어 있는 힘을 본다. 예를 들어 물은 어느 물질 못지않게 부드럽고 잘 휘어지지만 수백 년 동안 강물이 흘러서 그랜드캐니언을 만들어놓았다. 부드러운 힘의 작용이다.

《도덕경》의 몇몇 구절들은 묘하게 친숙하다. 예를 들면, "죽지 않고 죽으면 영생을 누릴 수 있다" 같은 말. "자신을 부정하라"는 예수의 말이 생각난다. 도교가 겸허함과 삼가는 태도를 강조하는 것도 "온유한 자는 땅을 차지"할 것이라던 예수의 선언과 닮은꼴이다. 나는 예수의 말을 연상시키는 노자의 말을 많이 찾아낸다. 아니, 예수의 말이 노자의 말을 연상시킨다고 해야 할 것이다. 노자가 예수보다 몇백 년 전의 사람이니까. 도교는 이슬람과도 핵심적인 믿음을 공유하고 있다. 두 종교 모두 복종을 설교한다. 이슬람은 알라에게 복종하라고 하고, 도교는 단순히 도에 복종하라고 한다. 나는 전 세계의 종교들이 각자 자기만의 길로 나아가기 전에 아주 짧은 순간이나마 서로를 스치고 지나간 것을 잠깐 생각해본다. 하지만 피곤해서 곧 이불의 따스함과 베개의 부드러움에 굴복한다.

다음 날 우리는 꿀벌 은자와 약속이 돼 있다. 그는 나이 많은 도교 수행자로, 산속의 동굴에 살면서 벌을 기르고 있다. 도교에는 오래전부터 은자들의 전통이 이어진다. 그들은 고독 속에서 명상을 하며 기를 단련한다. 하지만 한 번 은자가 되었다고 해서 영원히 은자로 살아야 하는 것은 아니다. 은자의 삶은 대학원과 같다. 몇 년 정도를 그렇게 지내는 건 좋지만 그보다 더 길어지면 마치 뭔가를 피해서 도망치는 것처럼 보인다.

우리는 가파른 산길을 터벅터벅 올라간다. 샌디는 넘어지지 않으려고 내 팔을 잡는다. 샌디가 나를 자신의 안내견이라고 부르지만 나는 항의하지 않는다. 마침내 은자가 보인다. 행복한 에너지가 가득한, 쭈글쭈글한 노인. 빌 포터의 도플갱어다. 이는 하나도 없지만 커다란 잇몸은 건강하다. 그가 자주 웃을 때마다 그 잇몸이 드러난다. 그는 우리들 각자에게 작은 플라스틱 원반과 해바라기씨 한 줌을 준다. 그러면서 우리가 함께 도를 따르는 동급생들과 같다고 말한다. "우리는 똑같은 목적을 똑같이 갖고 있습니다." 우리는 이 말을 냉큼 집어삼킨다. 꿀벌 은자는 현명한 은둔자라는 서구의 개념을 충족시킨다. 그가 정말로 현명한 사람일 수도 있지만 다들 그를 무조건 현명한 사람으로 인정해버렸기 때문에 그가 정말로 현명한지 아닌지 우리는 결코 알 수 없을 것이다.

그가 우리에게 자기 동굴을 구경시켜준다. 거친 곳이지만 내가 예상했던 것만큼 거칠지는 않다. 꿀벌 은자에게도 이런저런 소유물들이 있다. 책 몇 권, 치약, 작은 샴푸 세트, 웃는 얼굴이 그려진 쓰레기통, 라디오, 신문, 손전등, 정확한 날짜가 펼쳐진 달력. 꿀벌 은자는 장화를 벗고 책상다리를 한다. 나이에 비해 놀라울 정도로 민첩한 동작이다. 나이가 얼마인지는 모르겠지만. 물어도 대답해줄 것 같지 않다. 그가 물을 모으기 위해 가까이에 놓아둔 양동이에 똑똑똑 물 떨어지는 소리를 배경 삼아 우리는 이야기를 나눈다.

"현재 말고 다른 순간도 존재합니까?" 누군가가 묻는다.

내 생각에는 꿀벌 은자가 "네, 화요일부터 일주일 뒤가 있죠. 지금 이 순간보다 그때가 훨씬 낫습니다" 하고 대답해도 될 것 같지만 물론 그는 이렇게 대답하지 않는다. 그저 잇몸이 드러나게 빙긋 웃으며 이렇게 말한다. "저는 행복합니다." 그러자 사람들이 합창하듯 아하는 감탄사를 쏟아낸다. 꿀벌 은자는 지혜를 조금씩, 조금씩 내놓지만 대개는 그냥 미소를 짓거나 소리 내어 웃을 뿐이다. 그의 웃음은 정말 굉장하다.

우리의 대화 주제가 영생으로 바뀐다. 도교의 목표 중 하나다. 어떻게 하면 영생을 얻을 수 있나? 명상만으로는 충분하지 않다고 꿀벌 은자가 말한다. "세상에 도움이 되고, 측은지심을 가져야 합니다. 그래야만 사람들이 여러분을 존경하게 될 겁니다."

나는 도교 수행자의 입에서 '측은지심'이라는 말을 들은 것이 처음이라는 사실을 깨닫는다. 다른 종교들과 달리 도교는 측은지심을 핵심에 놓지 않는다. 《도덕경》에도 측은지심이 겨우 한두 번 언급되어 있을 뿐이다. 사랑에 대해서는 한마디도 없다. 그렇다고 도교에 측은지심이나 사랑이 없다는 뜻은 물론 아니다. 다만 다른 종교들, 그러니까 예를 들면 사랑을 무엇보다 중요하게 치는 수피즘과 접근 방법이 다를 뿐이다.

"고독하세요?" 누군가가 묻는다.

"은자들은 고독과 함께 살아갈 수 있습니다. 그것이 그들의 위대함이죠."

"어떤 수행을 하는지 보여주실 수 있습니까? 우리는 어떻게 수행해야 하죠?"

"중요한 건 편안해지는 겁니다." 꿀벌 은자가 전혀 편안해 보이지 않는 자세로 몸을 비틀면서 말한다.

"배꼽에 정신을 집중하세요." 그가 자신의 배꼽을 가리키며 말한다. 혹시라도 자기 말을 잘못 알아듣는 사람이 있을까 봐서.

"지금 명상 중이신 건가요?"

"네, 저는 항상 명상하고 있습니다."

또 아 하는 감탄사가 나온다.

"천국이 있습니까?"

"네. 천국이 없으면 지상의 삶도 없겠죠."

어떻게 하면 꿀벌들을 구해줄 수 있느냐고 누군가가 묻는다. 그 사람의 고향에서는 꿀벌들이 죽어가고 있다는 것 같다. 하지만 은자는 그다지 걱정하는 것 같지 않다. "죽는 녀석이 있으면 태어나는 녀석도 있습니다." 그가 말한다. 솔랄라는 도교의 여러 수행 자세들에 대해 기술적인 질문을 던지지만 은자는 그의 말을 전혀 알아듣지 못한다. 아무래도 도를 닦느라고 너무 바빠서 그렇게 난해한 문제를 생각할 시간이 없는 모양이다.

"눈에는 보이지 않지만, 어디에나 카이신(會心: 사랑하는 마음)이 있습니다. 저는 언제나 카이신에 대해 명상을 합니다."

"어떻게 하면 카이신을 가질 수 있죠?"

"내려놓으세요."

"뭘요?"

"모든 걸." 이 말과 함께 꿀벌 은자는 자기 말을 설명하려는 듯이 빈 플라스틱 물병을 집어 든다. 그릇이 비어 있어야만 무엇이든 가치 있는 것을 담을 수 있다는 뜻이다.

우리는 모두 아주 작은 나무 의자에 앉아 있다. 어린이용 의자처럼 보일 만큼 작은 의자다. 그렇게 앉아서 은자의 지혜를 최대한 받아들이려고 애쓰고 있는데 갑자기 샌디의 의자가 부서지면서 샌디가 바닥으로 떨어진다. 다친 곳은 없다. 그저 창피할 뿐이다. 꿀벌 은자는 무척 재미있어하면서 웃고 또 웃는다. 샌디를 비웃는 것도 아니고, 심지어 샌디와 함께 웃는 것도 아니다. 그보다는 샌디를 위한 웃음이다. 측은지심의 웃음. 어쩌면 도교 수행자들은 이런 식으로 사랑을 표현하는 건지도 모른다. 웃음을 통해서. 이 모습을 보니 내가 예전에 공영라디오 특파원으로 뭄바이에서 취재했던 뭄바이의 웃음 클럽들이 생각난다. 동틀 무렵 말라바르 힐의 공원에서 20명쯤 되는 사람들이 웃고 있었다. 농담은 없고 오로지 웃음뿐이었다. 나는 손에 마이크를 들고 진지한 표정으로 기자답게 거리를 유지하려고 애썼다. 그렇게 30초쯤 버텼다.

이제 이곳을 떠날 시간이다. 꿀벌 은자는 5시에 약속이 있다. 그는 우리와 악수를 한다. 손바닥으로 손바닥을 감싸는 중국식 악수다.

모두들 그를 아주 좋아한다. 심지어 기술자 출신인 밥조차도 그가 마음에 드는 모양이다. "저 친구 정말 마음에 드는걸!" 밥이 말한다. 그답지 않게 열광적인 목소리다. 나도 은자가 마음에 든다. 그가 분명히 특정한 지혜를 지니고 있다는 생각이 든다. 우리가 그를 현자로 미리 단정해버린 선입견과는 상관없이. 그의 지혜는 책에서 얻은 딱딱한 지혜가 아니다. 오로지 마음에만 집중하는 지혜도 아니다. 꿀벌 은자는 약 186제곱미터 넓이의 집에서 자신에게 가장 편안한 0.186제곱미터의 공간을 쉽사리 찾아내는 고양이처럼 지혜롭다. 꿀벌 은자는 가끔은 저녁식사를 하기 전에 디저트를 먹어도 괜찮다는 사실을 지적해주는 아이처럼 지혜롭다. 물론 꿀벌 은자가 아이나 고양이라는 뜻은 아니다. 다만 그가 대부분의 사람들보다 자신의 욕구(상업적으로 만들어진 욕구가 아니라 진정한 욕구)에 충실하다는 뜻이다. 내가 보기에는 그가 고립된 삶을 사는 덕분인 것 같다. 그에게 무엇이 필요하고, 그가 무엇을 원하는지 말해줄 사람이 옆에 없으므로, 그는 혼자 힘으로 자신에게 필요한 것들을 파악하며 살아가고 있다.

우리는 이제 종 선생과 다시 만났다. 오후 기공 수업을 위해 근처의 '기가 강한 곳'에 모여 있다. 공기의 느낌이 부드럽고 종 선생의 휴대전화에서 음악이 들려오는 것이 마치 마법 같다. 이번에는 내 실력이 훨씬 나아졌다. 동작들이 더 자연스럽게 느껴진다. 이것이 영적인 현상인지 아닌지는 모르겠지만 기분이 좋다. "손바닥에 천국을 쥐고 있듯이 움직이세요." 종 선생이 말한다. 이 말이 정확히 무슨 뜻인지는 모르겠지만, 그래도 나는 이 말에서 영감을 얻는다. 뭔가가 변했다. 나는 낙오자다. 아직 빛나는 정자는 흔적도 보이지 않지만 동작을 할 때 치지직 힘이 솟는 것이 느껴진다(이것이 기인가?).

물의 이미지가 떠오른다. 마치 내가 바람을 넣어 부풀리는 튜브처럼 생긴 내면의 튜브를 타고 조용한 강 위를 떠가는 것 같다. 내가 동작을 한다기보다는 그 동작들을 타고 흘러가는 것 같다.

다음 날 샌디가 다시 단독 행동을 해야겠다면서 나더러 점심을 함께 먹으러 가자고 말한다. 지난번 여행 때 갔던 식당을 기억하고 있다는 것이다. 우리는 버스를 타고 식당으로 간다. 식당까지는 금방이다. 샌디의 기억대로 식당은 우당산 꼭대기에 그대로 있다. 주인은 토실토실하고 잘 웃는 여자인데, 샌디를 기억하고 있다. 그냥 기억하는 척만 하는 것일 수도 있지만. 샌디는 여기서도 쿵푸 중국어를 써먹는다. 몇 분 뒤 산더미처럼 쌓인 두부와 채소가 맥주 두 병과 함께 식탁에 도착한다.

음식. 샌디가 중국과 사랑에 빠진 계기가 바로 음식이었다. 샌디는 중국 음식을 사랑했다. 대부분의 사람들보다 더. 그래서 요리책을 샀다. 화려하고 근사한 책이 아니라 그냥 기본적인 쿵파오 요리 같은 것이 있는 책이었다. 샌디는 곧 몇 가지 요리를 완벽하게 터득했고, 요리의 맛뿐만 아니라 지리적 기원을 알아내는 데서도 기쁨을 느꼈다. 이 요리는 쓰촨성 것, 이 요리는 후난성 것 등등. 이렇게 음식이 샌디를 이곳저곳으로 데려다주었다.

그다음으로 알게 된 것이 쿵푸 영화였다. 미국식으로 희석된 쿵푸 영화가 아니라 진짜 쿵푸 영화. 홍콩과 타이완에서 구한 비디오테이프들이 1년에 몇 번씩 호놀룰루의 샌디에게 도착했다. 그다음은 중국 그림이었다. 샌디는 자연 풍경을 안개가 낀 것처럼 모호하게 표현한 그림들이 마음에 들었다. 중국 그림에 사람이 등장하는 경우에는 항상 산이나 숲에 비해 아주 작게 보인다. 샌디는 중국 그림을 배웠고, 곧 스스로 그림을 그릴 수 있게 되었다(샌디가 자기 그림을 찍은 사진을 보여준다. 너무나 훌륭한 그림이라서 나는 깜짝 놀란다).

그다음은 책이었다. 《역경》, 《도덕경》(샌디는 14종의 번역본을 갖고 있다), 그 밖의 여러 책들. 어느 날 샌디는 기공 강사를 만났다. 하지만 그는 기공을 기공이라고 부르지 않고, '에너지 작업'이라고 불렀다. 사람들이 괜히 요상한 생각을 하지 않게 하려고. 그는 낮에는 혈액 샘플을 여러 연구실에 배달하는 일을 했다. 그다지 힘들지 않은 일이라 그는 불만이 없었다. 그가 원하는 것은 오로지 에너지 작업뿐이었다. 샌디는 그의 옆에서 그것을 배웠다.

그러다가 구독하던 무술 잡지에서 어떤 광고를 우연히 발견했다. 문자 그대로 광고 전단이 잡지에서 떨어져 나와 샌디의 무릎 위에 내려 앉았다. "우당산으로 도를 공부하러 오세요." 그때 막 예순 살(중국인들에게는 중요한 나이다)이 된 샌디는 이제 아들도 다 자랐으므로 우당산으로 갔다. 그다음에도 또 갔다. 그리고 지금 또 이렇게 우당산에 와 있다. 친구들은 샌디에게 왜 자꾸 중국에 가느냐고 묻는다. 샌디는 무엇을 하려는 걸까? 사람들은 영적인 충동이 내장에 기생하는 기생충과 같아서 그것을 몸에서 몰아내야만 '진짜 삶'을 살아갈 수 있다고 흔히들 생각한다. 샌디의 점진적인 변화 과정은 혹시 윌리엄 제임스가 "건강한 마음 챙김의 종교"라고 불렀던 점진적인 개종이었을까? 하지만 샌디는 도교를 종교로 보지 않았다. 그녀에게 도교는 일반적인 의미의 종교가 아니었다. 도교에는 반드시 믿어야 하는 교리 같은 것이 없었다. 도란 그저 "원래 그런 것, 그리고 누구나 뻔히 알 수 있는 것"이었다. 이것이 일반적인 생각이다. 사람들은 내게 말한다. 내가 옛날부터 항상 불교/주술 숭배/카발라 등등 자기들이 생각하는 종교를 따르고 있었는데(종교 이름은 사람에 따라 바뀐다) 그걸 모르고 있었을 뿐이라고. 그들의 개종 과정은 새로운 세계관을 향한 극적인 변화가 아니라 자기들이 이미 믿고 있던 것을 확인하는 과정이었다.

샌디는 이제 자신을 '포부를 품은 도교 수행자'로 생각한다. 포부라니요? 내가 묻는다.

"아직 내가 내려놓지 못한 것들이 있기 때문인 것 같아요."

단어 선택이 흥미롭다. 배우거나 이해해야 할 것들이 아니라 내려놓아야 할 것들이라. 도교는 애착, 지식, 개념, 포부를 버리고 마음을 비우는 것을 불교보다도, 다른 어떤 종교보다도 더 강하게 강조한다. 모든 것을 버리고 우리 자신이 빈 그릇처럼 되어야 한다는 것이다. 도교 수행자들은 신처럼 생긴 구멍에 구멍처럼 생긴 신을 채운다. 불교의 공(空)과는 다르다. 불교의 공은 사실 그것, 즉 자아만 없을 뿐 모든 것이다. 도교에서 공은 정말로 무(無)다. 하지만 이 무는 창의적인 과정, 삶 그 자체를 위해 필수적이다. 무에서 모든 것이 솟아난다. 중국 황제 현종은 이렇게 말했다. "더 적은 것이 더 많은 것의 조상이다."

이미 무 속으로 깊이 들어갔으므로, 나는 판돈을 전부 걸고 도박을 해봐도 될 것 같다는 생각이 든다. 그래서 폭탄을 떨어뜨린다. "신을 믿으세요?"

샌디는 맥주를 크게 한 모금 마시고 나서 대답한다. 아니, 사실은 대답을 피한다고 해야 옳다.

"비트겐슈타인이 이런 말을 했어요. '말로 할 수 없는 것은 반드시 침묵으로 넘겨야 한다.'"

"비트겐슈타인의 말 같은 건 상관없어요. 이미 죽은 사람이잖아
요. 샌디, 신을 믿으세요?"

"지금 말하는 신이 무슨 뜻인지 먼저 알아야겠어요. 우리가 '신'이
라고 말하면 사람들은 즉각 자기들이 생각하는 신의 이미지를 마음
에 떠올려요. 나도 뭔가를 믿기는 하지만 그걸 정확히 설명해줄 수
있을지 잘 모르겠어요. 초창기의 번역가들 중에는 '도'를 '신'으로 번
역한 사람들도 있었어요. 하지만 그건 옳지 않죠. 도는 신이 아니라
길이니까요. 이 둘은 달라요."

"좋아요. 하지만 지금껏 찾고 있던 해답을 도교가 제공해주던가
요?"

"난 해답을 찾아다니는 게 아니에요. 그냥 경험을 바랄 뿐이에요."

나는 미끄러운 두부와 씨름하면서 이 말을 곰곰이 생각해본다. 동
양 종교와 유대교-그리스도교를 구분 짓는 특징이 바로 이것이다.
믿음보다 경험을 강조하는 것. 도교, 불교, 힌두교, 자이나교 등은
"무엇을 믿습니까?"라는 질문을 던지지 않는다. 이것은 서구의, 특
히 그리스도교의 버릇이다. 동양의 특징은 행동, 경험, 결과다.

결국 우리의 화제가 기에 이른다. 불가피한 결과다. 아직 야광 정
자는 전혀 보이지 않고, 나는 도대체 기가 뭔지 감을 잡을 수가 없다.

"기는 에너지예요. 전기와 거의 비슷하지만, 아주 똑같지는 않아
요."

"아침에 마시는 맛 좋은 커피 한 잔 같은 건가요?"

"아뇨, 그런 게 아니에요."

"정말로 기가 존재한다고 확신하세요? 그냥 사람들이 상상으로
지어내는 게 아닐까요?"

"난 전혀 의심하지 않아요."

"직접 보신 적이 있어요?"

"아뇨, 하지만 느낀 적은 있어요."

샌디는 자동차 사고 때문에 손가락 하나를 못 쓴다. 그 손가락은 주먹을 쥐었을 때처럼 항상 구부러져 있다. 지난번 중국을 여행하던 중 어느 날 샌디는 후 선생과 함께 명상을 하다가 누군가가, 뭔가가 그 손가락을 탐색하는 것을 느꼈다. 아프지는 않고, 오히려 좋은 느낌이었다. 간질간질한 느낌.

"기가 정말로 존재한다면, 왜 모두들 느끼지 못하는 거죠?"

그건 그 사람들이 기가 존재하지 않는다고 단정했기 때문이라고 샌디가 말한다. 우리는 자신이 예상할 수 있는 것만 경험한다. 최소한 그런 것이 존재할 가능성이라도 스스로 인정하지 않으면 그 무엇도 경험할 수 없다. 윌리엄 제임스의 말처럼, "때로는 사실에 대한 믿음이 사실을 창조해낼 수도 있다."

가치 있는 여행이 모두 그렇듯이, 샌디의 수행에서도 갑작스레, 느닷없이 발전이 이루어지곤 한다. "어느 수준에 도달해서 '그래, 이제 모두 이해할 수 있어' 하고 말한 뒤에 자신이 아무것도 이해하지 못한다는 사실을 다시 깨닫게 되죠. 그래서 또 새로운 수준으로 나아가고, 그런 일이 계속 반복되는 거예요." 샌디가 이 이야기를 할 때의 태도에는 좌절감이 아니라 경이의 감정이 배어 있다. 신비로운 것을 대하는 느낌도 있다. 신비라는 말 또한 우리가 의미를 깎아내린 단어 중 하나다. 신비는 누군가가 풀어주기를 기다리는 수수께끼가 아니라 인간으로서는 해결할 수 없는 어떤 것이다. 신비의 자손은 좌절감이 아니라 경외감이며, 이 경외감은 지식과 함께 자라난다. 많이 알면 알수록 경외감도 커진다. 이것이 위대한 신비다.

우리의 대화가 지상을 벗어나 성층권으로 가버린 게 아닌가 하는 생각이 든다. 물론 나는 성층권에 선천적으로 끌리는 사람이다. 나는 이곳 지상보다 공기가 희박한 저 위쪽이 더 편안하다. 땅에 발목이 붙들렸다는 표현의 반대말이 뭔지는 모르겠지만, 하여튼 내가 바로 그런 상태다. 그런데 샌디가 고맙게도 우리를 부드럽게 착륙시킨다.

도교는 실용적인 길이라고 샌디가 설명한다. 거의 매일 크고 작은 일에서 샌디는 도교의 유용성을 발견한다. 예를 들어, 유난히 기분 나쁜 치과 치료를 받을 때 샌디는 자신의 마음과 주의를 다른 곳으로 분리시켰다. 교통 체증에 갇혔을 때는 화를 내는 대신 태극권 모드로 들어가 목을 좌우로 천천히 돌리고, 죽어라 운전대를 움켜쥐고 있던 손에서 힘을 뺀다. 전에 자동차 라디오를 도둑맞았을 때 처음에는 샌디도 화가 나서 펄펄 뛰었다. 출퇴근길에 라디오를 즐겨 들었기 때문이다. 하지만 라디오 없이 조용한 분위기 속에서 생각에 빠져드는 것도 즐겁다는 사실을 알게 되었다. 이제 샌디는 차를 운전하면서 백일몽을 꾸거나, 좌망을 연습하거나, 단순히 차를 운전할 때 몸으로 느껴지는 즐거움에 마음껏 빠져든다. 라디오를 도둑맞은 지 2년이 지났는데도 샌디는 아직 새로운 라디오를 설치하지 않았다.

도교 수행자의 삶은 개와 비슷하다고 샌디가 말한다. "개는 여기 앉았다가, 저기 앉았다가, 꼬리를 흔들었다가 하죠. 배가 고프면 음식을 먹고, 몸에 뭐가 잔뜩 묻으면 그저 몸을 흔들어서 털어내요." 샌디는 개처럼 자기 몸을 좌우로 흔든다. 그녀는 자신이 바셋 하운드

(다리가 짧은 사냥개 - 옮긴이)라고 생각한다. 그래, 내가 보기에도 그렇다. 목살이 늘어지고 마음씨가 착하니까.

도를 찾아 나선 이후 샌디는 자신의 삶에서 불필요한 것들을 쳐냈다. 〈보그〉지 구독도 취소했다. 샌디 자신의 말처럼, 이제 어느 정도 나이를 먹었기 때문일 수도 있지만 그것이 전부는 아니다. 이제는 허영을 부추기는 그런 것들에 더 이상 마음이 가지 않는다. 샌디가 전과는 달리 마음을 쏟지 않게 된 일들은 그밖에도 많다. 집을 깔끔하게 유지하는 것, 직장일 등등. 적어도 예전처럼 일에 집착하지는 않는다. 전에는 근무평가를 잘 받는 것에 마치 목숨이라도 달린 것처럼 굴었다.

대개 우리는 종교를 믿는 사람들이 그렇지 않은 사람들보다 더 신경 쓰는 일이 많을 거라고 생각한다. 하지만 꼭 그런 건 아니다. 종교를 진심으로 믿는 사람들은 남들보다 더 적은 일에 깊이 신경을 쓴다. 그리고 나머지 것들에 대해서는 아예 상관도 안 한다. 윌리엄 제임스의 말처럼, "현명해지는 기술은 곧 무심히 넘겨야 할 것을 알아내는 기술이다." 샌디는 요즘 많은 것들을 무심히 넘겨버린다. 그 편이 결정을 내리는 데 더 편하다고 한다.

나는 기운이 난다. "저는 영 결정을 못 내려서 만날 고생이에요. 어떻게 하면 되죠?"

"난 많은 일에 신경을 쓰지 않아요."

"그래도 최고의 경험을 하고 싶은 마음이 있지 않아요?"

"내가 원하는 건 최고의 경험이 아니에요. 회사 사람들하고 같이 점심을 먹으러 갈 때, 나는 한 발 물러서서 '뭐든 당신들이 원하는 걸로 먹어'라고 말해요."

"그건 너무 수동적인 태도 아닌가요? 아니, 수동-공격성인가?"

"아니에요. 난 불평하지 않으니까. 내일 다른 점심을 먹으면 되잖아요. 배우는 입장에서 보면 이건 훌륭한 지혜예요. 그렇지 않다면, 난 다시 이곳에 올 일이 없었겠죠."

나는《도덕경》을 휙 꺼내서 샌디가 좋아하는 61장을 읽는다. "여성은 양보하고 낮은 자리에 섬으로써 항상 남성을 정복할 수 있다." 노자의 말이 대부분 그렇듯이, 이 구절도 전통적인 지혜를 거꾸로 뒤집어놓는다. 대개 우리는 양보를 부정적인 것, 약하다는 표시로 생각한다. 적에게 한 치도 양보하지 말고 용감하게 싸워라. 네가 원하는 것, 네가 마땅히 누려야 하는 것을 쟁취해라. 나는 이런 마음가짐에 대해 노자가 뭐라고 할 것 같으냐고 샌디에게 묻는다.

"원하는 것을 이루는 방법은 원하는 것을 이루기 위해 노력하지 않는 것이라고 하겠죠. 무위라고."

"그 방법이 효과가 있던가요?"

"네. 하지만 밀어붙여야 할 시점이 언제인지 알아야 해요. 철저히 수동적인 자세만 취하라는 게 아니니까요. 그런데 언제 힘을 써야 할지 그냥 알 수 있어요. 지금처럼요. 내가 일행과 떨어져 산에 올라가서 뭔가에 마음을 열고 나를 이끌어주는 말에 귀를 기울이고 싶다고 했잖아요. 나는 여기에 뭔가 유용한 게 있다는 걸 알고 있었어요. 그게 얼마나 훌륭한 건지는 몰랐지만."

이것이 신호이기라도 한 것처럼 음식이 또 나온다. 물고기가 접시에 산더미처럼 쌓여 있다. 우리는 접시에 달려들어 아무 말 없이 음식을 마구 먹어치운다. 이렇게 맛있는 생선은 먹어본 적이 없다는 말을 할 때만 잠시 멈췄을 뿐이다.

이제 움직일 시간이 됐다. 샌디가 계산서를 요구한다. 프랑스어로. 언어로 인한 약간의 혼란이 이어진 뒤 우리는 음식 값을 치르고 기념품 가게들이 몰려 있는 곳으로 천천히 올라간다. 샌디는 검(劍)을 찾고 있다. 클수록 좋다. 샌디는 검 여러 자루를 시험해본다. 양손으로 검을 쥐고 무게와 느낌을 가늠한다. 나라면 아무리 시간이 흘러도 도저히 결정을 내리지 못할 것이다. 혹시 완벽하지 못한 검을 고를까 봐 걱정스러워서 오락가락할 것이다. 하지만 샌디는 겨우 몇 분 만에 마음에 드는 물건을 찾아낸다. 느낌이 좋다고 한다. 샌디는 상인과 건성으로 조금 옥신각신하더니 흥정을 마무리한다. 정말로 위협적인 검이다. 길이가 족히 90센티미터는 되고, 날은 정육점 칼처럼 예리하다. 나는 샌디에게 도교 수행에 쓸 검이냐고 묻는다. 꼭 그런 건 아니라고 샌디가 대답한다. 언젠가 이 칼을 직장에 가져가서 회의실 탁자에 놓아두고 싶다고 한다. "그러면 사람들이 내 말을 허투루 듣지 않겠죠." 샌디가 말한다. 그래, 칼에 꼭 특별한 의미가 있어야 하는 것은 아니다.

다음 날 나는 병이 난다. 그래서 화장실과 아주 친해진다. 일행은 나를 걱정하며 온갖 동종요법을 제안한다. 아마존 정글 깊숙한 곳에서 뽑아온 뿌리를 먹으라는 둥, 뭐 그런 것들. 일행 중에 침술사가 있어서 내게 침을 놓아주겠다고 제의한다. 내가 원하는 것은 오로지 항생제뿐이지만 이 사람들은 항생제를 쓸 사람들이 아니다. 나는 녹차를 홀짝거리며, 좌망을 수련하려고 애쓴다.

다음 날 다행히도 몸이 나아진다. 비가 내린다. 짙은 천연 안개가 산 위에 걸려 있다. 중국인 직원들이 몹시 좋아한다. 샌디도 마찬가지다.

"저것 좀 봐요." 샌디가 안개가 낀 것 같은 중국 그림과 닮은 풍경을 가리킨다. "정말 모호한 풍경이죠?" 이것이 정말 좋은 일이라고 말하는 듯하다.

"모호한 것이 아름답다고 생각하세요?"

"그래요. 아니에요."

샌디는 아름다운 모호함 속에 흠뻑 빠져 있는지 몰라도 다른 사람들은 기공 수련을 걱정하며 뻣뻣하게 군다. 어쩌지? 아직 세 가지 동작을 더 배워야 하는데. 그래서 아침 수업을 실내에서 하기로 결정이 내려진다. 실내 수업은 다르다. 끔찍한 형광등 불빛 때문인지 다들 집중하지 못한다. 풍수가 맞지 않는다. 우리의 기가 고갈되었다.

오후에 우리는 후 선생의 철학 강의를 듣는다. 나는 그가 마음에 들지만 그의 말은 이해하지 못하겠다. 그의 심한 중국식 영어 발음 때문이기도 하고 강의의 주제 때문이기도 하다. 도교 철학 중에서도 난해한 부분들, 도무지 이해할 수 없는 도표들. 그의 말 중에서 내가 이해하는 것은 아마 30퍼센트 정도밖에 안 되는 것 같다. 강의 중에 후 선생이 말한다. "훌륭한 창자(intestines)는 영적인 삶에 아주 중요합니다." 아주 확신에 찬 태도다. 나도 이 말에 동의한다. 안 그래도 내 장이 말썽을 일으켰으니까. 하지만 다른 사람들은 회의적인 표정이다. 훌륭한 창자? 후 선생이 같은 말을 되풀이한 뒤에야 우리는 그의 말이 "훌륭한 의도(intentions)"라는 것을 알아차린다. 내 생각에는 이것도 물론 중요하다.

우리는 형이상학적인 수수께끼들과 씨름한다. 부모가 태어나기 전에 우리는 어디 있었을까? 우리는 여러 종류의 에너지에 대해서도 이야기한다. 기는 그런 에너지 중 하나일 뿐이다. 정(精)이라는 에너지는 기보다 더 거친 형태이며, 프로이드가 말한 이드(id: 본능적인 충동을 뜻한다 - 옮긴이)와 비슷하다. 그리고 신(神)이라는 에너지는 기보다 더 다듬어진 형태다. 도교 추종자들은 인간의 영혼을 일종의 에너지 처리 기계로 본다. 가장 거친 형태의 에너지, 즉 우리의 가장 동물적인 면들을 끊임없이 다듬어서 우리가 완전히 인간다운 모습과 신들에게 더 가까워질 수 있게 해주는 기계다. 이 처리 과정은 "내면의 연금술"이라고 불린다.

도교 문헌은 대부분 암호로 되어 있다고 후 선생이 말한다. 그러면서 그는 칠판에 이렇게 쓴다. "무쇠 소가 땅을 간다." 번역하자면, 우리 마음에서 잡념을 없애야 한다는 뜻이다. 이 말은 나도 이해가 간다. 도교는 불교와 마찬가지로 이 세상, 이 풍진 세상이 꿈과 다를 바 없다고 본다. 불교는 물론 도교에서도 깨달음이란 곧 그 꿈에서 깨어나는 것이다. 우리 서구인들이 어떤 사람을 가리켜 "꿈같이 살고 있다"고 말하는 건 그가 최고의 성공을 거뒀다는 뜻이다. 하지만 도교의 시각은 다르다. 도교 추종자에게 내가 꿈같이 살고 있다고 말하면 십중팔구 이런 대답을 듣게 될 것이다. "그것 참 유감이네요. 빨리 깨어나시기를 바랍니다."

이제 우리는 여섯 가지 동작을 배웠다. 머리 굴리기 동작이 추가되었는데, 이 동작의 이름은 '콩팥 문지르기'다. 동작의 형태도 이름 그대로다. 주먹으로 두드리는 동작도 배웠는데, 내 마음에 쏙 든다. 먼저 양발을 어깨 너비로 벌리고 서서 양팔을 허리 높이로 올린다. 눈을 크게 뜨고 팡! 팡! 팡! 평생 동안 속에 쌓여 있던 분노가 빠져나가는 것이 느껴진다. 내 동작이 아직 너무 빠르기는 해도 전보다 더 유연해졌다고 종 선생이 말한다.

"신은 방향입니다." 오스트리아의 시인 라이너 마리아 릴케는 이렇게 말했다. 도교 추종자들도 동의할 것이다. 비록 여기에 신은 속도이기도 하다는 말을 덧붙이겠지만. 그런데 그 속도라는 것이 우리가 생각하는 것보다 훨씬 더 느리다. 도교 수행자들에게 느림은 신성함에 버금간다. 그들은 모든 것을 천천히 한다. 하지만 나는 느림과 느림의 사촌인 참을성 때문에 애를 먹고 있다. 나는 뭐든지 빨리 해치우고 싶다. 신경치료 같은 일에는 이 방법이 좋지만, 내가 인생의 즐거운 일들조차 가능한 한 빨리 해치우고 싶어 한다는 점이 문제다. 내가 가장 좋아하는 시제는 과거 시제다. 이게 터무니없는 일이라는 건 나도 안다. 내 우울증이 혹시 참을성 부족과 관련된 건 아닌지 궁금하다. 모든 걸 최대한 빨리 해치우고 싶어 하는 성질은 불편한 의문을 낳는다. 그럼 애당초 왜 사는가?

"긴장을 풀 필요가 있어요." 종 선생이 말한다. 또다. 그래요, 나도 알아요, 안다고요. 나는 지나치게 노력을 기울이지 않으려고 열심히 노력하는 중이다. 물론 이것이 문제다. 내게는 두 가지 상태밖에 존재하지 않는다. 미친 듯이 움직이거나 아니면 마비된 사람처럼 꼼짝도 안 하거나. 뭐든 억지로 해내려고 자신을 들들 볶든지, 아니면 아예 인생을 포기해버린다. 하지만 이 두 가지 말고 제3의 방법이 있다. 도교의 방법인 무위. 힘들이지 않고 하는 것. 노자가 뭐라고 했더라? 아무것도 하지 않으면, 미완성으로 방치되는 것도 없다. 나도 이 말을 믿고 싶다. 아니, 이 말대로 살 수만 있다면 더 좋을 것이다.

무위를 단순히 '흐름과 함께 가는 것'으로 묘사한다면, 이 말의 가치를 깎아내리는 짓이다. 흐름과 함께 가려면 대단한 솜씨와 더불어

아주 특별한 종류의 지능이 필요하다. 우리가 보통 지능이라고 생각하는 것과는 근본적으로 다른 지능이다. 이것은 컴퓨터 프로그램을 짜는 법이나 복숭아 파이 굽는 법 같은 지식과는 다르다. 육감도 아니다. 그보다는 방향성에 가깝다. '세상의 원래 모습'을 알아차리는 감각.

우당산에서 보내는 마지막 밤이다. 나는 샌디의 방에서 초콜릿을 먹으며 항공사 이름이 적힌 병에 든 블랙라벨을 마시고 있다. 샌디가 비행기에서 여행가방에 넣어 온 것이다. 우리는 일주일 동안의 훌륭한 경험에 건배한다. 날씨에 대해서도 건배한다. 이보다 더 좋은 날씨를 바랄 수는 없을 것이다. 그토록 훌륭하고 모호한 안개라니. 우리는 안개에 대해서도 건배한다. 우리를 가르친 강사는 진정한 대가였다. "선생의 동작이 정말 느리고 우아했어요." 샌디가 말한다. "속이 불편해질 정도예요." 우리는 종 선생을 위해서 건배한다. 그가 깨달음을 얻었는지는 알 수 없다(솔직히 내가 어찌 감히 그런 판단을 하겠는가?). 하지만 그가 걷는 법을 제대로 아는 건 확실하다. 천천히, 아주 천천히.

다음 날 아침 우리는 모든 조각들을 한데 모은다. 여덟 가지 동작을 모두. 우리는 호텔 마당에 모여 있다. 비가 그치고 햇빛이 청명한 하늘을 밝게 비추고 있다. 안개도, 모호함도 없다. 하지만 나는 정신을 집중하지 못한다. 나의 마음은 내일의 여행을 향해 자꾸만 달음질친다. 풍진 세상에 다시 들어가는 여행에 대해. 하지만 동작들이 나를 머리에서 끄집어내서 몸속으로 집어넣는다. 콩팥 문지르기 동작을 할 차례가 되었을 무렵에는 내 내면의 안개도 걷힌 뒤다. 기분이 좋다. 내 허리는 꼿꼿하고, 동작은 유연하고 느리다. 느림이 이제는 짐처럼 느껴지지 않는다. 오히려 안도감을 안겨준다. 시간은 내 친구다. 나는 숨을 쉬고 몸을 움직인다. 뚝뚝 끊어진 동작이 아니라 아무런 방해도 받지 않고 하나로 이어진 동작이다. 음표는 없고 노래만 있는 것과 같다.

나는 기를 보지 못한다. 야광 정자 같은 건 보이지 않는다. 하지만 느낄 수는 있다. 틀림없다. 어쩌면 내 마음이 나를 속이는 건지도 모른다. 내 머릿속에서 나만의 마술쇼가 벌어지는 건지도 모른다. 하지만 징징 울리는 듯한 느낌이 맥박처럼 내 몸을 훑고 지나가는 것이 느껴진다. 마치 누가 내 몸의 전압을 올린 것 같다. 수련이 끝난 뒤 종 선생이 차를 같이 마시자고 우리를 초대한다. 중국인들은 단순히 차를 마시기만 하지는 않는다. 그들에게 차를 마시는 행위는 일종의 공연이다. 열정적이고 번잡한 의식이라서 개구리 조각상들 위에 차가 철썩철썩 쏟아지고 찻물이 사방으로 튄다.

"먼저 차의 향기를 맡아보세요." 종 선생이 말한다. "그다음에 한 모금 차를 마시면, 다향이 더 오래 남을 겁니다."

차의 종류에 따라 의식의 상태도 달라지느냐고 누군가가 묻는다.

"아닙니다." 종 선생이 말한다. "하지만 훌륭한 삶을 사는 사람들만이 진정한 차 맛을 볼 수 있습니다."

사람들은 차의 형이상학에 대해 종 선생에게 이런저런 질문들을 던지고, 종 선생은 끈기 있게 대답해주다가 마침내 이렇게 선언한다. "그렇게까지 깊이 들어갈 필요는 없습니다. 그냥 차나 마시죠." 우리는 그렇게 한다.

우리는 이 산에 어울리지 않는 여행가방들을 가지고 가파른 계단을 올라가 버스에 탄다. 준이 "아무 이상 없어요"라고 선언한 뒤 우리는 곧 출발한다. 고속도로에 "계속 커브길"이라는 표지판이 보이더니, 곧이어 "속도를 조심하세요."라는 표지판이 나타난다. 도로에서 도교의 원칙들이 최고로 발휘되고 있다. 하지만 함께 도로를 달리는 사람들 중 누구도 이 도교 철학을 따르지 않는다. 그들은 경적을 울려대며 우리 차의 범퍼를 괴롭힌다. "이 사람들은 명상을 좀 할 필요가 있겠어요." 샌디가 말한다.

우리는 계속 커브를 돌면서 도로를 붕붕 달린다. 속도에도 주의한다. 그런데 갑자기 쾅! 하고 뭔가가 터진다. 운전기사가 차를 세우고 차의 상태를 살피더니 곧바로 침을 뱉는다. 느낌이 좋지 않다. 기사는 다시 버스에 올라 근처 소도시까지 절룩거리며 어떻게든 가보기로 한다. 이건 정말 무모한 짓이다. 다들 방금 화성에서 온 사람들을 보듯이 우리를 바라본다. 우리 일행은 모두 철학적으로 변해서 이 문제를 여러 시각에서 바라본다.

"타이어가 터졌을 뿐이에요." 밥이 말한다.

"빌어먹을 일들이 가끔 일어나죠." 솔랄라가 말한다.

"그럴 수도 있고 아닐 수도 있다고 할 수 있을지도 모르죠." 샌디가 말한다.

나중에 이 사람들이 그리워질 것 같다.

샌디가 맥주를 구하러 간다. 몇 분 뒤 샌디가 빙긋 웃고 있는 걸 보니 성공한 모양이다. 오줌처럼 미지근하고 맛이 끔찍한 맥주지만 그런 건 상관없다. 아직도 긴 여행이 남아 있는데 어딘지도 모르는 이 먼지투성이 마을에서 타이어가 터진 버스에 앉아 펑 하고 맥주를 따서 홀짝거리며 샌디가 단언한다. "세상에, 난 중국이 정말 좋아요." 샌디의 말이 진심임을 나도 확실히 알 수 있다는 게 기묘하다.

우리는 서로 작별 인사를 한다. 일행은 베이징으로 가서 관광을 할 예정이다. 나는 반대편, 즉 서쪽에 있는 청두로 날아간다. 나의 최종 목적지는 성산(聖山) 중에서 우당산의 라이벌 격인 칭청산(青城山)이다. 나는 그곳에서 좀 더 은자 같은 생활을 경험해보고 싶다. 내가 후 선생에게 이런 계획을 이야기했더니, 그는 좋은 생각이라는 듯 고개를 끄덕였다. "그 산은 또 다른 목소리를 갖고 있습니다." 그가 말했다.

비행기에서 나는 샌디를 생각한다. 샌디는 자신의 신을 찾은 것 같다. 비록 이름 없는 신이기는 하지만. 그러나 샌디 자신은 그런 식으로 생각하지 않을 것 같다. 그녀는 자신의 삶을 뒤집어엎지도 않았고, 은자처럼 살지도 않고, 내가 아는 한 몸에 경전의 글귀를 문신으로 새기지도 않았다. 그런데도 도교가 샌디에게 자양분을 제공해주고 있다. 나로서는 완전히 이해할 수 없는 심오한 방식으로. 샌디가 보고 싶을 것이다. 하지만 샌디가 인심 좋게 넘겨준, 겉에 사탕물을 바른 마카다미아가 담긴 커다란 통이 이별의 아픔을 달래준다.

* * *

청두 공항에 도착한 나는 미리 지시받은 대로 빙글빙글 돌아가는 거대한 판다 밑에 서 있다. 내 통역인 대니얼의 모습은 전혀 보이지 않는다. 캐나다 학생인 그는 겨우 몇 년 만에 중국어를 완전히 터득하는 데 성공한 인물이다. 나는 햇볕 속에 앉아서 빙글빙글 돌아가는 판다를 지켜본다. 새로이 부(富)의 대열에 합류한 중국인들이 자신의 속도를 망각하고 미국인의 속도로 바삐 움직이고 있다. 마침내

대니얼이 나타난다. 기가 막힐 정도로 아름다운 중국인 여자친구와
함께. 우리는 내 가방을 자동차 트렁크에 실으려고 하지만 자리가
없다. 트렁크 안은 수십 개나 되는 신발 상자로 가득 차 있다. 신발
가게도 아닌데 이렇게 신발이 많은 것은 처음 본다. 지미 추, 마놀로
블라닉, 크리스찬 루부탱. 온갖 유명 디자이너들의 제품이 대니얼의
트렁크 안에 들어 있다. 그의 여자친구가 쇼핑을 좀 했다고 중얼거
리며 내게 사과한다. 더 적은 것이 더 많은 것이라는 철학을 세상에
가져다준 나라가 지금은 더 많은 것이 더 많은 것이라는 식으로 살
고 있는 것 같다.

우리의 목적지는 산기슭에 있는 신비로운 수련원이다. '책의 궁
전'이라고 불리는 곳인데, 나 같은 사람한테는 천국일 것 같다. 이곳
의 운영자는 수련원 자체보다 더욱더 신비에 싸여 있는 마담 혜다
(나는 속으로 그녀를 마담 H로 불렀다). 내가 아는 건 이것이 전부다. 빌
포터, 일명 레드 파인이 몇 달 전에 나를 이 길로 인도했다. 나는 중
국인의 영혼을 지닌 빌이 나를 엉뚱한 길로 이끌지 않을 거라고 믿
고 있다.

"중간에 결혼식장에 잠깐 들러도 돼요?" 대니얼이 묻는다.

"좋아요."

대니얼의 여자친구의 사촌이 결혼식을 올린다고 한다. 결혼식은
경박하기 짝이 없다. 음식과 음료수가 홍수 때의 양쯔강보다 더 빨
리 흐른다. 내가 이 자리에 있는 것에 신경 쓰는 사람은 하나도 없는
것 같다. 오히려 다들 나를 아주 오랜만에 만난 미국인 친척처럼 대
하면서 함께 사진을 찍자고 한다. 결혼식은 정체가 의심스러운 술과
신기한 요리들과 함께 정신없이 흘러간다. "중요 장기가 여기 다 있

어요." 대니얼이 건조한 목소리로 말한다. 돼지의 뇌, 닭의 간, 그 밖의 잡다한 내장들이 컨베이어벨트에 실려서 뻘겋게 충혈된 사람들 눈앞에서 악몽 속의 회전목마처럼 빙글빙글 돌아간다.

몇 시간 뒤 우리는 칭칭산 기슭에 도착한다. 대니얼이 차를 주차시킨 뒤 우리는 무성한 이파리들에 둘러싸인 길을 걷는다. 잠시 후 나무들이 양편으로 갈라지면서 책의 궁전이 나타난다. 늦은 오후의 햇빛 때문에 그곳이 갖가지 색깔로 타오르는 것처럼 보이는 탓인지 아니면 결혼식에서 마신 주스가 아직도 내 머릿속에서 출렁거리는 탓인지는 잘 모르겠지만 마치 나만의 낙원에 도착한 것 같은 기분이다. 이곳은 낡은 건물 여러 채로 구성된 단지다. 우당산의 건물들처럼 낡아 보이게 만든 가짜가 아니라 정말로 낡은 건물들을 아름답게 복원해놓았고 사방에 정원이 있다. 음악방송에서 틀어주는 음악이 아니라 진짜 음악이 눈에 보이지 않는 스피커에서 마법처럼 공중으로 스며든다. 그리고 당연히 사방에 책이 있다. 아름다운 물건들이지만 내게는 잔인한 괴롭힘 같다. 모두 중국어로 돼 있기 때문에.

마담 H는 여전히 수수께끼의 인물로 남아 있기 때문에 실제로 그녀를 만났을 때는 실망이 느껴진다. 내게는 이미 친숙한 감정이다. 마담 H는 너무나…… 평범해 보인다. 몸을 훌륭하게 관리한 60대 후반의 여성으로, 눈빛은 기민하고 표정은 상냥하다. 난 도대체 뭘 기대했던 거지? 하지만 나는 판단을 보류한다. 여러 달 전에 수피 셰이크에게서 들었던 충고가 떠올랐기 때문이다. 외면과 내면을 구분하라는 충고.

대니얼과 나는 이 책의 궁전의 유일한 손님들이다. 이곳은 대중에게 공개되어 있지 않다. "두 분이 여기 오실 수 있었던 것은 이곳이

지어진 목적이 바로 그렇기 때문입니다." 마담 H가 말한다. 내 기분도 딱 그렇다. 마치 이곳이 오로지 나만을 위해 창조된 것 같은 느낌. 나는 존 파울즈의 소설《마술사(The Magus)》를 떠올린다. 불평불만에 차 있는 젊은이가 수수께끼에 싸인 거물의 손님이 되어 그리스의 어떤 섬으로 간 뒤 사이코드라마 같은 내용이 펼쳐지는 소설이다. 책의 궁전은 아주 좋은 곳이다. 너무 좋아서 현실이라고 믿기 어려울 정도로. 내 머릿속에서 작게 속삭이는 소리가 들린다. "이 사람들 꿍꿍이가 뭐지?" 하지만 여기는 라스베이거스가 아니다. 책의 궁전 사람들 또한 라엘교도가 아니다. 여기서 여자 옷을 입을 위험 같은 건 별로 없어 보인다.

나중에 마담 H가 대니얼의 통역으로 자신의 이야기를 들려준다. 그녀는 원래 비구니로 절에서 8년간 살았다. 하지만 "내가 바라던 수준에 이르지 못했어요." 수도 생활의 리듬과 의식은 그녀를 공허하게 만들었고, 그녀가 진심으로 열정을 쏟는 대상인 책과도 멀어지게 만들었다. 나는 이 말을 듣고 생각한다. 이 사람하고는 죽이 잘 맞을 것 같네. 마담 H는 자신의 생활에 회의가 들었다. 그녀가 "불확실한 것이 있으면 에너지를 낭비하게 된다"고 말하자 나는 또 속으로 생각한다. 그래, 정말로 나하고 죽이 잘 맞을 것 같아. 마담 H는 홍콩으로 가서 생계를 위해 점쟁이가 되었다. 상당한 명성도 얻었다. 하지만 도시의 소음과 다른 사람들의 운명을 알고 있다는 마음의 짐 때문에 점점 지쳐갔다. 그래서 어느 날 모든 것을 팔고 이리로 와서 버려진 절을 개조해 책의 궁전을 세웠다. 이곳을 호텔로 운영할 수도 있겠지만 그녀는 이제 돈에 흥미가 없다. 그녀는 초대된 손님들에게만 책의 궁전의 문을 열어준다. 이곳의 자리를 비우는 일도 거의 없다. 그녀는 자신을 "고급 은자"라고 지칭한다. 잠을 매일 네 시간씩만 자고, 그 밖의 시간에는 명상을 하거나 책을 읽는다. 예순여덟 살 때에는 건축을 공부하기 시작했다.

마담 H는 중국 철학에 공감하지만 그녀의 몸은 서구적인 것에서 즐거움을 얻는다. 커피, 포도주, 셀린 디온. 어느 날 여느 때처럼 호화로운 식사를 하던 중에 마담 H가 나를 가리키며 묻는다. "잘 차린 음식과 포도주를 먹으며 깨달음을 얻으려는 것을 어떻게 생각해요?"

"야울—디." 나는 그동안 주위들은 10여 개의 중국어 단어 중 하나를 앵무새처럼 흉내 낸다. "전부 다 좋아요."

"며칠 더 머무르다 가세요." 마담 H가 말한다. "내가 영생에 도달하는 법을 가르쳐줄 테니." 농담이다. 농담을 하는 것 같다.

그날 대니얼이 영어를 가르치는 일을 위해 시내로 나간다. 그래서 나와 마담 H, 그리고 책의 궁전의 직원들만 남는다. 그들 중에는 영어를 아는 사람이 하나도 없다. 내가 아는 중국어 단어 12개로 대화를 나누는 데는 한계가 있다("나 커피 좋아? 당신 커피 좋아? 문제없어"). 그래서 나는 여러 날을 혼자 보낸다. 우당산에서 계속 일행과 함께 움직인 탓인지, 이렇게 분위기가 바뀐 것이 마음에 든다. 나는 조바심을 버리고 아무것도 하지 않는다. 그런데도 노자가 말했던 것처럼 모든 것이 이루어진다. 노자는 이런 말도 했다. "지자(知者)는 말하지 않는다. 말하는 자는 지자가 아니다." 나는 아는 것이 거의 없다. 내가 계속 말을 쏟아놓는 것은 일종의 자기 위안인 것 같다. 내게 말은 진정제와 같다. 나의 수다스러움은 두려움을 일정한 거리에 묶어두려는 서투른 노력인 것 같다. 물론 죽음의 공포, 내가 존재하지 않게 되는 공포만큼 무서운 것은 없다. 나는 말한다. 고로 나는 존재한다. 만약 내가 계속 말을 늘어놓는다면, 죽음이 한마디도 끼어들지 못할 것 같다. 그래서 내가 일종의 영생을 얻을 것 같다. 비록 수다스럽고 짜증스러운 영생일지라도.

하지만 여기서 나는 말을 멈춘다. 현실적으로 어쩔 수 없다는 점이 가장 큰 이유인 건 사실이다. 여기에는 내 말을 알아듣는 사람이 하나도 없으니까. 하지만 도교의 지혜 중 일부가 내게 스며들고 있다고 생각하고 싶다. 침묵은 자신을 비우고, 도와 자신을 일치시키는 또 다른 방법임을 나는 깨닫는다. 이 깨달음이 천둥처럼 나를 후려친다. 물론 나는 이 깨달음을 남들과 나누고 싶다. 침묵의 좋은 점을 아무리 말해도 다 말할 수 없다. 정말이지 침묵의 좋은 점에 대해 한없이 떠들 수 있을 것 같은데, 애석하게도 나와 이야기를 나눌 수 있는 사람이 없다. 아무도 나의 언어를 할 줄 모른다. 그래서 나는 생각을, 그것도 아주 좋은 생각을 혼자 속에만 묻어두는 아주 이상한 상황, 하지만 온전히 싫지만은 않은 상황을 경험한다.

인간의 마음은 일상적인 것을 갈망한다. 낙원에 편안히 자리를 잡고 있을 때도 그렇다. 그래서 나는 일상을 고안해낸다. 나는 매일 일찍 일어나서 곧바로 우당산에서 배운 여덟 가지 동작을 연습한다. 이 기세를 잃고 싶지 않다. 인정하기는 싫지만 일행 없이 혼자 하기가 힘들다. 일행이 하나의 거대한 유기체가 되어 나를 끌어주었는데. 연습을 마치면 나는 단지를 가로질러 식당으로 가서 직접 내가 먹을 아침을 준비한다. 마담 H가 커피를 열정적으로 좋아하는 것에 소리 없이 감사 인사를 한다. 식사가 끝나면 적당한 자리를 찾아 의자에 몸을 말고 앉아서 책을 읽는다. 나는 이제 노자를 그만두고 장자로 옮겨 갔다. 장자는 도교 철학자 중 두 번째로 유명한 인물이며, 내용은 아닐지언정 문체 면에서는 노자와 정반대다. 장자는 여행자, 자유롭고 편안한 방랑자를 자처한다. 그리고 무엇보다도 이야기꾼이다. 그의 이야기 속에는 '입술이 없는 비뚤어진 남자'나 '주전자만 한 혹이 달린 남자'처럼 대단히 과장된 인물들이 등장한다. 하지만 이런 이야기들의 핵심은 도교의 가르침이다. 아무것에도 집착하지 마라. 특히 자신의 생각에 집착하면 안 된다. 그리고 매가 바람을 타고 날듯이 도를 따라라.

어느 날 오후에 나는 의자에 앉아 《장자》를 읽으며 매가 아니라 나비를 관찰한다. 나비를 이렇게 오랫동안 관찰해보기는 평생 처음이다. 아니, 모든 동물을 통틀어 처음인 것 같기도 하다. 나는 나비가 날개를 파닥이다가 내려앉는 모습, 다시 날아올랐다가 급강하하는 모습을 지켜본다. 도교의 좌망이 어쩌면 이런 것인지도 모른다. 하지만 이 수련법은 '가만히 앉아서 기억하기'라고 불러야 더 알맞을 것 같다. 우리가 자신의 속도를 알아차릴 때의 삶이 어떤지 기억해내는 것. 장자도 나비를 무척 좋아했다. 한 번은 자신이 나비가 된 꿈을 꾸기도 했다. "갑자기 깨어보니 확실히 다시 장자가 되어 있었다. 그러나 내가 나비가 된 꿈을 꾼 것인지, 아니면 장자가 된 꿈을 꾸는 나비인지 알 수 없다." 아름답고 흥미로운 문장이긴 하지만, 그래서 뭘 어쩌라는 건가? 도교의 가르침은 대부분 이런 식이다. 듣기에도 현명한 것 같고, 내 마음 일부도 이것이 현명한 말이라는 걸 알고 있지만 그다음에는 어떻게 해야 할지 모르겠다. 자동차에 '엔진 점검' 등이 들어왔는데, 자동차 열쇠를 못 찾아 헤매는 꼴이다.

다음 날 아침 깨어보니 빗방울이 내가 있는 건물의 금속 지붕을

탁탁탁 두드리고 있다. 나중에 비가 갠 뒤 마담 H가 내게 자신의 기공을 가르쳐준다. 그녀는 내가 배운 여덟 가지 동작을 보고는 쓸데없이 복잡하다고 단언한다. 마당에 서서 대니얼을 통역 삼아 그녀는 간결하게 다듬어진 동작을 보여준다. 우당산에서 배운 것보다 느슨하다. 팔을 많이 흔들어 기를 모은 뒤, 기운차게 숨을 들이쉬면 된다.

"아주 중요한 게 하나 있어요." 마담 H가 말한다. "반드시 항문에 힘을 줘야 해요."

"대니얼, 제대로 통역한 거 맞아요?"

통역은 틀리지 않았다. 내 항문이 너무 헐겁다고 한다. 어쩐지. 나의 기는 막혀 있는 것이 아니라 새어나가고 있다. 그것도 전혀 예상치 못했던 구멍으로. 내가 여기서 이끌어낸, 더 심오한 교훈은 이것이다. '에너지가 사방에서 우리를 에워싸고 있다. 사랑도 마찬가지다. 우리가 애써야 할 것은 그 에너지에 매달리는 것이다.' 어쩌면 내가 너무 멋대로 해석한 건지도 모른다. 하지만 안 될 것도 없지 않은가?

책의 궁전에서 나는 이렇게 도교스러운 편안함 속에서 하루하루 시간을 보낸다. 어느 날 《장자》를 읽고 있는데, 그가 "과거의 진인(眞人)"을 묘사한 부분이 나온다. 확고하게 도를 따른 인간의 원형을 말하는 것이다. 장자는 이렇게 썼다. "과거의 진인은 생명에 매달리지도 않고, 죽음을 두려워하지도 않았다. 그는 아무런 기대 없이 와서 저항 없이 떠났다." 이 구절을 읽다 보니, 내가 이 진인과 얼마나 안 닮았는지 알 것 같다. 나는 죽어라 생명에 매달린다(어쩌나 힘을 줬는지 거의 생명의 목을 조를 판이다). 확실히 죽음도 두려워한다. 나는 기대하는 것도 많고, 반항도 많이 한다. 나는 책을 내려놓고, 이 구절의 의미에 대해 곰곰이 생각한다. 장자가 말한 인간이 되는 건 불가능할 것 같다. 세상에 이렇게 사는 사람이 있을까? 기대도 저항도 없이? 어떻게 해야 할지 모르겠다.

나는 충리앙 알 후앙을 생각한다. 그는 수십 년 동안 태극권을 가르치고 있는 중국계 미국인이다. 대부분의 태극권 스승들이 선호하는 기계적인 동작과는 크게 다른 그만의 방법 때문에 "태극권의 난폭자"로 알려져 있다. 충리앙은 "움직이지 않는 것을 변명할 길은 없다"거나 "모든 동작에는 의미가 있다. 무의미하게 움직이지 마라" 같은 말을 즐겨 한다. 내가 가장 좋아하는 말은 "도를 이해하고 싶으면, 도로 춤을 춰라"다. 충리앙은 태극권으로 춤을 추는 사람이고 태극권의 천재다. 그는 계속 움직이기 때문에 실제 나이인 일흔네 살보다 20년은 젊어 보인다. 내가 아는 한, 그는 기의 살아 있는 증거다.

나는 중국에 오기 전에 그의 강의를 들었다. 강의는 좋았다. 내가 계속 길을 잃고 헤맨 것만 빼면. 매일 아침 호텔에서 그의 워크숍이 열리는 대학 캠퍼스까지 차를 몰고 가는 도중에 GPS가 나를 배신하는 바람에 나는 엉뚱하게 옥수수밭, 산속, 태평양으로 가버렸다. 그래서 늦어서 미안하다고 사과를 하며 늦게 강의실로 들어가야 했다. 사람들은 이걸로 우스갯소리를 해댔다. 도를 따르겠다면서 계속 길을 잃다니. 어느 날, 서예의 달인이기도 한 충리앙이 '길을 잃다'라는 뜻의 한자를 그렸다(이 동사는 그가 온몸을 움직여서 이 글자를 그리는 모습을 제대로 묘사하지 못한다). 그러고는 이 글자에 '수수께끼'라는 뜻도 있다고 내게 말해주었다. 나는 그 말이 마음에 든다. 나는 워싱턴주 올림피아의 뒷길에서 길을 잃고 헤매기 일쑤일 뿐만 아니라 수수께끼에도 푹 빠져 있다. 위대한 수수께끼, 도라는 이름의 '소용돌이치

는 공(空).' 유구한 세월이 흐르는 동안 먼저 자신을 잃어보지 않고서
자신을 찾은 사람은 하나도 없었다.

슬프게도 이제 책의 궁전을 떠날 시간이다. 이곳에서 지낸 시간은
아름다웠지만 그것은 은자의 삶이었다. 비록 상류층 은자라 해도.
이제 풍진 세상으로 다시 들어갈 때가 됐다는 느낌이 든다. 나는 마
담 H에게 작별 인사를 하며, 반드시 다시 오겠다고 약속한다. 마담
H는 내게 이런 충고를 해준다. "사람이 종교를 선택하는 게 아니라
종교가 사람을 선택합니다. 때가 되면 자연히 알게 될 거예요." 이 말
을 끝으로 대니얼과 나는 차에 오른다. 책의 궁전 정문 바로 너머에
있는, 성급하고 양보를 모르는 중국이 곧 우리를 에워싼다.

내가 도교라는, 미꾸라지처럼 잘 잡히지 않는 봉인을 손에 넣은
걸까? 그렇다. 아니다. 통일적인 단어들 몇 개가 머리에 떠오른다.
부드러움. 무위. 소박함. 도교는 이 모든 것을 권유하지만 내 머릿속
의 단어들 목록에서 가장 위에 자리 잡은 것은 신뢰라는 단어다. 도
교의 핵심은 '있는 그대로의 모습'을 믿는 것이다. 흐름에 몸을 맡긴
다는 말이 좋은 것 같아도 이 말이 효과를 발휘하려면 반드시 우리
가 그 흐름을 믿어야 한다. 그 흐름이 우리를, 예를 들어 나이아가라
폭포 같은 곳이 아니라 여기보다 더 좋은 곳으로 데려다줄 거라고
믿어야 한다. 나는 내게 믿음이 얼마나 적은지를 난생처음 깨닫는
다. 의식적이든 아니든, 나는 '우주가 호의적인 곳인가?'라는 아인슈
타인의 어려운 질문을 생각해보았고, 내가 도출한 대답은 '아니요'
였다. 우주는 적대적인 곳이다. 따라서 나는 항상 경계를 게을리하
지 말아야 한다. 단 1초라도 경계를 풀면 모든 것이 무너져 내릴 것
이다. 이 얼마나 기운 빠지는 일인가. 이 얼마나 오만한가.

의문이 떠오른다. 도교는 일종의 항우울제인가? 만약 노자를 만난다면, 그는 내 영혼의 어두운 밤을 위해 무엇을 처방해줄까? 나는 마음의 귀로 상상 속의 대화를 듣는다.

"제발 도와주세요, 노자 님. 이 지독한 우울증과 어떻게 하면 싸울 수 있죠?"

말이 느린 노자는 잠시 가만히 있다가 대답한다. "자네의 우울증은 괴물이 아닐세. 도를 벗어나 일탈한 것이 아니라는 말이야. 그런 건 불가능하니까. 그 어느 것도 도를 벗어나지 못하네. 자네의 슬픔에 저항하지 말고 받아들이게. 무조건적으로 완전히. 그러면 슬픔이 저절로 사라질 거야. 뜨거운 여름날 물이 증발하는 것처럼. 우주를 믿게. 우주는 정말로 호의적인 곳일세. 그렇지 않다면, 자네가 지금 이 자리에서 내게 우주가 호의적이냐 아니냐 하는 질문을 던질 수도 없겠지. 자네의 존재 자체가 성립하려면 호의적인 힘이 전제조건일세. 그 힘에 이름을 붙일 수는 없어. 붙이려고 애쓸 필요도 없고."

이번에는 나도 입을 다문다. 할 말이 없기 때문에.

6
신은 마법이다

위카

헤셸은 "삶의 숭고한 경이에 대한 무관심"이 모든 죄악의
뿌리라고 믿었다. 위카 추종자들은 괴팍하고 반항적이고
대개는 친절하고 가끔 옷을 벗지만 무심하지는 않다.
그들은 경이와 경외를 자주 맛본다.
이것이 종교가 지닌 최선의 모습이 아니라면 무엇이
최선의 모습인지 나는 모르겠다.

"날 찾기가 쉽지는 않을 거예요." 내가 약속을 잡으려고 전화를 걸었더니, 마녀 제이미가 말한다. "우리 집 주소가 두 개거든요." 광활하고 왠지 불편한 침묵이 이어지고 나는 방금 들은 말을 곰곰이 생각한다. 공간 속의 두 지점을 동시에 점하고 있는 집이라. 이건 무슨 흑마법 같은 건가?

아니, 행정구역을 관할하는 부서에서 일종의 착오가 일어난 것이라고 제이미가 나를 안심시킨다. 그러고는 맵퀘스트(전 세계 도시의 지도를 제공하는 사이트 - 옮긴이)를 이용해도 소용없다고 말한다. 그랬다가는 길을 잃을 거라면서.

물론 나는 제이미의 조언을 마음에 새기지 않는다. 나는 여느 때처럼 현대적이고 호의적이라고 알려진 우리의 신, 즉 기술의 손에 내 운명을 단호히 맡긴다. 하지만 흔히 그렇듯이, 이 신은 이번에도 나를 실망시킨다. 주소가 두 개인 집 때문에 혼란에 빠진 내 GPS는 곧장 계산을 재개하면서 대단히 흥분한 상태로 변한다. 나는 자비심을 발휘해서 기계를 끄고 제이미가 가르쳐준 대로 길을 찾아간다.

우리는 모든 종교에 대해 선입견을 갖고 있다. '이슬람교'나 '불교'나 '라스타파리'라는 말을 들으면 즉시 특정한 이미지가 떠오른다.

하지만 주술(witchcraft)만큼 무겁게 다가오는 종교는 거의 없다. '마녀(witch)'라는 단어는 온갖 종류의 연상을 일으킨다. 그리고 그중에 특별히 긍정적인 것은 하나도 없다. 주문, 마법, 커다란 솥, 불길. 이제 다섯 살인 내 딸도 마녀들을 만나러 시애틀 근처로 간다는 내 말에 흥미를 보였다. "마녀들이 정말로 빗자루를 타고 다녀요?" 아이가 물었다. 현대의 마녀는 그런 만화 같은 묘사에 부르르 화를 내지만 주술 자체가 장난스러운 본질을 갖고 있기 때문에 그런 묘사를 어느 정도는 즐겁게 받아들이기도 한다.

훌륭한 마녀는 자신을 웃음거리로 삼을 수 있다. 그리고 제이미는 자신이 훌륭한 마녀라고 내게 단언한다. 제이미는 사탄을 숭배하지도 않고(사탄은 그리스도교적 장치다), 사람이나 다른 어떤 것을 희생 제물로 바치지도 않는다. 그녀가 희생하는 것은 자신의 시간뿐인데, 그녀는 자주 무모할 정도로 듬뿍 시간을 바친다. 사람에게 주문을 걸어 두꺼비로 만들어버리는 일도 없다. 하지만 두꺼비 같은 사람들은 나름대로 많이 만나 보았다. 심지어 그중 한 명과 결혼한 적도 있다. 여유 시간에는 '마녀스러운 생각'이라는 블로그에 글을 쓴다. 상담 칼럼 같은 글이다. 제이미는 '디어 애비'(미국의 유명한 상담 칼럼 - 옮긴이)와 비슷하다고 말한다. 다만 뾰족한 모자가 덧붙여져 있을 뿐이다.

새로운 종교를 조사할 때 기본적으로 던지는 질문, 즉 '무엇을 믿으세요?'라는 질문이 불교와 도교를 조사할 때는 별로 도움이 되지 않았다. 마녀의 경우에도 전혀 소득이 없다. 그들이 어떤 존재인지 콕 집어서 말하기가 힘들다. "위카(Wicca: 현대적인 종교의 형태를 띤 주술숭배) 추종자들이 무엇을 믿는지 알아낼 수 있으면 한 번 알아내보지 그래?" 내 친구 앨런 쿠퍼맨이 워싱턴에서 점심으로 초밥을 먹으며 내게 말했다. 그는 주류 신문에서 종교 기사를 담당한 적이 있다. "어디 한 번 해보라고. 할 수 없을 테니까." 이 말을 할 때 그는 생선회를 거의 내게 뱉다시피 했다. 그만큼 말투가 열성적이었다.

내가 이런 도전만큼 좋아하는 건 세상에 없지만 앨런의 유혹만으로는 내가 주술에 관심을 갖게 된 이유를 설명하기 힘들다. 위카의 한 부류인 주술은 좀 더 포괄적으로 말해서 신(新)이교이며, 분류가 그리 엄격하지 않아서 특히 드루이드교와 히든(Heathen)도 여기에 포함된다. 중국에서 보낸 시간이 나의 기에 놀라운 영향을 미쳤고, 굳이 애쓰지 않고 자연스럽게 행동한다는 도교 철학에 커다란 지혜가 들어 있는 것은 사실이다. 하지만 도교에는 신이 들어설 여지가 없다. 신비롭고 말로 표현하기 힘든 도가 있을 뿐이다. 먹구름이 몰려올 때 도를 향해 기도를 드린다고 한 번 생각해보라. 이와 달리 위카는 우리 앞에 한 명의 신이 아니라 수백 명의 신을 내놓는다. 위카는 이제 막 생겨난 새로운 종교이자 아주 오래된 종교다. 위계 구조나 교리에 그다지 구애받지 않는 위카는 자연과 마법의 세계를 약속한다. 또한 사람들이 딱 흥미를 가질 만큼의 위험도 있다.

나는 자갈을 깔아놓은 주차장에 도착한다. 여긴가? 녹슨 세탁기 한 대가 건물 앞에 버려져 있는 것이 보인다. 지금은 사라져버린 문명의 유물 같다. 생기는 전혀 느껴지지 않는다. 아무래도 길을 잃은 것 같다. 도교적인 의미로 하는 말이 아니다. 막 차를 다시 빼려는데, 마녀 제이미가 말했던 "무단출입 금지"라는 팻말이 보인다. 그리고 낡아 보이는 오두막으로 이어진 낡아빠진 나무 계단도 보인다. 제이미가 "아주 좋은 집은 아니에요"라고 말했던 그대로다. 문을 두드리자 제이미 루이스가 나온다. 뾰족한 모자는 없다. 빗자루도 없다. 아니톨리아의 여신처럼 풍만하고 표정이 상냥한 젊은 여성일 뿐이다.

목에는 위카의 상징인 오망성(五芒星)이 매달려 있다. 벽을 장식한 것은 달이 차고 기우는 모습을 그린 포스터들이다. 그걸 제외하면, 집 안도 아주 좋은 상태는 아니다. 벽은 마분지로 만든 것 같고, 집 전체가 금방이라도 무너져 내릴 것 같다. 제이미의 남자친구가 소파에 붙박여 있는데, 마치 클린턴 정부 시절부터 줄곧 그렇게 앉아 있는 것 같다.

제이미와 나는 그를 방해하지 않으려고 근처 간이식당으로 차를 몬다. 만족스러운 분위기가 감도는 곳이다. 좁고 어둑한 식당 이상의 것이 되겠다는 포부가 없어서 부담도 없는 곳. 5달러로 참치 샌드위치를 먹을 수 있고, 웨이트리스들은 손님이 자리를 뜰 때까지 줄곧 기쁜 얼굴로 커피를 다시 채워준다. 우리는 음식을 주문한 뒤, 천천히 춤을 추듯이 대화에 빠져든다. 제이미는 믿을 수 없을 만큼 정상적인 사람으로 보인다. 내 입장에서는 물론 실망스러운 일이다. 좀 더 마녀스러운 사람을 기대하고 있었는데.

어쩌다가 마녀가 됐는지 궁금하다. 나는 마녀가 선천적으로 타고나는 것이 아니라 만들어진다고 생각한다. 알고 보니 제이미가 바로 그렇다. 제이미는 종교를 믿지 않는 집에서 자랐다. 식구들이 교회에 나가는 건 대략 1년에 한 번쯤이었다. 하지만 어려서부터 제이미는 영적인 기질을 드러냈다. 열한 살 때는 선불교를 공부했다. 모르몬교도 집적거렸다. 하루 동안 이슬람교를 믿기도 했다(코란을 사서 그 안에 담긴, 현실 전복적인 내용에 기쁨을 느꼈지만 이슬람에 대한 관심은 그녀 안에서 결코 뿌리를 내리지 못했다).

왜 그렇게 열심히 신을 찾아다녔나요?

"궁금한 게 있었거든요." 제이미가 말한다.

사실은 이 말로 다 표현할 수 없는 수준이라는 걸 나는 안다. 내가 보기에 제이미는 언제나 더 많은 것을 원하는 사람이다. 가장 좋은 의미의 탐욕을 부리는 사람들. 그들의 탐욕은 종교적인 성질을 띤다.

고등학교 때 제이미는 '던전스 앤드 드래곤스' 팬들에게 푹 빠졌다. 그때는 이유를 몰랐지만, 지금 생각해보면 그들은 모두 상처받고 망가진 영혼들이었다. 그녀도 마찬가지였다. 열여섯 살 때 친한 친구가 자살한 뒤로 쭉. 장례식이 끝난 뒤 제이미는 친구의 무덤에 사탕을 놓아주었다. 둘 다 사탕을 좋아했다.

제이미는 친구의 죽음을 자기 탓이라고 생각했다. 친구가 자살하기 며칠 전에 제이미는 점심 때 식당에서 줄을 서고 있는 친구를 만났다. "잘 지내, 제이미?" 친구가 물었다. 하지만 제이미는 프렌치프라이의 색깔과 질감에 더 관심이 있었기 때문에 친구를 거들떠보지도 않았다. 왜 걸음을 멈추고 친구에게 말을 걸어주지 않았을까? 그랬다면 뭔가가 달라졌을지도 모르는데. 친구가 그 길을 가는 걸 막을 수 있었을지도 모르는데. 죄책감으로 만신창이가 된 제이미는 심한 우울증에 걸렸다.

그러던 어느 날 학교에서 상담 세미나에 참석해 그다지 재미없는 이야기를 늘어놓는 어떤 남자와 대화하다가 제이미는 그녀를 보았다.

"보다니, 누굴요?"

"제 친구요. 그 남자 옆에 서 있는 게 똑똑히 보였어요."

"죽은 친구요? 죽은 친구를 봤다고요?"

"네."

그때 그 친구가, 그 죽은 친구가 제이미에게 말했다. "그건 네 잘 못이 아니었어. 어쨌든 난 그렇게 했을 거야. 사탕 고마워." 제이미는 걷잡을 수 없이 울음이 터져나와서 방을 뛰쳐나갔다.

나는 참치 샌드위치를 먹다가 하마터면 사레가 들릴 뻔한다. "친구 모습은 어떻던가요?"

"옛날 모습 그대로였어요. 건강하고 행복해 보인다는 게 다를 뿐. 좀 투명하기도 했고요."

이걸 어떻게 생각해야 할지 모르겠다. 제이미가 미친 것처럼 보이지는 않는다. 물론 내가 남의 정신건강을 제대로 판단할 능력이 있다고 장담할 수는 없지만. 그런 상황에서 가장 먼저 떠오르는 의문, 즉 그 유령이 진짜인지 아닌지는 제이미에게 관심사가 아닌 것 같다. 진짜든 아니든 그 유령은 제이미에게 도움이 되었다. 그 유령 덕분에 제이미는 친구의 죽음을 자신의 탓으로 돌리는 걸 그만두고 자신의 삶을 살 수 있게 되었다. 효과가 있는 것이 진리라던 윌리엄 제임스의 말 그대로다.

하지만 아직도 퍼즐 조각 하나가 빠져 있었다. 그것도 아주 큰 조각이. 제이미에게는 메커니즘이 필요했다. 유령을 본 경험을 이해할 수 있게 해주고, 점점 발전하고 있는 자신의 세계관에 그 경험을 통합할 수 있게 해주는 교리(제이미 자신에게 물었다면 이 단어를 꺼내지는 않았을 것이다). 그런데 이 조각을 찾기가 힘들었다. 전통적인 종교는 유령에 관한 한 그다지 도움이 되지 못했다. 그러던 어느 날 책 한 권이 우연히 제이미의 눈에 띄었다. 《십대 마녀(Teen Witch)》라는 책이었다. 제이미 말로는 민망한 책이었다고 한다. 하지만 유령과 마찬가지로 그 책 역시 도움이 되었다. 제이미는 이 책에서 여신들을 처음 접했다. 특정한 여신이 아니라 남성이 아닌 다른 성의 신이 있을 수도 있다는 생각을 알게 되었다는 뜻이다. 제이미는 흥미를 느꼈다. 아버지가 없는 가정에서 자랐기 때문에 제이미는 우주적인 아버지 역할을 하는 신에게 결코 공감할 수 없었다. 아버지가 없는 제이미의 작은 세상에서 신은 그녀의 어머니, 즉 여성이었다.

그로부터 얼마 되지 않아, 제이미는 할머니와 함께 크리스마스 쇼핑에 나섰다. "뭐든 사고 싶은 걸 사도 돼." 할머니가 이렇게 말했기 때문에 제이미는 주술에 관한 책 한 권과 타로카드 한 벌을 샀다. 그 책에는 온갖 종류의 의식이 묘사되어 있었다. 의식을 위해 알몸이 되는 것, 의식을 위한 섹스, 의식을 위한 채찍질…… 설명은 없었다. 그저 기괴한 의식들뿐이었다. 제이미는 이미 살면서 기괴한 일들을 많이 겪었다. 그러니까 이런 책을 읽을 필요는 없었다. 그래서 이제 그만두기로 하고, 신이든 여신이든 저기 어딘가에 숨어 있을지도 모르는 신을 찾아 헤매는 대신 학교 공부와 남자친구들에게 전념했다.

그런데 대학에 들어간 뒤 위카에 대한 호기심이 다시 살아나서 몸이 근질거렸다. 이번에도 책이 가장 커다란 계기가 되었다. 《위카: 혼자 수행하는 사람들을 위한 안내서》라는 제목의 이 책은 제이미의 마음을 흔들었다. 제목에서 알 수 있듯이, 이 책은 혼자 실천하는 믿음에 대한 처방이었다. 애당초 사람들과 어울리는 일에 별로 관심이 없는 제이미에게는 이 점이 매력적이었다.

"그래서 어느 날 제 방에서 알몸으로 혼자 입문의식을 치렀어요. 물론 도중에 룸메이트가 들어와 버렸죠."

"그런 건 정말 싫은데."

"맞아요. 저는 알몸으로 칼을 허공에 쳐든 상태였는데, 뭐랄까, '음, 다음에는 노크 좀 해줄래?' 뭐 이런 식이었죠."

알몸과 칼이라. 나는 이런 의식에는 친숙하지 않다. 태어난 지 여드레째 되던 날 내 의사와는 달리 이런 의식에 참가한 적이 있기는 하지만 나는 그 기억을 차단해버렸다. 나는 제이미가 알몸으로 치르고 있던 이 의식을 세세히 알고 싶지만 너무 개인적인 질문이 될 것 같아서 더 이상 묻지 않는다. 제이미가 룸메이트를 내보낸 뒤 입문 의식을 재개해서 공식적으로 마녀가 되었다고 설명하는 정도로 충분할 것 같다. 그것이 10년 전의 일이었다. 그 뒤로 제이미는 한 번도 후회하지 않았다. 자신과 같은 마녀들을 만나 집회에도 참석했지만 여전히 혼자서 의식을 치를 때 가장 커다란 보람을 느낀다. 위카 추종자들은, 어쩌면 신비주의자들보다 더 철저하게, 중간 매개자를 잘라내는 것 같다. "이건 어디까지나 저와 신들 사이의 일이에요." 제이미가 말한다.

"그건 알겠는데, 위카 추종자들이 믿는 게 뭐죠?"

"우린 아무것도 안 믿어요." 제이미가 대답한다. 앨런 쿠퍼맨의 만족스러운 목소리가 들리는 것 같다. 봐, 내가 뭐랬어? 불가능하다니까. "우린 경험을 해요. 우리가 믿을 수 있는 건 자신의 경험뿐이에요." 제이미가 말한다. 도교를 믿는 샌디의 말과 아주 비슷하다.

제이미는 자신이 '논리적인 마녀'라고 생각하며, "위카 추종자가 되고 싶다면서 노력을 싫어하는 어린애들"을 참아주지 못한다. 위카는 일시적인 유행도 아니고, 아무나 달려들 수 있는 일도 아니다. 위카는 종교이고, "철저히 합당하다." 위카는 거창한 의문들과 씨름한다. 사람들이 우주 안에서 자신이 차지하는 위치와 죽은 뒤에 벌어지는 일들을 이해할 수 있게 도와준다. 이것보다 더 거창한 의문은 없다.

하지만 궁금한 것이 있다. 위카는 나처럼 우유부단한 사람들에게 알맞은 종교일까? 위카에는 사람들이 선택할 수 있는 신이 수백 명이나 된다. 고대 그리스의 신들, 이집트의 신들, 드루이드교의 신들, 북유럽의 신들. 왜 신이 이렇게 많은 걸까? 유일신을 믿으면 안 되나? 유일신을 믿는 문화 속에서 자란 대부분의 사람들과 마찬가지로, 나 역시 다신교를 보면 반사적으로 그것이 열등하고 시대착오적이라는 생각이 든다. 인간이 우상을 숭배하고, 거머리를 이용해 피를 빼내는 것이 치료법이라고 생각하던 시절로 후퇴하는 것이라고. 이교도들의 생각은 다르다. 그들에게 일신교는, 티베트 라마가 신을 찾아 헤매는 내게 했던 말처럼, "좀 편협하다." 심지어 위험하기까지 하다. 경제학자라면 다 알겠지만, 수확물이 하나뿐인 경제체제는 장기적으로 좋은 성과를 거두지 못한다. 이교도들은 영적인 달걀을 한 바구니에 몽땅 담지 않기로 한 사람들이다. 그들은, 예를 들어 유대인들과는 달리, 다변화된 포트폴리오를 운영한다. 어느 한 해에 신이 제대로 일을 안 해서 흉년이 들면, 유대인들은 달리 의지할 곳이 없다. 망하는 것이다. 위카 추종자들은 그렇지 않다. 한 신이 망해도 항상 다른 신이 있다.

위카 추종자들이 단순히 손실을 방지하기 위해 이런 방법을 쓰는 것은 아니다. 다신교는 신에게 접근하는 것을 더 쉽게 만들어준다. 이건 제이미의 생각이다. 유일신은 커다란 다이아몬드와 같다. 너무 크고 이해하기가 힘들어서 "우리의 하찮은 원숭이 두뇌"로는 이해할 길이 없다. 그래서 위카는 이 다이아몬드를 여러 면으로 쪼갠다. 이 여러 면들, 즉 여러 신들은 상상조차 할 수 없는 다이아몬드 한 덩어리보다 더 쉽게 파악할 수 있다. 다신교 신자들은 타파스(여러 가지 요리를 조금씩 담아내는 스페인 음식 - 옮긴이) 신을 섬긴다. 작은 접시에 담긴 갖가지 애피타이저들을 한데 모으면 배부른 식사가 된다.

제이미가 보기에 위카는 대단히 민주적인 종교다. 각자 자신이 섬기고 싶은 신을 택할 수 있다. 다이아몬드의 어느 면을 바라볼 것인지 직접 선택하는 것이다. 내가 어떤 선택을 하든 아무도 화내지 않는다. 질투심 강한 신도 없다. 제이미는 무엇보다 좋은 점은 "어떤 신이 내게 맞지 않으면 그 신을 해고할 수 있다는 것"이라고 말한다.

"우리가 신을 해고할 수 있다고요?"

"그럼요."

내 마음 한구석은 여러 신들이 있고 그들을 언제든 내칠 수 있다는 말에 환호한다. 〈어프렌티스〉(부동산 재벌 도널드 트럼프에게 채용될 기회를 놓고 도전자들이 겨루는 프로그램 - 옮긴이)와 〈빅러브〉(일부다처제의 전통을 지키는 모르몬교 가족의 이야기를 다룬 미국 드라마 - 옮긴이)의 만남이다. 하지만 마음의 다른 한구석은 화를 낸다. 유대교와 그리스도교 전통에 익숙한 내게 이 말은 신성모독으로 들린다. 신을 해고해? 전능한 신을 해고한다고? 어떻게 그런 일이 가능한 거지? 그랬다가는 성경에 나오는 대로, 심각한 결과가 초래될 것이다. 제이미는 이 점에 대해서도 답을 내놓는다. "항상 포커를 같이 치는 친구가 있는 것과 같아요. 그런 친구가 있다고 해서 다른 친구와 항상 브리지 게임을 같이하며 우정을 쌓으면 안 된다는 법은 없죠. 각각의 친구가 우리 삶을 풍요롭게 해주잖아요." 다시 말해 위카는 한 가지에 헌신하는 걸 꺼리는 사람들에게 완벽한 종교라는 얘기다. 어떤 신과 잘되지 않으면, 언제든 다른 신과 관계를 맺을 수 있다. 예를 들어 제이미도 한동안 켈트족의 신들에게 추파를 던졌다. 그들과 죽이 잘 맞을 것 같았다. 아일랜드의 춤과 문화와 음악도 좋아하니까. 하지만 불꽃이 튀지 않았다. 제이미는 그들의 우주관을 이해할 수 없었고, "그들에게 말을 걸어도 그들은 내게 그다지 관심을 보이지 않았다"고 회상한다. 그래서 제이미는 켈트의 신들을 버리고 앞으로 나아갔다. 서로 앙금 같은 건 남지 않았다.

이교의 놀라운 점은 또 있다. 신들이 완벽하지 않다는 것. 그들은 인간적인 약점을 갖고 있다. 제이미도 이 완벽하지 못한 신들을 비판한다. 예를 들어 아프로디테는 때로 '으스댄다.' 그래서 내가 묻는다. 어떻게 불완전한 2류 신들을 숭배할 수 있죠? 나는 애당초 하느님이 존재하는 이유가 바로 이것이라고 옛날부터 생각했다. 우리보다 더 나은 존재로서 우리가 닮고 싶어 하는 모델을 제공해주기 위해 존재하는 것이라고. 그런 이유가 없다면, 작은 냉장고만큼 배가 나오고 곧잘 엉덩이를 긁어대는 저 아랫집 남자를 숭배해도 달라질 것이 없을 것이다.

제이미는 이 점에 대해서도 답을 내놓는다. "우리는 불완전하기 때문에 완전하고, 그건 신들도 마찬가지예요. 예를 들어, 제우스는 아동성애와 간통을 저질렀고, 폭군이었죠. 하지만 우리가 제우스처럼 행동할 필요는 없어요." 이교의 신들은 완벽한 존재로서 존재하는 것이 아니라 객관적인 교훈으로서 존재한다. 너희는 우리처럼 일을 엉망으로 만들지 말지어다.

이미 말했듯이, 제이미는 불교도 집적거렸지만 마음이 움직이지 않았다. 제이미 자신이 보기에, 문제는 불교의 목표가 자아의 말살이라는 점이었다. 제이미는 자신의 자아를 죽이고 싶지 않았다. 자아를 치유하고 싶었다. 게다가 위카의 신선함도 매력적이었다. 기성 종교들과 달리 위카는 아직도 발전 중이다. 제이미 자신과 똑같다. 제이미는 예를 들어 가톨릭 같은 종교와 달리 위카라면 자신이 틀을 잡아나갈 수도 있을 거라고 생각했다.

주술은 흔히 그리스도교의 대척점에 놓이지만 이 두 종교에는 몇 가지 공통점이 있다. 둘 다 타인에 대한 배려와 친절을 강조한다는 점. 둘 다 황금률, 즉 자신이 대접받고 싶은 대로 남을 대접하라는 원칙을 신봉한다는 점. 위카 추종자들도 그리스도교인과 마찬가지로 의식을 행하고 기도를 한다. 제이미는 둘 사이의 차이점이 있다면 그리스도교 숭배자들이 다소 수동적이라는 점이라고 말한다. 사제나 목사가 모든 일을 해준다는 것이다. 위카에서는 그렇지 않다.

"그리스도교의 기도에서 마음에 걸리는 점은, 그 내용이에요. '부탁입니다, 하느님, 간청합니다. 저는 정말 한심합니다. 저 혼자서는 아무것도 할 수 없습니다. 제발 저 대신 이것을 좀 해주시겠습니까? 하느님은 전능하고 훌륭하시지만 저는 할 줄 아는 게 쥐뿔도 없습니다.' 하지만 이교도의 기도는 다르죠. '나는 힘이 있습니다. 내가 내 삶을 바꿀 수 있습니다.'"

이 점에서 그리스도교와 이교는 서로 대립한다. 후자는 내가 무엇이든 할 수 있다고 말하고, 전자는 신이 없으면 나는 아무것도 할 수 없다고 말한다. 전자는 근본적인 의존성을 옹호하고 후자는 그에 못지않게 근본적인 독립성을 옹호한다. 둘 사이의 중간 지점은 없는가? 근본적인 상호의존성은 혹시 어떨까?

위카는 무정부주의자와 사회규범을 따르지 않는 사람들에게 완벽한 종교다. 마녀 집회와 위카 교회 몇 군데가 있기는 하지만 이들의 조직은 느슨하다. 위카 추종자 전체를 관장하는 기구도 없고, 위카 교황이나 위카 율법책도 없다. 있는 것이라고는 위카 금언뿐이다. "남에게 피해가 되는 일이 아니라면, 무엇이든 원하는 일을 하라." (놀라울 정도로 간단하게 들리는 말이지만 사실은 그렇지 않다. '피해'라는 말을 어떻게 정의할 것인가? 벌레를 눌러 죽이는 것도 '피해'에 속할까? 만약 내가 어떤 회사에 지원해서 일자리를 얻었다면, 나처럼 그 회사에 지원했으나 일자리를 얻지 못한 사람에게 피해를 준 것이 아닌가?) 마녀들은 섣불리 판단을 내리지 않고 거의 자유지상주의에 가까운 시각으로 인생을 바라본다.

이교도들은 모든 겉치레를 벗어버리고 자기들의 신 앞에 알몸으로 선다. 때로는 문자 그대로 알몸이 되기도 한다. 그들은 그것을 '하늘의 옷'이라고 부른다. '발가벗었다'는 말보다 상당히 고상하게 들린다. 제이미도 하늘의 옷 의식을 자신의 몫 이상으로 수행했다. 제이미처럼 날씬하지 않은 여자들, 날씬한 것과는 거리가 먼 여자들이 숲속에 알몸으로 선다. "우리 문화에서 사람들이 남의 알몸을 보는 건 포르노나 스타들이 등장하는 영화를 통해서죠. 하지만 대부분의 사람들은 그런 외모를 갖고 있지 않아요. 그러니까 평범한 사람들의 몸이 어떻게 생겼는지 볼 기회는 사실상 없는 거나 마찬가지예요. 그래서 사람들이 호기심을 갖게 되는 거죠."

아니에요, 제이미, 호기심은 없어요. 나는 평범한 사람들의 알몸이 어떻게 생겼는지 보고 싶은 욕망이 전혀 없습니다. 나는 라엘교도들의 벗은 몸을 보고 받은 충격에서 아직 완전히 회복하지 못했다. 라엘교도들이 정확히 말해서 평범한 사람들은 아니었지만 말이다. 그래도 위카에 관심이 가기는 한다. 불교나 신비주의 종파들처럼 위카도 교리보다 경험을 강조한다. 위카에는 원죄든 뭐든 죄라는 개념이 없다. 그런 면에서 기존 체제에 대해 조금은 도전적이다.

영국에서 공무원으로 일하다가 퇴직한 제럴드 가드너가 현대판 위카를 만들어낸 사람으로 널리 알려져 있다. 가드너는 아마추어 인류학자이자 민속학자이자 나체주의자였으며, 아시아에서 많은 시간을 보냈다. 그는 1936년에 영국으로 돌아와 크로토나 모임이라는 신비주의 집단에 들어갔다. 전설에 따르면, 그는 1939년에 '도로시 아줌마'라고 불리는 부유한 여성인 도로시 클러터벅의 집으로 불려가서 '크래프트'에 입문했다고 한다. 타고난 선전가인 가드너는 주술에 관한 책을 여러 권 써서 많은 주목을 받았다. 그는 자신의 새 종교에 위카라는 이름을 붙였는데, 이는 고대 영어로 주술을 뜻하는 단어다. 마곳 애들러(Margot Adler)는 신(新)이교도운동을 다룬 고전적인 저서《달을 끌어내리다(Drawing Down the Moon)》에서 위카라는 단어의 "어원이 인도-유럽어에서 '휘어지다' 또는 '구부러지다'라는 뜻을 지닌 'wic'와 'weik'다. 이 견해에 따르면, 마녀는 현실의 형성과 변형 기술을 지닌 여성(또는 남성)을 뜻한다"고 썼다.

다시 말해서 마법이라는 얘기다. 어쩌면 우리가 논란의 여지가 많은 이 종교에서도 가장 논란의 여지가 많은 주제와 맞닥뜨린 건지도 모른다. 모자에서 토끼를 꺼내는 마술을 얘기하는 게 아니다. 그렇다면 위카의 마법이란 무엇인가? 많은 위카 추종자들은 알레이스터 크롤리의 유명한 정의를 즐겨 인용한다. "의지에 순응해서 변화가 일어나게 하는 과학과 기술." 여기서 변화란 초자연적인 것인가? 그렇지 않다고 마녀들은 말한다. 하지만 내 눈에는 분명히 그렇게 보인다. 대학 등록금 때문에 돈이 필요한 사람에게 기다렸다는 듯이 갑자기 돈이 도착했다든가, 대규모 축제에 딱 맞춰서 하늘이 갑자기 청명하게 개었다는 이야기들이 돌아다닌다. 내 경험상 이렇게 형편에 딱 맞는 일들이 일어나는 것은 결코 자연스러운 것이 아니다. 나는 마법에 대해 더 알아봐야겠다고 다짐한다.

오늘날 일부 위카 추종자들은 자기네 종교가 생생한 상상력을 지닌 영국의 전직 공무원이 꾸며낸 신기한 종교가 아니라 고대로부터 끊이지 않고 이어지는 전통의 일부라는 점을 '증명'하려고 애쓰고 있다. 하지만 이건 대단히 수상쩍은 주장이다. "위카 추종자들도 그걸 알고 있어. 그 사람들도 바보가 아니거든. 그게 다 헛소리라는 걸 알고 있지." 앨런 쿠퍼맨의 말이다. 그렇다고 위카가 여러 신들에게 이르는 정당하고 의미 있는 길이 아니라는 뜻은 아니다. 다시 말하지만, 종교의 가치는 창시 설화의 진실성에 달린 것이 아니다. 조금 표현을 바꿔서 말하면, 헛소리가 산통을 깨지는 않는다.

위카 추종자다운 일을 하기 전에는 진정한 의미의 위카 추종자가 아니라는 말이 있다. 그래서 제이미가 마녀 집회에 같이 가자고 했을 때, 나는 냉큼 초대를 받아들인다.

나는 주소가 두 개인 그녀의 집으로 가서 그녀를 차에 태우고 워싱턴주의 인덱스라는 작은 마을을 향해 동쪽으로 차를 몬다. 가는 도중에 우리는 마녀 사회의 분열에 대해 이야기한다. 마녀 사회는 크래프트(이건 위카 추종자들이 가끔 자기네 종교를 부르는 이름이다)가 계속 비밀스럽게 굴어야 한다고 믿는 사람들과 제이미처럼 이제 숨지 말고 나서야 할 때가 되었다고 믿는 사람들로 나뉘어 있다. 제이미 는 위카 관련 책들이 서점 계산대 뒤에 몰래 숨겨져 있고 마녀들이 자신의 신앙을 감추던 시절에 비하면 지금은 위카가 크게 발전했다 고 본다. 현재 미국에서 위카를 비롯한 여러 신(新)이교를 믿는 사람 들의 숫자는 100만 명에서 300만 명 사이로 추정되며, 특히 국방부 도 이 종교를 인정하고 있다. 그래서 위카를 믿는 군인들이 임무 수 행 중에 목숨을 잃으면 이 종교의 상징인 오망성이 알링턴 국립묘지 의 묘비에 새겨진다.

곧 쇼핑가가 사라지고 차에 탄 채로 에스프레소를 주문할 수 있는 노점들도 사라지더니 소형 교회들이 나타난다. 모두 겉모습과 목적 이 비슷한 곳들이다. 여행자들에게 신속하게 구원을 파는 작고 땅딸 막한 건물들. 우리는 파충류 박물관을 지난다. 그러고는…… 아무것 도 없다. 제이미는 이제 우리가 문명의 끝에 확실히 도착했다고 선 언한다.

우리의 화제가 의식으로 바뀐다. 모든 종교는 의식을 행한다. 불 교처럼 무신론적인 종교도 마찬가지다. 아이들은 의식의 중요성을 선천적으로 이해하는 것 같다. 내 딸은 우리가 가끔 참여하는 유대 교 의식 몇 가지, 그러니까 예를 들어서 안식일 촛불 밝히기 같은 행 사를 아주 즐거워한다. 의식을 좋아하는 천성이 처음부터 우리 뇌에 각인되어 있는 걸까? 학자들은 뇌에서 종교적인 사고를 담당하는 부위와 아이들이 여러 생각들을 가지고 장난을 치며 창의성을 표현 할 때 활성화되는 부위가 똑같다는 사실을 밝혀냈다.

위카 추종자들은 확실히 표현하는 법을 알고 있다. 그들은 음악가

들이 재즈를 대하듯이 의식을 대한다. 즉흥연주를 하듯이 그때그때 상황을 봐서 대응하는 것이다. 그들은 그것을 결코 부끄럽게 생각하지 않는다. 의식은 그들에게 특히 중요하다. 아마도 전례(典禮)가 워낙 몇 가지 안 되고 신전도 거의 없기 때문일 것이다("숲이 우리의 신전이다." 그들은 이런 말을 즐겨 한다). 모든 의식은 조지프 캠벨의 말처럼 단순히 "만들어진 신화"에 불과할지도 모르지만 위카 추종자들은 모든 의식이 평등하게 창조되지 않았다고 믿는다. "세상에는 나쁜 의식도 많아요." 제이미가 말한다. 우드스톡에서 "세상에는 나쁜 약도 있다"고 경고하던 사람이 생각난다.

나쁜 의식이라고? 이게 도대체 무슨 뜻이지? 교회나 시나고그에서라면 기도문 한 줄을 빼먹거나 가톨릭 신자도 아니면서 성체를 받으려고 하거나 신호에 따라 일어서고 앉는 걸 깜박하는 것이 나쁜 의식이 될지 모르겠다. 하지만 제이미가 말하는 나쁜 의식은 전혀 그런 것이 아니다. 형식을 제대로 지키지 못하는 것이 아니라 내용이 나쁜 것을 뜻한다. "에너지를 제대로 붙들어두지 못해서 사람들이 토끼 같은 거나 꺼내는 거예요. 그런 게 무슨 의미가 있겠어요?" 좋은 의식은 우리를 끌어올리고 나쁜 의식은 우리를 끌어내린다. 그 행위를 보아 그들이 어떤 사람인지 알게 된다(마태복음 7장 20절 - 옮긴이).

위카 추종자들에게 의식은 특별한 날 꺼내서 먼지를 털어주는 가보 같은 것이 아니다. 의식은 유동적이며 변형이 가능하다. 살아 있다. 위카 추종자들은 끊임없이 의식을 만들어낸다. 처음에는 이 말이 불경하게 들렸지만 잘 생각해보면 확실히 의미가 있는 말이다. 종교적 충동은 기본적으로 창조적이다. 따라서 모든 창조적 작업이 그렇듯이, 실패에 대한 커다란 관용을 요구한다. "어떤 의식을 시도

해봤는데, 그게 완전히 실패작일 수도 있어요. 그래도 괜찮아요." 제이미가 말한다. 위카는 완벽주의자의 반대편에 서 있는 사람들, 실험을 좋아하는 사람들, 자신이 완전히 바보 꼴이 되더라도 전혀 개의치 않는 사람들에게 딱 맞는 종교다. 어쩌면 내가 나의 신을 찾은 건지도 모르겠다.

하지만 그렇지 않을 수도 있다. 대로를 벗어나 좁은 길로 들어서는데, 제이미가 내게 미리 말한다. 우리가 찾아가고 있는 교회가 "홍보상의 문제를 조금" 겪고 있다고. 나는 아, 십중팔구 재정 문제가 있나 보다 하고 생각한다. 국세청이 마음만 먹으면 아주 까다롭게 굴 수 있으니까.

"무슨 문제인데요?" 내가 묻는다.

"우리 멤버 한 명이 다른 멤버를 죽였어요. 시체를 토막 내서 불에 태웠죠." 우리 차가 하마터면 길을 벗어날 뻔한다. "뭐라고요?"

제이미는 범인이 가끔 교회에 나오던 남자인데, 다들 그를 이상한 사람으로 생각했다고 말한다. 그런데 그가 질투심에 사로잡혀서 어느 날 애인을 살해했다는 것이다. 애인도 이 교회에 나오던 사람이었다. 남자는 여자가 "위카의 피의 맹세"를 어겼기 때문에 그녀를 죽였다고 경찰에서 진술했다. 제이미는 위카의 피의 맹세 같은 건 존재하지 않는다고 나를 안심시킨다. 사건을 저지른 남자는 제정신이 아님이 분명했다.

나는 제이미의 말을 믿는다. 정말이다. 하지만 불과 얼마 전에 만난 마녀와 함께 이교의 의식에 참석하겠다고 문명의 끝에 있다는 이 마을까지 차를 몰고 나온 것에 대해 조금 걱정스러운 마음이 전혀 없다고 말한다면 그건 거짓말이다. 흙길로 들어서자 'ATC'라고 적혀 있는 작은 팻말이 보인다. 글자 옆에는 오망성이 그려져 있다. 우리는 '물병자리 예배당'에 도착한다. 예배당이라기보다는 스키장의 염가 호텔처럼 보인다. 안으로 들어가니 식당을 겸한 커다란 부엌이 있다. 나는 전직 해군인 크리스를 만난다. 그의 몸에는 해군이었음을 증명하는 문신이 있다. 다른 사람들도 만난다. 모두 놀라울 정도로 정상으로 보인다. 총무부 직원, 학교 상담교사, 그래픽 디자이너 등의 직업도 있다. 마녀라지만 남들처럼 대출금을 갚아나가야 하는 평범한 사람들이다. 그러고 보니 여기에도 전에 가톨릭 신자였던 사람들이 유난히 많다. "의식중독자들." 그들은 스스로를 이렇게 부른다.

우리는 둘러앉아서 커피를 마시며 한동안 잡담을 나눈다. 누구네 딸이 얼마 전 라스베이거스에서 결혼했고 누군가는 직장에서 승진했다는 등의 평범한 이야기들이다. 그러다가 갑자기 셰익스피어 배우 같은 목소리가 들려온다. "원을 만들 때가 됐습니다."

우리는 양편에 양초가 늘어서 있고 바닥이 나무로 된 좁은 길을 걸어간다. 제이미는 오늘밤이 의식을 거행하기에 알맞다고 내게 말한다. 가랑비가 내리고 쾌적하고 너무 춥지 않다는 점에서.

우리는 이제 막 신성한 원 안으로 들어갈 참이다. 위카 추종자들은 원을 몹시 중시하며, 원이 "두 세계 사이에" 존재한다고 말한다. 일단 원 안에 들어가면 나갈 수 없다고 제이미가 말한다. "경계선을 제대로 유지해야 돼요. 그러니까 그냥 원에서 걸어 나갈 수는 없어요. 그러면 에너지가 빠져나갈 거예요. 풍선을 터뜨리는 것과 같아요."

종이 울리더니, 조금 전의 묵직한 셰익스피어 배우 목소리가 다시 들려온다. "이제 곧 신전이 세워질 겁니다. 여기 들어오는 사람이 모두 자신의 자유의지로 그렇게 하기를. 신전이 정화되는 동안 침묵을 지켜주시기 기원합니다."

우리는 원 안으로 들어간다. 한 사람씩 차례로. 내 차례가 되자 하얀 로브를 입은 여자가 말한다. "환영합니다. 그대가 신입니다." 와. 내가 방금 제대로 들은 건가? 내가 신이라고? 이게 가톨릭이나 유대교 의식이 아니라는 걸 이젠 확실히 알겠다. 가톨릭이나 유대교 의식에 신은 하나뿐이고, 우리는 그 신이 아니다. 신성모독처럼 들리겠지만, 우리가 바로 신이라는 생각에 전례가 없는 것은 아니다. 타트 트밤 아시.《베다》에 나오는 말이다. "그대가 그것이다."

우리는 이제 모두 작은 공터 안에, 즉 원 안에 서 있다. 조금 전 아주 기민하게 나를 신으로 점지해준 여자가 말한다. "신들의 자식들이 열린 마음과 눈으로 이 원 안에 들어와 이 정화의 물로 당신의 머리와 심장과 사타구니에 기름을 붓습니다." 나도 그렇게 한다. 내 머리와 심장에 물을 끼얹는다. 사타구니는 빼놓는다. 적어도 지금은.

그다음 순서로 우리는 기본 원소들을 축복한다. 공기, 물, 불, 흙. 그러고 나서 '수문장'이 말한다. "원을 깨뜨리지 마세요." 이 말이 진심이라는 걸 분명히 알겠다. 다시 종소리가 울리더니 수문장이 커다란 칼을 꺼내 신파극 배우처럼 커다란 동작으로 이리저리 찔러대기 시작한다.

그 칼을 이용해서 신성한 공간을 조각하고 있는 거라고 제이미가 귓속말을 한다. 순수한 의도만으로 신전을 만들고 있다는 것이다. 그뿐만이 아니라 미니 우주 또한 만들고 있다고 제이미가 말한다. 원 안의 모든 것이 신성하고 특별한 반면, 원 밖의 모든 것은 평범하다. 이 둘은 뚜렷이 구분되어 있다. 둘을 가르는 경계선은 점선 같은 것이 아니다. 그리고 경계선을 단단히 유지하는 것이 바로 수문장의 임무다. 이젠 여기서 나갈 수 없다고 제이미가 말한다. 화장실조차 갈 수 없다고. 위카 추종자들이 대부분 평소에 어머니 자연을 크게 기리는 것을 생각하면 이상한 일이다.

원 중앙에 커다란 바위가 하나 있다. 하늘은 어둡고 날이 차다. 다들 한목소리로 읊조린다. "고대 일몰의 여신이여, 헤카테(그리스 신화에서 천지와 하계를 다스리는 여신. 마법을 관장한다 - 옮긴이)여, 헤카테여, 왕림하소서."

그러자 긴 로브를 입은 여성이 나타난다. 허공에서 느닷없이 불쑥 나타난 것처럼 보인다. 아마도 헤카테인 모양이다. 그녀가 고전극의 배우처럼 뚜렷하게 울리는 목소리로 말한다. "아, 나의 자식들이여, 일어나라." 헤카테의 말에 우리는 순종한다. "보아라. 보아라. 너희가 얼마나 아름다운지. 아, 가장자리가 조금 거칠기는 하지만 그래도 무척 아름답구나. 너희가 나를 초대했다. 너희의 수호신인 나를. 내게는 영광스러운 일이로다."

완전히 연극적인 분위기에 마법이 아주 조금 섞여 있는 것 같다. 맥베스가 해리 포터를 만난 격이다. 그런데 이 의식의 일부가 놀라울 정도로 친숙하게 느껴진다. 양초, 향, 연극적인 요소. 이런 걸 어디서 봤더라? 마침내 생각이 난다. 프란체스코회. 그렇지. 가톨릭과 이교는 수백 년 전 서로에게 꽃가루를 뿌려 수분시켰다. 비록 가톨릭이 나중에 결국 이교를 몰아내기는 했지만. 역사상 승리자가 피정복자의 것을 '빌려온' 사례는 이것만이 아니다. 하지만 세심하게 대본이 마련돼 있는 가톨릭 미사나 유대교 의식과는 이 얼마나 다른 의식인가. 에이브러햄 헤셸은 유대교 의식에 대해 "전례는 딱딱하고, 목소리는 건조하고, 신전은 깨끗하고 깔끔하며, 기도하는 자의 영혼은 고뇌 속에 있다. 아무도 비명을 지르지 않고, 아무도 울지 않고, 말씀이 사산될 것임을 우리는 알고 있다"고 말했다.

이곳에 사산된 말씀은 없다. 이곳 사람들의 목소리에는 열정이 있다. 비록 예배 의식의 대본이 마련돼 있음은 분명하지만 그 대본은 수천 년 전이 아니라 6개월 전에 작성된 신선한 것이다. 유대교, 그리스도교, 이슬람교 의식들도 진부하고 딱딱해지기 전 그 옛날에는 틀림없이 이랬을 것이다.

헤카테가 말을 잇는다. "나는 교차로의 여자다. 나는 너희 대신 선택해주지 않을 것이다. 그럴 수 없다. 어느 길을 선택해야 하는지 너희에게 조언해주지 않을 것이다. 그것은 너희의 몫이니. 그러나 나는 그 선택의 결과에 대한 책임을 너희에게 물을 것이다. 그렇다, 신들은 너희에게 위대한 선물을 주었다. 바로 자유의지. 꿈꿀 의지. 지식을 향한 의지. 선택의 의지. 스스로 행동할 의지. 이 선물에는 대가가 따르고, 신들과 너희 인간들은 그 대가를 반드시 치러야 한다. 책임을 지는 것이 그 대가다. 누군가는 나를 가혹한 여자라고 말한다. 아니다. 너희는 스스로 기꺼이 내놓을 수 있는 만큼을 정확히 내게서 받아가게 될 것이다. 너희는 항상 긴장을 늦추지 않고 침착하게 대응하는가? 재난에 대비해서 미리 계획을 짜는가? 아니면 위급한 일이 생겼을 때 그저 누군가가 나타나서 너희를 구해줄 거라고 기대하는가? 너희는 스스로 목적을 향해 나아가는가, 아니면 도살의 때가 된 양처럼 혼란에 빠져서 방황하는가?"

모두들 웃음을 터뜨린다. 무슨 말인지 안다는 웃음이다. 나만 빼고. 사람들이 무엇 때문에 웃는 건지 나는 모르겠다. 우리는 빵을 서로에게 나눠준다. "견과류는 없지만 명심하세요. 건포도는 있습니다." 또 웃음이 터진다. 원 안에서 드러나는 가벼운 분위기에 나는 충격을 받는다. 어렸을 때 참석했던 시나고그 예배나 교회 예배에서 누가 웃는 모습을 보았던 기억은 전혀 없다. 성경에는 하느님이 웃었다는 얘기가 딱 네 번밖에 없는데, 모두 여호와가 사악한 자들의 말로를 보며 웃었다는 내용이다.

신들이 몇 명 더 나타난다. 장난기 많은 그리스 신이자 님프들의 친구인 판이 특히 인기를 끈다. 그러고 나서 우리 모두 한목소리로 말한다. "땅이 신들을 지켜주기를." 수문장은 "원은 닫혔지만 결코 깨어지지 않는다"고 선언한다. 그리고 우리는 부엌으로 물러나 브라우니를 먹는다. 나는 신들과 함께 앉는다. 이제 로브를 벗고 철저히 인간의 모습으로 돌아와 있다. '헤카테'는 인력개발 분야에서 일하는 사람인데, 내게 이렇게 말한다. "이 의식의 목적은 모든 사람이 놀이하는 법을 조금 머릿속에 남긴 채 이 자리를 떠날 수 있게 하는 거예요. 우리가 어렸을 때는 주위를 둘러보며 모든 것에 그저 감탄하기 바빴죠. 우리 의식의 목적은 모든 사람이 잠시 하던 일을 멈추고 자신을 바라보면서 '그래, 이런 지겨운 모습은 벗어버려. 아이폰이 너무 느리다고 투덜거리는 것도 그만둬'라고 말하게 하는 거예요."

앨런 쿠퍼맨의 말이 생각난다. "위카는 다섯 살짜리들에게 딱 맞는 종교야." 내 생각에 앨런이 위카를 모욕하려고 이 말을 한 것 같지는 않다. 위카는 대부분의 종교에서 이미 오래전에 고갈되어버린 장난기와 변덕을 그대로 지니고 있다. 위카는 경이와 경외에 불을 지핀다. 사람들은 웃기는 의상을 입고 밖에서 뛰어다니며 언제든 마음이 내킬 때마다 웃음을 터뜨린다. 이런 것을 어찌 싫어할 수 있을까?

이제 문명으로 돌아갈 시간이다. 우리는 차를 몰고 먼 길을 가야 한다. 길이 어둡다. 누군가의 옷장에 걸린 옷걸이처럼 하늘에 대롱대롱 매달린 완벽한 반달만이 길을 비춰줄 뿐이다. 바깥 날씨는 춥지만, 렌터카인 내 스바루 안은 따뜻하다. 좌석 난방장치가 갖춰져 있기 때문이다. 어쩌면 이 난방장치는 증기엔진 이후 최고의 발명품인지도 모른다. 우리 엉덩이가 기분 좋게 뜨뜻해지는 가운데 제이미와 나는 오늘 저녁의 의식을 해체한다. 제이미는 작은 고양이 귀가 달린 스키 모자를 쓰고 있다. 그 덕분에 젊어 보인다. 아니, 제이미는 실제로도 젊다. 그녀가 아버지 없이 자라면서 많은 의문을 품었던, 상처받은 어린애라는 사실이 처음으로 눈에 들어온다.

오늘의 의식 중에서 제이미의 기억에 남는 말은 이것이다. "결정을 내리기 전에 잠시 생각을 해보라. 주위를 둘러보라. 정신없이 바삐 돌아다니느라 놓친 것이 무엇인가? 잠시 시간을 내서 생각해보라." 제이미는 이것을 "우주적인 각목"이라고 부른다. 이 각목이 머리를 때리면 커다랗게 퍽 하는 소리가 날 것이다.

이 소리로 모든 종교와 영적인 수행의 90퍼센트 정도를 요약할 수 있을 것 같다. 식사 전에 기도를 드리는 것. 호흡을 조절하는 것. 알라의 이름 아흔아홉 가지를 외우는 것. 데르비시처럼 뱅글뱅글 도는 것. 기도. 이 모든 것의 목적은 하나다. 우리로 하여금 잠시 하던 일을 멈추고 삶이, 자신의 삶이 바로 기절초풍할 기적임을 깨닫게 만드는 것. 최소한 우리는 여기에 주의라도 기울여야 한다.

이제 보니 훤히 알 수 있는 얘기다. 이것으로 나의 우울증도 설명할 수 있을 것 같다. 우울증에 걸리면 집중해서 주의를 기울이기가 힘들어지기 때문에 그로 인해 더욱 우울해지고, 또 그로 인해 주의를 기울이기가 더욱 힘들어진다. 이런 식으로 계속 이어지는 것이다. 나는 제이미가 많은 것을 고백했는데, 나는 털어놓은 것이 거의 없음을 깨닫는다. 그래서 제이미에게 내 고민에 대해 이야기하기 시작하지만 길이 어두워서 운전하는 데에 온 신경을 집중해야 한다. 나중에 수천 킬로미터나 떨어진 집까지 무사히 도착한 뒤에야 나는 제이미에게 내 우울증에 대해 이야기한다(나는 이메일을 이용한다. 내가 나의 어두운 면을 고백할 때 선호하는 방법이다). 제이미에게 조언을 구하면 안 될 것도 없지 않은가. 우선 제이미는 자신이 힘든 길을 헤쳐 나오는 데 위카가 도움이 되었다고 단언한다. 그녀는 예전에 못된 남자친구와 사귀면서 더 나은 상황을 꿈꿨지만 "더 나은 상황이라는 것이 뭔지 몰랐다." 나는 내 고민을 해결하기 위해 지금까지 상담 치료, 다양한 약과 약초를 시도해보고 헤아릴 수 없이 많은 자기계 발서를 읽어보았다. 영적으로도 많은 것을 해보았다. 아니, 뭐, 거의 해볼 뻔하기는 했다. 명상도 해볼 뻔했고, 고해도 해볼 뻔했고, 성별도 바꿔보았다. 그러니 마녀에게 조언을 구하면 안 될 것도 없지 않은가. 더구나 제이미는 논리적인 마녀인데. 제이미가 이용할 수 있는 신들과 여신들이 그렇게 많으니, 특히 우울증을 전문으로 다루는 신이 분명히 있을 것이다. 행복의 신 같은 것이라고나 할까. 아니면 제이미가 팍실리아를 불러낼 수 있을지도 모른다. 팍실리아는 그리스 신화에서 기분 향상과 불쾌한 부작용의 신이다. 밑져야 본전이라는 생각이 든다.

제이미가 내 물음에 답장을 보낸다. 언제나 그렇듯이, 서사적이고 장중한 답장이다(간결성은 이교의 덕목이 아닌 모양이다). 제이미의 장황한 답장을 소화하는 데 여러 날이 걸린다. 요점만 말하자면 이렇다. 많은 영적인 사람들과 마찬가지로, 제이미도 우울증을 병이 아니라 SOS로 본다. 즉 내 잠재의식이 "뭔가가 어긋나 있음"을 알리기 위해 쏜 섬광탄과 같다. 나는 단순히 우울증에 시달리고 있는 것이 아니라 "영적인 응급상황"에 처해 있다. 이 말을 보니 무서운 동시에 희망이 생긴다. 이처럼 관념적인 진단을 내린 사람은 제이미뿐만이 아니다. 강제수용소 생존자이므로 당연히 고통에 대해 좀 아는 것이 있는 빅터 프랭클은 이런 말을 했다. "삶의 가치에 대한 사람의 고민, 심지어 그의 절망조차도 실존적인 고뇌일 뿐, 결코 정신병은 아니다." 마음에 드는 말이다. 실존적인 고민이라는 말은 우울증이나 그보다 더 심한 말인 정신병보다 훨씬 더 고상하고 더 유럽적으로 들린다. 실존적인 고뇌는 시가를 조금 피우고 사르트르를 읽으면 치유될 수 있을 것 같다.

편지의 세 번째 문단에서부터 제이미는 사랑하기 때문에 상대를 엄하게 다루는 전술을 구사한다. "우울하다고요? 그럼 어떻게든 해봐야죠! 상담을 받으세요. 필요하면 약도 먹고요. 많이 돌아다니고, 음식도 더 열심히 챙겨 먹고, 자신을 괴롭히는 악마와 정면으로 맞서요." 안 그래도 이런 말이 나올까 봐 두려웠다. 제이미는 개인의 책임에 관한 위카의 오랜 믿음을 이야기하고 있다. 지금까지 내가 군건히 피해 다녔고, 지금은 도저히 포용할 생각이 들지 않는 믿음. 위카 추종자들은 업(業)의 일종인 삼중법이라는 것을 믿는다. 우리가 무슨 짓을 하든, 그것이 좋은 일이든 나쁜 일이든, 반드시 우리 자신에게 세 번 되돌아온다는 법칙이다. 인플레이션에 맞춰 조정된 업의 법칙이다.

이교도들이 말하는 책임감에는 또 다른 반전이 있다. "우리는 변화를 믿기 때문에 서로에게 책임을 물어요." 제이미가 말한다. "마법적인 변화를 일으키는 자아의 힘을 믿기 때문이죠." 마법적인 변화라니! 다시 말해서 우리가 뭔가를 하면, 신들인지 잠재의식인지 뭔지는 모르겠지만 하여튼 신비로운 힘이 끼어들어서 우리가 기울인 노력과 똑같은 힘을 발휘한다는 뜻이다. 이건 마치 연동식 퇴직연금의 종교적 변종이라고 할 만하다. 우리의 고용주, 즉 여러 신들이 우리가 기울인 노력에 맞춰 힘을 써준다는 것이니까. 이런 제의를 거절하는 사람은 바보 아니면 마조히스트뿐일 것이다. 그렇다면 나는 이 둘 중 어디에 속하는지 궁금하다. 하루 중 특정한 시기에는 둘 다에 속할 수도 있다.

여러 신들은 여러 치료사들과 마찬가지로 각자 다른 시각에서 우울증을 바라본다고 제이미가 설명한다. 아프로디테라면 내가 사랑이 모자라서 고생하고 있다고 말할 것이다. 판이라면 내가 더 재미있게 살아야 한다고 말할 것이다. 켈트 신들은 우울증을 슬픔으로 이해하므로, '통곡(keening)과 탐색'을 치료법으로 제시할 것이다(나는 'keening'이라는 단어의 뜻을 잘 몰라서 사전을 찾아보았다. 이 단어의 뜻은 '슬퍼서 큰 소리로 길게 외치다'다). 신도(神道)의 신들이라면 우울증을 수치로 보고, '적절한 사과의 의식'을 치료법으로 제시할 것이다. 내게 절실히 필요한 약간의 가벼움을 위해 제이미는 바우보에게 의지해보라고 권한다. 바우보는 신성한 유머를 부리는 고대의 여신이다(그리스 신화에서 바우보는 평범한 노파로서 딸이 납치된 뒤 슬픔에 빠진 데메테르 여신에게 엉덩이를 드러내며 우스꽝스러운 몸짓을 하여 여신을 웃게 만들었다고 한다 - 옮긴이). "웃음만큼 우울증을 쫓는 데 효과적인 건 없어요!"
제이미는 나와 좋은 관계를 맺고 있는 신들에게 의논해보라고 권한다. 좋은 충고다. 하지만 사소한 문제가 하나 있다. 내가 좋은 관계든 그렇지 않은 관계든, 하여튼 관계를 맺고 있는 신이 없다는 것. 아무래도 이것이 문제인 것 같다.

　마법. 위카에서도 가장 묘한 매력을 지니고 있으며, 또한 논란을 불러일으키는 것이 바로 마법이다. 마법은 또한 많은 사람들이 위카에 끌리게 되는 원인이기도 하다. 내가 마법에 호기심을 느끼고 있는 것은 사실이다. 비록 평범한 종류인 마술이기는 해도 어쨌든 그것을 접한 적이 있기 때문에 더욱 그렇다. 열 살 무렵에 나는 마술에 열광했다. 뉴욕의 루이스 태넌 사(루이스 태넌이 1925년에 설립한 '태넌의 마술가게'를 말하는 듯. 뉴욕에서 영업 중인 가장 오래된 마술가게다 - 옮긴이)에서 나온 카탈로그의 질감과 무게감이 지금도 기억난다. 그것은 사실 카탈로그라기보다는 책에 가까웠으며, 게다가 양장본이었다. 그림들도 아름다웠다. 나는 스펀지 공이나 사각형 원이나 둥둥 떠다니는 좀비 같은 마술 세트를 주문하고는 그것이 빨리 도착하기를 기다리며 안달했다. 마침내 주문한 물건이 도착하면 갈망에 들떠서 상자를 열고 안내서를 읽은 뒤 며칠 동안 그 기만의 예술을 익히는 데 몰두했다. 나의 레퍼토리는 점점 늘어났고, 마침내 나는 동네 생일 파티에서 공연할 만큼 실력을 쌓았다.
　나는 마술을 사랑했다. 이유는 잘 모르겠다. 어쩌면 내 안에서 무대 기질이 싹을 틔우고 있었던 것일 수도 있고, 비밀스러운 세계에 입문한다는 달콤한 스릴 때문이었을 수도 있다. 아니면, 내가 열심히 노력해서 솜씨를 갈고닦으면 부모님의 꼴사나운 이혼이 없던 일이 되고 우리 식구들이 다시 한데 모여 살 수 있을 거라고 생각했던 건지도 모른다. '마법'이라는 말을 들으면 나는 이런 것들을 떠올린다. 위카 추종자들이 생각하는 마법과는 좀 다르다.

제이미는 나더러 자신의 친구인 블랙캣을 만나보라고 권한다. 그는 뛰어난 마술사다. 블랙캣이라는 이름에서 짐작할 수 있듯이 그는 그림자 같은 사람이지만 제이미는 그가 부드러운 사람이라 "전혀 무섭지 않다"고 나를 안심시킨다. 하지만 그를 내게 소개해주려면 그를 설득할 필요가 있다. 제이미는 나더러 그의 '하늘의 옷' 의식에 기꺼이 참여하고 싶다는 의사를 표현해보라고 권한다. 그러면 그도 내가 어설프게 호기심이나 좇는 사람이 아니라 진지한 태도로 이 일에 임하고 있다는 걸 알게 되리라는 것이다. 나는 제이미에게 생각해보겠다고 말한다.

내가 이걸 해낼 수 있을까? 블랙캣이라는 남자 마녀 앞에서 알몸이 될 수 있을까? 그래, 할 수 있다. 사실 내 머릿속에는 이미 계획이 들어 있다. 진정제 조금과 커다란 공책이 필요한 계획이다. 나는 전화로 메시지를 남긴다("안녕하세요, 블랙캣 님. 저는 에릭입니다"). 불편한 마음으로 메시지를 남겼는데도 블랙캣은 반응이 없다. 나는 고집스레 계속 메시지를 남긴다. 마침내 묵직하고 약간 우락부락한 목소리가 전화를 받는다.

"블랙캣 님?"

"그래요."

"저는 에릭입니다. 제이미 루이스 씨가 전화해보라고 해서요. 저는, 음, 당신을 만나고 싶습니다, 음, 그리고 말씀드릴 것이 있는데,

음, 저는 기꺼이, 기꺼이…… 알몸이 될 겁니다."

침묵이 흐르더니 목소리가 들려온다. "그거 반가운 소리군요. 사실 우리는 이제 알몸으로 작업하지 않습니다. 하지만 알몸이 되고 싶다면 얼마든지 그러셔도 됩니다."

그의 웃음이 멈춘 뒤 우리는 만날 약속을 잡는다. 옷을 제대로 입은 채 시애틀의 카페에서 만나기로.

블랙캣은 40대 초반이고 몸은 탄탄한 근육질이다. 얼굴에는 깔끔하게 다듬은 염소수염을 기르고 있다. 그는 제이미보다 더 강렬하다. 마녀-스러움이 훨씬 더 노골적으로 드러난다는 뜻이다. 맥주를 주문한 뒤 그가 자신의 이야기를 풀어놓는다. 펜실베이니아의 작은 도시에서 자란 그는 어렸을 때부터 자신이 남들과 다르다는 것을 깨달았다. 다른 아이들과 달리 그는 어둠을 무서워한 적이 없었다. 방에는 늑대인간 포스터가 붙어 있었다. 드라큘라 영화들도 무척 재미있었다. 가끔은 숲에 앉아서 주위를 에워싼, 말로 표현할 수 없는 생기를 느끼기도 했다. 특히 무엇보다도 그는 자신이 어떤 것을 오랫동안 열심히 바란다면 그 일이 이루어질 거라고 믿었다. 이 믿음은 아이들의 평범한 공상 수준을 훨씬 뛰어넘는 것이었다.

"마법을 말하는 건가요?" 내가 묻는다. "정확히 그게 뭐죠?"

"내게 마법은 특정한 방향을 향한 의지를 통해 세상에 변화를 일으키는 겁니다. 대개는 과학에 도전하는 것처럼 보이는 방법을 이용하죠."

블랙캣은 지금 내가 무슨 생각을 하는지 분명히 알고 있는 눈치다. 〈그녀는 요술쟁이(Bewitched)〉. 우리 둘 다 어린 시절 보고 자란 이 텔레비전 드라마에는 토끼처럼 콧잔등에 주름을 잡는 서맨서가 나오고, 대린에게는 온갖 터무니없는 일들이 벌어진다. 마법은 그런 것이 아니라고 블랙캣이 말한다. 그보다는 더 섬세하고 미묘하다는 것이다. 어찌나 섬세한지 다른 사람들 눈에는 우연의 일치처럼 보일 정도다. 하지만 그것은 우연의 일치가 아니라고 그가 단언한다. 내 생각을 읽은 것 같기도 하고, 항상 사람들에게서 받는 질문을 예상하고 미리 대답한 것 같기도 하다.

그는 자신의 집 지하실에 있는 제단을 보여주겠다고 나를 초대한다. 나무가 우거지고 평범하게 보이는 시애틀 주택가를 조금만 걸어가면 곧 그의 집이 나온다. 대부분의 마녀들과 마찬가지로 블랙캣에게도 직업이 따로 있다. 그는 지나치게 비싼 그란데 라테와 편안한 의자로 유명한 대형 커피전문점 체인의 본부에서 근무한다. 그 회사의 이름은 밝히지 않겠다.

블랙캣의 집은 훌륭하다. 그는 여기서 파트너인 짐, 그리고 딸과 함께 살고 있다.

짐이 우리에게 포도주를 따라준다. 우리는 제단이 있는 지하실로 내려간다. 집에 제단을 설치한다는 것이 마음에 든다. 많은 힌두교도들도 집 안에 제단을 설치한다. 집에 제단을 설치하는 것은 집에 체육관을 설치하는 것과 같다. 시간과 비용을 절약해주고, 그것을 이용하게 될 확률을 높여주기 때문이다. 블랙캣은 내가 자기 지하실에 들어온 것을 행운으로 생각해야 한다고 말한다. 자신이 여기까지 데려온 사람은 많지 않다면서. 위카 추종자들이 자주 하는 말이 있다. "수수께끼를 잘 지키되, 자주 드러내라."

블랙캣의 제단은 신성한 곳이라기보다는 자기 집의 중고품을 마당에 늘어놓고 팔다가 일이 심하게 뒤틀어져버린 것 같은 모습을 하

고 있다. 온갖 물건들이 제단을 꽉 채우고 있다. 양초, 여러 신들의
조각상, 나무로 깎은 뱀, 의식에 사용하는 마녀의 칼, 채찍 등이다.
나는 왜 채찍이 있느냐고 묻는다.

"응징을 위해서예요."

"응징이오? 그게 뭔데요?"

"누군가를 응징하는 거죠. 구약성서에 나오잖아요. 응징은 채찍
질이에요."

또 누군가의 말이 떠오른다. 이번에는 종교학자인 마틴 포워드
(Martin Forward)의 말이다. "종교에는 단순히 선함, 절제, 사려 깊음만
있는 것이 아니라 거칠고 어둡고 통제할 수 없는 힘도 있다." 그래요,
마틴, 하지만 채찍질이라니요.

결코 극단적인 행동을 하는 것은 아니라고 블랙캣이 나를 안심시
킨다. "혈행의 방향을 바꾸기 위해서 가볍게 채찍질을 할 뿐이에요."
정확히 어떻게 하는 거냐고 내가 묻는다. 사람들이 원을 그리며 도
는 동안 채찍질을 하는 것이라고 한다. 이렇게 하면 에너지가 솟아
오른다. 문자 그대로 박차를 가하는 것이다. "그건 정화의 의식이에
요." 블랙캣이 말한다.

나는 결코 마조히스트였던 적이 없다. 적어도 의도적으로 그런 행
동을 한 적은 없다. 하지만 이 응징이라는 것에 매력을 느꼈음을 고
백하지 않을 수 없다. 내 말을 오해하면 안 된다. 난 상처 입고 싶지
않다. 지나친 상처는 싫다. 하지만 환자에게 최소한 약간의 고통을
주지 않는 의학적 치료법은 그다지 효과가 없는 것처럼, 내 우울증
또한 내가 진정한 고통을 조금 경험하기 전에는 사라지지 않을 것
같다. 여기서 진정한 고통이란 내가 벌써 몇 년 전부터 빠져 있는 인

위적인 고통과 대비되는 개념이다. 나는 블랙캣에게 지금 당장 나를 응징해달라고 말하고 싶은 충동을 느낀다. 그러면 그는 십중팔구 내 뜻대로 해줄 것이다. 어쨌든 이름이 블랙캣이니까 말이다. 게다가 나는 아주 조금 가벼운 마취 효과가 날 만큼 포도주도 마신 상태다. 하지만 나는 언제나 그렇듯이 무서워서 발을 뺀다. 그리고 대화의 방향을 다른 쪽으로 돌려서 제단 위에 있는 다양한 이교적 소품들에 대해 묻는다. 당신은 저것들 안에서 무엇을 보나요?

그는 그것들이 그저 소품에 불과하다고 말한다. 우리가 그것들에 부여하는 힘 외에는 아무것도 갖지 않은 물건들.

"물건이 어떻게 힘을 가질 수 있죠?" 내가 묻는다.

"그 수첩 좀 보여주시겠습니까?" 블랙캣이 말한다. 나는 작은 검은색 수첩을 건네준다. "이것이 신성한 물건인가요?"

"글쎄요, 그건 잘 모르겠지만, 나한테 중요한 물건인 건 확실해요."

"이걸 10달러 99센트에 사셨는데, 그만큼의 값어치가 있어요?"

"아뇨, 그보다 더 값어치가 있죠. 훨씬 더. 거기에는 내가 적어놓은 메모와 관찰 결과가 모조리 들어 있으니까요. 나랑 같이 터키와 라스베이거스에도 다녀왔고요. 10달러 99센트보다는 훨씬 더 값어치가 있어요."

"맞습니다. 더 많은 에너지를 쏟아 넣을수록, 물건의 중요성이 커지죠."

이 말과 함께 우리 셋은 에너지를 위해 건배를 한다. 포도주 잔이 치링치링 부딪히는 소리가 단단한 콘크리트 벽에 부딪혀 울려 퍼진다.

짐은 예전에 피하고 싶은 사람이 있었다고 말한다. 그래서 위카

식의 접근금지명령에 해당하는 의식을 치렀다. 그는 문제의 그 사람 사진을 얼음 덩어리 안에 넣고 포일로 싸서 냉동실 깊숙이 넣어두었다. 이 방법이 효과가 있었다. 그 사람은 짐에게 다가오지 않았다.

"왜냐고요? 내가 그 사람을 대하는 방식을 바꿨거든요. 그쪽에서 보내는 문자에 답장도 안 하고, 나한테 연락하지도 말고 내 인생에 끼어들지도 말라는 분위기를 풍겼어요."

다 좋은데, 이게 왜 마법인가? 나는 소리 없이 질문을 던진다. 싫은 사람의 사진을 얼음 안에 넣어 냉동실에 집어넣지 않아도 그냥 상대의 문자를 무시하면 되는 것 아닌가? 내 생각에 짐은 자신의 의도를 물리적으로 표현할 필요가 있었던 것 같다. 마법은 일종의 자기기만일 수 있지만, 그래도 필요하다. 잠재의식을 일깨우는 방법 중 하나다. 우리 모두 이런 식의 개인적인 의식을 치른다. 예를 들어 중요한 테니스 경기를 앞둔 선수가 경기복을 입을 때 특정한 순서를 따른다든지(셔츠를 먼저 입고 바지를 입은 뒤, 양말은 왼쪽 먼저 신는다. 하지만 목요일은 예외), 자신에게 마음의 상처를 준 사람의 사진을 불에 태운다든지 하는 식으로. 우리는 그런 행위를 마법이라고 부르지 않지만 원리는 똑같다. 외적인 행동을 통해 내면의 분위기를 바꾼다는 것. 하지만 마녀들은 여기서 한 걸음 더 나아간다. 그들은 이런 행동이 우리의 생각을 바꿔놓을 수 있을 뿐만 아니라 우리의 생각과 의도가 실제로 현실을 바꿔놓을 수도 있다고 믿는다. 생각과 의도만으로 피하고 싶은 사람의 접근을 제한할 수도 있고, 돈이 갑자기 나타나게 만들 수도 있다는 것이다.

블랙캣은 5000달러가 필요해서 주문을 걸었던 이야기를 해준다. 그가 주문을 걸고 며칠 뒤에 회사의 상사가 그를 불러서 전국적인 경연대회에 참가해달라고 말했다. 그럼 그 대회에서 입상하는 경우 상금은 얼마였을까? 그래, 5000달러였다. 7500달러도, 4500달러도, 4995달러도 아닌 5000달러.

나는 과학자는 물론이고 이성적인 사람이라면 누구든지 이것을 우연의 일치로 볼 것이라고 지적한다. 대단히 확률이 낮은 일이긴 해도 어쨌든 우연의 일치인 것만은 틀림없다고 할 것이다.

"난 그런 우연의 일치를 아주 좋아합니다." 블랙캣이 대답한다. 입술이 짓궂은 미소를 짓고 있다. "난 이런 얘기를 한없이 늘어놓을 수 있어요. 내가 주문을 걸 때마다 이렇게 화려한 결과가 나타났냐고요? 그렇지는 않죠. 가끔은 목표에서 벗어날 때도 있지만 대부분의 주문이 그런 결과를 낳는다는 건 분명히 말할 수 있습니다."

블랙캣이 스스로를 속이고 있는 걸까? 효과가 있었던 주문만 기억하고 그것을 마법이라고 부르면서 효과가 없었던 주문은 무시한 채 그것들을 "그다지 잘되지 않은 마법"이라고 부르는 걸까? 하지만 이런 것 말고 다른 요소가 있는지도 모른다.

그 무엇보다도 의도야말로 이교의 마법을 설명해주는 요소라고 블랙캣이 말한다. 마법은 일종의 시각화다. 아니 최소한 시각화가 마법의 중요한 요소라고 말할 수 있다. 자유투 선상에 서서 슛을 쏘는 모습을 시각적으로 상상하면 슛에 성공할 가능성이 높다. 그런 척하다 보면 정말로 그렇게 된다는 불교의 오랜 가르침이 바로 이것이다. 마법이 효과를 내는 원리도 마찬가지다. 다만 마법에는 신비라는 요소, 슛을 쏘는 사람을 도와주는 보이지 않는 손이라는 요소가 덧붙여져 있을 뿐이다. 마법은 분명히 효과가 있다고 블랙캣이 단언한다. 자신이 살고 있는 이 집과 직장도 마법의 결과로 얻은 것이라면서. "그럼 마법이 유일한 요인이었을까요? 아뇨, 그렇지는 않죠. 마법이 있다 해도 본인이 노력해야 합니다. 취직하고 싶은가요? 일단 입사 원서부터 작성해야죠." 하늘은 스스로 돕는 자를 돕는다는 옛날 속담을 마녀스럽게 새로이 변형시킨 말 같다. 내가 블랙캣에게 마법은 그만두고 그냥 열심히 노력하면 안 되겠느냐고 말하자 그는 웃음을 터뜨린다. 자신감이 넘치지만 잘난 척하는 기색은 없는 웃음이다.

"왜 웃어요?"

"나는 원래 이런 사람입니다. 마법이 없으면 나도 없어요. 이건 나의 예술입니다. 나는 원래 이런 사람이에요. 난 마법사입니다. 지금까지도 그랬고 앞으로도 그럴 겁니다." 블랙캣의 목소리에 다른 사람의 목소리가 섞인다. 오만하지는 않지만 보스턴 엘리트의 말씨가 섞인 목소리가 수백 년이라는 세월 저편에서 내게 말한다. "효과가 있는 것이 진리다." 윌리엄 제임스의 말이다.

위카가 내게 맞는 종교일까? 내가 나의 신을 찾은 건가? 나의 신은 여럿인가? 위카에는 마음에 드는 면이 아주 많다. 위카 추종자들이 새로운 의식을 만들어내는 것도 마음에 들고, 그들이 신전과 교리 대신 숲과 그때그때 상황에 따라 마련되는 전례를 선호하는 것도 마음에 든다. 세상에 마법이 배어 있다는 말도, 원죄가 없는 종교도 마음에 든다. 헤셸은 "삶의 숭고한 경이에 대한 무관심"이 모든 죄악의 뿌리라고 믿었다. 위카 추종자들은 괴팍하고 반항적이고 대개는 친절하고 가끔 옷을 벗지만 무심하지는 않다. 그들은 경이와 경외를 자주 맛본다. 이것이 종교가 지닌 최선의 모습이 아니라면 무엇이 최선의 모습인지 나는 모르겠다.

하지만 결국 위카도 내게 맞는 종교는 아니다. 우선 선택의 여지가 너무 많다. 신들이 너무 많아서 나한테 완벽하게 딱 맞는 신을 찾으려고 헛되이 노력하다가 그냥 얼어버릴 것 같다. 다신교의 또 다른 문제는 이 종교가 사실상 신들의 위원회 같아서 모든 위원회의 고전적 문제를 안고 있다는 점이다. 중요한 일들이 틈새를 통해 스르르 빠져나갈 수 있다는 문제. 그런데 여기서 '중요한 일'이란 바로 내 영혼이다. 나는 이것이 걱정스럽다. 윌리엄 제임스가 그랬던 것처럼. "모든 것을 포함하는 하나의 신이 존재하는 것이 아니라면 우리의 안전은 완벽하게 보장되지 못한다." 내가 우울증에 걸린 것이 바로 이런 현상 때문인지 궁금하다. 혹시 나는 신들의 대혼란이 낳은 피해자인 걸까? 난 네가 에릭의 정신건강을 돌보는 줄 알았어. 난 네가 돌보는 줄 알았는데. 아, 젠장.

위카의 마법에 대해서는 부족한 점이 있다는 주장에 동의한다. 그러나 사람들이 보통 생각하는 것과는 다른 이유 때문이다. 이블린 언더힐은 고전이 된 저서 《신비주의》에 이렇게 썼다. "마법은 최선의 상태일 때에도 현상적인 세계의 경계를 벗어난다기보다 오히려 확장시킨다. 진정한 마법은 비정상적인 일들을 행하는 초월주의를 의미하지만 우리를 그 어느 곳으로도 이끌어주지 않는다." 다시 말해서 블랙캣 같은 마법사들의 문제는 그들이 너무 초월적이라는 것이 아니라 너무 '여기에 몰입'해 있다는 것이다. 그들은 극단적인 물질주의자로서 현실을 초월하기보다는 현실을 조작한다(자신의 목적을 위해 그러는 경우가 많다). 그들은 모자에서 토끼를 꺼내느라 여념이 없기 때문에 잠시 하던 일을 멈추고 토끼나 모자를 주의 깊게 살펴보며 애당초 그런 것들이 존재한다는 기적을 곰곰이 생각해보는 법이 없다.

하지만 진짜 문제는 계속 마음에 걸리는 구식 문제, 즉 믿음의 문제다. 나는 고만고만한 여러 신들이 내게 말을 걸거나 나 대신 끼어드는 모습을 도저히 상상할 수 없다. 이 많은 신들의 존재를 (내 왼손 새끼손가락이나 노트북컴퓨터의 존재를 믿듯이) 내가 믿지 않는다는 것이 차가운 현실이다. 그래서 믿을 수 없는 마음을 잠시 접어두고 이 신들을 마음으로 불러내는 행동을 할 수 없다. 어쩌면 이건 내가 제이미를 비롯한 여러 마녀들보다 정신적으로 건강한 사람이기 때문인지도 모른다. 하지만 바로 이 때문에 내 우울증이 더 깊어지는 건지도 모른다.

7
신은 만물에 깃들어 있다

샤머니즘

우리는 샤먼들에게 자연스럽게 '미쳤다'는 꼬리표를 붙인다.
과연 이것이 올바른 판단인가? 정신이 멀쩡한 스위스의
정신분석학자였던 카를 융은 그렇게 생각하지 않았다.
"오로지 물리적 존재만 가능하다고 가정하는 것은 거의
웃음이 나올 만큼 우스꽝스러운 편견이다.
사실 우리가 가장 가깝게 알고 있는 유일한 존재 양식은
정신적인 것이다."

만약 내가 과거의 어떤 시대나 오늘날의 어떤 지역에 살면서 우울증에 걸렸다고 투덜거렸다면, 정신과 의사 대신 샤먼을 보게 될 수도 있었다. 신화와 마찬가지로 샤머니즘은 초기 형태의 심리학이었다. 샤머니즘은 또한 세계 최초의 종교이며 샤먼은 가장 오래된 직업이다. 오늘날 많은 종교에 샤머니즘의 흔적들이 남아 있다. 예를 들어, 유대교의 기도문 읊조리기나 신도(神道)의 북치기 등이 그것이다. 위카에는 흔적 이상의 것들이 남아 있기 때문에 때로 '유럽 샤머니즘'이라고 불린다. 하지만 대개 샤먼들은 예나 지금이나 치유사였다. 좋았어. 약간의 치유는 나한테 도움이 될 거야. 나는 속으로 생각한다. 무엇보다 좋은 것은 샤먼들이 영을 불러내서 치유를 한다는 점이다. 이것이 내게 커다란 매력으로 다가온다. 나는 내가 직접 노력해야 하는 상황에 진력이 난다.

샤머니즘은 정확히 말해서 종교가 아니다. 우리가 보통 생각하는 의미의 종교는 아니라는 뜻이다. 샤머니즘은 종교라기보다 영적인 실행이자 방법론에 더 가까우며, 오스트레일리아에서부터 북극에 이르기까지 전 세계에서 찾아볼 수 있다. 다양한 지역에서 샤머니즘은 놀라울 정도로 비슷한 형태로 나타난다. 수천 킬로미터나 떨어져 있는 이 지역들의 주민들이 서로 접촉한 적이 없는데도. 조지프 캠벨의 지적처럼, 우리는 모두 샤먼의 후예들이다. 수만 년 동안 "인류의 신화 전승의 수호자"는 샤먼들이었다.

그런데 샤먼이란 정확히 무엇일까? 샤먼이라는 단어는 우리가 평소에 잘 안다고 생각하지만 자세히 생각해보면 사실 잘 모르는 단어 중 하나다. '샤먼'은 시베리아어로 '흥분한 사람, 마음이 움직인 사람'을 뜻하는 사만(saman)에서 유래했다. 마음에 든다. 샤먼은 동적이다. 샤먼은 인정을 베푼다. 그들은 환자가 어찌 되든 관심도 없는 차갑고 냉담한 치유사가 아니다. 샤먼은 환자에게 인정을 베풀 뿐만 아니라 그들 자신이 바로 환자다. 이 점이 아주 중요하다. 치유를 하는 과정에서 자신도 치유되는 것이다. 그렇지 않으면 돈을 돌려준다. 환자가 죽으면 샤먼이 받은 돈을 돌려주는 것은 드문 일이 아니다(우리 보건의료 시스템도 이런 환불 보장 제도를 도입하면 크게 나아질 수 있을 것이다).

샤먼의 또 다른 정의는 '아는 자'다. 믿는 자가 아니라 아는 자. 이 둘 사이에는 중요한 차이가 있다. 샤먼의 세계에서 믿음은 설 자리가 없다. 오로지 지식만이 있을 뿐이다. 그렇다면 샤먼은 무엇을 아는 걸까? 그리고 어떻게 그것을 아는 걸까?

샤먼의 힘은 마음대로 황홀경에 빠져들어 다른 의식 상태에 도달할 수 있는 능력에 있다. 경우에 따라 향정신성 약품의 도움을 받기도 하고 그러지 않기도 한다. 샤먼은 신도 정령도 아니지만 신과 정령을 알고 그들과 이야기를 나눈다. 샤먼은 중재자이자 여행자이며, 윌리엄 제임스가 말한 "눈에 보이지 않는 질서"를 탐험한 뒤 평범한 의식 세계로 돌아온다. 샤먼들의 이러한 여행은 때로 죽음과 동일시

된다. 실제로 페루 아마존의 부족들은 일부 샤먼들이 사용하는 강력한 환각제인 **아야후아스카**를 "작은 죽음"이라고 부른다(프랑스인들은 이것과 같은 뜻을 지닌 말 라 프티트 모르로 오르가슴을 표현한다. '큰 죽음'이 '작은 죽음'과 비슷하면 좋을 텐데).

지난 세월 동안 샤먼은 치유사, 주술 의사, 주술사, 마법사, 마술사, 천리안 등으로 불렸다. 미친 사람 취급을 받기도 했다. 어쨌든 그들이 환각과 망상을 경험하는 건 사실이니까. 황홀경에 빠졌을 때 샤먼의 의식 상태를 직접 경험해보지 못한 우리는 샤먼들에게 자연스럽게 '미쳤다'는 꼬리표를 붙인다. 과연 이것이 올바른 판단인가? 정신이 멀쩡한 스위스의 정신분석학자였던 카를 융은 그렇게 생각하지 않았다. "오로지 물리적 존재만 가능하다고 가정하는 것은 거의 웃음이 나올 만큼 우스꽝스러운 편견이다. 사실 우리가 가장 가깝게 알고 있는 유일한 존재 양식은 정신적인 것이다. 반면 물리적 존재는 추론에 불과하다고 말할 수 있다. 우리는 감각이 전달해주는 정신적인 이미지들을 통해서만 물질에 대해 알고 있기 때문이다."

샤먼은 자연을 사랑한다. 성 프란체스코의 전통을 따르는 셈이다. 그들은 자연계를 자신과 동등한 존재, 가족으로 본다. 샤먼은 동물들을 가엾게 여기지 않고, 그들의 우월한 지혜를 끌어다 쓰는 것을 목표로 삼는다. 샤먼의 또 다른 특징은 작업 속도가 빠르다는 것이다. 샤머니즘은 사람들(나도?)이 "침묵의 명상으로는 몇 년이나 걸릴 수도 있는 경험을 몇 시간 만에 할 수 있게" 해주는, 일종의 영적인 지름길을 약속해준다. 인류학자였다가 샤먼으로 변신한 마이클 하너의 말이다. 내게는 이 말이 한없이 매력적이다. 솔직히 지름길을 싫어하는 사람이 어디 있는가?

얼마 전까지만 해도 샤머니즘이라는 비밀의 세계를 탐험하려면 페루의 정글이나 시베리아의 툰드라까지 가야 했다. 하지만 나는 I-95번 도로를 타고 메릴랜드주의 벨츠빌까지 겨우 몇 킬로미터를 달려간다. 마치 부정행위를 하는 것 같은 기분이 든다. 먼 여행이 지혜를 얻는 법이라고 항상 생각했기 때문이다. 하지만 워싱턴 근교에서 '샤머니즘 워크숍'이 열린다는 광고를 우연히 보고는 유혹을 참을 수 없었다. 편리할 뿐만 아니라 상징적이기까지 하지 않은가. 벨츠빌은 미국 비밀경호국이 신입 요원들을 훈련시키는 곳이다. 뭔가 비밀이 숨어 있을 것 같은 분위기가 뭉클뭉클 피어나는 곳인 셈이다.

주최 측에서 알려준 대로 길을 따라가다 보니 비포장도로가 나오고 마침내 다각형을 격자처럼 짜 맞춘 돔 건물이 나온다. 안에는 10여 명의 사람들이 북적거리고 있다. 여느 세미나처럼 세미나를 기대하는 분위기다. 사람들은 혹시 낯익은 얼굴이 있는지 사방을 살펴보고, 등록부에 이름을 적고, 안내 자료를 움켜쥔다. 비밀스러운 세상을 탐험하려는 모임이 아니라 부동산 세미나라고 해도 될 것 같다.

찢어지는 듯한 소리가 아침 공기를 꿰뚫는다. "이거 무슨 소리지?" 누군가가 묻는다. "커피포트에서 물이 끓는 소리 같은데." 누군가가 대답한다. "샤먼의 커피포트네." 누군가가 이렇게 말하자 다들 무슨 말인지 알겠다는 듯, 샤먼처럼 웃음을 터뜨린다. 나는 음식이 있는 곳으로 가서 동물성 재료는 하나도 안 들어간 쿠키와 그늘에서 유기농법으로 기른 공정무역 커피 한 잔을 집어 든다. 이렇게 윤리적인 커피를 마셔본 건 처음이다. 한 모금 마실 때마다 내가 점점 착해지는 느낌이 든다.

　나는 중앙 회의실로 들어가서 다른 사람들과 마찬가지로 바닥에 털썩 주저앉는다. 아, 영적인 활동에 없어서는 안 되는 장비인 바닥이 다시 나를 맞이한다. 그동안 줄곧 피해 다니던 치과에 온 것 같다. 나는 카트만두에서 제대로 익힌 나만의 변형 가부좌를 틀고는 회의실 안을 훑어본다. 참석자들은 특별히 젊지도 늙지도 않은 사람들이다. 남자보다 여자가 더 많고, 여자들은 인디언 같은 장식품, 큼직한 팔찌와 목걸이를 주렁주렁 매달고 있다. 갖가지 의미가 무겁게 매달려 있는 물건들이다.

　스탠더드 푸들을 함께 데려온 여자가 있다. 녀석의 이름은 사샤인데, 나만큼 이 자리가 불편한 모양이다. 푸들 사샤는 몇 바퀴를 빙빙 돌더니 제 주인 옆에 엎드린다. 서로 반대편에 앉아 있는 사샤와 나의 눈이 잠깐 마주친다. 녀석이 무슨 생각을 하는지 알 것 같다. "날 보지 마. 나도 오고 싶어서 온 게 아니라고." 틀림없다. 벌써 동물과 의사소통이 이루어지고 있으니 잘됐다는 생각이 든다. 하지만 불편해 보이는 푸들과 샤먼 세계가 무슨 관계가 있는지는 잘 모르겠다.

　회의실 한가운데에 제단 같은 것이 있다. 모직 담요 위에 엽서 여러 장, 북극곰과 갈색곰 인형 몇 개, 양초 몇 개, 가죽지갑 한 개가 있다. 나는 가방을 열어 이 사람들이 가져오라고 했던 물건들을 꺼낸다. 북, 딸랑이, 안대, 그리고 '자몽 크기의 돌맹이.' 다른 사람들을 흘깃 바라보니 아무래도 내가 불리한 것 같다. 영적인 측면에서. 다른 사람들이 가져온 북은 별도의 케이스가 필요할 만큼 크고, 딸랑이는 야구방망이만 하다. 심지어 페루 정글 깊숙한 곳에서 부족생활을 하는 사람이 손으로 직접 만든 물건이다. 나는 내 딸이 쓰던 작은 플라스틱 딸랑이를 가져왔다. 자본주의의 정글 깊숙한 곳에서 박봉에 시달리며 땀을 흘리는 중국인 노동자가 만든 물건이다.

모든 사람의 눈이 워크숍 진행자를 향한다. 깔끔한 중년 남자로, 치노 바지와 자주색 터틀넥 차림이다. 지극히 평범해 보인다. 샤먼이라기보다는 기업체 중역 같다. 사실 내 짐작이 그리 틀린 것도 아니다. 그 남자 데이나는 〈워싱턴포스트〉의 한 줄 광고 담당 부서에서 25년 동안 일하고 퇴직한 뒤 샤머니즘 강사가 되었다. 그의 모습이 평범한 것은 실망스럽기보다 오히려 내 마음을 편안하게 해준다. 비밀스러운 세계로 여행을 떠날 거라면, 치노 바지를 입은 사람이 앞에서 길을 이끌어주는 편이 좋다.

우리는 천천히, 제멋대로 자리에 앉는다. 키득거리는 여중생들 같다. 데이나가 입을 연다. "환영합니다." 평범한 목소리라 마음이 놓인다. "이번 주말에 우리는 평범하지 않은 세상을 탐험할 겁니다." 그는 평범한 사실을 이야기하듯이 이 말을 한다. 파르테논 신전에서 하루의 관광 일정을 설명하는 그리스의 관광 가이드 같다. 그가 말을 덧붙인다. "놀라운 일도 있겠지만, 즐거울 겁니다." 나는 데이나의 말을 믿고 싶다. 진심으로 믿고 싶다. 하지만 내 경험상 놀라운 일이 즐거웠던 적은 거의 없다.

샤먼들은 영을 다룬다고 데이나가 말한다. 영이 무엇인가? 좋은 질문이다. "영은 모든 것의 비물질적인 정수입니다. 여기 뉴멕시코의 미국 인디언이 만든 훌륭한 딸랑이가 있습니다. 샤먼이 이걸 보면 '이것은 물질적인 딸랑이지만 딸랑이는 또한 영이기도 하다'라고 말할 겁니다." 영의 또 다른 정의는 "눈을 감았을 때 보이는 모든 것"이다. 잠시 침묵이 흐른다. 푸들 사샤가 씩씩거리는 소리뿐이다. 침묵 속에서 우리는 데이나의 말을 소화한다.

데이나가 딸랑이를(정말 아름다운 물건이다) 든 채 우리에게 눈을 감고 딸랑이를 머릿속으로 그려보라고 말한다. "제가 아니라 이 딸랑이에 정신을 집중하세요. 여러분이 눈을 감고 이것을 보려고 애쓰는 동안 제가 이 딸랑이를 흔들어드릴 겁니다. 그러면 대략 보일 겁니다. 다 좋습니다. 샤머니즘에서는 '대략'이 효과가 있습니다."

정말 좋다! 데이나나 영에 관한 이야기가 좋다는 게 아니다. 솔직히 나는 무슨 소리인지 다 알아듣지 못했다. 내가 좋아하는 것은 '대략'이라는 말이다. 마침내 부정확성의 아름다움, '대략'의 신성함을 인정하는 종교(와 비슷한 것)를 만나다니. 기존 종교의 문제는 그들이 종교라는 점이 아니라 조직화되어 있다는 점이다. 그들은 과학을 흉내 내려 하지만 당연히 처참하게 실패한다. 과학을 과학으로 이길 방법이 없기 때문이다. 묘하게도 숫자에 집착하는 종교들이 많다. 하누카(유대교 명절 중 하나 - 옮긴이)는 8일. 사순절은 40일. 라마단은 30일. 기도는 하루에 다섯 번씩, 금식은 24시간 동안. 사성제, 팔정도, 삼중법. 뭐가 뭔지 모르겠다. 난 숫자에 밝은 사람이 아니다. 어쩌면 그래서 내가 영적으로 힘을 받지 못하는 건지도 모른다. 세금 계산을 못하는 것과 마찬가지다. 수학이 문제다. 지나치게 숫자를 좋아하는 종교들이 샤머니즘의 '대략' 사고방식에서 한 수 배워도 좋을 것이다. 가톨릭 신부가 성모송을 대략 다섯 번쯤 하라고 말하는 것을 듣고 싶다. 랍비가 어떤 음식을 가리키며 "대략 코셔(유대교 율법에 맞게 만들어진 정결한 식품 - 옮긴이)인 듯"이라고 말하는 것도 듣고 싶다.

샤머니즘의 부정확성은 현실을 정확히 반영한다. 세상은 불분명하고 부정확한 곳이다. 이 점을 인정하면, 우리 자신이 오류를 저지를 수 있다는 사실도 인정하게 된다. 그 사실에 대해 이러쿵저러쿵 멋대로 판단을 내릴 필요가 없다. 신자들에게 정확성을 요구하는 종교는 무자비한 종교일 뿐만 아니라 현실과 동떨어진 종교이기도 하다. 샤먼은 그들과 달리 좀 더 느슨한 길을 따른다. 그래, 어쩌면 내가 내 신을 찾은 건지도 모르겠다.

대략. 시간이 흐를수록 워크숍 분위기가 점점 이상해진다. 라엘교처럼 이상한 건 아니지만(여기서는 가슴을 해방시키지 않는 것이 애석하다), 그래도 이상한 건 이상한 거다. 우리는 회의실 안을 한 바퀴 돌면서 자기소개를 한다. 첫 번째 여자는 자기가 '동물 소통가'라고 말한다. 또 다른 여자는 '존재론 코치'라고 자기소개를 한다. 나는 이런 직업들이 존재한다는 사실도 몰랐다. 어쩌면 그 두 사람이 짝을 이뤄서 마침내 개들에게도 진리를 전파할 수 있을지 모르겠다는 생각이 든다. 아, 이러면 안 돼. 똑똑한 척 모든 것을 의심하는 내 옛날 버릇이 어두운 골목에 숨어 있던 강도처럼 슬금슬금 내게 다가온다. 나는 그놈을 찰싹 한 대 쳐주고는 믿지 못하는 마음을 막아선다. 안 그래도 너무 오랫동안 막아두어서 터지기 직전인데. 데이나가 사람들에게 이 워크숍에 참석한 이유를 설명해보라고 말한다. 사람들은 온갖 이유를 주워섬긴다. 도저히 설명할 수 없는 경험을 했기 때문에 왔다는 사람도 있고, 병 때문에 왔다는 사람도 있고, 최근에 사랑하는 사람을 잃었다는 사람도 있다. 이번에도 역시 가톨릭 신자들이 유난히 많다.

시베리아 사람들은 영혼의 상실이 질병의 중요한 원인이라고 믿는다고 데이나가 말한다. '영혼의 상실'이라는 말이 그의 입에서 너무나 자연스럽게, 전혀 힘들이지 않고 굴러 나온다. 마치 탈모라는 말을 하는 것처럼. 그러더니 그가 시베리아의 옛 시를 읽는다. "이 집의 벽에는 혀가 있다. 존재하는 모든 것은 살아 있다." 샤머니즘을 제대로 요약한 구절이다. 만약 모든 것이 살아 있다면 우리가 모든 것과 소통할 수 있다는 뜻이라고 데이나가 설명한다. 그러고는 내 생각을 읽기라도 한 것처럼 이런 말을 덧붙인다. "자, 생각해보세요. 벽들과 24시간 내내 소통한다면 여러분에게 문제가 생겨서 특별히 보살핌을 받아야 하는 곳에 입원하게 될지도 모릅니다. 그러니까 이번 주말에 우리가 여러분에게 이런 이야기들을 들려드리는 것은 여러분을 이상하게 만들기 위해서가 아닙니다. 아셨죠?" 나는 다 들리도록 크게 숨을 내쉰다. 안 그래도 그런 생각을 하고 있었는데. "사실제 생각에 우리가 들려드리는 이야기들 덕분에 여러분은 머리가 더 맑고 또렷해질 것 같습니다." 데이나는 샤먼이 사이코패스라기보다는 정신분석학자에 더 가깝다고 믿고 있음이 분명하다. 이건 프랑스의 인류학자인 클로드 레비스트로스가 처음 내놓았던 주장이다.

우리는 환각제를 사용하지 않을 거라고 데이나가 선언한다. 몇몇 사람들이 실망한 듯 투덜거리고 숨죽인 소리로 쿡쿡 웃어대는 사람들도 있다. 데이나는 환각제 대신 "단조로운 북소리" 같은 걸로 다른 세상 여행을 도울 것이라고 말한다. 반복적인 북소리에는 확실히 의식의 변환을 쉽게 해주는 뭔가가 있는 것 같다. 데이나는 단조로운 북소리의 세계적 기준이 시베리아에서 확립되었으며, 1분에 180박이라고 우리에게 알려준다. 이 정확한 숫자가 샤먼의 '대략' 철학과는 분명히 어긋난다는 생각이 뇌리를 스친다.

"좋습니다." 데이나가 말한다. "이제 북을 좀 쳐볼까요?" 우리는 일어서서 북을 친다. 다른 사람들은 자기가 가져온 굉장한 서아프리카 북과 아마존산 딸랑이를 치고, 나는 내가 가져온 작은 북과 중국산 딸랑이를 친다. 그래도 기분은 좋다. 북의 딱딱한 표면에 내 손바닥이 찰싹찰싹 부딪힌다. 둥둥둥. 회의실 전체가 울린다. 그래, 정말 좋다. 나는 내 머릿속에서 빠져나오고 있다. 1분에 180박의 속도로. 팔이 아파오지만 그것도 좋다. 손바닥이 새빨갛게 변해서 쿡쿡 쑤시지만 그것도 좋다. 모든 것이 좋다.

모두 눈을 감고 있어야 하지만 나는 그것을 어기고 사람들을 관찰한다. 모두들 북을 치며 각자 다양한 단계의 황홀경에 빠져 있다. 푸들 사샤는 빼고. 녀석은 아까보다 더 심하게 숨을 몰아쉬고 있다.

우리 모두 한껏 도취한 상태다. 둥둥둥. "샤먼의 눈으로 세상을 보세요." 데이나가 말한다. "자연에서 여러분이 가장 좋아하는 곳을 생각하면서 그곳에 있는 기분을 최대한 느껴보세요." 나는 노력해보지만 아무런 이미지도 떠오르지 않는다. 적어도 긍정적인 이미지는 하나도 생각나지 않는다. 사실 나는 자연이 무섭다. 샤먼과 환경주의자는 자연을 친구로 믿는다는 걸 알지만 내 경험은 다르다. 아름다운 석양과 따스한 봄날 아침도 자연이지만 허리케인 또한 자연이다. 지진, 해일, 산사태, 전염병, 바이러스, 말라리아균을 품고 있는 모기, 전갈도 자연이다.

그래서 나는 눈을 감고 자연 대신 반짝이는 강철로 지어진 공항을 떠올린다. 내가 생각하는 낙원은 이런 곳이다. 대부분의 사람들은 공항을 싫어한다. 항공 여행에 꼭 필요하긴 하지만 마음에는 안 든다고 생각하기 때문이다. 난 아니다. 나는 공항을 사랑한다. 공항에서 시간을 보내는 것이 좋다. 심지어 시설이 떨어지는 공항이라도 상관없다. 그래서 톰 행크스가 나온 영화의 주인공처럼 공항에서 몇 달을 살게 되더라도 즐거울 것 같다. 나는 공항이 자급자족하는 은자의 세계 같아서 마음에 든다. 재활용 시스템을 통과한 인위적인 공항의 공기도 좋다. 오가는 길목에 그렇게 서 있으면 나는 다시 숨을 쉴 수 있다.

다음 순서는 '동물 춤추기'다. 자신에게 힘을 주는 동물을 찾으라고 데이나가 말한다. "자아를 놓으세요." 그가 말한다. 우리가 지금까지 자아를 꽁꽁 싸매고 있기라도 했던 것처럼. "어쩌면 여러분의 손톱이 동물의 발톱처럼 느껴질지도 모릅니다. 아니면 팔이, 아니 온몸이 털로 뒤덮일지도 모릅니다. 얼굴에 주둥이가 툭 튀어나와서 곰으로 변신할지도 모릅니다. 몸이 비늘로 뒤덮인 도마뱀이 될지도 모릅니다." 평소 같으면 이렇게 변신한다는 생각에 겁을 집어먹었겠지만 이상하게도 지금은 그렇지 않다. 대신 그보다는 조금 사소한 두려움이 내 마음속에 멋대로 웅크리고 앉아 아무리 쫓아내려고 해도 말을 듣지 않는다. 내 생각을 읽기라도 한 것처럼 데이나가 말한다. "자신에게 힘을 주는 동물을 찾아내지 못하더라도, 그런 동물이 없더라도 걱정할 필요 없습니다. 그래도 괜찮습니다." 휴~.

샤먼들은 예전에 모든 인간이 갖고 있던 능력, 즉 동물의 영과 소통하는 능력에 자신이 다시 접촉하고 있다고 믿는다. 인간으로 변신할 수 있는 동물이나 원래 자신의 영역이 아닌 곳에서 돌아다닐 수 있는 동물, 예를 들어 하늘을 나는 늑대 같은 동물은 특별히 강력한 존재로 여겨진다. 여기서 중요한 것 하나. 샤먼은 늑대를 흉내 내거나 늑대에게 빙의된 것이 아니라 늑대 그 자체다.

또 북소리가 울린다. 둥둥둥. 우리는 제단 주위를 빙빙 돈다. 데이

나의 말대로 양초에 부딪히지 않게 주의하면서. 내 주위의 사람들은 모두 자신에게 힘을 주는 동물을 찾아내고 있다. 어떤 여자는 네 발로 엎드려서 호랑이처럼 기어간다. 아니, 사자인지도 모르겠다. 여기저기서 으르렁거리는 소리, 코끼리처럼 울어대는 소리가 들린다. 하지만 나는 여전히 두 발로 서 있다. 아직도 인간인 게 창피하다. 걱정했던 것처럼, 내게 힘을 주는 동물은 무단으로 사라져버렸다. 학급에서 발표를 해야 하는데 필요한 물건을 깜박하고 가져오지 않은 아이가 된 것 같은 기분이다. 점점 더 당황스러워지는 가운데 나는 마음을 정한다. 내게 힘을 주는 동물이 스스로 찾아오지 않는다면 내가 찾으러 가자.

새! 그래, 나는 새다. 새는 온혈동물이다. 하늘을 날 수 있다. 새들이 떠난 자리는 조금 지저분하다. 그래, 나는 새다. 나는 양팔을 뻗어 인상적인 날개를 만든다. 그리고 왼쪽, 오른쪽, 왼쪽으로 활강한다. 무아지경에 빠져든다. 마침내. 그래, 기분이 좋다. 둥둥둥. 데이나의 북소리다. "칵칵칵." 벨츠빌의 조인(鳥人)인 나의 목소리다. 둥. 칵. 둥. 칵. 그래, 나도 할 수 있다. 하늘을 날 수 있다!

그런데 시야의 가장자리에 뭔가가 언뜻 들어오면서 나는 추락하고 만다. 새가 또 있다. 어떤 여자가 휙 급강하하는데, 그 동작이 너무나 우아하다. 나보다 훨씬 더 낫다. 나는 제단 주위를 몇 바퀴 더 돌지만 이젠 마음이 떠났다. 다른 새한테 졌다.

데이나가 북 연주를 멈추고 우리더러 방금 경험한 것을 글로 적으라고 말한다. 하지만 나는 머리가 제대로 돌아가지 않는다. 내게 힘을 주는 동물을 납치해간 그 새-여자한테 화가 나서 미치겠다. 사람들은 글을 쓰고 있지만 나는 그저 제단의 촛불이 춤추듯 너울거리는 것을 지켜볼 뿐이다. 이제 시간이 다 됐다고 데이나가 말한다. "우리는 이 방에서 영적인 경험을 하고자 했습니다. 누가 그런 경험을 했습니까?" 갑자기 5학년 교실로 돌아간 것 같다. 제발, 제발, 제 이름을 부르지 않게 해주세요. 다행히 중국계 미국인 여자가 입을 연다. "저는 아메리카들소가 됐어요. 깜짝 놀랐습니다. 저의 좌뇌가 저를 케빈 코스트너의 영화 속으로 데려갔는데, 이게 무슨 바보짓인가 싶었어요." 그래도 괜찮다고 데이나가 말한다. "아메리카들소의 색깔은 뭐였나요?" 그가 묻는다.

"검은색이오." 여자가 곧바로 대답한다. 이런 패턴이 세미나 내내 되풀이된다. 각자 자신의 경험 또는 여행에 대해 이야기하는데, 항상 묘사가 아주 구체적이다. 아무리 봐도 사람들이 이야기를 꾸며내는 것 같지는 않다. 이렇게 짧은 시간 안에 이런 경험을 꾸며낼 수 있는 사람은 없다. 정말로 이런 경험을 했음이 틀림없다. 적어도 어느 정도까지는. 하지만 나는 아니다. 그 어떤 동물도 나를 '찾아오지' 않았다. 새가 되기로 한 것은 나의 결정이었다. 나는 어디가 잘못된 걸까? 상상력이 부족한 건가? 아니면 이 사람들한테 상상력이 지나치게 풍부한 건가?

우리는 휴식시간에 대단히 윤리적인 커피를 마시며 동물 이야기를 주고받는다. 데이나는 이제부터 우리가 여행을 떠날 거라고 말한다. 먼저 하계를 방문할 것이다. 우리의 임무는 "그곳으로 가서 확인해보는 것"이라고 데이나가 말한다. 이번에도 마치 상상 속의 장소가 아니라 정말로 존재하는 곳에 대해 말하는 것 같은 말투다.

데이나가 먼저 분명히 해둘 것이 몇 가지 있다고 말한다. 샤먼의 여행은 각성몽과 같다고 한다. 나는 이 말을 듣고 몸을 부르르 떤다.

인도에서 약을 먹고 정신이 이상해졌던 경험이 퍼뜩 떠올랐기 때문이다. 모든 사람이 똑같은 경험을 하게 되지는 않을 것이라고 데이나가 말한다. 첫 번째 여행에서 모든 것을 총천연색으로 보는 사람도 있고 그렇지 않은 사람도 있다. 그리고 또 하나, 데이나가 특별히 강조한 말은, 우리가 내려가는 곳은 지옥이 아니라는 것이다. 절대로 아니다. 지옥은 그리스도교가 만들어낸 것이다. 데이나는 운전강사처럼 우리에게 샤먼의 길을 가르쳐준다. "제가 북을 칠 겁니다. 그러고 나면 우리는 각자 선택한 구멍으로 들어가는 겁니다. 구멍이 작을까 봐 걱정할 필요는 없습니다. 구멍으로 들어가면 곧바로 하계로 이어진 터널 안입니다." 데이나는 아무렇지도 않은 듯이 말한다. 동네 슈퍼마켓에 가는 길을 가르쳐주는 사람 같다. "터널에는 대개 불이 켜져 있습니다. 하지만 어두운 경우에도 여러분이 손전등이나 야간 투시경을 생각으로 만들어낼 수 있습니다." 고대로부터 이어져온 샤머니즘이지만 신기술에도 문을 열고 있는 모양이다.

사람들이 질문을 던진다. 질문이 많다. 정확히 어떻게 하계에 내려가는 거죠?

입구는 땅에 뚫린 구멍일 수도 있고, 빗물 배수구일 수도 있고, 지하철 입구일 수도 있다고 데이나가 말한다. 나는 이 마지막 말이 마음에 든다. 공항만큼이나 지하철역을 좋아하기 때문이다.

"그 터널을 어떻게 통과하죠?" 누군가가 묻는다.

"뛰어가셔도 되고, 날아가셔도 되고, 제트팩을 이용하셔도 됩니다. 가끔은 개울이 나타나서 거기에 뛰어드셔도 되는데, 그런 일이 자주 있지는 않습니다. 일단 하계에 도착하시면 밖으로 나가서 직접 경험하고 손으로 만져보세요. 거기서 이런저런 풍경이나 동물을 보게 되는 경우도 드물지 않습니다. 만약 기린이 나타나서 자기 등에 타라고 하거든 망설이지 말고 그렇게 하세요. 걱정하실 필요 없습니다. 돌아올 때가 되면 제가 알려드릴 테니까요."

이 말을 끝으로 데이나는 우리에게 "여행 자세를 취하라"고 말한다. 나는 드러누워서 커다란 손수건을 안대처럼 묶는다. 이상한 것은 여행을 떠날 때 항상 경험하는 기대감이 몰려온다는 점이다. 하지만 이번에는 내가 실제로는 아무 데도 가지 않는다는 두려움이 섞여 있다.

"좋습니다. 즐거운 여행 하시기 바랍니다." 데이나가 말한다. 승객들에게 작별 인사를 하는 항공사 지상 요원 같다. "다녀오시면 다시 뵙죠." 북소리가 시작되기 전에 마지막으로 들린 것은 푸들 사샤의 주인이 하는 말이다. "자, 사샤, 다른 사람들의 이미지를 훔쳐 가면 안 돼."

둥둥둥. 좋았어. 심호흡을 해, 에릭. 할 수 있어. 나는 지하철 입구를 찾아보지만 보이지 않는다. 불신하는 마음이 도무지 물러서지 않는다. 나는 계속 생각한다. 우리는 바닥에 누워 있을 뿐이야. 여기서 어딜 갈 수 있다는 거야? 심호흡. 회의실 안은 따뜻하고, 북소리는 단조롭고, 내 눈은 감겨 있다. 나는 지하철 입구가 나타날 때까지 그냥 이렇게 누워 있자고 생각한다. 금방 지하철 입구가 나타날 것이다. 그런데 데이나의 목소리가 들려온다. 평범한 현실로 돌아온 것을 환영한단다. 아, 이런, 내가 그만 깜빡 잠이 들어버렸다. 창피하다. 북소리에 내 코고는 소리가 묻혀버렸기만을 바랄 뿐이다.

"누구, 이야기를 들려주실 분 계십니까?" 데이나가 묻는다. 나는 최대한 작게 몸을 움츠린다. 모두들 이야기를 꺼내놓는다. 바버라라는 여자는 그랜드캐니언에서 출발해서 고속도로의 입체교차로와 절벽을 보았다고 말한다. 그것이 전부다. "죄송해요." 바버라가 말한다. 자신의 여행이 평범해서 미안하다는 사과다.

"고속도로에 어떤 차들이 있던가요?" 데이나가 묻는다. 안락의자에 앉아서 상상만으로 빚어낸 여행기를 읽는, 호기심 많은 독자 같다. "옛날 차던가요, 요즘 차던가요?"

"요즘 차였어요." 바버라가 주저 없이 대답한다.

"축하합니다. 그럼 저쪽 세계에 다녀오신 거예요."

나는 왜 저쪽 세계에 갔다 오지 못한 걸까? 나는 뭐가 잘못된 걸까? 대개 나는 마음먹은 여행은 기필코 해내는 편이다. 그래서 이라크, 아프가니스탄, 북한도 다녀왔다. 그러니 하계에도 다녀올 수 있을 것 같았다. 혹시 인도에서 각성몽을 꾼 것이 문제인가 싶다. 그것이 평범한 현실에 대한 나의 신뢰를 뒤흔들어놓았으니, 내가 어떻게 평범하지 않은 현실을 믿을 수 있겠는가?

다른 사람들도 자신의 모험 이야기를 한다. 동네 술집에서 각자 여행담을 털어놓는 사람들 같다. 셰리는 〈사운드 오브 뮤직〉의 한 장면 같은 곳에 다녀왔다. 요정들과 말하는 꽃들이 있는 그곳에서 그녀는 길을 잃었지만 다행히 요정들이 그녀를 중간계로 안내해주었다. "아주 친절한 곳 같군요." 데이나가 말한다.

이야기들이 점점 더 환상적으로 변해가더니, 어떤 폴란드계 여성에게서 정점에 이른다. 그녀는 터널을 빠져나오자마자 익룡의 새끼들에게 붙잡혔지만 겁에 질리지 않았다. 녀석들이 그녀의 몸을 소화시키고 있는데도 녀석들에게 나쁜 뜻이 없다는 확신이 들었기 때문이다. 그런데 정말로 녀석들이 그녀를 뱉어냈고, 그녀는 나비가 되었다가, 물고기가 되었다가, 마지막에는 코코넛 씨앗을 타고 중간계로 밀려왔다. 와, 이러니 환각제를 쓸 필요가 없겠네. 나는 속으로 생각한다. 이 사람들에게 그런 약은 필요 없다. 나는 이렇게 외치고 싶다. "우린 아무 데도 가지 않았어요! 눈을 가리고 그냥 여기 바닥에 앉아서 단조로운 북소리와 푸들의 숨소리만 듣고 있었다고요." 물론 나는 이 말을 하지 않는다. 게다가 다들 모임을 마무리하고 있다. 내일은 또 다른 일들이 있을 것이다. 어쩌면 나도 돌파구를 찾게 될지 모른다.

다음 날 아침 나는 그 돔 건물로 다시 간다. 다들 친절하다. 심지어 친밀하기까지 하다. 이상한 경험을 할수록, 사람들 사이에 신속하게 유대감이 형성되는 법이다. 다들 이 모임에 참가한 것을 기뻐하는 것 같다. 푸들 사샤만 빼고. 녀석은 차라리 동물병원에 가서 거세수술을 받는 편이 더 나을 것 같다는 표정을 하고 있다. 폴란드 여자가 비건(고기는 물론 우유와 달걀까지 포함해서 모든 동물성 식품을 먹지 않는 채식주의자 - 옮긴이) 키라임파이(플로리다주 남부의 요리 - 옮긴이)를 구워왔다. 내가 상상했던 비건 키라임파이의 맛 그대로다. 그녀는 '아마존 모깃불 막대기(smudge stick: 태우면 강한 향기가 나는 향초들을 말려서 묶은 것 - 옮긴이)'도 나눠준다. 우리의 오라를 청소할 때 좋다고 한다.

데이나가 쉿 하고 조용히 하라는 신호를 보낸다. 다시 프로그램을 시작할 시간이다. "재능을 지닌 분들이 많습니다." 그가 말한다. 마치 훌륭한 후보 선수가 많은 대학 농구팀을 대하는 것 같은 말투다. 하지만 나는 재능이 있는 것 같지 않다. 내가 남들을 속이고 있는 것 같다. 자, 이제 동물 작업을 할 때가 됐습니다. 데이나가 선언한다. 우리는 제단 주위를 돈다(오늘은 거기에 자그마한 늑대 봉제인형 하나가 추가되어 있다). 사람들이 또 으르렁거린다. 오늘은 새가 되려는 경쟁이 치열해서(그쪽 재능을 지닌 사람이 많다) 나는 내가 가장 좋아하는 동물, 즉 마멋을 불러내기로 한다. 나는 마멋을 사랑한다. 땅을 파고 아늑하게 들어가 앉아 있는 것, 혼자 보내는 시간이 많은 것, 그러다가 2월 2일(마멋이 겨울잠에서 깨어나는 날로 알려진 그라운드호그 데이 - 옮긴이)에 갑자기 유명해지는 것. 그 뒤로 다시 제 구멍으로 돌아가서 또 아늑하게 땅을 파는 것. 환생이라는 것이 정말로 존재한다면, 나는 마멋으로 다시 태어나도 괜찮을 것 같다. 나는 마멋의 앞발처럼 양손을 턱 밑에 괴고 입술을 좌우로 세게 잡아당겨 마멋처럼 치아가 드러나게 한 뒤 제단 주위를 돈다. 둥둥둥. 기분이 좋다. 그런데 북소리가 끊어진다.

새로운 과제. 이번에는 상계로 간다고 한다. 이번에도 입구를 찾아야 한다. 각자 자신에게 힘을 주는 동물을 타고 상계로 날아가도 되고(마멋이 날 수 있나?), 우주셔틀을 타도 되고, 폭발하는 화산의 힘으로 올라가도 되고, 엘리베이터를 타도 된다고 데이나가 말한다. 나는 마지막 방법이 마음에 든다. 가장 안전하고 가장 가능성이 높은 방법 같다. 데이나가 말을 잇는다. 우리가 막을 통과하게 될 거라고. 짙은 연막일 수도 있고, 고무막일 수도 있다. 고무막이라면 우리가 상상으로 칼이나 토치램프를 만들어내면 된다고 데이나가 말한다. "그냥 여행을 즐기면 됩니다. 돌아오시면 다시 뵙죠."

우리는 바닥에 눕는다. 조명이 희미해진다. 북소리가 시작된다. 처음에는 속도가 느리다. 둥둥. 그러다가 점점 속도가 빨라진다. 둥둥둥. 나는 긴장을 풀고, 불신을 떨치고, 윌리엄 제임스의 말처럼 좀 더 "마음이 여린" 사람이 되려고 애쓴다. 어제보다 훨씬 잘된다.

"좋습니다." 데이나가 북소리 때문에 소리를 지르듯이 말한다. "이제 여러분에게 힘을 주는 동물을 상상하세요."

나는 마멋을 불러낸다. 그런데 평범한 마멋이 아니다. 지능이 있는 마멋이다. 녀석은 커피잔과 클립보드를 양쪽 앞발로 각각 들고 있다. 작은 귀 뒤에는 볼펜이 꽂혀 있고, 작은 코 위에는 안경이 걸려 있다. 안경테도 상당히 세련된 모양이다. 내가 보기에는 그렇다. 녀석과 나는 엘리베이터를 타고 상계로 올라가는 중이다. 우리는 별다른 말 없이 문만 뚫어져라 바라보며 숫자가 점점 높아지는 것을 지켜본다. 갑자기 엘리베이터가 멈춘다. 위를 보니 흙벽이 보인다. 안돼. 엘리베이터가 고장 났다. "걱정 마." 마멋이 말한다. "내가 처리할 수 있어." 녀석은 아주 쉽게 흙벽에 구멍을 뚫고 들어간다. 마침내 우리는 그 구멍을 빠져나와 선명한 푸른 하늘을 본다. 기온이 차다. 주위를 둘러보니 이유를 알 것 같다. 여긴 북극이다. 사방이 얼음과 눈 천지다. 황량하지만 아름다운 풍경. 그런데 어찌 된 영문인지 우리가 배에 타고 있다. 나는 어떤 섬에 배를 멈추고, 그곳의 얼음산을 올라가기로 한다. 이곳의 땅은 역시 북극의 툰드라다. 나는 뾰족한 얼음 봉우리 꼭대기에 발이 묶인다. 옴짝달싹할 수 없다. 북소리가 한층 더 빨라진 것을 보니 곧 평범한 현실로 돌아가야 할 것 같다. 어쩌지? "걱정 마." 마멋이 말한다. 녀석은 급박한 상황을 잘 견디고 있다. "올라타."

"올라타라니, 어디에?"

"내 등에."

나는 그렇게 한다. 물리적 법칙 몇 개를 무시하며 마멋의 등에 올라타자 마멋이 하늘을 날 수 있다는 것을 알게 된다. 우리는 이 북극

섬에서 날아올라 엘리베이터 입구로 향한다. 내가 하강 단추를 누른다. 아무 반응이 없다. 나는 다시 단추를 누른다. 여전히 아무 반응이 없다. 북소리가 더욱더 빨라진다. 둥둥둥. 마침내 엘리베이터가 도착해서 우리는 아래로 내려간다. 휙! 아슬아슬한 시간에 중간계에 도착한다.

"좋습니다." 안대를 풀고 있는 우리를 향해 데이나가 말한다. "상계에 다녀오신 분이 몇 명이나 됩니까?" 많은 사람들이 손을 든다. 나도 든다. "훌륭하군요." 데이나가 말한다. 나는 빙긋 웃는다. 마침내 숙제를 제대로 해낸 아이처럼. 해냈다. 샤먼의 여행을 해냈다. 비록 전형적인 여행은 아니었지만. 머리도 똑똑하고 하늘을 나는 마멋이 동행이라니. 게다가 내가 정말로 그 여행을 경험한 건지, 아니면 그냥 상상한 건지도 잘 모르겠다. 그런 건 상관없다. 중요한 건, 내가 해냈다는 것이다.

나의 흥분은 대략 20초 만에 사라진다. 다른 사람들이 상계 여행 이야기를 늘어놓는데, 나보다 훨씬 더 환상적이다. 어떤 사람은 빛을 발하는 수정을 보았고, 어떤 사람은 드래곤을 만났다. 데이나는 이 이야기에 주의 깊게 귀를 기울이더니 아주 진지한 표정으로 묻는다. "그 드래곤과 관계를 맺을 수 있는 가능성이 있다고 보십니까?"

"어머, 그럼요." 드래곤 이야기를 한 여자가 말한다. "드래곤이 아주 친절했는걸요." 나는 가브리엘 가르시아 마르케스의 소설 속에 갇힌 것 같은 기분이다. 이번에도 폴란드계 여자는 다른 사람들을 능가한다. 그녀는 유니콘들의 땅에 착륙했는데, 유니콘 대장이 그녀에게 다른 유니콘들의 털을 모두 땋아주라고 말했다. 그런데 그다음부터 이야기가 어지러워진다. 그녀의 눈물이 은하수가 되었다는 얘기도 있고, 천사가 자웅동체를 타고 왔다는 얘기도 있다.

데이나가 마지막 순서를 이야기한다. '힘을 주는 동물 찾기'를 한 다음 '힘을 주는 동물 끼워 넣기'를 할 것이라고 한다. 동물 찾기는 상관없지만, 동물 끼워 넣기는 절대로 마음에 안 든다. 비록 내가 우유부단한 사람이기는 해도 이 문제에 대해서는 지금까지 초지일관이다. 동물 끼워 넣기는 안 된다.

끼워 넣기라는 말에 불안을 느낀 사람이 나뿐이 아니라는 것을 알고 나는 마음이 놓인다. 사람들이 질문을 던진다. 데이나는 우리가 짝을 지어 순서를 진행할 것이라고 설명한다. 파트너가 황홀경에 들어가서 우리에게 힘을 주는 동물을 찾아줄 것이라고 한다. 파트너가 그 동물을 네 번 본 뒤에야 비로소 그 동물이 정말로 우리에게 힘을 주는 동물이라고 인정할 수 있다. 그러면 파트너는 그 동물 한 마리를 우리 가슴에 꼭 대어주어야 한다("이곳은 물론 저편에서도"). 데이나가 자신의 양팔을 가슴에 꼭 붙이며 시범을 보인다. 그다음에는 샤먼(동물 끼워 넣기를 시행하는 사람)이 몸을 기울이고 환자의 명치를 향해 두 번 숨을 불어낸다. 동물이 끼워 넣어질 환자의 몸은 바닥에 누워 있는 상태다. 데이나가 말한다. "조금 이상하게 들릴지 모르지만, 사람들한테 불어넣으면 안 되는 동물들이 있습니다. 곤충, 거미, 물고기 등이죠. 잘못하면 상대를 해칠 수도 있습니다." 그리고 마지막으로 그냥 다짐하듯이 데이나가 말을 덧붙인다. "명심하세요. 이건 실제 상황입니다."

내 파트너는 존재론 코치인 조앤이다. 먼저 그녀는 내게 끼워 넣을, 힘을 주는 동물을 파악해야 한다. 나는 그녀가 제발 작은 동물을 찾아내게 해달라고 빌고 또 빈다. 얼룩다람쥐 같은 거라면 좋을 텐데. 하지만 내 팔자가 그런 건지, 황홀경에 빠졌던 조앤이 깨어나서 자신이 찾아낸 동물은 물소라고 말한다. 하느님, 제게 자비를 베푸소서.

"좋습니다." 데이나가 말한다. "이제 힘을 주는 동물을 파트너에게 끼워 넣으세요." 불안과 설렘으로 웅성거리는 소리가 회의실 안을 훑고 지나간다. 다시 북소리가 시작된다. 푸들 사샤는 공황발작을 일으켜 밖으로 안내된다. 나도 그 뒤를 따라 나가고 싶은 마음뿐이다. 이내 힘을 주는 동물 끼워 넣기가 시작된다. 여기서 자세한 이야기를 늘어놓지는 않겠다. 만약 여러분이 그때 그 회의실 안으로 들어왔다면, 머리 모양이 벌집 같고 나이는 예순 몇 살쯤 된 존재론 코치가 커피잔을 쥔 것처럼 양손을 오목하게 구부린 채 내 위로 몸을 기울이고 내 명치에 강하게 숨을 불어내는 모습을 보았을 것이다. 그게 끝이다. 여러 정황상 내가 상상했던 것보다 훨씬 덜 고통스러웠다. 우리는 몇 가지 순서를 더 진행한다. 바위 읽기, 태양과 인사하기 등등. 하지만 힘을 주는 동물 끼워 넣기보다 강렬한 것은 없다.

워크숍이 점점 끝나간다. 다들 자신이 가져온 북과 딸랑이와 안대를 챙기고 있는데, 데이나가 불쑥 중요한 발표를 한다. "명심하세요. 중요한 일입니다. 이곳에서 경험한, 평범하지 않은 현실이 아니라 저 밖의 평범한 현실, 차들이 시속 110킬로미터로 휙휙 달리는 현실이 중요합니다." 그는 각자 차에 올라 떠나기 전에 함께 쿠키를 먹으며 현실 감각을 되찾자고 제안한다. 좋은 충고다. 내가 이번 주말에 들은 말 중에서 최고인 것 같기도 하다.

나는 새와 늑대와 머리 좋은 마멋이 자꾸만 머리를 어지럽히는 것을 물리쳐가며 정신을 바짝 차리고 집으로 차를 몬다. 마침내 환영들이 흐릿하게 사라져가지만 하나만은 아무리 애를 써도 떨칠 수가 없다. 커다란 하얀색 푸들이 무겁게 숨을 몰아쉬면서 불안한 표정으로 눈동자를 이리저리 굴리던 모습. 도대체 이 인간들이 뭘 하는 건지, 왜 이런 짓을 하는 건지 몰라서 의아해하고 있음이 분명했다. 사샤, 나도 그걸 알았으면 좋겠는데, 애석하게도 나 역시 모른다네, 친구.

8
신은 복잡하다

유대교 카발라

조지프 캠벨은 말한다. 소용없다고. 우리는 자신이 타고난
신화에서 결코 완전히 도망치지 못하며,
도망쳐서도 안 된다고. "어렸을 때 머릿속에 자리 잡은 신화에
매달리는 것은 좋은 일이다. 그것은 우리가 원하든 원하지
않든 어차피 그 자리에 있기 때문이다.
우리는 그 신화를 유창한 웅변으로 해석해내야 한다…….
그 신화의 노래를 듣는 법을 배워야 한다."

유대교다. 마침내. 나는 줄곧 이 순간이 두려웠다. 내가 명목상으로나마 유대인이라는 점을 감안하면 불가피한 일이기는 했지만, 그렇다고 두려움이 줄어들지는 않는다. 죄책감도 마찬가지다. 내 죄는 자명하다. 마음속에 욕망을 품었고, 수많은 이국적인 신들에게 추파를 던졌으며, 주술을 지분거렸다. 제멋대로 구는 남편이 된 것 같은 기분이다. 아무런 설명도 없이 한참 동안 사라졌다가 돌아와 달콤한 향수 냄새와 싸구려 술 냄새를 풍기며 계면쩍은 얼굴로 문을 두드리는 남편. 하솀(정통파 유대인들이 기도나 예배를 제외한 일반 대화에서 하느님을 부르는 이름 - 옮긴이)이 날 받아줄까? 아니, 이보다 더 내 속을 끓이는 질문, 그가 날 받아주는 걸 내가 원하는가?

사실 나는 그를 모른다. 어떻게 알 수 있겠는가. 유대교인들은 하느님에 대해 이야기하지 않는다. 나는 옛날부터 이것이 이상했다. 전능하신 신의 사랑이 우리 믿음의 핵심을 차지하고 있고, 유대교인들은 기본적으로 무슨 주제에 대해서든 쉬지 않고 기꺼이 떠들어대는 사람들인데. 왜 그 문제에만 이르면 갑자기 과묵해지는 걸까? 나는 자기혐오에 빠진 유대인이라고 할 수 있겠지만, 사실 이건 그리 정확한 표현이 아니다. 뭔가를 미워하려면 그것에 대해 적어도 어느 정도까지는 알아야 한다. 하지만 나는 싫다는 마음을 품을 만큼 유대교에 대해 잘 알지 못한다.

나 자신의 종교에 대해 이토록 소외감을 느끼는 사람이 나만은 아닐 것이다. 그래서 나는 나처럼 음식을 먹을 때만 유대인이 되는 친구 마이클에게 묻는다. 유대교를 한마디로 요약하라면 뭐라고 하겠느냐고. 마이클은 아주 잠깐 생각해보더니 금방 답을 내놓는다. "율법. 유대교는 율법이야." 나는 고개를 끄덕인다. 슬픈 비평이지만, 내가 아는 한 정확한 비평이기도 하다. 이건 먹어도 되고, 저건 먹으면 안 된다. 이건 해도 되고, 저건 하면 안 된다. 왼발보다 오른발에 먼저 신발을 신되, 신발 끈은 왼쪽을 먼저 묶어라(세상에). 율법 위에 또 율법이 있고, 그 위에 또 율법이 있다. 이렇게 하라, 저렇게 하라는 말들이 한없이 줄줄 이어지는데, 그보다는 이러저러한 일을 하면 안 된다는 말이 더 많다. 유대교는 세상의 강박증 환자들에게 딱 맞는 종교다.

하지만 지난 세월 동안 나는 색다른 유대교의 낌새를 알아챘다. 머리뿐만 아니라 가슴도 포함된 유대교. 실제로 하느님에 대해 이야기하고, 우리가 하느님에게 말을 거는 것을 권장하는 유대교. 신성한 것을 좀 더 쉽게 직접 경험할 수 있게 해주면서도 낯을 붉히지 않는 유대교. 그것의 이름은 카발라다. 아마도 신비와 명성을 동시에 둘러쓰고 있는 유일한 영적인 수련법일 것이다. 사람들에게 카발라에 대해 물어볼 때마다 사람들은 (유대인이든 아니든 똑같이) 대답 대신 딱 한 단어를 말한다. 마돈나. 그것이 전부다. 나이를 먹어가고 있는데도 노화를 거부하는 팝스타 말고도 카발라에는 틀림없이 뭔가 더 있을 텐데. 이 고대 전승의 핵심, 즉 악시스 문디(axis mundi: 세상의 축 - 옮긴이)는 틀림없이 네온이 켜진 할리우드의 대로와 구릉지대 너머 어딘가에 있을 텐데.

나는 적잖이 떨리는 가슴을 안고 텔아비브행 비행기에 오른다. 나는 공영라디오의 특파원으로 일하던 시절 이후로 그 성스러운 땅에 가본 적이 없다. 유대인들의 조국에서 몇 년을 보냈으니 유대인으로서 나의 정체감이 강화되어 단순히 음식의 영역을 넘어 영적인 영역까지 확장되었을 것이라고 생각하는 사람이 있을 것이다. 하지만 그렇지 않다. 혹시라도 변화가 있었다면, 이스라엘에 살면서 인도에 살 때보다 오히려 덜 유대인이 된 것 같았다는 점이다. 정치적 갈등에 노골적인 부족주의가 합쳐진 그곳에서 나는 유대교를 탐구해보고 싶은 생각이 들지 않았다. 언론인으로서도 공평무사한 태도를 유지하느라 여념이 없었기 때문에 그쪽 방면에는 발을 담글 여유가 없었다. 그래서 나는 고개를 숙이고 마음을 닫은 채 일만 했다.

하지만 다시 이곳을 찾은 지금 나는 그때와 완전히 다른 임무를 띠고 있다. 나는 초정통파 유대인들이 모여 사는 텔아비브의 브네이 브락이라는 곳에서 버스를 기다리는 중이다. 주위는 온통 까만색이다. 까만색이 벽처럼 늘어선 가운데 가끔 하얀색이 반짝일 뿐이다. 반경 8킬로미터 이내에서 보이는 유일한 원색이라고는 내가 입고 있는 셔츠의 파란색뿐이다. 주위에 워낙 색이 없다 보니, 마치 내가 핫핑크 색깔의 옷을 입고 있는 것 같다. 버스 정류장 지붕 밑에 서 있는 나를 훑어보며 평가를 내리는 시선들이 느껴진다. 마침내 버스가 도착하지만, 그 안에는 독실한 신자들이 가득하다. 여자들은 칙칙한 스카프로 머리를 가렸고, 남자들은 봄날의 더위 속에서도 텁수룩한 털모자를 썼다. 반면에 나는 선명한 파란색 셔츠를 입고, 맨 머리를 그대로 드러냈다. 내가 눈에 보이지 않는 존재가 된 것 같은 기분과 알몸이 그대로 드러난 것 같은 기분이 동시에 든다. 일본의 가이진(문자 그대로 번역하면 '외인外人')처럼. 아니면 인도의 달릿, 즉 불가촉천민처럼. 그런데 그때 누가 날 건드린다. 어떤 여자가 내게 부딪힌 것이다. 슬리차. 죄송하다고 여자가 말한다. 방금 아주 불길한 일에 발을 들여놓은 사람 같다.

버스가 브네이브락 중심가를 통과한다. 창밖으로 똑같이 생긴 검은 양복과 검은 드레스를 파는 가게들이 보인다. 아이들 놀이방 앞을 지나는데 갑자기 초록색이 휙 눈에 들어와서 나는 깜짝 놀란다. 고독한 생명의 흔적이다. 디스크리트(discreet: 신중하다, 분별 있다 - 옮긴이)라는 이름의 가게가 보인다. 이곳의 분위기를 그대로 요약한 이름이라는 생각이 든다. 겉으로 드러난 것은 하나도 없다. 털모자와 검은 옷 밑에서 무슨 일들이 벌어지고 있는지 나는 전혀 모른다. 사람들의 내면을 도무지 짐작할 길이 없다. 내가 아는 것은 겉으로 드러난 모습뿐이다. 무서울 정도로 어둡고 불행한 모습. 물론 외모가 사람을 속일 때가 있다. 카트만두에서 배웠듯이, 가끔은 눈에 보이는 것이 실재하지 않는다.

나는 주머니에 손을 넣어 나의 키파를 만지작거린다. 키파는 유대인들이 정수리에 쓰는 자그마한 모자다. 다행이다. 모자를 가져와서. 나는 안도감을 느낀다. 사복형사들이 옆구리에 찬 총의 존재를 확인했을 때 아마 이런 기분을 느낄 것 같다. 나는 키파를 좋아하지 않지만, 내 주머니 속의 이 물건은 마음에 든다. 무게도 마음에 들고, 검은색이 아닌 것도 마음에 든다(수수한 회색이지만 회색도 색깔이다. 체스터튼이 상찬했듯이, "의심을 떨쳐내지 못한 불확실한 희망"을 떠올리게 하는 아름다운 색깔). 내 처가 쪽 친척인 아비는 그것을 내게 건네면서 다른 사람들의 집에 들어갈 때 쓰라고 했다. 시나고그에 들어갈 때는 말할 것도 없다. 하지만 아비의 절박한 목소리는 키파를 쓰는 것이 예의 바른 일일 뿐만 아니라 신중한 처신이기도 하다는 것을 넌지시 알려주었다. 이 작은 모자가 눈에 보이지 않는 악의로부터 나를 지켜주는 일종의 부적 역할도 한다는 것.

버스가 북쪽으로 달려갈수록 텔아비브 근교의 모습이 사라지고 탁 트인 벌판이 나타난다. 나는 가방에서 책 몇 권을 꺼내 내 목적지에 대해 읽어본다. 갈릴리해를 굽어보는 산 위에 높이 앉아 있는 트즈파트(사페드라고도 한다)는 크기에 비해 커다란 의미를 지닌 소도시들 중 하나다. 수백 년 동안 이 도시는 성(聖)과 속(俗) 사이에서 오락가락했다. 여름 더위를 피하려는 텔아비브 시민들의 휴양지였던 적도 있고, 도박사와 매춘부를 자석처럼 끌어들이기도 했고, 예술가들의 마을이었던 적도 있고, 나른한 아랍인 마을이었던 적도 있고, 전장이 되었던 적도 있다. 하지만 이 도시의 황금기는 카발라 사상과 실험의 온상이 되었던 16세기다.

1492년에 스페인에서 추방된 유대인들 중 일부는 북아프리카에 정착했고, 또 다른 일부는 이탈리아에 정착했다. 트즈파트에 정착한 사람들도 있었다. 그리고 그들 중에 스페인과 프랑스에서 카발라를 공부한 학자들과 신비주의자들이 포함되어 있었다. 그들은 카발라에 대한 열정을 고스란히 지니고 있었기 때문에 곧 여러 카발라 학파들이 뿌리를 내렸다. 그들의 카발라는 내가 어렸을 때 접한 말라빠진 유대교가 아니라 맹렬하고 경험적인 종교였다. 역사가 로런스 파인(Lawrence Fine)의 표현처럼 그들은 "열정적으로 하느님을 찾아나선 사람들"이자 "감히 천국을 습격한 자들"이었다. 그들은 루미나 아인슈타인처럼 피난민이었고, 그들과 마찬가지로 무모한 창의력의 소유자였다. 탁발승처럼 자유로운 기질도 갖고 있었다. 그들은 이례적이고 논란의 여지가 많은 행동들을 했다. 오랫동안 금식하기, 위대한 랍비들의 무덤 위에 몸을 쭉 펴고 눕기, 성 프란체스코처럼 동물들과 이야기하기.

16세기의 트즈파트는 20세기 초의 파리나 15세기의 피렌체처럼 여러 가지 조건들이 하나로 합쳐져서 연금술처럼 모종의 화학반응을 일으킨 덕분에 놀라울 정도로 창조적인 분위기가 만들어진, 보기 드문 장소들 중 하나였다. 다만 트즈파트의 경우에는 그 결과물이 예술이나 과학이 아니라 영적인 것이었던 점이 다를 뿐이다. 학자이자 번역가인 대니얼 매트(Daniel Matt)는 "트즈파트는 하늘에 인접한 것처럼 보인다"고 썼다.

버스가 마침내 트즈파트의 중앙 버스터미널로 들어가자 나는 기분이 들뜬다. 나는 장소의 영향을 많이 받는 편인데, 이곳에서 마침내 영적인 돌파구를 마련할 수 있을 것 같은 생각이 든다. 나의 신을 찾든지, 아니면 그럭저럭 신과 비슷한 존재를 찾든지. 카발라 연구소의 소장이자 이 신비로운 길에서 나를 안내해줄 에얄이 나를 맞이한다. 몸집이 큰 에얄은 나를 보자마자 담뿍 끌어안는다. "트즈파트에 잘 오셨습니다." 그가 미리 연습한 것처럼 보이는 들뜬 표정으로 말한다. 에얄은 하시디즘 추종자들과 같은 검은색 옷을 입고 있다. 그래서 나는 순간적으로 아무 데도 없는 곳으로 이동한 것 같은 느낌이 든다. 나는 그를 따라 자갈 포장이 된 거리를 걷는다. 예루살렘 구시가지의 축소판 같다. 카발라 보석 등의 이름을 달고 있는 가게들과 탁자가 한두 개뿐이고 믿을 수 없을 만큼 신선한 샐러드와 주스를 내놓는 카페들이 우리 옆을 지나간다. 우리는 곧 에얄의 사무실에 도착한다. 낡은 건물 2층에 자리 잡은 사무실에는 책이 가득하다. 얼마 전까지만 해도 이런 광경을 보면 내 심장이 멋대로 두근거렸겠지만 지금은 아니다. 마침내 내가 내 머리에서 탈출한 걸까?

에얄은 나이를 정확히 짐작하기가 어렵고 강렬한 인상이다. 얼굴에는 마치 성경 속 인물처럼 수염을 길렀으며, 눈은 수시로 휘둥그레진다. 그가 이곳에 온 것은 18년 전이다. 그전에는 이스라엘의 죄악의 도시인 텔아비브에서 철저히 세속적인 삶을 살면서 DJ로 활동했다. 그러던 어느 날 그는 안식일을 지키기로 했다. 그뿐이었다. 거기서부터 초정통파 유대교의 세계까지 오는 길은 일직선으로 곧장 뚫려 있었다.

에얄은 확실히 트즈파트를 사랑한다. 그는 이곳에 "변화의 힘"이 있다고 열렬히 말한다. 모든 사람이 이 도시의 영향을 받는다는 것이다. "내가 '트즈파트에 잘 오셨습니다' 하고 말하면 사람들이 눈을 뜹니다. 영혼도 함께 열리죠." 나는 아직 그런 변화를 경험하지 못했지만, 지금 뭐라고 말하기는 이르다.

에얄은 곧 나를 비디오 앞에 앉힌다. 초심자를 위한 카발라 안내 비디오 같은 것이다. 하느님의 목소리를 연상시키는 내레이터가 읊조리듯 말한다. "카발라를 공부하면 자각이 높아지고 개발됩니다. 카발라를 공부하는 사람들은 개인적인 발전과 인생에서 달성해야 하는 목표의 실현을 위해 자신의 영적인 힘을 이용하는 법을 배웁니다. 카발라는 삶의 모든 측면에 기쁨과 내적인 의미를 가져다줍니다." 좋은 말 같다. 나도 가입하고 싶다.

그런데 이내 상황이 복잡해진다. 열 가지 세피롯, 즉 '신의 속성'에 대한 이야기, 생명의 나무에 대한 이야기, 엘리트들이 수백 년 동안 카발라를 몰래 공부했다는 이야기(음모나 권모술수를 뜻하는 단어 카발 cabal은 카발라에서 유래했다)가 속사포처럼 쏟아져 나온다. 내레이터는 깊고 권위적인 목소리로 카발라가 양자역학, 끈 이론, 빅뱅을 설명해준다고 말한다. 와! 이스탄불 이후 처음으로 머리가 뱅뱅 돈다. 다좋은 말 같지만 너무…… 복잡하다.

다시 사무실로 돌아온 뒤, 에얄은 앞으로 몇 주 동안 내가 카발라에 대해 공부하는 것이 아니라 카발라를 공부하게 될 것이라고 말한다. 에얄은 이 두 표현 사이에 중요한 차이가 있다고 단언한다. 하지만 정확히 설명해주지는 않는다.

우리는 에얄의 차에 올라탄다. 낡아빠진 미니 승합차로 문손잡이도 망가져 있다. 에얄은 트즈파트의 자갈이 깔린 길에서 차를 몬다. 우리가 계속 아래로, 아래로, 아래로, 그러니까 영적으로 틀린 방향으로 나아가고 있다는 건 나도 알지만 이건 성장을 위해 꼭 필요한 전주곡이다. 캐런 암스트롱의 표현처럼, "먼저 어둠 속으로 내려가지 않으면 하늘로 올라갈 수 없다." 그래서 우리는 아래로 내려간다.

나는 창문을 내린다. 트즈파트는 공기가 좋기로 유명하다. 모두들 그렇게 말했다. 트즈파트의 공기는 특별하다고. 확실히 공기가 부드럽게 느껴지기는 한다. 솜을 기체로 바꾸면 꼭 이런 느낌이 날 것 같다.

몇 초도 안 돼서 어쩌다 일이 이렇게 됐는지는 잘 모르겠지만(혹시 공기 때문인지도 모른다), 우리는 무거운 형이상학적 토론을 하고 있다. 신은 영적인 존재가 아니라고 에얄이 말한다. 신은 영적인 것을 초월한 존재다. 신을 정의할 길은 없다. 카발라 추종자들의 말처럼 에인 소프(ein sof, ayn sof라고도 쓰며, 카발라에서 하느님을 뜻하는 말 중 하나. '무한'으로 번역될 수 있다 – 옮긴이), 즉 문자 그대로 '한계가 없다.' 하지만 신은 삶의 모든 측면에 관계하고 있다. "모든 물질, 모든 분자, 모든 원자에 신의 구체적인 섭리가 작용합니다."

"그럼 신은 미세 관리자인가요?" 내가 말한다.

"그래요." 에얄은 내 말에 깃든 비꼬는 분위기를 무시하고 대답한다. "하지만 선택의 자유는 여전히 허용됩니다. 그 무엇도 신에게 이런저런 의무를 지울 수 없는 것처럼, 우리에게도 같은 원칙이 적용되죠. 그 무엇도 우리에게 선행의 의무를 지울 수 없습니다."

"그럼 삶은 미리 정해진 것이 아닌가요? 우린 운명의 꼭두각시가 아니에요?"

"네, 미리 정해진 게 아닙니다. 예언되었을 뿐이죠. 예언되었다는 말은 하느님이 미리 아신다는 뜻입니다. 하지만 그걸로 인해서 우리가 어떤 식으로든 의무감을 느낄 필요는 없습니다. 우리가 엉망으로 일을 망치더라도 신은 그것에 대해 알고 있습니다. 그럼 알려지지 않은 건 무엇일까요? 미래는 알려지지 않습니다. 하지만 신은 그 모든 것을 초월하십니다." 에얄은 신이 아이를 가르치는 아버지와 같다고 설명한다. 아이가 이제 곧 믿을 수 없을 만큼 멍청한 짓을 하리라는 걸 알고 있지만, 신은 그냥 내버려둔다. 우리에게는 선택의 자유가 있고, 그 일을 통해 교훈을 배울 수도 있기 때문이다. 물론 우리가 저지르는 그 믿을 수 없을 만큼 멍청한 일로 인해 우리가 목숨을 잃지 않았을 때나 가능한 일이다.

흥미롭기는 하지만 솔직히 나는 에얄의 믿음이 얼마나 깊은지 잘 모르겠다. 그의 만화 같은 손짓과 툭 튀어나온 눈을 보면 왠지 그의 말이 진심인지 아니면 그냥 유대교인인 척하는 건지 궁금해진다. 물론 남의 믿음을 가늠하려 하는 것이 어리석은 짓임을 온전히 알고 하는 소리다.

에얄과 나는 다음 날 오전 10시에 만나기로 한다. 나는 원래 9시를 제안했지만 에얄이 뒷걸음질을 쳤다. 트즈파트는 일찍 일어나는 도시가 아니다. 일찍 일어나는 새가 신을 얻는다는 규칙에서 예외인 곳. 사실 카발라를 한밤중에 공부하는 전통이 존재한다. 그 시간에는 마음이 고요해지고 하늘은 별들로 얼룩져 있다.

나는 혼자 트즈파트를 돌아다니며 오후를 보낸다. 어떤 도시에 대해 알아보려면, 정말로 알아보려면 혼자서 돌아다녀야 한다. 다른 방법으로는 어림도 없다. 그래서 나는 그렇게 한다. 자갈로 포장된 도로와 골목을 걸어 다니고, 팔라펠과 **샥슈카**(매콤한 토마토소스에 수란을 넣은 이스라엘 요리 - 옮긴이)를 먹고, 서점에 살짝 몸을 담그고, **카페 하푸치**, 즉 문자 그대로 '뒤집어진 커피'를 마신다.

특히 커피가 맛있고, 걸음마 수준인 내 히브리어를 참아주는 카페를 찾아낸다. 그곳의 야외 테이블에 앉아 그 앞을 지나가는 세상을 바라본다. 어떤 의미에서는 이곳도 브레이브락의 칙칙한 세상과 비슷하다. 다들 똑같이 머리를 덮었고 칙칙한 색깔의 옷을 입었다는 점에서. 하지만 다른 점도 있다. 이곳 사람들은 미소를 짓는다. 남들과 눈도 마주친다. 정통파 유대교의 전통대로 옷을 입은 여자가 보인다. 발목까지 내려오는 드레스를 입고 스카프로 머리를 덮었다. 그런데 그녀가 모퉁이를 돌 때서야 나는 그녀의 어깨에 요가매트가 걸려 있는 것을 알아차린다. 며칠 뒤 구시가지를 걷다가 나는 하시디즘 추종자와 마주친다. 길고 검은 전통 외투에 모자를 쓰고 외바퀴자전거를 타고 있다. 서커스에서 광대들이 타는 것 같은 자전거다. 내 눈을 믿을 수가 없다. 초정통파 교인들에게서 이렇게 노골적으로 변덕스럽고 즐거운 모습은 본 적이 없다.

트즈파트의 주민들은 덜 엄격한 신의 자식들이다. 물론 그들도 율법을 따르기는 한다. 어쨌든 대부분의 주민은 그렇다. 하지만 율법의 문구보다는 그 정신을 더 기리기 위해 율법의 조항을 몇 개쯤 탄력적으로 적용하는 걸 두려워하지 않는다. 트즈파트는 유대인 사회의 부적응자들을 끌어들인다. 정통파 예루살렘의 구속도, 세속적인 텔아비브의 무엇이든 상관없다는 분위기도 불편해하는 사람들.

무엇이 이곳을 영적인 장소로 만드는 걸까? 정말로 공기 중에 뭐가 있는 걸까? 뉴에이지 추종자들이 멍한 머리로 아무 데나 갖다 붙이는 말, 에너지가 정답인 걸까? 아니면 사람들의 뜻이 점점 쌓여서 이곳을 특별하게 만드는 걸까? 거룩한 사람들이 특정한 장소에 모여 살기 때문에 그곳이 거룩해지는 걸까, 아니면 그곳이 거룩하기 때문에 거룩한 사람들이 그곳에 모여드는 걸까? 잘은 모르겠지만, 그리고 이런 질문의 대답을 찾을 수는 없을 것 같지만, '마법'이나 '변화'의 힘이 있다는 평판을 얻은 곳이라면 어디든 무거운 짐을 지고 있게 마련이다. 거룩한 장소는 거룩한 사람과 마찬가지로 항상 남을 실망시킬 잠재적 가능성을 안고 있다. 트즈파트는 사람을 실망시키지 않는다. 이곳이 딱히 천국은 아닐지 몰라도 부드러운 공기와 느긋한 분위기가 역사와 신의 무게에 눌려 고생하고 있는 이 무거운 땅을 조금은 가볍게 만들어준다. 사람들이 가벼운 마음으로 며칠 놀러왔다가 정신을 차리고 보니 한평생이 지나버렸더라는, 그런 곳들 중 하나다.

트즈파트는 영적인 곳이지만, 그래도 이스라엘 땅이다. 따라서 무례함이 기본적으로 어느 수준까지는 항상 유지된다. 그것이 이곳의 법이다. 사람들은 팔꿈치로 나를 툭 치고도 유감스러워하는 기색이 없다. 내가 물건 값을 치르거나 수고비를 주어도 그 간단한 '고맙다'는 말 한마디 들을 수 없다. 이스라엘 사람들은 묘하게도 이런 무례함에서 자부심을 느낀다. 그들은 자기들이 무례하다고 생각하지 않는다. 격식을 따지지 않아서 유쾌하고 솔직해서 신선하다고 생각한다. 이봐요, 우린 사막에서 적들에게 둘러싸여 살아가고 있단 말입니다. 우리나라의 대표적인 음식은 병아리콩을 갈아서 만든 거고요. 예의를 원하신다고요? 그럼 일본으로 가보시죠. 아니면 사브라 열매에 관한 옛 속담을 끄집어내기도 한다. 우리 이스라엘인들은 사브라와 아주 흡사합니다. 관광청 관리가 미소를 지으며 이렇게 말한다. 겉은 단단하고 속은 연하다는 점에서요. 나는 이스라엘 여자에게 이 말이 사실이냐고 물어본 적이 있다. 그녀는 잠깐, 아주 잠깐 생각해보더니 대답했다. "아니, 난 속도 아주 못됐어." 그녀의 솔직함이 존경스러울 따름이었다.

산들 너머로 해가 질 무렵, 나는 코셔 포도주 한 병(상점에서 파는 것이 이것밖에 없다)을 사서 호텔로 돌아온다. 그리고 발코니에 앉아 그리 나쁘지 않은 포도주를 마시며 작고 실존적인 시가를 물고 카발라를 공부한다. 아니, 카발라에 대해 공부한다. 그래도 많은 것들을 배울 수 있다. 히브리어로 카발라가 '받기' 또는 '받은 것'을 뜻한다는 사실. 사람들이 받은 이 가르침들이 수백 년 동안 위험한 것으로 간주되었다는 사실. 그래서 마흔 살이 넘은 기혼 남성들만이 카발라를 접할 수 있었다. 나는 문제없군. 나는 잘난 척 속으로 생각한다. 그리고 계속 책을 읽는다. "다른 요건들로는 높은 도덕 기준, 랍비 교육 이수…… 정신적이고 감정적인 안정성 등이 있다." 고대 역사는 이만하면 되었다. 나는 책장을 넘긴다.

나는 또 새로운 사실들을 배운다. 대니얼 매트의 말처럼, 카발라는 "신화의 복수(復讐)를 상징한다……. 카발라 추종자들은 신화의 심오함과 좀처럼 사라지지 않는 매력을 알아볼 수 있다." (마녀 제이미가 이 말을 들었다면 고개를 끄덕였을 것이다.) 카발라 추종자들은 우리의 행동 중에 중요하지 않은 것이 없다고 믿는다. 우리의 행동은 신성한 영역에서 메아리처럼 울려 퍼지며 증폭된다. 같은 맥락에서 기질도 중요하다. 16세기 트즈파트의 가장 위대한 카발라 추종자였던 이삭 루리아(Isaac Luria)는 슬픔이 신비주의적 통찰력에 방해가 된다며 슬픔을 회의적으로 바라보았다. 내게는 반갑지 않은 소리다. 아마도 트즈파트의 부드러운 공기 덕분인지 내 우울증이 살짝 가벼워지기는 했지만, 그래도 여전히 멋대로 머물러 있다. 지옥에서 온 손님처럼.

카발라 추종자들이 전통적인 유대교도들과 마찬가지로 지식에 대한 갈망을 갖고 있다는 것도 알게 된다. 하지만 그들이 원하는 것은 다른 종류의 지식이다. 배워서 습득하는 지식이 아니라 흡수하는 지식. 초기의 카발라 추종자이자 위대한 예언자였던 '눈먼 이삭'은 이렇게 표현했다. "내면의 미묘한 정수에 대해 숙고하려면 그것을 알려고 하지 말고 빨아들여야 한다."

나는 포도주 잔을 내려놓고 깊이 숨을 들이쉰다. 이것은 내가 유대교와 함께 떠올리는, 열정적이고 육체적인 언어와 다르다. 어렸을 때 시나고그에서 나는 '빨아들인다'는 말을 들은 적이 없었다. 들었다면 기억하고 있을 것이다. 책을 계속 읽다 보니 카발라 추종자들이 그리스도교인과 마찬가지로 길을 잃고 방황하다가 돌아온 사람이 한 번도 방황하지 않은 사람보다 낫다고 믿는다는 말이 나온다. 한 번 부러졌던 뼈가 나은 뒤에는 부러지기 전보다 더 강해지는 것과 같은 이치다. 나는 골절상도 당해보고, 믿음을 잃고 방황해본 적도 있는 사람으로서 이 말에서 커다란 위안을 얻는다. 나는 야르덴 포도주 한 잔을 더 따라 마신 뒤 금방 잠이 든다.

"당신도 이제 그런 분위기가 나기 시작하는군요." 다음 날 오전에 에얄의 사무실로 갔더니 에얄이 이렇게 말한다. 그리고 마치 이 말을 강조하려는 듯이 그의 눈이 은화만큼 커다래진다.

"그래요? 정말로?"

"그럼요."

혹시 내가 트즈파트 증후군의 초기 증상을 드러내고 있는 건지 순간적으로 걱정스럽다. 예루살렘 증후군의 변종인 트즈파트 증후군은 이 도시를 찾아온 사람들이 자기가 성서의 말씀을 전하는 예언자 또는 심지어 메시아 본인이라는 망상에 빠지는 것을 말한다. 아니, 혹시 에얄은 누구를 만나든 항상 이런 말을 해주는 게 아닐까? 그럴 수도 있다. 우리는 그런 영적인 아첨에 잘 넘어간다. 우리 모두 특별한 사람이 되고 싶어 한다. 그 특별함에 정신병의 징후가 살짝 배어 있다 하더라도. 평범한 사람보다는 미친 사람이 낫다고 생각한다.

에얄은 자기 책상에 앉아 정신없이 손짓을 해가며 이야기를 잇는다. 가끔 몸을 휙 돌려 이메일을 확인할 때도 있다. 나는 어제 책을 읽으며 알게 된 것들을 빨리 그에게 털어놓고 싶다. 그래서 카발라의 가르침 중에 인간이 하느님을 필요로 할 뿐만 아니라 하느님 또한 인간을 필요로 한다는 내용이 있더라고 말한다. 매혹적인 말이다. 하느님이 우리를 필요로 한다고? 나는 이런 식으로는 생각해본 적이 없다. 만약 이 말이 사실이라면, 나의 탐색은 나르시시즘의 영역에서(내가 여기서 무엇을 얻을 수 있을까?) 뭔가 다른 것, 더 고상한 것을 향해 쏘아져 나가게 된다. 하느님이 나를 필요로 한다니.

"하느님이 우리를 필요로 하는 게 아니라 우리를 원하는 겁니다." 에얄의 말에 나는 풀이 죽는다.

나는 카발라의 또 다른 가르침을 이야기한다. 하느님이 우리에게 자신의 모습을 숨기신다는 말(히브리어로 '세상'을 뜻하는 올람은 '숨기다'를 뜻하는 단어와 어원이 같다). 이건 친숙한 주장이다. 내가 지금까지 탐색했던 다른 종교들에도 반영되어 있으니까. 그런데 신은 왜 이리도 고집스럽게 튕기는 걸까? 우리한테 존재를 알리고 싶다면, 뭔가 표시나 징조 같은 걸 보내달란 말이다. 어차피 여기는 당신이 만든 우주니까 우리한테 연락할 방법쯤은 확실히 알고 있지 않은가.

에얄은 내 혼란을 눈치채고는 대단히 중요하지만 쉽사리 답을 알 수 없어 속을 썩이는 질문과 맞닥뜨렸을 때 유대인들이 흔히 하는 행동을 한다. 더 많은 질문을 던져대는 것. "하느님은 왜 자신이 창조해놓고 숨기려 할까요? 어찌 된 일일까요? 하느님은 어디에 계시는 걸까요?" 에얄은 사무실 안을 훑어본다. 나도 아무 생각 없이 따라 한다. 마치 하느님이 에얄의 책상 밑이나 문 뒤에 있기라도 한 것처럼. 하지만 에얄은 질문만 던져놓고 대답은 하지 않는 유대인의 습관도 함께 갖고 있다. 그래서 우리는 결코 하느님을 찾아내지 못한다. 적어도 그날은 그렇다.

그때 에얄이 내게 조언을 하나 해준다. 카트만두에서 만난 티베트 라마의 입에서 그 소리가 나왔다 해도 전혀 이상할 것 같지 않은 내용이다. 그의 말을 요약하자면, 내가 나 자신의 마음과 친숙해져야 한다는 것이다. "모든 것은 여기서 시작됩니다." 그가 자기 관자놀이를 푹푹 찌르며 말한다. 어찌나 세게 찔러대는지 저러다 혈관이 터질지도 모른다는 걱정이 들 정도다. "자신의 심리에 대해 알아보세요. 자신의 내면에서 무슨 일이 벌어지고 있는지 알아보세요. 자신의 영혼, 자신의 경건한 영혼에 대해 파악하세요. 자신의 내면에 있는 동물적인 영혼 또한 파악하시고요. 낮은 영혼 말고 높은 영혼을 파악하세요."

나는 에얄의 말을 다 이해하지 못하겠다. 내가 이해할 수 있는 건 8분의 7이 아니라 대략 8분의 3 정도? 내게는 다른 스승이 필요하다. 에얄도 이 점을 이해한다. 기분이 상한 것 같지도 않다. 그는 바쁜 사람이다. 자녀가 여덟 명이고, 그는 항상 움직이고 있다. 그는 내게 예디다 코헨이라는 사람에게 연락해보라고 권한다. 영국에서 이민 온 그녀는 가장 인기 있는 카발라 스승 중 한 명이다. 나는 예디다에게 전화를 건다. 그녀의 영국식 발음이 정중하고 편안해서 기운이 난다. 우리는 다음 날 오전에 만나기로 한다.

내가 지금까지 탐색했던 모든 종교 중에서 유대교의 역사가 가장 길다. 유대교도들은 수피교도들이 뱅글뱅글 돌기 시작한 때, 불교도들이 명상을 시작한 때, 라엘교도들이 이성의 옷을 입기 시작한 때로부터 수천 년 전에 이미 유일신에게 기도를 드리고 있었다. 이것은 좋은 일인가, 나쁜 일인가? 기술은 번쩍거리는 새것이 좋지만, 종교는 오래돼서 곰팡내를 풍기는 것이 환영받는다. 멋지게 낡은 것.

물론 오랜 역사가 반드시 진리와 동격은 아니다. 사람들은 아주 오랫동안 지구가 평평하다고 믿었지만, 그렇다고 해서 그 믿음이 진리가 되지는 않았다. 하지만 종교적 진리는, 예를 들어 산술적 진리와는 다른 것 같다. 종교적 진리는 훌륭한 시나 소설의 진리와 같다. 우리가 지금도 셰익스피어를 읽는 것은 그의 글이 좋을 뿐만 아니라 진리이기 때문이다. 그러니까 믿음의 문제에서는 오랜 생명력이 확실히 중요하다. 나는 유대교의 점수판에 조용히 몇 점을 더한다.

유대교가 역사를 지니고 있을 뿐만 아니라 나 또한 유대교와 얽힌 과거가 있다. 불교나 위카의 경우와는 다른 점이다. 이것은 장점이 될 수도 있고, 아닐 수도 있다. 내게 건물을 쌓아올릴 기초가 있다는 건 좋은 점이지만 그 기초가 흔들흔들해서 믿음직하지 못한 것이 문제다.

유대교는 결코 나를 붙들지 못했지만 내 남동생은 붙들었다. 동생은 20대 초반에 종교에 무심한 유대인에서 종교를 열심히 믿는 유대인으로 극적인 변화를 겪었다. 그런 변화가 어떻게 일어나게 된 건지는 나도 정확히 모른다. 사실 우리는 유대교에 대해 이야기를 나누지 않는다. 그리고 동생이 정통파 유대교도가 되면서 우리 사이는 가까워진 것이 아니라 오히려 더 멀어졌다. 우리 식구들이 유대교 명절을 지내려고 동생 집에 갈 때면, 모호하지만 확실히 부정할 수 없는 긴장감이 허공을 채운다. 나는 나의 기본 전략, 그러니까 유머에 의존하지만, 그건 오히려 긴장을 더 높이기만 할 뿐이다. 한 번은 동생이 나더러 자신의 신앙을 놀림감으로 삼는다고 비난한 적도 있다. 처음에 나는 부르르 화를 냈지만 가만히 생각해보니 동생의 말을 부정할 수 없었다. 하지만 내가 동생의 신앙에 대해 농담을 던진 것은 악의에서 나온 행동이 아니라 나 자신과 유대교의 순탄치 못한 관계, 아니 좀 더 정확히 말하자면 아예 아무런 관계도 없다고 해야 하는 상황 때문이었다. 만약 동생이, 예를 들어 하레 크리슈나교도 (힌두교의 크리슈나 신을 믿는 사람들 - 옮긴이)가 되었다면 나는 틀림없이 강렬한 흥미를 느껴서 동생에게 왜 그 길을 택했느냐고 사려 깊고 예의 바른 질문들을 던졌을 것이다. 하지만 내가 버린 종교를 동생이 끌어안았기 때문에 나는 충분히 예상할 수 있는 한탄스러운 반응, 즉 죄책감을 느끼게 되었다.

나 자신의 믿음이 내게는 낯선 것이지만, 그렇다고 완전히 낯선 것은 아니다. 보잘것없는 나의 지식이 계속 나를 방해한다. 도교나 수피즘을 탐색할 때는 이런 장애물과 부딪힌 적이 없다. 그런데 유대교에 대해서는 딱 발목을 잡힐 만큼만 알고 있다는 점이 문제다. 히브리어 단어들, 그러니까 네페시나 미트즈보트 같은 단어들이 내 뇌에서 오랫동안 잠들어 있던 시냅스들을 일깨우고, 지치고 녹슨 그 시냅스들은 오발탄들을 날려댄다. 사실 나는 그 단어들의 의미를 제대로 모른다. 옛날에도 몰랐다. 나는 신앙에서 도망치느라 여념이 없었다. 내가 보기에 이 종교는 좋게 말하면 나랑 상관없는 것이고, 나쁘게 말하면 창피한 것이었다. 가족들이 모인 자리에서 포도주 잔들을 이마에 올려놓고 균형을 잡는 묘기를 보여주는 삼촌 같은 존재라고나 할까. 하지만 조지프 캠벨은 말한다. 회피는 소용없다고. 우리는 자신이 타고난 신화에서 결코 완전히 도망치지 못하며, 도망쳐서도 안 된다고. "어렸을 때 머릿속에 자리 잡은 신화에 매달리는 것은 좋은 일이다. 그것은 우리가 원하든 원하지 않든 어차피 그 자리에 있기 때문이다. 우리는 그 신화를 유창한 웅변으로 해석해내야 한다……. 그 신화의 노래를 듣는 법을 배워야 한다."

나는 이런 식으로 생각해본 적이 없다. 마음은 내키지 않지만, 이 것이 내가 도전해야 할 일이라는 생각이 든다. 유대교를 내가 이해 할 수 있는 언어뿐만 아니라 내가 노래할 수 있는 언어로도 번역하 는 일. 쉽지는 않을 것이다. 나는 훌륭한 재능을 많이 갖고 있다. 내 아내의 말에 따르면 그렇다. 하지만 음악적인 귀는 내게 없다.

언어 때문에 조금 혼란을 겪은 끝에 나는 간신히 택시를 부른다. 택시 기사들은 모두 모로코인들인데, 나처럼 고뇌로 가득 찬 유럽의 유대인들보다 더 활기차게 살아가면서 생각은 덜 하는 행복한 남자 들이다. 내가 탄 택시의 기사는 예디다의 집을 안다고 말한다. 그가 엉터리 영어로 하는 말인즉, 그녀가 'vip'라는 것이다. 택시가 구불구 불한 길을 한참 동안 올라간다. 트즈파트 위로 솟은 산들로 올라가 는 길이다. 마침내 작은 집 앞에서 택시가 멈춘다. 예디다가 문 앞에 서 나를 기다리고 있다. 전화로 이야기할 때는 완전히 영국인 같았 는데, 직접 보니 이스라엘인의 분위기가 물씬 풍긴다. 세월의 흔적 이 새겨진 피부. 헝클어진 머리. 매끈한 구석은 하나도 없고, 왼쪽 눈 가의 주름 속에 영원히 찢어져 있는 것처럼 보이는 흉터가 있다.《호 빗》(톨킨의 소설.《반지의 제왕》의 전편에 해당 - 옮긴이)의 등장인물을 연 상시키는 모습이다.

"이건 마법의 문이에요." 예디다가 내 앞의 오렌지색 금속 장치를 가리키며 말한다. "아래로 한 번 눌러보세요." 내가 아래로 누르자 문이 저절로 열린다. 마법처럼. 블랙캣이나 마녀 제이미를 놀라게 할 만한 마법은 아니지만(너무 초보적이다), 그래도 나는 즐겁다.

예디다가 자신의 서재로 나를 안내한다. 천장까지 책꽂이가 가

득 뻗어 있다. 나는 책의 제목들을 훑어보다가《신성한 기하학》과
《장수를 위한 힌트》에 시선이 멎는다. 하지만 가장 눈에 띄는 책은
21권이 모두 갖춰져 있는《조하르》전집이다.《조하르》는 신비스럽
다 못해 거의 해석이 불가능한 카발라의 경전이다. "단어 하나하나
가 금광이에요." 예디다가 박하차 두 잔을 따르며 말한다. 항상 커피
가 아니라 차를 내놓는 것은 그녀가 받은 영국식 교육의 흔적이다.

　예디다가 내게 자신의 이야기를 들려준다. 그녀는 신앙심이 깊은
집안에서 태어났지만 종교적인 의식에 공감한 적이 없었다. "그냥
아무 뜻도 없이 그런 의식을 치르고 있다는 느낌이 들었어요." 그녀
의 말에 나는 알 것 같다는 표정으로 고개를 끄덕인다. 하지만 예디
다는 감정의 표출에 눈살을 찌푸리는 나라에서 감정을 잘 드러내는
유대교도였다. 자신의 믿음에 대해 더 많이 알고 싶다는 갈망, 더 깊
이 파고들고 싶다는 갈망이 있었다. 그래서 런던의 지하철 북부선을
타고 다니며 독학으로 히브리어를 공부했다. 마취학을 공부했기 때
문에 타인의 고통에 민감한 그녀는 제1차 레바논 전쟁이 진행 중이
던 1981년에 이스라엘에 와서 하다사 병원 응급실에서 일했다. "여
기가 내가 있을 곳이라는 생각이 들었어요." 그밖에도 자신의 영적
인 삶에서 뭔가가 빠져 있다는 느낌이 들었지만, 그것이 무엇인지는
알 수 없었다. 그러다가 남편 마크의 권유로 스코틀랜드의 절충주의
적 영성 수련원인 핀드혼을 찾아갔다. 예디다의 아버지는 그것이 신
앙을 배신하는 행위라고 생각했기 때문에 격렬히 반대했지만 예디
다 자신은 신앙을 확인하는 행위라고 생각했다. "난 평화를 찾고 싶
었어요. 나의 영성과 유대교 신앙을 각각 별개의 것으로 보고 싶지
않았으니까요. 모든 걸 하나로 보고 싶었어요." 핀드혼에서 예디다

는 자신이 찾던 것을 찾아내고 곧 이스라엘로 돌아갔다. 이번에는
이곳에서 아예 영원히 살 작정이었다.

"왜 트즈파트죠?" 내가 묻는다.

"꿈에 나타났거든요. 미친 소리처럼 들리겠지만, 트즈파트라는
이름을 황금빛 햇살이 둘러싸고 있었어요."

"그럼 카발라에는 어쩌다 빠져들게 된 거예요?" 내가 쿠키를 향해
손을 뻗으며 묻는다.

예디다는 그 얘기는 나중에 들려주겠다고 말한다. 카발라도 가르
쳐주겠다고 한다. 우리는 매일 오전 10시에 그녀의 집에서, 그러니
까 마법의 문을 바로 지난 곳에서 만나기로 한다. 하지만 내일은 아
니다. 내일은 안식일이니까. 나는 그 특별한 날만의 마법이 있음을
곧 알게 된다.

유대교의 수많은 아이러니 중 하나는 휴식일 직전의 몇 시간 동
안 사람들이 정신없이 바쁘게 돌아간다는 것이다. 날이 잠잠해지기
전의 폭풍 같다고나 할까. 트즈파트 시내도 활동적인 에너지로 터질
듯하다. 눈보라가 몰려오기 전의 워싱턴 같다. 모두들 정해진 시간
이 급속히 다가오고 있다는 점 때문에 압박을 느끼며 물건을 사 모
은다. 트즈파트는 움직이고 있지만, 그 움직임은 임의적인 것이 아
니다. 모두들 같은 곳으로 향한다. 아니, 같은 시간이라고 하는 편
이 옳을 것이다. 안식일은 공간이 아니라 시간 속에 존재하니까. 나
도 움직인다. 나는 가게들이 문을 닫기 직전에 팔라펠 하나와 야르
덴 포도주 한 병을 산다. 가게 주인들, 낯선 사람들이 **샤바트 샬롬**, 즉
즐거운 안식일이라는 인사말을 건네는 것이 좋다. 이 딱딱한 땅에서
맛보는 부드러움이다.

에얄에게서 전화가 온다. 몹시 곤란해하는 것 같은 목소리다. 이제부터 나를 데리고 시나고그 쇼핑에 나설 것이라고 그가 말한다.

"옷은 어떻게 입을까요?" 내가 묻는다.

"그런 건 상관없어요." 에얄이 말한다. "중요한 건 영혼의 옷입니다."

나는 내 영혼의 옷이 세탁소에 가 있다거나 더 이상 내 몸에 맞지 않는다는 식의 멋들어진 말을 되쏘아주고 싶다는 유혹을 느끼지만, 그렇게 멋들어지게 구는 것이 영적인 성장에 장애가 된다는 점을 떠올리며 참는다.

오후 5시 20분이 되자 고요함이 트즈파트를 감쌌다. 자동차들도 모두 사라졌다. 마치 엘로힘의 우주선이 휙 채간 것 같다. 이 도시에서 가장 분주한 도로 한복판에 드러누워 있어도 안전할 것 같다.

오후 5시 45분이 되자 내가 머무르는 호텔이 안식일 모드로 들어간다. 엘리베이터는 운행을 멈추고 직원들도 사라진다. 대개 텔레비전을 쾅쾅 시끄럽게 틀어놓던 옆방 사람도 조용해진다. 나는 스위스 아미 나이프를 이용해서 야르덴 포도주 병을 딴다. 안식일이 공식적으로 시작되기 전에 내가 마지막으로 한 노동이다. 나는 포도주를 한 잔 따라서 발코니로 나가 귀를 기울인다. 새들이 지저귀는 소리, 깃발이 펄럭이는 소리가 들린다. 저 멀리서 염소가 매애매애 울어대는 소리도 들린다. 그밖에는 침묵뿐이다. 으스스한 침묵이 아니라 온화한 존재가 내 옆에 있는 것처럼 성숙하고 푸근한 침묵이다. 침묵이라는 주제에 대해서 카발라는 할 말이 많다. "말의 가치는 한 푼, 침묵의 가치는 두 푼." 《조하르》는 이렇게 조언한다. 입으로 사는 민족인 유대인들도 풍부한 침묵의 전통을 갖고 있다. 이렇게 될 줄 누가 알았을까?

오후 6시 37분에 사이렌이 울린다. 안식일이 공식적으로 시작되었다. 평생 처음으로 나는 안식일을 지키면서 에이브러햄 헤셸이 "시간 속의 성소"라고 불렀던 것 속으로 발을 들여놓고 있다.

시간이라. 우리는 시간을 어떻게 다뤄야 하는지 모른다. 우리는 시간을 찾는다, 낭비한다, 만든다, 쓴다 등의 표현을 쓴다. 시간에 대한 원한이 특히 넘치는 날에는 시간을 죽인다는 말도 한다. 그런데 안식일에는 시간에 대해 아무것도 하지 않는다. 안식일에는 시간 안에서 살 뿐이다. 우리는 힘든 하루 일을 마치고 따뜻한 물을 채운 욕조에 천천히 들어가듯이 이 시간이라는 거처 속으로 천천히 들어간다. 안식일에 우리는 목까지 가득 시간 속에 잠겨 있다. 그뿐이다.

적어도 그것이 안식일의 개념이다. 하지만 내 마음 한구석에는 시간에 대한 두려움이 있다. 대부분의 사람들도 마찬가지일 것 같다. 시간이라는 존재가 두려운 것이 아니라 시간의 유한함이 두렵다. 나는 시간을 죽음과 동일시한다(시간이 무한하다면, 우리가 문자 그대로 세상의 모든 시간을 갖고 있다면 과연 종교가 존재할 수 있었을지 궁금하다). 나는 헤셸의 다음과 같은 말에 동의한다. "우리는 시간에 대한 뿌리 깊은 두려움에 시달리며, 시간의 얼굴을 정면으로 바라볼 수밖에 없는 상황이 되면 기겁한다." 안식일이 바로 그렇게 시간과 대적하는 날이다. 그리고 나는 대개 이 싸움에서 시카고 컵스(메이저리그 야구팀 - 옮긴이)처럼 장대하게 패한다.

하지만 여기서는 내 승산이 조금 높아진다. 나 혼자서 시간과 대적하는 게 아니기 때문이다. 내게는 수천 명의 동맹이 있고 그것으로 모든 것이 달라진다. 집에서는 안식일을 지켜볼까 하고 생각할 때마다 그 바람에 놓치게 될 것들이 떠올라 두려움에 압도되었다. 축구 경기, 테니스 경기, 마음껏 쇼핑하기, 최신 영화, 레저와 자기 향상을 꾀할 수 있는 수많은 기회들을 놓칠까 봐서. 이 기회비용이 나를 압도했다. 이스라엘(그러니까 적어도 종교를 잘 믿는 이스라엘)에서는 안식일에 기회비용이 없다. 나는 아무것도 놓칠 염려가 없다. 휴대전화를 꺼도 된다. 내게 전화를 걸 사람이 하나도 없다는 걸 잘 알고 있으니까. 노트북컴퓨터를 꺼도 된다. 내 메일박스를 괴롭힐 사람이 하나도 없다는 걸 분명히 알고 있으니까.

헤셸은 안식일에 대한 반응을 보면 그 사람이 어떤 사람인지 알 수 있다고 말한다. "우리의 됨됨이는 안식일을 바라보는 시각에 달렸다." 그는 이렇게 썼다. 나는 어떤 사람인가? 안식일을 지킬 수 있는 능력이 모종의 시험 같은 것인가? 아무것도 안 하고 시간을 보낼 수 있는 나의 재능을 가늠하기 위한 시험? 아, 또 자아가 움직이고 있다. 자아는 무엇이든, 심지어 가장 영적인 충동마저도 자화자찬 또는 자기혐오의 기회로 바꿔놓을 수 있다. 나는 이 충동에 저항하겠다고 맹세한다. 나 자신을 자꾸만 시험하는 데 지쳤다. 내가 그 시험에 통과한다 해도 거기에는 대가가 따른다. 안식일은 성과와 상관없다. 선과 악, 성공과 실패를 초월한 존재다. 심지어 행동과 무위마저 초월했다. 안식일은 순수한 존재다. 적어도 이론적으로는 그렇다.

오후 6시 47분에 나는 계단을 내려간다. 가볍게 몸을 움직이는 것이 즐겁다. 약속대로 에얄이 로비에서 기다리고 있다. 그는 온통 검은색 일색이다. 검은 모자에 검은 트렌치코트. 그리고 희미하게 짓궂은 미소를 띠고 있다. 나는 모르는 뭔가를 혼자서만 알고 있는 것처럼. 뭐, 실제로도 그렇겠지만. 나는 그를 따라 구시가지의 골목길을 누빈다. "안식일에 중요한 건 아무것도 안 하는 게 아닙니다." 인적 없는 거리를 걸으며 에얄이 말한다. "무엇을 하느냐가 중요하죠."

"뭘 해야 하는데요?"

"우리는 세상과 연결을 끊습니다. 그래야 하느님과 연결될 수 있으니까요."

우리는 자그마한 시나고그로 들어간다. 소박한 정사각형 건물 안에 검은 플라스틱 의자들이 깔끔하게 줄지어 놓여 있고, 나지막한 나무 칸막이가 하나가 남녀의 자리를 구분하고 있다(남자는 앞쪽, 여자는 뒤쪽. 뒤에 앉은 여자들의 목소리는 들리지만 모습은 보이지 않는다). 전에 어찌 된 영문인지는 모르겠지만 하여튼 아주 잠깐 동안 발작처럼 유대교에 애정을 느꼈을 때 뉴델리에서 가봤던 시나고그가 생각난다. 그곳도 시멘트 벽돌로 지은 작은 건물이었다. 기껏해야 유치원 교실만 한 크기의 그 작은 건물 안에 사람들이 70명쯤 빽빽이 들어차 있었던 것 같다. 에어컨은 없고 천장에 설치된 선풍기 두 대만이 뜨거운 델리의 공기 속에서 무력하게 삐걱거리며 돌고 있었다. 신도들 중 절반은 인도인 유대교도들이었고, 나머지는 외교관, 이스라엘에서 온 배낭여행자, 그리고 나 같은 잡다한 외국인 등이었다. 시나고그의 콘크리트 벽 바깥에는 이 신자들과는 다른 부류에 속하는 수많은 사람들이 있었다. 대략 6억 명쯤 되는 힌두교도, 1억 3000만 명의 이슬람교도, 그리스도교인 수백만 명, 시크교도, 불교도, 자이나교도, 파르시교도(8세기에 이슬람교의 박해를 피해 인도로 이주한 조로아스터교도들의 후손 - 옮긴이). 뭔가가 내 안에서 요동쳤다. 뭔가 낯설고 완전히 불쾌하지만은 않은 어떤 것. 어쩌면 나의 영적인 배아가 꽃을 피우고 있었던 것인지도 모른다. 우리가 갑자기 낯선 환경 속에 떨어졌을 때 가끔 그런 일을 겪지 않는가. 아니면 단순히 원시적인 소속감이 용솟음쳤던 것일 수도 있다. 우리가 파충류 시절부터 갖고 있던 깊숙한 뇌 속에 살면서 내 편과 네 편을 가르는 데서 이분법적인 기쁨을 느끼는 오랜 부족주의. 어느 쪽인지는 알 수 없지만 한 가지는 확실하다. 뉴델리의 그 따뜻한 저녁만큼 내가 유대교인이라는 기분이 들었던 적은 그전에도 그 뒤로도 전혀 없다는 것.

에얄과 나는 검은색과 모피의 바다를 뚫고 나아가 자리를 잡고 앉는다. 언어가 장벽이 된다. 나는 이곳에서 오가는 말을 한마디도 알아듣지 못한다. 에얄이 영어로 된 **시두르**(유대교의 기도서 - 옮긴이)를 찾아 내게 주며 지금 랍비가 어느 부분을 읽고 있는지 가르쳐준다. 하솀이 왕 중의 왕이므로 그에게 순종하고 그를 두려워하라는, 자주 읽는 구절이다. 항상 내 마음을 식게 만드는, 지나치게 과장된 성경 특유의 표현들이 있다. 게다가 길기도 하다. 나는 지루해진다. 그래서 여기서 빠져나갈 전략을 짜고 있는데 내 어깨에 누군가의 손길이 느껴진다. 그러고는 땀을 뻘뻘 흘리며 아이, 아이, 아이라고 읊조리는 남자들에게 갑자기 둘러싸인다. 그리고 나 역시 갑자기 영문도 모른 채 그들과 함께 읊조리기 시작한다. 뭐, 대충 그런 셈이다. 나는 사기꾼이 된 것 같은 기분이다. 영적인 사기꾼. 금방이라도 누가 "어이, 이 녀석은 진짜 유대교인이 아냐! 그냥 중얼거리기만 하고 있다고! 아무것도 모르면서 대충 흉내만 내고 있어!" 하고 소리를 지를 것 같다.

하지만 그런 일은 일어나지 않는다. 그 대신 기쁨이 작은 시나고그 안에 퍼져나간다. 하지만 그것이 어떤 종류의 기쁨인지, 부족적인 기쁨인지 영적인 기쁨인지는 알 수 없다. 조금 더 읊조림이 이어 진 뒤 남자들이 기도를 시작한다. 무릎을 구부린 채, 그들은 빠르게 열광적으로 몸을 앞뒤로 흔든다. 무슨 신경발작을 일으킨 사람들 같 다. 나도 그들을 따라 해야 할 것 같다. 지금 이 순간에 충실해야 할 것 같다는 생각 때문이기도 하고, 주위 사람들에게 동조해야 한다는 참 을 수 없는 압박 때문이기도 하다. 나는 끔찍할 정도로 어색해하면 서 앞뒤로 몸을 흔든다. 신체적인 애정 표현에 굶주린 고아들에게 버릇처럼 이렇게 앞뒤로 몸을 흔드는 증세가 나타난다는 말이 생각 난다. 심리학자들은 이것을 자기 위안 행동이라고 부른다. 유대교도 들의 이런 기도, 아니 모든 종교의 영적인 행동이 사실은 어른들을 위한 자기 위안 행동이 아닌가 하는 생각이 든다. 만약 그렇다 해도 그게 그렇게 나쁜 일은 아니지 않은가?

나는 이제 다시 플라스틱 의자에 앉아 있다. 우리는 앉았다가 일 어섰다가 다시 앉는다. 내가 보기에는 이것이 아주 오랫동안 계속 되는 것 같다. "이건 서막에 불과해요." 에얄이 귓속말을 한다. "이제 진짜 기도가 시작됩니다."

맙소사. 난 끝까지 해내지 못할 것 같다. 나는 이곳에 모인 사람들 이 머리에 쓰고 있는 다양한 모자들을 조사하며 시간을 보낸다. 털 실로 짠 평범한 키파, 대담한 무지갯빛 키파, 정수리를 완전히 덮는 커다란 검은색 키파, 우아한 중절모, 거대한 털모자. 여자아이가 보 인다. 두 살쯤 되어 보이는 그 아이는 제 아버지의 품에 안겨서 아버 지의 턱수염을 가지고 장난을 치며 거대한 털모자를 쓴 남자를 가리 키고 있다. 아이가 방긋 웃는다. 당연한 일이다. 남자의 머리에 커다 란 동물이 웅크리고 있는 것처럼 보였을 테니까. 그 순간 나는 그 아이가 이곳에서 가장 즐거운 사람임을 추호의 의심도 없이 깨닫는다.

우리는 에얄의 집까지 걸어간다. 내리막길. 내 머릿속에 다시 체스터튼이 자리를 잡는다. "줄곧 아래로, 아래로 내려가던 사람이 마침내 어느 신비로운 지점에 이르자 위로, 위로 오르기 시작한다." 나는 얼마나 더 내려가야 방향을 바꿀 수 있을까?

에얄의 집은 훌륭하고 소박하다. 그의 아내 나탈리가 인사를 건넨다. 나는 손을 뻗지 않으려고 주의한다. 종교적인 사람들을 만날 때 내가 엄격히 지키는 규칙이 있다. 여자가 먼저 손을 내밀기 전에는 결코 손을 내밀지 않는 것. 나탈리는 손을 내밀지 않는다.

나탈리는 발 츠추바, 즉 믿음을 되찾은 사람이다. 베네수엘라 태생인 그녀는 에얄과 마찬가지로 완전히 세속적인 가정에서 자랐다. 그런데 보스턴의 대학에 입학하러 가던 길에 뉴욕에 잠시 머무르게 되었다. 그때 사촌이 루바비치파(유대교의 일파 – 옮긴이)의 지도자인 랍비 슈니어슨을 만나러 같이 가자고 권했다. 랍비 슈니어슨은 추종자들에게 예나 지금이나 현대의 메시아로 대접받는다. 나탈리는 슈니어슨이라는 이름조차 들어본 적이 없었고, 그를 만날 생각도 없었다. 하지만 순전히 사촌을 위해서 마지못해 승낙했다. 두 사람은 몇 시간을 기다린 끝에 슈니어슨을 만났다. 슈니어슨은 나탈리의 눈을 똑바로 바라보며 종교학교에서 잘 지내기 바란다고 행운을 빌어주었다. 이게 무슨 소리지? 종교학교? 나탈리는 건축을 공부하러 보스턴으로 가던 길이었다. 하지만 그 눈, 그 빛나는 눈이 그녀에게 뭐라고 설명할 수 없는 영향을 미쳐서 그녀는 결국 종교학교에 등록하고 말았다. 어머니는 아연실색했다. 그것이 벌써 오래전의 일이었다. 이제 나탈리는 자녀가 여덟 명이고, 가발을 썼으며, 시나고그에서 칸막이 뒤에 앉는다.

우리는 신선한 샐러드, 참치, 후무스(병아리콩으로 만든 소스 - 옮긴이), 그 밖의 요리가 차려진 풍성한 식탁에 앉는다. 음료수는 커다란 플라스틱 병에 담겨 나온 환타다(정통파 유대인들과 환타의 관계가 무엇인지는 잘 모르겠지만, 뭔가 관계가 있음은 분명하다). 식탁에서 남녀가 양편으로 분리되어 있는 것이 눈에 띈다. 남자들 중에 아사프라는 청년이 있는데, 인상적인 수염과 곱슬곱슬한 구레나룻을 길렀고, 소용돌이처럼 구불구불한 머리카락이 귀 아래에서 대롱거린다. 흔들림 없는 갈색 눈은 "내가 아는 것이 좀 있습니다" 하고 말하는 듯하다.

나탈리가 음식을 또 내온다. 나는 샐러드와 후무스와 생선이 메인 코스인 줄 알고 열심히 먹어치웠는데, 이제 보니 애피타이저였던 모양이다. "시나고그에서 기도할 때랑 똑같죠." 에얄이 건조한 목소리로 말한다. 우리는 가벼운 잡담을 나눈다. 나탈리는 트즈파트에서 사는 것이 정말 좋지만, 이제 10대가 된 아이들이 바다에 놀러갈 때는 걱정스럽다고 말한다. "거긴 안전하지 않아요. 아랍인들이 있을지도 몰라요." 나탈리의 말투만 들어보면 마치 "물속에 상어가 있을지도 몰라요"라고 말하는 것 같다. 그녀의 말이 나를 뒤흔든다. 나는 분명히 영적인 모습을 띠고 있는 트즈파트의 표면 아래에 오랜 걱정거리, 즉 부족주의가 숨어 있음을 새삼 떠올린다. 내 안에서 분노가 치솟지만 나를 초대해준 사람들을 모욕하고 싶지는 않다. 적어도 직접적으로 모욕할 생각은 없다. 그래서 나는 이런 상황에서 즐겨 쓰는 전략을 끄집어낸다. 수동적인 공격성. 나는 이교의 다양한 신들에게 추파를 던졌던 것에 대해 이야기한다. 불교, 도교, 가톨릭, 그리고 무엇보다도 이슬람. 나는 내 경험을 아주 자세히 이야기한다. 나의 탐색이 이 사람들에게는 일종의 이단으로 비친다는 걸 잘 알고 있기 때문이다. 불편한 침묵이 방 안을 채운다.

마침내 아사프가 나선다. 그는 우스갯소리를 하나 하겠다고 한다. 좋은 일이다. 분위기가 조금 가벼워질 테니까.

어떤 유대인이 있었다. 이름을 모셰라고 하자. 어느 날 그는 가톨릭 신자가 되고 싶다는 결론을 내리고 근처 성당까지 걸어가서 말했다. "신부님, 저는 가톨릭 신자가 되고 싶습니다."

"문제없습니다." 신부가 말한다. 그러고는 모셰의 머리에 물을 흩뿌린 뒤 다음과 같이 세 번 되풀이한다. "당신은 유대인이 아닙니다. 가톨릭입니다." 그러고는 모셰를 보내면서 한 가지 경고를 한다. "우리 가톨릭 신자들은 금요일에만 생선을 먹습니다. 아셨죠?"

모셰는 전혀 문제될 것이 없다고 장담한다. 그런데 며칠 뒤 수요일 저녁에 모셰는 생선을 먹고 싶은 욕구를 견딜 수 없게 된다. 그래서 동네 식당에 몰래 들어가 커다랗게 저민 넙치를 품속에 감추다가 그만 신부에게 들킨다.

"모셰! 여긴 웬일입니까? 생선은 금요일에만 먹으라고 했을 텐데요."

모셰는 지체 없이 대답한다. "이건 생선이 아닙니다. 당근이에요."

"무슨 소립니까, 모셰? 아무리 봐도 그건 생선인데요."

"아뇨, 아닙니다. 제가 여기다 물을 흩뿌리고서 '너는 생선이 아니다. 당근이다. 너는 생선이 아니다. 당근이다……' 하고 말했습니다."

다들 웃음을 터뜨린다. 나만 빼고. 이 우스갯소리를 어떻게 받아들여야 할까? 내가 지금도 앞으로도 영원히 생선일 거라는 뜻으로? 아니면 생선의 성향을 지닌 당근이라는 뜻? 아니면 당근과 생선의 잡종? 이 이야기의 뜻은 분명하다. 불교도와 명상을 하든, 힌두교도와 요가를 하든, 이슬람교도와 기도를 하든 마음대로 해라. 꼭 해야 하는 일이라면. 하지만 너는 반드시 돌아올 것이다. 너는 네페시, 즉 유대인의 영혼을 갖고 있으며 네가 무슨 짓을 해도 그 사실은 변하지 않는다.

나는 아사프와 함께 시내까지 걸어 돌아가면서 이야기를 나눈다. 아사프는 얼마 전에 자신을 만났다면 내가 자신을 알아보지 못했을 거라고 말한다. 그는 가늘게 땋은 머리를 엉덩이까지 늘어뜨리고 거칠게 굴었다고 한다. 이 세상에서 그가 안 해본 일은 없다. 하나도. 그의 말투를 들어보니 안 해본 일이 없다는 말이 정확히 무슨 뜻인지 자세히 캐묻는 것은 현명한 일이 아닐 것 같다. 그런 얘기를 들었다가는 '미국 근교 출신인 나의 정신'이 폭발해버릴지도 모른다.

유대교에 관한 한 아사프는 나와 비슷했다. 예전에 그는 토라가 웃기지도 않는 규칙들 뭉치라고, 일종의 감옥 같다고 생각했다. 하지만 어느 날 사실은 이 삶 자체가 바로 감옥이라는 것을 깨달았다. 아사프는 인생의 모든 수수께끼에 대한 해답이 토라에 있다고 말하더니, 눈도 깜박이지 않은 채 어느 누구보다 흔들림 없는 시선으로 나를 바라보며 말한다. "모든 것이 좋아요."

다음 날 아침. 안식일이다. 할 일도, 갈 곳도 없다. 애를 써봤자 소용없다. 그래서 나는 그냥 침대에 누워 카발라에 관한 책을 읽으며 히브리어 기도 소리에 귀를 기울인다. 8월 저녁의 서늘한 바람처럼 기도 소리가 방 안으로 흘러 들어온다. 나는 축복받은 무위의 하루를 즐기고 있다. 다음 날 아침, 나는 샤워를 하고 예디다를 만나러 갈

준비를 한다. 카발라의 신비에 관해 공식적으로 첫 수업을 받는 날
이다.

어떤 수업을 듣게 될지 잘 모르겠다. 나는 예디다가 마음에 든다.
그녀는 정신이 제대로 박혀 있고, 나름대로 회의할 줄도 아는(어쨌든
의사가 아닌가) 사람인 것 같은데도 수피교도 같은 넓은 마음과 유머
감각을 지니고 있다. 물론 배배 꼬인 영국식 유머이긴 하다. 게다가
이스라엘 생활 수십 년 동안 그게 더욱더 배배 꼬였다.

내가 탄 택시가 탈탈거리며 언덕길을 올라가 예디다의 집 앞에
나를 내려놓는다. 나는 마법의 문을 아래로 누르고 정원으로 들어
간다.

예디다가 나를 기다리고 있다. 무서울 정도로 쾌활해 보인다. 왠
지 수상쩍을 정도다. 예디다는 내게 자신의 상태를 설명하려는 것처
럼 정해진 일상을 지키고 있다고 말한다. 아침 5시에 일어나서 박하
차 한 주전자를 끓인 뒤 흔들의자에 앉아 유대교인에게 가장 중요한
기도인 셰마를 하면서 아이들이 일어나 주위가 소란스러워지기 이
전의 침묵을 음미한다. 예디다는 명상은 하지 않는다. 기도를 할 뿐
이다.

그러고는 딸 둘의 가방을 챙겨서 학교에 보낸다. 다 자란 아들 둘,
수피와 이기는 이스라엘 군에 복무 중이다. 수피는 탱크에 있다. 실
제로 예디다가 한 말을 그대로 옮긴 것이다. "그 애는 탱크에 있어
요." 마치 수피가 탱크 안에서 살기라도 하는 것 같다. 게다가 이것이
현실과 그리 동떨어진 소리가 아닐 수도 있다. 이기는 다른 임무를
맡고 있는데, 나는 예디다의 설명을 이해하지 못한다. 하지만 탱크
와 관련되지 않은 일인 것만은 분명하다.

4년 전 예디다의 일상이 급격히, 돌이킬 수 없게 바뀌었다. 어느 날 저녁 아이들을 재운 뒤, 예디다는 집 안이 유난히 조용하다는 사실을 깨달았다. 남편 마크는 어디 있는 걸까? 잠시 집 안을 뒤져본 결과 남편은 화장실에 있었다. 심장마비로 숨을 거둔 것 같았다. 함께 살아온 삶이 갑자기 사라져버렸다. 그렇게 간단히. 오랫동안 그녀는 자신을 책망했다. 어찌 됐든 의사라는 사람이 문제를 눈치채지 못했다니. 그날 저녁 남편이 멍하고 나른해 보인 것이 독감이나 시차 때문이 아니라는 것을 알아차리지 못했다니.

이 모든 이야기는 우리가 책을 열거나 '카발라'라는 말을 꺼내기 전에 들은 것이다. 우리는 이제 예디다의 서재에 앉아 있다. 커다란 모직 담요가 책상을 덮고 있다. 예디다는 주전자를 불에 올려 박하차를 끓인다. 그리고 내게 쿠키를 권한다. 나는 그것을 받아든다. 그러자 바깥세상이 어딘가로 사라져버린다.

예디다가 나를 가르치는 것이 영광이라는 생각이 든다. 그녀는 학생을 고르는 특별한 기준이 있다. '카발라의 마법'에 관심이 있는 사람들은 가르치지 않는다. '즉석 하느님'을 찾는 성급한 사람들도 가르치지 않는다. 예디다는 위기에 빠진 사람, "자기가 왜 유대교인인지 모르는" 사람을 가르친다. 혼란에 빠진 생선이나 길 잃은 당근 같은 사람들. 나 같은 사람들이다.

차를 더 따라주면서 예디다는 공부가 쉽지 않을 거라고 경고한다. "우리가 서로 예의를 차리면서 좋은 말만 주고받지는 않을 거예요. 머치-퍼치는 안 해요." 예디다는 이 말을 자주 한다. 머치-퍼치. 이것이 히브리어인지, 영국식 표현인지, 예디다식 표현인지 잘 모르겠다. 어쨌든 상당히 마음에 드는 말이다.

"수업을 하는 동안 호흡을 계속하는 것이 중요해요."예디다가 말한다. 카발라 신자라기보다는 마취과 의사 같은 느낌이 난다. 우리는 이제 책을 펼친다. 내가 소리 내어 책을 읽는 동안 예디다는 열심히 귀를 기울이며, 내가 조금이라도 발음을 잘못하면 곧 교정해준다. 내용을 이해하기가 힘들다. 그릇과 빛과 '받아들이고자 하는 의지'에 관한 이야기가 많다. 특히 마지막 것이 난해하다. 개인적으로 나는 받아들이고자 하는 의지 때문에 문제를 겪은 적이 없다. 나를 휘청거리게 만드는 것은 '주는 일'이다.

예디다는 그렇게 간단한 문제가 아니라고 말한다. 받는 데에도 여러 가지 방법이 있다. 마지못해 받는 법, 경멸하듯이 받는 법, 심지어 공격적으로 받는 법까지 있다. 사랑으로 받는 것도 가능하다. 대부분의 종교는 '주는 것'에 초점을 맞추지만, 카발라는 받는 것을 더 중요하게 여기며, 그 방법을 터득하기도 더 어렵다고 본다.

카발라에서는 말이 중요하다. 하지만 말은 쉽게 손에 잡히지 않는다. 귀에 들리는 말이 존재하지 않을 때가 많다. 예디다는 항상 나를 당황시키고, 의욕을 꺾어놓았던 히브리어 단어들을 재해석해준다. 예를 들어 멜라치는 문자 그대로 해석하면 '왕'이라는 뜻이지만, 사실은 '선(善)의 길'을 가리킨다고 한다.

"난 그 단어를 들으면 항상 수염을 길게 기르고 보석 박힌 왕관을 쓴 남자를 떠올렸는데요."

"그건 당신이 암호를 모르기 때문이에요."카발라의 경전이 대부분 그렇듯이 《조하르》도 암호로 적혀 있다. 거기에 액면 그대로의 뜻을 지닌 구절은 하나도 없다.

"그럼 중국어를 읽을 때와 비슷한 건가요?"

그보다 더하다고 예디다가 말한다. 단어를 읽는 건 가능하지만, 그 의미가 뒤섞여 있다는 것이다. 글은 일부러 속기 쉽게 만들어져 있다. 이상한 일이다. 어쩌면 잔인한 것 같기도 하다. 하지만 카발라 추종자들에게도 나름대로 이유가 있었다. 랍비들은 카발라의 가르침이 너무나 강력해서 그것을 받아들일 준비가 되지 않은 사람에게 정말로 위험하다고 믿었다. 그래서 암호 같은 글을 씀으로써 '알맞은' 사람에게 뜻을 전달할 수 있었다. 그 밖의 사람들은 모두 랍비의 이야기를 왕들에 관한 훌륭한 이야기 정도로만 생각했다. 그래서 현대의 카발라 추종자들은 무엇보다도 암호 풀이의 전문가들이다.

하지만 예디다가 카발라를 사랑하는 것은 이런 장애물에도 불구하고가 아니라 바로 이런 장애물 때문이다. 그렇다고 자신이 마조히스트라는 뜻은 아니라고 그녀가 분명히 밝힌다. 자신은 다만 대다수의 사람들이 항상 짐작하던 것을 확실히 알고 있을 뿐이라면서. 노력해서 얻은 통찰력이 아니라면 자기 것이 되지 않는다는 사실. 가늘고 연약한 명확함의 가닥들이 허공으로 둥둥 떠가지 못하게 아교 역할을 하는 것은 바로 우리의 피와 땀이다. 예디다가 문장 하나를 '이해'하는 데 꼬박 하루가 걸릴지라도 일단 이해한 뒤에는 그 문장이 그녀의 것이 된다. 영원히.

잔에 또 차가 채워지고, 우리가 먹은 쿠키의 숫자도 늘어난다. 우리는 기본적인 것들과 씨름하고 있지만 그것조차도 쉽지 않다. 카발라란 무엇인가? 카발라는 지식의 덩어리가 아니라 존재의 방식이라고 예디다가 설명한다. 무엇을 하는가가 아니라 어떻게 하는가가 중요하다. 특히 "자신을 영감을 얻을 수 있는 의식 상태로 만드는" 법이 중요하다고 예디다가 말한다.

"영감이라니, 무슨 영감이오?"

"무슨 영감인지는 신경 쓸 필요 없어요. 어떻게 영감을 얻게 됐는지에 초점을 맞춰요."

좋아, 이 게임을 하는 방법은 나도 안다. "어떻게 카발라에 빠지게 됐죠? 이야기해주겠다고 약속했잖아요."

예디다는 차를 한 모금 마시고는 마법 같은 이야기를 펼쳐놓는다.

예디다 아버지의 야흐르제이트, 즉 유대인 가정이 지키는 사망 1주기 행사 때의 일이었다. 아버지가 돌아가실 때 예디다는 아버지와 사이가 별로 좋지 않았다. 예디다가 핀드혼에 갔던 것을 아버지가 끝내 용서하지 않았기 때문이다. 그래서 흔히 그렇듯이, 예디다는 돌아가신 아버지와 풀어야 할 마음의 짐이 남아 있었다. 예디다는 시내의 랍비를 찾아가 아버지의 1주기를 기념하기 위해 뭔가를 하고 싶다고 말했다. 랍비는 촛불을 켜거나 자선단체에 돈을 기부하는 방법을 제안했다. 하지만 두 방법 모두 예디다의 마음에 들지 않았다. 그러자 랍비가 말했다. "좋습니다. 내일 동굴에서 나랑 만납시다."

예디다는 동굴이 어디인지 알고 있었다. 시나고그 내부에 있는, 트즈파트의 사자(獅子)인 랍비 루리아에게 바쳐진 공간이었다. 그런데 왜 거기로 오라는 걸까? 그건 알 수 없었다. 그래도 예디다는 그곳으로 갔다. 동굴 안에서 랍비가 그녀에게 책을 한 권 건네며 읽어보라고 말했다. 책의 내용은 낯설면서도 친숙했다. "피조물들이 창조되기 전에 불빛 한 줄기가 모든 현실을 가득 채웠음을 알라. 빈 공간은 하나도 없었고, 모든 것이 그 단순한 무한의 빛으로 가득 채워져 있었다. 거기에는 시작도 없고 끝도 없었다. 모든 사람과 모든 것이 단순한 한 줄기 빛이었다."

이 구절이 "원자폭탄처럼" 그녀를 후려쳤다. 그 뒤로 사흘 동안 예디다는 정상적인 생활을 할 수 없었다. 완전한 혼란 상태였다. 잠도 잘 수 없고, 음식도 먹을 수 없고, 자녀들을 돌볼 수도 없었다.

"어떻게 된 거죠?" 그녀는 다시 랍비를 만났을 때 이렇게 물었다. "생활을 할 수 없어요."

"아, 그건 좋은 일입니다." 랍비가 말했다. "아주 좋은 일이에요."

"이게 도대체 왜 좋은 일이에요?"

랍비는 사다리를 오르면서 다음 가로대를 잡으려면 지금 쥐고 있는 가로대를 놓아야 할 때가 있는데, 바로 그때 기존의 가로대를 이미 놓았지만 새 가로대를 아직 쥐지 못한 짧은 한 순간(워낙 짧아서 사람들은 대개 알아차리지도 못한다)이 존재한다고 설명했다. 이 순간, 이 혼란의 순간은 일종의 산고와 같다. 그럼 동굴에서 읽은 글은? 그 구절들은 《조하르》에서 가져온 것이었다. 예디다는 마침내 자신이 가야 할 길을 찾았음을 깨달았다.

"와." 내가 어설프게 말했다. "그렇게 분명히 확신하셨다고요?"

"내가 이것을 배우기 위해 태어났다는 것, 이것을 위해 몇 번의 환생을 거치며 기다렸다는 걸 완전히 깨달았어요."

"와." 나는 다시 말한다. 아까보다 더 어설프다. 아무래도 한 음절의 감탄사 외에는 달리 말을 할 수 없는 상태로 전락해버린 것 같다. 어쩌면 내가 바로 그런 상태인 건지도 모른다. 사다리의 가로대와 가로대 사이에서 표류하는 상태. 그렇다면 다음 가로대는 어디 있는 걸까? 내가 그 가로대를 제대로 잡아 끔찍한 죽음을 향해 추락하는 일을 막을 수 있을 거라고 어떻게 확신할 수 있을까?

모든 종교에는 창조설화가 있다. 카발라도 예외가 아니다. 카발라의 창조설화는 지금까지 내가 접해본 어느 창조설화 못지않게 화려하고 환상적이다. 기본적인 내용을 간단히 말하자면 신이 우주를 떨어뜨렸다는 것이다. 신이 우주를 창조하던 중에, 어이쿠! 이런, 우주가 산산이 부서져버렸다. 지금 우리는 그 파편들 속에서 살고 있으므로, 이 깨진 조각들을 다시 하나로 붙여서 이 세상을 수리하는 것이 우리의 의무다.

따라서 티쿤, 즉 '수리(修理)'는 카발라의 핵심 개념 중 하나다(유대교도 마찬가지다). 카발라 추종자들은 우리 각자가 세상의 수리를 돕기 위해 자신과 자신의 의식을 수리해야 하는 독특한 과제를 안고 있다고 믿는다. 그리고 이것이 상승효과를 낸다는 것이 카발라의 가르침이다. 물질적인 영역에서 이루어지는 모든 미츠바, 즉 선행이 신적인 영역에서 반향을 일으킨다는 것이다.

나는 특별히 깔끔한 사람은 아니다. 깔끔하다기보다는 오히려 어지르기 대장 쪽에 가깝다. 따라서 깨진 조각들이 사방에 널려 있다는 말을 들어도 그다지 신경이 쓰이지 않는다. 그리고 티쿤 하올람, 즉 세상을 수리한다는 말을 들으면 할 일이 지나치게 많아서 감당하기가 좀 힘들 것 같다는 생각이 든다. 불교도들은 그냥 그대로 내버려두라고 말한다. 도교 추종자들은 세상이 다 그런 거라고 말한다. 라엘교도들은 그냥 해치우라고 말한다. 그럼 카발라 추종자들은? 빨리 일을 시작하라고 말한다. 카발라는 이 세상을 거대한 리노베이션 대상으로 본다. 이런 작업이 모두 그렇듯이, 세상을 수리하는 작업 또한 틀림없이 일정보다 늦어질 것이고, 예산을 초과할 것이다. 유대교도들은 물질적인 세상에서 탈출하고 싶다는 생각이 전혀 없다. 그들은 세상 전체를 모두 끌어안는다. 나쁜 부분까지 전부. 시인 앨런 애프터맨(Allen Afterman)은 이렇게 말했다. "세상을 알고 아무 것도 부정하지 않으며, 홀로코스트도 분노와 원한도 끌어안고 노래 하는 것이 유대교의 방식이다."

다시 유대교로 회귀하기 전에 예디다는 동양 종교에도 잠깐씩 발 을 담가보았다. 호흡을 주의하며 무에 관해 명상도 해보았지만 아무 효과가 없었다. 카발라가 불교 같은 동양 종교들과 일부 비슷한 면 이 있는 것은 사실이다. 둘 다 교리뿐만 아니라 방법도 중요하게 여 긴다. 불교는 원숭이처럼 돌아다니는 우리의 마음을 얌전하게 만들 고 욕망을 잠재우는 방법이다. 카발라는 신의 빛을 받아들이는 방법 이다. 둘 다 비(非)이중성을 믿는다. 즉 우리가 서로 분리되어 있다는 생각은 단지 환상일 뿐이라고 믿는다는 뜻이다. 카발라와 불교는 우 리의 행동이 겉으로는 아무리 '부정하게' 보여도 모두 깨달음의 연 료라고 본다(적어도 탄트라 불교는 그렇다).

하지만 아주 핵심적인 차이가 적어도 한 가지는 존재한다. 카발라 는 우리에게 자아를 없애버리라고 요구하지 않는다. 예디다는 이렇 게 말한다. "카발라는 내게 자아가 있으며, 그것이 좋은 일이라고 말 합니다. 와! 얼마나 마음이 놓이는지 몰라요. 나 자신으로 있어도 괜 찮습니다. 내가 왜 그걸 무로 돌리고 싶어 하겠어요? 나 자신은 영감 과 빛을 받아들이기 위한, 신의 귀한 그릇인데요." 차이점은 이것만 이 아니다. 불교의 목적은 물질세계를 초월해서 무가 되는 것이다. 예디다는 이것을 잘 받아들이지 못한다. "난 무가 될 수 없어요. 솔 직히 하느님에게 이렇게 말하고 싶습니다. '저를 이렇게 문제투성이 인간으로 창조하신 건 하느님입니다. 하느님의 잘못이에요. 왜 그러셨는지 궁금합니다. 제가 이성을 잃거나 분노를 품게 되는 걸 원한 게 아니라면 왜 저를 이런 식으로 창조하셨나요? 이건 하느님의 문제입니다. 그걸 알아주셨으면 좋겠어요.'"

카발라는 자아를 없애는 대신 오로지 받아들일 줄만 아는 자아를, 신의 사랑을 전하는 통로로 바꾸라고 요구한다. 카발라의 목적은 물질적인 세상을 벗어나는 것이 아니라 이 세상을 변화시켜서 가장 조잡한 물질적 행위까지도 신성하게 만드는 것이다. 불교와 달리 유대교는 욕망이 모든 고통의 뿌리라고 믿지 않는다. 욕망도 때로는 좋은 것일 수 있다.

나는 예디다에게 나를 졸졸 따라다니는 우울증에 대해 이야기한다. 예디다는 안쓰러워하면서 나 자신에게 3인칭으로 말을 걸어보라고 말한다. 그건 내가 이미 하고 있는 일인데, 그때마다 나는 민망해지곤 한다. 그래, 또 시작이구나, 에릭. 자기 자신을 3인칭으로 이야기하다니. 나는 항상 이것이 점점 미쳐가는 징조라고 생각했는데, 예디다는 오히려 정반대라고 말한다. "내가 한 걸음 물러나서 그 방법을 사용할 때면 숨 쉴 여유가 생기고 죄책감도 느껴지지 않아요. 우리는 자신을 이해할 필요가 있습니다."

여기서 예디다는 신비로운 팔라펠을 언급한다. 나는 팔라펠을 무지 좋아한다. 내가 아는 한, 팔라펠은 지금까지 인간이 고안해낸 여러 방법 중에서도 으깬 병아리콩을 가장 훌륭하게 이용할 수 있는 최고의 방법이다. 하지만 신비로운 팔라펠이라니?

"당연하죠." 예디다가 말한다. 마치 내가 조금이라도 의심을 품고 있기라도 한 것처럼. 틀림없이 재미있는 이야기가 나올 것 같다.

"우리는 자신보다 훨씬 커다란 어떤 것 안에서 우리가 맡은 역할을 인정해야 합니다. 우리는 펼쳐지는 우주의 일부예요. 당신이 팔라펠을 파는 가게에 갔다고 칩시다. 왜 굳이 이 집을 택했는지는 모르지만 하여튼 이 집에 왔어요. 그때 어떤 남자가 가게에 들어오는데, 당신은 그 남자가 당신의 인생에서 아주 중요한 인물이 될 거라고는 아직 짐작도 못 합니다. 그냥 그 남자와 급속히 친구가 될 뿐이죠. 그 우정도 펼쳐지는 우주의 일부입니다."

"그런 건 그냥 우연의 일치라고 말하는 사람도 있을 것 같은데요."

"우연의 일치가 아니에요."

나의 의심과 회의가 부글부글 끓어오른다. 예디다는 신이 인형을 조종하는 주인이고, 우리는 꼭두각시라고 말하는 건가?

"아뇨, 신이 관심을 갖고 있는 건 그런 일이 아니에요. 사실 카발라에서는 신이 숨겨져 있다고 믿습니다. 만약 신의 빛이 항상 존재한다면 우리도 항상 완전한 지복을 느끼고 있겠죠."

"그래서 그게 문제라는 건가요?"

"나도 전에는 같은 생각을 했어요. 그래서 스승에게 물었더니 스승은 '아냐, 그런 지복의 상태는 바람직하지 않아'라고 말했어요. 하지만 나는 그런 상태가 좋을 것 같다고 했죠. 그랬더니 스승이 '그런 생각이 들기야 하겠지만…… 신이 세상을 창조한 뒤 왜 애써 자신을 숨긴 것 같아? 이유가 뭐겠어?' 하고 물었어요. 아, 이건 카발라의 아주 심오한 질문이에요. 답은 우리가 자유의지로 스스로 노력해서 신을 찾아오게 만들기 위해서라는 것이죠. 그렇게 하지 않으면 뭔가를 공짜로 얻는 게 되고, 공짜는 아무도 그다지 소중하게 생각하지 않으니까요. 우리는 본질적으로 거칠게 날뛰는 얼간이들이라 스스로 이 일을 해내고 싶어 해요. 그것이 진실입니다."

"그러니까 신이 숨어 있는 게 좋은 일이라고요?"

"끝내주는 일이죠."

두 시간이 날듯이 지나갔다. 나는 마지막으로 남은 차를 마시고 마법의 문을 누른다. 그리고 택시에 오르면서 생각한다. 내가 잃어버린 유대교인의 마음을 되찾은 건가?

나는 좋아하는 카페로 가서 뒤집어진 커피를 주문한 뒤 예디다와 주고받은 이야기를 소화하려고 애쓴다. 이제는 예디다가 훨씬 더 좋아졌다. 하지만 예디다가 내게 카발라를 가르치고 있는 건지, 아니면 카발라에 대해서 가르치고 있는 건지 잘 모르겠다. 그보다는 차라리 예디다에 대해 가르치고 있는 것 같다는 생각도 든다. 가끔은 스승과 가르침을 분리하기가 힘들 때가 있다. 가끔은 그 둘 사이에 차이가 없을 때가 있다.

나중에 시간이 조금 남아서 나는 '엘리저의 책들의 집'으로 슬쩍 들어간다. 이 도시에서 영어 서적들이 있는 유일한 서점이다. 하지만 조금 이상한 책들만 모여 있다. 종교가 다른 사람들 사이의 결혼에 관한 책이 유난히 많다. 예를 들면, 대단히 근엄한 분위기의《종교가 다른 사람들의 결혼을 막는 법》이라든가, 반대로 당돌한 분위기의《랍비님, 왜 그녀랑 결혼하면 안 되나요?》같은 책들. 일부 유대교도들이 다른 문화와의 동화에 관심을 갖고 있다는 건 나도 알고 있었다. 하지만 그것이 하나의 장르를 이루고 있다는 건 미처 알지 못했다. 나는 계속 서가를 훑어보다가 아리에 카플란(Aryeh Kaplan)의《유대교 명상》을 발견한다. 이 책은 고전이다. 내가 트즈파트에서 만난 많은 사람들이 처음 카발라에 끌린 계기로 지목한 책이기도 하다.

처음 이 책에 대해 들었을 때는 어떻게 판단해야 할지 알 수 없었다. 유대교 명상? 중년 남녀들이 가부좌를 틀고 앉아서 자기 자식들이 아무것도 제대로 해내지 못할까 봐 속으로 걱정하는 모습이 떠올랐다. 다행히 이건 틀린 생각이었다. 카플란에 따르면, 모세 시절까지 거슬러 올라가는 진정한 명상 전통이 존재한다. 방식도 다양하고 엄밀한 명상 전통은 유대교 가르침 속에 구석구석 자리를 잡고서 의심을 사지 않게 조용히 기세를 죽이고 있다.

아무래도 유대교 명상이다 보니 말이라는 요소가 포함된 방식이 많다. 특정한 구절을 자꾸 반복하거나 대단히 강력한 의미를 지녔다고 여겨지는 특정한 글자의 조합에 정신을 집중하는 식이다. 하느님을 뜻하는 네 글자인 YHVH(히브리어에서 하느님을 나타내는 문자. YHWH로 표기하기도 함 – 옮긴이)가 그중 하나다. 계속 책장을 넘기다 보니 꽤 간단해 보이는 명상 방식이 눈에 띈다. 30분 동안 리보노 셸 올람, 즉 '우주의 주인'이라는 말을 되풀이하기만 하면 된다. 이거다. 대개 나는 이런 봉건적인 표현을 보면 바로 흥미를 잃어버리는 편이다(누구 맘대로 우주의 주인이래?). 하지만 그런 생각을 일단 제쳐둔다. 기를 배양하는 것에 대한 거부감, 낙태 시술 병원에서 시위하는 것에 대한 거부감, 여자 옷을 입는 것에 대한 거부감 등을 넣어둔 상자에 넣어둔다. 자물쇠가 달린 그 상자는 크기가 꽤 크다.

나는 호텔 방에서 편안한 자세를 취하려고 애쓴다. 어떻게 앉아야 할까? 내가 멋대로 수정한 가부좌 자세는 맞지 않는 것 같다(너무 불교적이다). 그렇다고 바닥에 눕는 것도 좀 아니다(너무 라엘교적이다). 그래서 나는 그냥 의자에 앉기로 한다. 그리고 몇 번 심호흡을 한 뒤 시작한다. 리보노 셸 올람, 리보노 셸 올람, 리보노 셸 올람. 이렇게 같은 말을 반복하는 행동이 몹시…… 반복적이다. 내 마음이 항의한다. 이건 멍청한 짓이야. 같은 말을 왜 자꾸만 하는 건데? 이 말이 무슨 뜻인지도 모르잖아. 넌 바보야. 네가 아무것도 제대로 해내지 못할 녀석이라는 건 이미 알고 있었어. 그런데 어느 시점에, 그러니까 대략 17분쯤 지났을 때 뭔가 변화가 일어난다. 내 마음이 포기해버린 것이다. 같은 말을 자꾸만 되풀이하는 단조로움에 굴복한 셈이다(그래, 알았어, 네가 우주의 주인이다, 그래). 이렇게 굴복하고 나니 몇몇 사람들이 '긴장을 푼 상태'라고 부르는, 낯설고 완전히 불쾌하지만은 않은 느낌이 찾아온다.

아니, 사실 그렇게 낯설지는 않다. 수피즘의 지카르, 즉 라 일라하 일랄라를 읊조린 이후에도 비슷한 것을 느꼈다. "하느님 이외의 신은 없다." 리보노 셸 올람은 유대교의 토라에서 나온 구절이고, 라 일라하 일랄라는 이슬람교의 하디스에서 나온 것이다. 하지만 이 둘은 놀라울 정도로 비슷한 결과를 빚어낸다. 단순한 구절을 반복하는 행동에는 확실히 인간의 뇌에서 긴장을 풀고 느긋해지는 반응을 촉발하는 측면이 있는 것 같다. 하지만 의문이 든다. 반복하는 구절의 내용이 중요한가, 아니면 단순히 같은 말을 반복하는 소리가 그런 영향을 미치는 건가? 내가 알기로 고대 산스크리트어나 현대의 아랍어 같은 일부 언어들은 바이브레이션을 이용한다. 그래서 단어들을 발음할 때의 소리 자체가 생리적인 반응을 이끌어낸다. 하지만 종류를 막론하고 모든 말이 진동을 일으키는 것도 사실이다. 예를 들어, 야바다바두(미국 애니메이션 〈고인돌 가족〉에서 등장인물들이 외치는 말 - 옮긴이) 같은 말도 그렇다. 만약 내가 이 말을 30분 동안 반복한다면 어떻게 될까? 그래도 긴장을 풀고 초월적인 기분을 느끼게 될까? 답을 알아내는 방법은 하나밖에 없다.

나는 내가 수정한 가부좌 자세로 앉아서 30분 동안 야바다바두를 되풀이한다. 순조롭다. 명상이 잘못됐다고 딴죽을 거는 사람도 없다. 명상을 끝낸 뒤에는 기분이 더 나아지고, 더 느긋해지고, 지금이 순간에 더 집중하게 된다. 확실히 좋아졌다. 하지만 유대교 명상이나 이슬람교 명상을 했을 때만큼은 아니다. 내 생각에는 종교적인 구절들을 중얼거릴 때 내 마음의 눈이 막연히 장엄하고 경이로운 광경들을 떠올리기 때문인 것 같다. 나 자신이 높아진 기분이다. 야바다바두를 되풀이할 때 내 마음이 떠올린 것은 프레드 플린트스톤(〈고인돌 가족〉의 주인공 - 옮긴이)의 뚜렷한 이미지였다. 나 자신이 낮아졌다. 말은 여러 가지 차원에 영향을 미친다. 진동과 소리는 신체적인 차원에 영향을 미치고, 의미와 맥락은 뇌라는 차원에 영향을 미친다. 그리고 이 두 가지 차원이 상호작용을 주고받으면서 단순한 말이 주문이나 기도로 변한다.

말은 중요하다. 카발라는 내게 친숙한 단어들, 즉 미츠바나 샤바트 같은 단어들을 가져다가 뒤집어버린다. 내가 아주 사랑하는 카페 하푸치처럼. 유대교 신비주의자들은 말한다. "세상은 틀린 이름들이다." 우리는 이 틀린 이름들을 어찌 해야 할까? 누가 틀린 것을 바로잡을 수 있을까? 이것은 과학자의 몫도 아니고, 신학자의 몫도 아니고, 심지어 언어학자의 몫도 아니다. 시인이 해야 하는 일이다. 카발라는 시다. 훌륭한 시. 훌륭한 시가 모두 그렇듯이, 카발라는 이미지와 소리를 통해 우리에게 말을 건다. 우리의 분석적인 마음을 우회해서, 우리가 이미 알고 있는 것으로 우리를 기습한 뒤, 우리가 충족감에 젖어 더 많은 것을 갈망하게 만들어놓고 가버린다. 언제나 더 많은 것을 갈망하게. 에인 소프.

어느 날 에얄의 사무실에 앉아 있는데, 벽에 걸린 그림이 눈에 들어온다. 정말 독특한 그림이다. 밝은 색으로 된 원이 마치 만다라 같은데, 불교의 상징 대신 유대교의 상징이 그려져 있다는 점이 다르다. 에얄은 트즈파트에서 가장 유명한 화가 중 한 명이며 미국에서 온 이민자인 데이비드 프리드먼에게서 선물로 받은 그림이라고 설명한다. 나는 그 사람을 만나보아야겠다고 에얄에게 말한다.

우리는 근처의 카발라 화랑까지 걸어간다. 그곳에 데이비드가 있다. 야구모자를 쓰고, 수염을 깔끔하게 다듬은 모습으로 브라질 관광객들에게 강연을 하고 있다. 그가 어떤 그림을 가리키며 그것을 앞으로도 뒤로도 해석할 수 있다고 설명한다. 몇 분 뒤 관광객들은 초콜릿 브라우니에 달려들듯이 그림에 게걸스레 달려든다. 데이비드의 아내 미리암은 밀려드는 달러와 셰켈(이스라엘의 화폐 단위 - 옮긴이)을 세고 신용카드를 긁느라 쩔쩔맨다. 데이비드는 대담한 색과 날카롭고 기하학적인 도형을 즐겨 그리며, 히브리어 글자를 주제로 사용할 때가 많다. 분자 모델처럼 보이는 그림이 있는가 하면, 뚜렷이 사이키델릭한 그림도 있다. 히브리어 글자들이 만다라처럼 원을 이루고 있는 작품에는 〈빅뱅〉이라는 제목이 붙어 있다. 브라질 관광객들은 찬사를 마구 쏟아낸다. 데이비드가 칭찬을 우아하게 받아들이는 모습이 눈에 띈다. 그는 지나치게 오만하지도, 지나치게 겸손하지도 않다. 확실히 그는 남에게서 뭔가를 받는 일에 숙련된 사람인 듯하다.

브라질 관광객들이 떠난 뒤 나는 데이비드와 함께 앉아 커피와 집에서 만든 피클을 먹으며 이야기를 나눈다. 데이비드는 오래전 자신이 아직 초정통파 유대교인이었을 때 예루살렘에서 암 전문의를 찾아간 적이 있다고 말한다. 의사는 그의 몸을 찍은 CT 스캔 사진을 책상에 털썩 내려놓고 그에게 담배를 권했다.

"아뇨, 괜찮습니다." 데이비드가 말했다. "저는 담배를 피우지 않아요."

"그럼 이제부터라도 시작해보시죠." 의사가 말했다. 데이비드가 암에 걸렸다는 말을 전달하는 그 의사만의 방식이었다. 겨우 스물여덟 살인데 예후가 좋지 않았다. 이 병과 그것이 제기한 여러 의문들이 초정통파 유대교라는 폐쇄된 세계에서 빠져나오라고 데이비드를 재촉했다. 하지만 결국 결정적인 역할을 한 것은 마요네즈 한 병이었다. 아니, 정확히 말하자면 진짜 마요네즈가 아니라 마요네즈가 그려져 있는 광고판이었다. 하시디즘을 추종하는 그의 친구들 몇 명이 옷을 거의 걸치지 않은 여자들처럼 금지된 이미지를 실은 광고판에 스프레이페인트를 뿌린 혐의로 체포되었다. 그런데 그 친구들 중한 명이 마요네즈 광고판에도 스프레이를 뿌렸다.

"마요네즈에 왜 스프레이페인트를 뿌렸어?" 데이비드가 친구에게 물었다. "그건 금지된 게 아니잖아."

"나는 그 광고판을 볼 수 없었어. 혹시 거기 여자 그림이 있으면 어쩌나 싶어서. 그래서 그냥 페인트를 뿌린 거야. 그게 마요네즈라는 건 나중에야 알았다고." 친구가 설명했다. 그 순간 데이비드는 새로운 길을 찾아나서야 한다는 것을 깨달았다.

지금도 신앙심은 여전하지만 자신의 주관을 지키고 있는 데이비드는 자신이 '초(超)패러독스 유대교도'라고 말한다. 예디다처럼 그도 시나고그에는 잘 나가지 않는다. 안식일에는 숲에서 보행명상을 한다. 그는 전통적인 키파 대신 야구모자, 부하라 모자 등 다양한 모자를 쓰고 다닌다. 사람들이 자신을 정해진 규격에 맞춰 판단하는 것이 싫다.

하지만 카발라를 바라보는 데이비드의 시각은 예디다와 아주 다르다. 그는 가슴이 아니라 머리를 우선한다. 스승의 신비로운 통찰력에 의존하는 방법보다는 이런 방법을 통해서 가르침을 더 쉽게 이해할 수 있고, 남에게 더 잘 전달할 수 있게 된다는 것이 그의 믿음이다. 스승이 아무리 뛰어난 사람이라 해도 마찬가지다.

16세기 트즈파트의 카발라 추종자들이 카발라를 멋대로 만들어 낸 것이 아니라고 데이비드는 말한다. 그들은 카발라를 발견했으며, 직접 자기 눈으로 보았다. 데이비드는 "놀라울 정도로 상세하고, 믿을 수 없을 만큼 논리적인 일관성"이 있다고 본다. 카발라는 신의 문법이며, 모든 문법이 그렇듯이 수많은 예외와 불규칙 동사가 있지만 그 핵심에는 충분히 알아볼 수 있고 배울 수 있는 패턴이 자리하고 있다. 데이비드에게는 이 점이 분명히 매력적이다. 그는 과학자의 머리와 예술가의 공간 감각을 갖고 있다.

"마치 아름다운 조각그림 맞추기를 바라보는 것과 같아요. 모든 것이 서로 연결되어 있습니다." 데이비드가 말한다. 그는 이 말을 아주 좋아한다. 이 말은 또한 카발라와 동양 종교들 사이의 또 다른 공통점이기도 하다. 어느 것도, 어느 누구도 혼자 외따로 존재하지 않는다는 믿음. 모든 것은 연결되어 있다.

데이비드를 보니 스태튼아일랜드의 웨인이 생각난다. 참을성이 강하고, 자신의 모습에 만족하는 사람. 둘 다 유대교 집안에서 태어났지만, 한 사람은 이리저리 떠돌다가 불교에서 집을 찾았다. 그리고 다른 한 사람 역시 이리저리 떠돌다가 자신의 원래 신앙으로 되돌아왔다. 비록 그 신앙을 자신이 새로 해석하기는 했지만. 윌리엄 제임스가 두 사람을 보았다면, 둘 다 개종했다고 말했을 것이다. 제임스는 개종을 "지금까지 분열되어 있거나, 자신이 잘못되었다고 생각하거나, 열등감을 느끼거나, 불행하던 자아가 하나로 통일되고, 자신이 옳다거나, 우월하다거나, 행복하다고 생각하게 되는 점진적인 과정 또는 갑작스러운 과정"으로 정의했다. 그런 의미에서 데이비드는 자신의 원래 신앙으로 개종한 사람이다. 가능한 일이다. 개종이란 어차피 '방향을 돌리는 것'을 의미하니까. 우리는 방향을 돌려서 무엇인가를 외면할 수도 있고, 그쪽을 바라볼 수도 있다. 아니면 수피즘의 가르침처럼 둥글게 한 바퀴를 돌아 처음 출발점으로 돌아올 수도 있다. 같지만 다른 출발점으로.

데이비드의 설명에 따르면, 신은 가르침을 줄 수 있는 순간을 만들기 위해서 일부러 그릇들을 산산이 부숴버리고 이렇게 엉망진창이 된 세상을 창조했다. 가르침을 줄 수 있는 궁극의 순간 우리 모두가 신의 일을 할 수 있는 기회를 제공해주기 위해서. 나는 신이 우리를 필요로 한다는 이 개념에 아직도 커다란 흥미를 느끼고 있다. 이 말이 사실인가? 꼭 그런 것은 아니라고 데이비드가 말한다. 신이 우리를 필요로 하는 것은, 교사가 학생을 필요로 하는 것과 같다. 우리 딸의 유치원 교사가, 예를 들어 암소를 그리라는 숙제를 딸에게 내주는 건 우리 딸의 도움이 '필요'해서가 아니다. 교사 혼자 힘으로도 그림은 얼마든지 그릴 수 있다. 하지만 교사가 해버리면 우리 딸은 소를 그리는 법을 터득하지 못할 것이다.

가족이란 대부분의 사람들이 티쿤, 즉 수리를 실천하는 수단이라고 데이비드가 말한다. 나는 크리스핀 수도사의 말을 떠올린다. "우리의 가족이 곧 우리의 사도"라는 말. 내가 다른 곳에서 영적인 영양분을 찾아다닌 것이 잘못임을 이제 알겠다. 나는 가족과 영성을 각각 다른 상자에 넣어두고 분리해서 생각했다. 그러면 안 된다고 이 두 영혼은 말한다. 같은 상자에 넣어야 한다고.

나는 데이비드에게 내 도쿄 경험담을 이야기한다. 최고의 기쁨 속에서 깨어나 "난 몰랐어, 난 몰랐어"를 자꾸 중얼거렸던 이야기. 데이비드는 아무런 반응도 드러내지 않고 참을성 있게 내 이야기를 열심히 듣더니 책꽂이로 걸어가서 묵직해 보이는 책 한 권을 꺼낸다. 그리고 곧장 어떤 페이지를 펼쳐 읽는다. "야곱은 잠에서 깨어나 '참말 야훼께서 여기 계셨는데도 내가 모르고 있었구나' 하며……."

성경에 나오는 구절(창세기 28장 16절)이다. 나중에 야곱은 자신의 이름을 '이스라엘'로 바꾸는데, 이 말의 뜻은 '신과 씨름한 자'다.

"흥미롭군요." 데이비드가 고개를 살짝 위로 젖히고 눈썹을 둥글게 휘면서 말한다.

"괴상하죠." 내가 말한다. 이번에도 적당한 표현을 찾을 수가 없다. 트즈파트는 다른 사람들이 평생을 들여도 못한 일을 겨우 며칠 만에 해내고 있다. 내 입을 막는 일.

데이비드는 카발라를 가르쳐달라는 내 요청을 수락한다. 왠지 예디다를 속이는 것 같은 기분이 살짝 든다. 어리석은 생각이라는 건 알지만 어쩔 수 없다. 데이비드의 수업은 예디다의 것과 아주 다르다. 데이비드는 '카발라의 과학' 같은 용어들을 사용하는데, 예디다의 입에서 이런 말이 나오는 건 상상도 할 수 없다. 데이비드는 세피롯, 즉 신의 열 가지 속성을 도표로 그린다. 그것을 보니 고등학교 화학시간이 생각나면서 그때와 똑같이 머리가 욱신거린다. 그다음에는 암호가 나온다. 예디다가 말한 것보다 훨씬 더 복잡하다. 카발라 추종자들은 모든 문장, 글자, 단어는 물론 심지어 히브리어 성경의 강세 표시조차 숨은 의미를 지니고 있으며, 각각의 단어에 수치(數值)를 부여해서 이 의미를 해석해낼 수 있다고 믿는다. 수치가 비슷한 단어들은 어떤 식으로든 서로 관련되어 있는 것으로 간주된다.

데이비드의 수업은 환상적이다. 나는 그의 스튜디오를 나설 때마다 항상 지적인 만족감을 느끼지만, 30분 뒤면 다시 혼란스러워진다. 데이비드는 특정한 세피롯에 대해서, 그리고 그것이 에인 소프와 어떻게 관련되어 있는지에 대해서 설명한다. 나는 그것을 이해한다. 정말로 이해한다. 대략 10분 동안은. 하지만 그 뒤에는…… 펑!…… 내가 이해한 것이 영원히 사라져버린다. 아무것도 남지 않는다. 하지만 데이비드가 내놓는 피클은 상당히 든든하다.

트즈파트에서 보내는 나의 하루하루에 일상이 생겨난다. 오전에는 커피를 찾아다니다가 택시를 타고 예디다에게 간다. 수업이 끝난 뒤에는 점심으로 신비로운 팔라펠을 먹고, 뒤집어진 커피를 마시며 예디다에게 배운 것을 소화하려고 시도한다. 그리고 오후 중에 데이비드의 스튜디오에 들러 집에서 직접 만든 피클을 먹으며 형이상학을 논한다. 데이비드는 내 머리에 양분을 주고, 예디다는 내 가슴에 양분을 준다.

하루 중에 내가 가장 좋아하는 때는 늦은 오후다. 트즈파트의 공기가 가장 부드럽고, 트즈파트의 빛이 가장 눈부신 시간. 천국에 가장 가까운 시간. 나는 호텔 발코니에 앉아 작고 실존적인 시가를 피우며 위대한 카발라 추종자들의 글을 읽는다. 그들은 겨우 몇백 년 전에 바로 이 거리를 거닐며 나와 똑같은 의문을 품었던 사람들이다. 우리는 어디서 왔을까? 우리가 죽은 뒤에는 어떻게 되나? 이 도시에서는 아침 8시 이전에 왜 괜찮은 커피를 마실 수 없는가?

카발라에 비하면 지금까지 내가 집적거렸던 모든 종교들은 어린애 장난처럼 보인다. "난해해서 미칠 것 같다." 시인 로저 커메네츠 (Rodger Kamenetz)는 카발라를 이렇게 표현한다(시인들이 누군가를 애매하다고 공격한다면, 그 사람은 정말 큰일 났다고 생각하면 된다). 만약 카발라가 다른 종교의 일부였다면, 유대인들은 틀림없이 아무 뜻도 없는 헛소리라며 무시해버렸을 것이다. 하지만 그런 일은 벌어지지 않았다. 어떤 정통파 랍비는 이렇게 말했다. "카발라는 헛소리지만, 유대교의 헛소리이므로 깊이 생각해볼 가치가 있다."

이제 나는 책을 사랑하는 내 마음을 존중해주는 길을 마침내 찾아냈다. 그런데도 여전히 길을 잃고 헤매는 기분이다. 그 기분이 그 어느 때보다 더 심하다. 불교나 도교에서 실패를 맛보는 것과, 나 자신의 신앙에서 실패를 맛보는 것은 완전히 차원이 다르다. 특히 내가 지금 정직하게 노력하고 있기 때문에 더욱 그렇다. 이 지긋지긋한 암호 때문이다! 아람어를 히브리어로 번역하고, 그것을 다시 영어로 번역한 글. 게다가 이 글은 처음부터 일부러 속기 쉽게 만들어져 있다. 마치 전화로 배배 꼬인 장난을 치는 것 같다. 내게 장난 전화를 걸어온 상대방을 미친놈으로 무시해버릴 수만 있다면야 아무 상관이 없겠지만, 지금은 그럴 수 없다. 모두 흥미로운 이야기인 건 사실이다. 핵융합에 관한 이야기가 흥미로운 것처럼. 하지만 여기서 내가 얻을 수 있는 것은? 내 가슴의 이 둔탁한 통증을 달래는 데 이 것이 어떻게 도움이 되는 걸까? 나는 책을 내려놓고 지평선을 멍하니 바라본다. 솜털 같은 구름 몇 가닥, 이스라엘 군대의 감시탑 하나, 자고 있는 동물의 등처럼 보이는 갈색 산들을 베고 지나가는 도로가 보인다. 그때 매가 눈에 띈다.

녀석은 너무나 자연스럽게 기류를 타고 날고 있다. 일부러 애를 쓰는 것이 아니라(녀석의 날개는 꿈쩍도 하지 않는다) 열역학 법칙들을 직관적으로 이해하고 있기 때문에 가능한 일이다. 순수한 무위의 모범적인 사례. 내 마음이 노자와 장자에게로, '도'의 온화한 지혜로 흘러간다. 아니다. 그건 다른 곳에서 겪은 또 다른 경험일 뿐이다. 나는 지금 이곳 트즈파트에 있다. 지금 이 순간에 충실하세요, 에릭. 마음을 몸에 둬요. 스태튼아일랜드의 웨인이라면 이렇게 말했을 것이다. 아니, 이건 카트만두와 불교의 가르침이다. 또 종교를 잘못 짚었다. 당신 마음에 귀를 기울여요, 에릭. 아냐, 아냐, 이건 수피즘이다.

머리가 빙빙 돈다. 시계 방향으로 도는 것 같다. 불교도들의 방향으로. 하지만 확신할 수는 없다. 아무것도 확신할 수 없다. 혹시 나는 정신과 의사들과 M. 스콧 펙이 '영적인 혼란'이라고 부르는 것에 시달리고 있는 걸까? 내가 지금까지 맛보기로 경험했던 모든 종교들이 한데 합쳐져서 오히려 그들 각자의 가치에 미치지 못하게 되어버린 걸까? 내가 신을 과잉 섭취한 걸까? 내 머릿속의 소란스러운 목소리가 나를 쿡쿡 찔러대며 조롱한다. 얼른 책을 들어. 바로 앞에 있는 책 말이야. 《카발라와 의식(意識)》이라는 책. 그걸 읽으면 모든 게 명확해질 거야. 그 목소리가 말한다. 그래, 그렇게 해야겠다.

누군가가, 누군지 기억은 안 나지만, 하여튼 누군가가 이렇게 말했다. 영적인 영역에는 강박이 없다고. 우리가 이것을 해야 한다고 생각하는 순간 '이것'이 무엇이든, 아무리 고귀하고 치료 효과가 있는 것이라 해도 게임은 이미 끝난 거나 마찬가지다. 해야 한다는 말은 엉터리 구루들, 뉴에이지의 가르침, 마음을 모호한 상태로 유지하는 것의 공격을 모두 합한 것보다 더 많은 기습 공격을 영적인 여행에 가했다. 그래서 나는 책을 내려놓고 매를 지켜본다. 오랫동안 그렇게 한다. 얼마나 오래였는지는 잘 모르겠지만, 내가 이제 그만 안으로 들어가야겠다고 생각했을 때도 매는 여전히 하늘에 떠서 파도를 타고 노는 아이처럼 쑥 아래로 내려오며 다이빙을 하고 있었다.

나는 바룩을 만난다. 음악가인 그는 내가 여기서 만난 다른 사람들과 마찬가지로 행복해 보인다. 유대인치고 너무 행복해 보이는 게 아닌가 싶을 정도다. 우리는 그의 거실에 앉아서 가벼운 이야기를 나눈다. 동굴 같은 느낌이 나는 그의 집 천장은 아치처럼 둥글게 휘어져 있고, 벽에는 죽은 랍비들의 사진이 걸려 있다. 대화가 즐겁다. 내가 막 자리에서 일어서려는데 바룩이 함께 미크바, 즉 유대식 의식용 목욕탕에 함께 가자고 청한다. 나는 그런 곳에 가본 적이 없다. 이제 와서 갈 이유가 무엇인가? 나는 물이 불편하다. 내가 수영하는 모습은 '절제된 몸부림'이라고 표현하면 딱 알맞다. 유대교도 나를 불편하게 만들기는 마찬가지다. 그러니 이 둘의 조합에 내가 그다지 매력을 느낀 적이 없는 것이 당연하다.

"미크바에 가본 적이 없다고요?" 바룩이 믿을 수 없다는 듯이 말한다. 고향 친구들에게 스시를 먹거나 뜨거운 돌 마사지를 받아본 적이 없다고 말했을 때 나올 법한 반응과 비슷하다. "그런 마법 같은 경험을 놓치다니요." 바룩이 말한다. 그의 눈이 한순간 반짝 빛난다. "어떤 글을 읽다가 이해가 안 가면, 도무지 이해가 안 가면, 저는 미크바에 가서 몸을 담급니다. 그러면 갑자기 그 구절의 뜻이 분명해져요." 미크바에 몸을 담그고 나면 햇빛이 더 밝아진다고 그는 말한다.

그의 '마법'이라는 말이 나를 붙든다. 이제부터 내가 경험하려는 일에 신비로운 분위기를 덧붙인 건, 미크바라는 단어가 '자궁'이라는 단어와 같은 수치(數值)를 지니고 있다는 바룩의 말이다. 그러니까 카발라식 해석에 따르면, 나는 이제부터 자궁으로 돌아가려는 참이다. 이건 내가 오래전부터 하고 싶었던 일이다. 바룩은 또 다른 해석도 있다고 말한다. 내가 다시 태어날 거라고 해석하는 방법. 신체적인 재탄생이 아니라 의식적인 차원의 재탄생이다. 목욕 한 번에 너무 많은 기대를 하는 것 같지만, 이런 식의 회의주의로는 아무것도 얻지 못한다는 것을 이제는 나도 알고 있다. 존재하지 않는다고 우리가 확신하는 것은 우리 눈에 보이지 않는다.

우리는 좁은 길을 걸어 작고 소박한 건물로 간다. 미크바 관리인에게 몇 셰켈을 지불하고 안으로 들어간다. 말리려고 널어놓은 수건들이 있고, 1미터쯤 떨어진 곳에 핫텁(hot tub: 여럿이 한꺼번에 들어갈 수 있는 온수 욕조로 대개 옥외에 설치된다 - 옮긴이) 크기의 작은 욕탕이 있다. 미크바다. 밖에서 새들이 지저귀는 소리가 들린다. 바람소리도 있다.

나는 바룩이 알몸을 수그리고 잘게 자른 파란 돌이 깔린 바닥에 이마를 대는 모습을 지켜본다. 그가 나를 바라본다. 그의 눈이 "자, 이제 당신 차례예요" 하고 말하는 듯하다.

나는 바룩에게 무슨 기도를 해야 할지 모르겠다고 고백한다. "그냥 솔직하게 하면 돼요." 바룩이 말한다. "기도는 재주입니다. 모든 재주에는 고도의 정직성이 필요하죠." 나는 이런 식으로 생각해본 적이 없다. 항상 기도를 일종의 시험이라고 생각했다. 신의 능력에 대한 시험이 아니라 내 능력에 대한 시험. 나는 알몸으로 오른쪽 무릎을 바닥에 대고 앉아서 머릿속에 떠오른 유일한 단어를 소리 없이 말한다. 윌리엄 제임스가 모든 종교적 충동의 원천이라고 믿었던 단어. "도와주세요!"

물을 보니 긴장이 된다. 나는 몸을 담그기 전에 눈을 감는다. 이게 자궁이라지만, 내가 기억하는 자궁과는 전혀 다르다. 따뜻하게 나를 감싸주는 자궁과는 거리가 멀다. 몇 분도 안 돼서 우리는 수건으로 몸을 닦고 나와서 다시 오르막길을 걸어가고 있다. 트즈파트의 공기는 부드럽고 태양은 여전히 하늘에 높이 떠 있다. 내가 기억하는 것보다 햇빛이 조금 더 밝아진 것 같기도 하고, 그냥 내 상상 때문에 그렇게 보이는 것 같기도 하다.

외계인들(혹시 엘로힘?)이 우주에서 내가 방금 묘사한 광경을 보았다면, 아마 이렇게 보였을 것이다. 나이는 중년이고, 머리는 벗어졌고, 배가 조금 볼록하기는 하지만 나이와 유전적 배경을 감안하면 그래도 상당히 훌륭한 표본이라고 할 수 있는 인간이 옷을 벗고, 타일 바닥에 머리를 대고, 수소 원자 두 개와 산소 원자 한 개로 이루어진 물질 속에 몸을 담근다. 지구인들은 그 물질을 '물'이라고 부른다. 이것은 방금 일어난 일을 완벽하고 정확하게 묘사한 말이다. 하지만 불완전하다. 중요한 요소 하나가 빠져 있기 때문이다. 카바나, 즉 의도라는 것. 카바나는 날것 그대로의 물리적 행동과 거기에 깃든 의미를 이어주는 다리 역할을 한다. 카바나는 우리가 받는 선물 중에 어떤 것은 진짜 선물로 느껴지고, 또 어떤 것은 응분의 보상을 해야 하는 짐처럼 느껴지는 이유를 설명해준다. 우리의 사법체계는 은연중에 카바나를 인정한다. 처음부터 살해 의도를 갖고서 사람을 죽인 혐의로 기소된 사람은 똑같이 사람을 죽였더라도 처음부터 그럴 생각은 없었던 사람에 비해 더 엄한 처벌을 받는다. 카발라 추종자들은 현대 유대교에서 카바나가 너무 자주 실종되어버린다고 생각한다. 어떤 사람들은 심지어 알맞은 의도 없이 미츠바, 즉 율법을 실천하는 것은 아예 실천하지 않느니만 못하다고까지 생각한다.

또 다른 날의 오전, 예디다와 또 수업을 한다. 예디다는 우리가 '순환적인 학습'을 할 것이라고 미리 내게 경고했었다. 이제 보니 정말 맞는 말이다. 우리의 수업은 해파리 같다. 이렇다 할 구조가 없어서 누르면 누르는 대로 모양이 바뀐다. 그러면서도 어떻게든 앞을 향해 계속 나아가기는 한다. 우리는 《조하르》나 아니면 《조하르》에 대한 랍비의 해석을 읽은 뒤 차를 마시고 쿠키를 먹으며 휴식을 취한다. 그러고는 자신의 여행담이나 가족들 이야기를 주고받다가 다시 다른 구절을 읽은 뒤 또 차를 마신다. 그러다 보면 미처 알아차리기도 전에 두 시간이 후딱 지나간다.

우리가 함께 보내는 시간을 어떻게 분류해야 할지 모르겠다. 공식적으로는 예디다가 내게 카발라를 가르치는 중이지만, 예디다는 또한 심리 치료사, 차 끓이는 사람, 택시 불러주는 사람, 친구의 역할도 한다. 함께 있는 동안 내내 예디다는 믿을 수 없을 만큼 현명하거나 기가 막힐 만큼 뻔한 얘기를 한다. 이 두 가지 특징이 한꺼번에 있는 말을 할 때도 있다. 지혜란 변장한 상식에 지나지 않으니까. "한 발로는 춤을 출 수 없어요." 어느 날 오전에 예디다가 말한다. "지금 있는 곳에서부터 출발하면 돼요." 다른 날에는 이런 말도 한다. 말을 들을 당시에는 무슨 뜻인지 알아들을 수 없는 소리를 할 때도 있다. "슬픔의 반대는 행복이 아니라 명료함이에요." 하지만 나중에 뒤집어진 커피를 마시며 생각해보면 진실의 울림이 있다. 예디다의 말에 빙긋 웃음이 날 때도 있다. 나더러 "하느님 안에서 쉬면서" 시간을 보내라고 말했을 때처럼. 나는 이 말을 듣자마자 전능한 하느님을 거위털 이불로 상상해버렸다. 자애롭고 신비한 힘을 암시하는 말도 있다. "당신이 원하는 일은 이루어질 거예요. 하지만 방식이 다르죠. 뜻밖의 방식, 당신이 결코 생각조차 해보지 못한 방식으로 이루어질 테니까요."

이 말을 들은 날 나는 전부터 계속 물어보려고 했지만 용기가 나지 않아 묻지 못했던 의문을 내놓는다. 예전에 라엘교도, 위카 추종자 등을 만났을 때는 주저 없이 이 질문을 던졌는데, 나 자신의 종교로 돌아온 뒤에는 뒷걸음질을 치고 있다. 아, 젠장, 알게 뭐야. 나는 뻣뻣하게 차를 한 모금 마신다.

"예디다, 미안하지만 한 가지만 물어볼게요. 조금, 그러니까, 신성모독처럼 들릴지도 모르는데⋯⋯."

"아, 대개는 그런 질문이 좋은 질문이죠." 예디다가 의자에서 살짝 앞으로 몸을 기울이며 말한다. 학교에 떠도는 최신 소문을 빨리 듣고 싶어 하는 10대 여학생 같다.

"그게, 음, 이런 말들이 전부, 그러니까, 헛소리라면 어떡하죠? 예디다가 지금까지 잘못 알고 있었던 거라면요? 카발라 추종자들이 전부 잘못 알고 있었던 거라면 어떡해요?《조하르》가, 그러니까, 어떤 랍비가 사막에서 대마초를 피우고는 환상에 빠져서 만들어낸 거라면?" 나는 잔뜩 혼날 각오를 하고 기다리지만, 그런 일은 일어나지 않는다.

"아주 좋은 질문이에요." 예디다가 지극히 진지한 표정으로 말한다. "난 제자들에게 이런 걸 자문해보라고 말해요. 카발라를 공부한 뒤로 남편이나 아이들에게 더 참을성을 발휘하게 되었나? 화를 덜 내게 되었나? 내 경우에는 '그렇다'예요." 말투도 다르고 섬기는 신도 다르지만, 내용은 역시 1세기 전 윌리엄 제임스가 했던 말과 같다. 효과가 있는 것이 진리다.

예디다는 하느님과 친밀하고 좋은 관계를 맺고 있으니 이런 생각을 하고 있어도 아무 문제가 없지만, 나는 다르다. "우린 서로 이야기를 나누는 관계가 아니에요. 하느님과 나 말이에요." 내가 말한다.

"그럴 리가요."

예디다가 옳다. 전에 신이 나한테 말을 건 적이 있기는 하다. 그날 밤 도쿄에서. 하지만 이제는 더 이상 나를 부르지 않는다. "저기, 신은 나를 그다지 좋아하지 않아요." 내가 말한다.

"어머, 잠깐만요. 하느님을 생각하면 뭐가 떠올라요?"

나는 서로 아주 다른 두 가지 이미지 중 하나가 떠오른다고 말한다. 길고 하얀 수염을 기른 우주적 아버지의 이미지와 이렇다 할 형태는 없지만 왠지 자애로울 것 같은 우윳빛 성운 모양의 무한한 어떤 것의 이미지. 그뿐이다. 언제나 이 둘 중 하나다.

"하지만 세 번째 이미지도 있어요. 당신의 내적인 정수와 하느님의 정수는 하나라는 것."

"내가 신이라는 말이에요?"

"그래요, 당신 안에 신이 있어요. 우리가 영혼이라고 부르는 게 바로 그거죠. 카발라의 가장 유용한 가르침 중 하나는 무엇이 신인지 우리가 모른다는 확실한 가르침이에요. 신이 무엇인지 우리는 알 수 없다는 거죠. 최고위급 천사들조차 신이 무엇인지 몰라요. 하지만 하느님은 행동을 통해 스스로를 드러내세요. 알겠어요? 하느님이 창조성을 통해 자신을 보여주는 사람들도 있고, 가족을 통해서나 자원봉사를 통해 보여주는 사람들도 있어요. 당신의 경우에는 당신이 만나는 사람들을 통해서 하느님이 당신에게 말을 거시는 것 같아요."

"내가 흥미로운 사람들을 만나고 다니는 건 사실이에요."

"정말로 그렇죠. 아주 놀라운 일이에요. 게다가 당신한테는 내적인 안내 시스템도 있는 것 같아요. 내면의 GPS 같은 것이 당신을 올바른 방향으로 이끌어주는 것 같다고나 할까. 내가 보기에는 정말이지 놀라운 현상이에요. 하느님은 정말로 당신에게 말을 걸고 계세요. 다만 당신이 그걸 하느님으로 보지 않을 뿐이죠."

"그러니까 나도 하느님과 이야기를 나누는 관계라고요?"

"그래요. 사실 내가 보기에 하느님은 당신을 몹시 사랑하시는 것 같아요. 이유는 모르겠지만, 확실히 사랑하세요."

"그럼 내가 슬픔을 느끼는 건요?"

"그건 키파예요. 껍질."

약속했던 기한이 끝나갈 무렵 예다는 기도하는 법을 가르쳐준다. 평소 같았으면 기도하는 법을 굳이 배워야 하느냐고 생각했을 것이다. 호흡법을 배울 필요가 없는 것과 마찬가지라고. 그런 건 배우지 않아도 알 수 있는 일이다. 만약 그런 것을 굳이 배워야 하는 상

황이라면 대단히 곤란하고 힘든 처지라는 뜻이다. 하지만 예디다는
기도하는 법이 원래 배워서 터득해야 하는 것이라고 단언한다.

우선 예디다는 시나고그가 좋은 곳이기는 해도 꼭 필요한 곳은 아
니라고 말한다. 예디다도 시나고그에 자주 나가지 않는다. 예디다에
게는 자신의 서재가 곧 시나고그이고, 흔들의자가 곧 제단이다. "기
도는 이동성이 있어요." 예디다가 말한다. 물론 맞는 말이다. 우리는
이동성을 숭배하는 세상에 살고 있다. 세상의 모든 블랙베리들이 그
증거다. 하지만 우리는 대개 하느님이 특정한 건물 안에 갇혀 있다
는 믿음을 고집한다. 그럴 리가. 전능한 신은 이미 무선의 세계로 들
어섰다.

예디다 본인이 이미 말했듯이, 그녀의 하루는 셰마로 시작된다.
모든 유대교 기도문들의 어머니인 셰마는 정말 반갑게도 아주 짤막
하지만 지극히 강렬하다. 너, 이스라엘아 들어라. 우리의 하느님은 야훼
시다. 야훼 한 분뿐이시다. 예디다는 이 구절을 좋아하지만, 그 뒤에 따
라 나오는 구절을 더욱더 좋아한다. 사랑하여라(신명기 6장 4~5절 - 옮
긴이).

"자, 기도를 해볼까요?"

예상대로, 잘못하면 어쩌나 하는 불안감이 불쑥 나타난다. 하느님
과 이야기하는 일은 나를 불안하게 만든다. 특히 하느님이 실제로
내 말을 듣고 있을지도 모른다고 생각하면 더욱 그렇다. "저, 어떻게
기도하면 되죠? 어떤 느낌으로 해요?"

"의도를 갖고 하면 돼요. 카바나. 그게 모든 것의 열쇠예요."

이번에도 역시 예디다의 말은 옳다. 감정에 사로잡혔을 때 우리는
승객이 된다. 울퉁불퉁한 길을 달리는 것처럼 힘든 여행이 될 수도

있고 즐거운 여행이 될 수도 있지만, 우리가 수동적인 승객이라는 사실은 변하지 않는다. 하지만 우리가 무슨 일이든 의도를 갖고 하면, 우리는 운전자가 된다. 그러면서 동시에 승객이기도 하다.

나는 노력하지만 기가 막힐 정도로 비틀거린다. 히브리어를 말할 때는 다시 열세 살 때로 돌아간 것 같은 기분이 든다. 폴리에스테르 양복을 입고 바르 미츠바(유대교에서 남자가 13세 때 치르는 성인식 - 옮긴이)에 참석한, 여드름투성이의 비쩍 마른 소년. 나는 열세 살 때로 다시 돌아가고 싶지 않다. 그런 건 한 번이면 충분하다.

"좋아요, 내 말 잘 들으세요." 예디다의 태도는 몹시 열정적이다. 셰마 이스라엘이라고 말하는 목소리가 강하게 울린다. 하지만 그 말 속에는 부정할 수 없는 슬픔 또한 배어 있다. 모든 기도문이 그렇듯이, 이 기도문도 찬양이자 한탄이다. 임마누엘 칸트의 표현처럼, "삶의 슬픈 불완전성"을 위한 만가(輓歌)다.

"다시 해보세요. 당신의 모든 차자크를 가지고."

차자크가 뭔지 짐작도 안 가지만, 여하튼 나는 최선을 다해본다. 이번에는 느낌이 좋다. 더 진짜처럼 느껴진다.

"아주 좋아요." 예디다가 말한다. 이해가 더딘 초등학교 1학년 학생을 칭찬하는 선생님 같다. "이제 진짜 카발라를 조금 가르쳐줄게요." 예디다가 다시 기도문을 읊조린다. 이번에는 목청껏 우렁차게 질러대는 목소리와 속삭이는 목소리가 번갈아가며 이어진다. 하지만 속삭이는 소리 역시 강렬하기는 마찬가지다. 아니, 사실은 더 강렬하다. 똑같은 양의 에너지를 더 작은 용기 안에 억지로 쑤셔 넣은 꼴이니까.

우리는 다시 기도한다. 몇 번이나 되풀이해서. 우리 목소리가 함께 커졌다 작아졌다 한다. 수업이 끝날 때까지. 나는 다시 마법의 문을 빠져나와 택시를 타고 트즈파트로 하염없이 내려간다. 신비로운 팔라펠과 뒤집어진 커피가 나를 기다리고 있는 카페를 향해서.

데이비드와 약속한 기한이 끝나갈 무렵 수업을 받다가 나는 그의 집 부엌에서 처음 보는 커피 머그잔을 발견한다. 거기에는 "카발라 어쩌고저쩌고"라고 적혀 있다. 데이비드의 친구 중에 도공인 대니얼이 그 컵을 몇 개, 정말로 몇 개만 만들었다고 한다. 이 컵을 받은 사람들은 대개 숨겨두는 편이다. 모르는 사람들이 그걸 보고 자칫 '유대교 헛소리'라는 말이 정말이라고 생각하게 될까 봐서. 하지만 이 컵의 존재는 카발라 추종자들 사이에 자기비하라는 기분 좋은 바람이 한 줄기 불고 있음을 보여준다. 그들은 체스터튼 시험을 통과했다. 자신을 이렇게 비웃을 수 있으니까.

알고 보니 데이비드는 종교적인 우스갯소리를 상당히 좋아한다. 그가 좋아하는 우스갯소리 중에 랍비와 손톱 이야기가 있다. 유대교 신학교인 예시바의 수석 랍비가 항상 미크바에서 목욕을 한 뒤 손톱을 자른다는 사실을 학생들이 알아차렸다. 목욕을 하기 전에 손톱을 자르는 법은 전혀 없었다. 의아해진 학생들은 랍비의 이 버릇에 뭔가 중요한 진리가 숨어 있을 거라고 확신했다.

"랍비님, 왜 미크바에서 목욕하기 전이 아니라 목욕한 뒤에만 손톱을 자르십니까?" 마침내 학생들이 물었다.

"왜냐하면……." 랍비는 극적인 효과를 위해 잠시 말을 끊고 뜸을 들였다. "그때는 손톱이 더 부드러워지거든."

영적인 행로의 가장자리에 깔려 있는 모든 함정들 중에서도 가장 위험한 것은 별다른 의미도 없는 일이나 사람에게서 지나치게 커다란 의미를 읽어내는 일이다. 우리는 커다란 징조나 계시 같은 것을 찾아 헤매느라 작은 징조들을 놓쳐버린다. 신의 영역을 언뜻 엿볼 수 있는 그런 징조들을 한데 모으면 정말로 커다란 어떤 것이 될 수도 있는데. 이런 가르침에 지적으로 접근하는 데이비드의 방법에도 불구하고, 카발라는 모든 신비주의 전통과 마찬가지로 여전히 몹시 개인적이고 온전히 주관적이다. 위대한 카발라 학자인 게르숌 숄렘(Gershom Scholem)의 표현처럼, "이론상의 신비주의는 존재하지 않는다." 그래서 신비주의의 행로가 그토록 사람을 미혹시키고, 또한 좌절감을 안겨주는 것이다. 다른 사람이 얻은 통찰력에 관한 의문들을 던져봤자 필연적으로 돌아올 답은 하나뿐이다. 당신이 직접 경험해봐야 합니다. 그래, 다 좋은데, 그럼 경험한 적이 없는 사람은?

트즈파트에서 보내는 마지막 안식일에 데이비드가 자기와 함께 보행명상을 하자고 권유한다.

"보행명상? 엄청 불교적으로 들리는데요." 내가 말한다.

"맞아요." 데이비드가 말한다. "하지만 유대교적이기도 하죠." 많은 사람들이 신비주의의 천재라고 생각하는 랍비 루리아는 16세기에 수백 명이나 되는 추종자들과 함께 도시 외곽의 들판까지 걸어가 여왕을 환영하는 백성들처럼 안식일을 환영하곤 했다.

데이비드와 나는 숲길 첫머리까지 걸어가 데이비드의 친구인 도공 대니얼과 만난다. 태양은 지평선 아래로 살짝 미끄러지는 중이다. 안식일 사이렌은 이미 울렸다. 휴식의 날이 공식적으로 시작되었다는 뜻이다. 우리는 잠시 평범하게 걸으며 가벼운 이야기를 나눈다. 그러니까, 트즈파트식의 가벼운 이야기. 지금 우리가 나누는 가벼운 이야기는 현대 히브리어로 '전기(電氣)'를 뜻하는 단어의 어원에 관한 긴 담론이다. 벌써 몇 번째 드는 생각이지만, 나는 궁금해진다. 이 사람들은 대수롭지 않은 생각을 할 수 있는 능력이 있기는 한 걸까? 너무 심오한 이야기만 하다 보면 반드시 지칠 때가 올 것이다(나중에 나는 데이비드가 도넛과 대학 미식축구에 사족을 못 쓴다는 것을 알고 즐거워졌다. 어쩌면 아직 그에게 희망이 남아 있는 건지도 모른다).

"좋습니다." 데이비드가 길이 휘어진 곳에서 걸음을 멈추며 말한다. "여기서부터 시작하죠." 우리가 할 일은 간단하다. 천천히, 아주 천천히 걸으면 된다. 그러면서 의식이 깨어 있어야 한다. 한 걸음 내디딜 때마다 호흡 한 번. 호흡 한 번에 한 걸음.

우리는 시작한다. 호흡 한 번, 한 걸음. 호흡 한 번, 한 걸음. 내가 선두에 나선다. 잠시 짜릿한 기분이 들지만, 이내 좋은 일이 아니라는 걸 깨닫는다. 지금은 아니다. 우리는 일종의 뒤집어진 경주를 하는 중이다. 가장 느린 사람이 승자가 되는 경주. 물론 지금 중요한 것은 승리가 아니라 의식의 각성이다. 이 점에서 불교와 카발라가 일치한다. 하지만 카발라 추종자들은 한 걸음 더 나아간다. 단순한 의식의 각성뿐만 아니라 정화 또한 목표라는 것이다. 일상적인 활동, 그러니까 지금의 경우 걷기를 한 단계 끌어올려서 물리적 영역에서 신적인 영역으로 옮겨놓는 것이 목표다. 지상에 천국을 실현하는 것이 목표다. 한 번에 한 걸음씩 하느님의 일을 하는 것이 목표다.

물론 그건 쉬운 일이 아니다. 처음에 나는 평소의 정신없이 서두르는 걸음걸이에서 좀 더 인간적인 걸음걸이로 속도를 조절하는 데 엄청난 정신적 에너지를 쏟는다. 마치 거대한 유람선을 멈춰 세우려고 애쓰는 것 같다. 앞으로 나아가려는 에너지가 흩어지는 데에는 시간이 걸린다. 이건 신체적으로 고통스러운 일이다. 내 종아리의 모든 근육이 늘어나고 수축하는 것이 일일이 느껴진다. 하지만 나는 이내 요령을 터득해서 정말로 즐기기 시작한다. 오, 이런 일이! 나는 지금 다리뿐만 아니라 어깨로, 온몸으로 내 걸음을 생생하게 의식하고 있다. 땅의 다양한 형태도 의식하고 있다. 전에는 아무리 봐도 그저 흙길이었을 뿐이지만 지금은 훨씬 더 복잡하고 다양한 지형이 느껴진다. 고집스러운 바위, 바스락바스락 소리를 내는 자갈, 부드러운 카펫처럼 바닥에 깔린 솔잎.

나는 적갈색 햇빛을 강렬히 의식한다. 햇빛이 내 주위의 모든 것에 스며들어 화려하게 빛난다. 소리도 있다. 세상에, 이런 소리라니! 모든 것이 들린다. 자동차 한 대가 저 멀리 고속도로를 휙 지나가는 소리, 새가 지저귀는 소리, 남자가 기도하는 소리. 전에는 이런 소리들이 어디에 있었던 걸까? 마치 지금까지 소음을 없애주는 헤드폰을 쓰고 있었던 것 같다. 비행기를 자주 타는 사람들이 애용하는 것 말이다. 그런 헤드폰은 차단하고자 하는 소리와 반대되는 소리를 만들어내는 방식을 사용한다. 소리로 소리를 막는 것이다. 우리 마음도 거의 똑같은 방식으로 움직인다. 우리가 수많은 소리를 놓치는 것은 듣지 못해서가 아니라 열심히 떠들어대고 있기 때문이다. 자기 자신을 향해서. 그렇게 수다를 떨어대는 우리 마음이 소리를 상쇄하는 소리를 꾸준히 만들어낸다. 그러니 다른 소리들은 그 앞에서 맥을 못 춘다. 하지만 지금 나는 헤드폰을 벗은 상태라 다시 소리를 들을 수 있게 되었다.

호흡 한 번, 한 걸음. 호흡 한 번, 한 걸음. 그때 기묘하기 짝이 없는 감각을 경험한다. 난 이제 땅 위를 걷고 있지 않다. 땅과 내가 함께 걷고 있다. 이건…… 어떻게 표현해야 할까…… 쌍방향 걷기다. 땅도 적극적으로 참여하고 있다. 길이 뒤로 죽 물러났다가 나를 맞이하며 다시 나를 압박해온다. 내가 고삐를 쥐고 있기는 하지만 모든 걸 통제할 수 있는 것은 아니다. 의지를 지닌 또 다른 존재가 있다. 말을 탈 때와 비슷하다. 아니, 운동에너지의 상호작용과 관련된 또 다른 활동이 벌어지고 있는 것 같기도 하다. 수피즘의 유명한 스승인 피르 지아는 전에 내게 이런 말을 했다. 걸을 때마다 자신이 "땅과 사랑을 나누는" 상상을 한다고. 그 말이 무슨 뜻인지 이제 알 것 같다.

이제는 내가 가장 뒤로 처졌다. 데이비드와 대니얼이 앞에 있다. 잘됐다. 뒤로 처져 있는 데서 이토록 기쁨을 느낀 적은 지금까지 한 번도 없었다. 나는 앞으로도 더 자주 뒤로 처져야겠다고 소리 없이 다짐한다. 우리가 보행명상을 시작하기 전에 데이비드가 마지막으로 한 말은 "그냥 다 내려놓으세요"였다. 두 사람이 가볍다 못해 거의 유령 같은 걸음으로 걷는 것을 지켜보고 있으려니, 그들에게 다가올 필연적인 죽음을 강렬히 의식하게 된다. 나의 필연적인 죽음도. 그들은 나보다 몇 발짝 앞에서 걷고 있다. 그럴 만도 하다. 두 사람은 나보다 몇 살 많으니까. 하지만 나도 그다지 많이 뒤처져 있지는 않다. 나는 우리 셋이 지금 각자 자신의 죽음을 향해 걸어가고 있다고 상상한다. 우리는 우리보다 먼저 살다 간 사람들, 그리고 우리 뒤에 올 사람들로 만들어진 긴 사슬의 일부다. 죽음의 필연성이 그 어느 때보다 실감난다. 죽음이 자연스러운 것이라는 사실도. 과거에도 그랬고, 지금도 그렇고, 앞으로도 영원히 그럴 것이다. 오늘만은 죽음을 생각해도, 죽음의 존재를 알아도 겁이 나지 않는다.

우리는 출발점에 돌아와 있다. 보행명상이 끝났다. 나는 손목시계를 본다. 25분이 흘렀다. 겨우 5분이나 10분밖에 안 된 것 같았는데. 우리는 몸을 쭉 펴고는 서로에게 **샤바트 샬롬**이라고 인사를 건넨다. 즐거운 안식일을 보내라는 뜻이다. 가벼움이 요정가루처럼 내게 내려앉는 것이 느껴진다. 그와 함께 희미하지만 확실한 흡연 충동도 느껴진다.

나중에 나는 대니얼의 가족들과 함께 안식일 식탁에 앉는다. 지금까지 먹어본 최고의 안식일 음식이다. 다른 집의 안식일 식탁에서 부딪혔던, 아무도 인정하지 않지만 틀림없이 존재하는 딱딱한 분위기가 전혀 없다. 우리 넷, 그러니까 나, 대니얼, 그의 아내, 장성한 그의 아들은 부엌과 식당을 겸한 좁은 공간에 빼곡히 앉아 있다. 우리는 촛불에 의지해서 음식을 먹는다. 대니얼은 빵과 포도주에 대해 감사기도를 한 뒤, 아들의 머리에 양손을 얹고 축복의 기도를 한다. "하느님이 네게 축복을 내리시고 너를 보살펴주시기를. 하느님이 빛나는 얼굴로 너를 돌아보시며 네게 호의를 베풀어주시기를." 지금 대니얼은 부족의 의무 같은 것을 수행하거나 랍비의 강요로 앵무새처럼 빈말을 중얼거리고 있는 게 아니다. 나는 이 사실을 추호도 의심하지 않는다. 그는 지금 자식에 대한 사랑을 표현하는 중이다. 그 사랑이 워낙 강하고 귀해서 그는 자신보다 더 커다란 존재를 부르고 있다. 자신의 사랑을 도와서 더 크게 만들어달라고. 그 존재를 하느님이라고 부르든, 하셈이라고 부르든, 야훼라고 부르든, 도라고 부르든, 무한이라고 부르든 상관없다. 그의 행동은 단호한 자기주장인 동시에 대단히 겸허하다. 만약 카발라 추종자들의 주장이 옳다면(나는 그러기를 바란다) 이것은 우리가 상상조차 할 수 없는 방식으로

이 세상과 우주를 향해 잔물결처럼 퍼져 있다.

그 순간 나는 집으로 돌아가면 대니얼과 똑같은 마음가짐과 똑같은 방식으로 내 딸을 축복해주겠다고 맹세한다. 이 안식일에 내가 일부가 되어 목격하고 있는 이 광경은 내가 평생 접했던 강박적인 유대교와는 크게 다르다. 내가 대니얼에게 이런 이야기를 했더니 그는 잠시 생각해보다가 이렇게 말한다. "유대교는 운전과 같아요." 대니얼이 무슨 말을 하려는 건지 잘 모르겠다.

"운전을 배우려면 규칙을 알아야 하죠. 빨간 신호등의 뜻은 무엇이고, 양보 표지의 뜻은 무엇인지 알아야 해요. 제한속도도 지켜야 하고요. 하지만 운전을 순전히 규칙의 집합체로만 보는 건 멍청한 짓입니다. 우리가 차를 운전하는 건 목적지로 가기 위해서예요. 어쩌면 아주 특별한 장소가 목적지일 수도 있겠죠. 때로는 순전히 운전하는 것이 즐거워서 차를 몰기도 합니다. 규칙은 운전이라는 이야기의 일부일 뿐이에요."

이 이야기가 나를 사로잡았지만 나는 아직 항복할 생각이 없었다. 그럼 누가 봐도 어리석기 짝이 없는 유대교의 규칙들은 뭐죠? 그러니까 항상 오른쪽 신발을 먼저 신어야 한다는 규칙 같은 것 말이에요. 그런 규칙에 무슨 목적이 있겠어요?

"오른쪽은 상냥함을 상징하고 왼쪽은 엄격함을 상징합니다. 우리는 하루를 먼저 상냥함으로 시작한 뒤에야 엄격함을 덧붙입니다. 신발을 신는 규칙은 그것을 일깨워주는 장치일 뿐이에요."

나는 항복한다. 그리고 제임스 홉킨스가 불교 의식에 관해 "뇌를 위한 포스트잇 메모"라고 말했던 것을 떠올린다. 어쩌면 모든 종교는 이런 포스트잇 메모의 집합체에 불과한 건지도 모른다. 각자 규모도 다르고 언어도 다르지만 종교의 정체는 바로 이것이다. "어이, 이 지구상에 당신만 있는 건 아니야"라든가, "여! 당신이 다른 사람들을 대하듯이 다른 사람들이 당신을 대하면 어떻겠어?"라고 일깨워주는 형광색 메모지들. 이런 메모들은 항상 짤막하게 요점만 말한다. 포스트잇 한 장에 적을 수 있을 만큼 짧지만 마음에 줄곧 남을 만큼 의미가 크다.

예디다와의 마지막 수업. 수업이 끝난 뒤 우리는 부엌으로 물러나서 차를 마신다. 이제 예디다와 함께 있는 것이 편안해졌기 때문에 나는 잔인할 정도로 정직해져서 부엌이 지저분하기 짝이 없다고 말한다. 더러운 접시, 피타빵 부스러기, 정체를 알 수 없는 다양한 물질들의 콜라주 같다.

"나도 알아요." 예디다가 말한다. "하지만 내 부엌은 창조의 과정을 상징하는 은유예요."

물론 말도 안 되는 소리다. 하지만 예디다의 헛소리이므로 곰곰이 생각해볼 가치가 있다.

예디다가 우체국에 볼 일이 있다고 해서 우리는 함께 비탈길을 내려온다. 구름 한 점 없는 완벽한 날씨다. 나는 발밑에 펼쳐진 갈릴리해를 처음으로 본다. 손으로 만질 수도 있을 만큼 가까워 보인다. 얼굴에 닿는 햇볕이 따스하다. 우체국에 도착했지만 문이 잠겨 있다. 열려 있다는 표지판이 걸려 있는데도. 예디다는 어리둥절한 표정이다. 나중에 나타난 다른 여자도 똑같이 어리둥절한 표정이다. 이스라엘 스타일의 불평이 이어진다. "마 카라? 제 로 토브(무슨 일이지? 이런 건 좋지 않아요)." 예디다도 화난 기색이지만 곧 마음을 푼다. 이것은 신의 의지고, 우주가 원래 이런 곳이란다. 어쩌면 여기서 일하는 착한 남자가 병이 들었거나, 일찍 문을 닫아야 하는 다른 이유가 있었던 건지도 모른다. 예디다는 대신 장이나 보러 가야겠다고 말한다. 예디다는 지금 상황을 너그럽게 받아들이고 있다. 카발라 추종자다운 태도이기도 하다. 정확히 왜 그런 생각이 드는지는 나도 잘 모르겠지만.

이제 작별 인사를 할 때가 됐다. 나는 예디다를 끌어안고 싶지만, 그래도 되는지 잘 모르겠다. 예디다는 영국인이자 독실한 유대교도이기도 하다. 인구통계학적으로 딱히 포옹에 우호적인 집단 소속이 아니라는 얘기다. 그래서 예디다가 양팔을 벌리고 가볍게 나를 안아주었을 때 나는 기분 좋게 놀란다.

나는 택시를 부르는 대신 시내까지 걸어가기로 한다. 날씨가 찬란하다. 게다가 너무 행복한 나머지 가슴이 아플 정도다. 지금의 이 기분, 정말 열심히 노력해서 성취한 이 기분이 이렇다 할 노력도 안 했으면서 즐겁게 살고 있는 모로코 출신 택시기사 때문에 깨지는 건 싫다. 나는 걷는다. 명상을 하듯이 걷는 건 아니지만, 그래도 기분이 좋다. 휘어진 길을 따라 걷고 있는데 경찰서가 나오더니 곧이어 어떤 건물이 보인다. 표지판에 따르면, 그 안에 에티오피아 흡수부가 있다고 한다. 나는 미소를 짓는다. 이스라엘에 새로 이민 온 사람들은 단순히 환영을 받거나 이곳 사회에 통합되는 수준에서 그치지 않는다. 그들은 이곳에 흡수된다. 커다란 존재에게 흡수당한 작은 존재는 변화하지만, 그렇다고 완전히 달라지는 것은 아니다. 원래부터 지니고 있던 자아 중 일부는 그대로 남는다. 만약 흡수의 주체가 국민국가라면 우리는 시민권을 얻는다. 흡수의 주체가 신이라면 우리는…… 무엇을 얻는 거지? 깨달음? 천국? 나는 깊이 숨을 들이쉬고 는 예디다의 충고대로 나 자신을 3인칭으로 바꿔서 생각해본다. 진 정해, 에릭. 이건 그저 표지판일 뿐이야. 모든 표지판을 징조로 해석하면 안 돼. 너도 트즈파트 증후군에 조금 걸린 것 같은데.

거룩한 도시로 가야 하는 시기를 정확히 알아내는 건 중요한 일이 다. 그리고 그런 도시를 떠나야 할 시기를 정확히 알아내는 것 역시 그에 못지않게 중요하다. 이제 내가 트즈파트를 떠날 때가 되었다. 다음 날 아침 나는 남쪽의 예루살렘으로 향하는 버스에 오른다. 예 루살렘은 수백 년 동안 자신의 길을 찾으려고 애쓰던 당근들과 물고 기들을 꽤 끌어들였다.

그곳에는 내가 반드시 만나야 하는 사람이 한 명 있다. 나는 공영 라디오 특파원으로 일하던 시절에 주로 이스라엘 정치를 기민하게 분석하는 분석가로서 요시 클라인 할레비와 알고 지냈다. 하지만 그 는 단순한 정치분석가에 그치지 않고, 최고의 신자이며 영적인 인습 타파주의자이기도 하다. 이제 나는 기자로서 입어야 했던 객관성이 라는 갑주를 벗어던졌으므로, 그를 꼭 다시 만나고 싶다.

나는 예루살렘의 세련된 동네에 있는 초밥집에서 요시를 만난다. 그를 보자마자 전형적인 정통파 유대교도의 모습이라는 생각이 든 다. 털실로 짠 키파, 다듬지 않은 수염, 무늬 없는 흰 셔츠. 하지만 내 가 여행을 하면서 배운 것이 있다면 바로 외모를 믿으면 안 된다는 것이다. 보이는 것은 실재하지 않는다. 요시가 랍비들을 섬기는 건 사실 이지만 "전적으로 자유로운 존재"다. 수십 년 동안 그는 자신에게 효 과가 있는 것들은 취하고 그렇지 않은 것들은 버리면서 자기만의 유대교를 만들어왔다. 에디다와 데이비드처럼 그도 시나고그에는 거의 나가지 않고, 자기만의 방식으로 안식일을 지킨다. 한동안은 전기를 전혀 사용하지 않은 채 지내기도 했지만 그 때문에 스트레스가 줄기는커녕 더 늘어나서 안식일의 목적이 무위로 돌아간다는 것을 알고는 다시 전깃불을 켰다. 요시는 유대교의 율법을 따르지만, 읽는 책들을 고를 때는 거기에 얽매이지 않는다. 그는 특히 힌두교의 위대한 현자들을 좋아한다.

웨이트리스가 우리에게 메뉴판을 가져다준다. 모세가 봤으면 자랑스러워했을 법한, 단단한 판으로 되어 있다. 그때 문득 머릿속에 이런 생각이 떠오른다. 신과 종교의 관계는 음식과 메뉴판의 관계와 같구나. 메뉴판과 종교는 모두 다양한 선택지를 제시해준다. 웨이터가 우리에게 메뉴를 추천해줄 수도 있지만 궁극적으로 결정을 내리는 것은 우리다. 종교를 믿는다는 이유로 자신이 신을 안다고 말하는 것은 메뉴판을 읽었으므로 식사를 잘했다고 말하는 것과 같다. 전자의 행동이 후자로 이어질 수는 있지만 항상 그런 것은 아니다. 메뉴판과 종교는 모두 우리를 유혹하며 여러 약속들을 내놓지만 그 약속들을 항상 지키지는 않는다. 메뉴판과 종교는 또한 우리 앞에 즐거운 일들이 기다리고 있다면서 지나치게 공들인 설명을 내놓지만 우리는 그 설명을 의심의 눈초리로 바라보아야 한다. 이건 독립 농장에서 키운 쇠고기로 만든 카르파초를 주문해본 사람이라면 누구나 증명할 수 있는 사실이다. 훌륭한 종교는 훌륭한 메뉴판과 마찬가지로 우리가 지불해야 하는 가격을 솔직하게 알려준다. 그리고 그 가격은 비록 조금 비싸기는 할망정 항상 우리가 감당할 수 있는 수준이다.

우리가 주문한 음식이 나온다. 이제는 나도 그냥 음식에 달려들면 안 된다는 걸 알고 있다. 그래서 축복의 기도를 기다린다.

"기도드립니다……."

"잠깐만요." 나는 내 지식을 자랑하고 싶어서 중간에 끼어든다. "우리의 의식을 깨우기 위해서죠?"

"맞습니다." 요시가 말한다. "하지만 음식의 의식을 깨우기 위해서이기도 하죠."

이건 처음 듣는 소리다. 죽은 참치에서 떼어낸 작은 고기 조각의 의식을 어떻게 깨울 수 있다는 건지 잘 모르겠다. 요시가 설명한다. "카발라 추종자들은 모든 것이 살아 있다고 믿습니다. 그래서 음식을 먹을 때, 그 음식의 희생을 생각하죠. 음식은 희생 제물이고, 우리는 제단입니다. 카발라가 추종자들의 마음에 항상 책임감, 경외감, 사랑을 가득 채워준다는 것은 좋은 점입니다."

우리는 함께 축복의 기도를 한다. 요시가 히브리어로 먼저 기도문을 읊으면 내가 그 말을 되풀이한다. 카바나를 가지고, 나의 테카마키(참치 김초밥 – 옮긴이)를 새삼 인정하면서.

나는 요시에게 병원에 갔을 때 만난 간호사 이야기, 그녀가 내게 던진 질문("아직 당신의 신을 만나지 못하셨나요?")을 들려준다. 내가 불교도처럼 명상도 해봤고, 수피교도처럼 뱅글뱅글 돌아보기도 했고, 그리스도교인처럼 기도도 해봤다고 말한다. 하지만 내가 겪은 일들 중에 몇 가지는 빼놓는다. 예를 들어 라스베이거스에서 다리털을 밀었던 일 같은 것. 하지만 그 외에는 거의 모든 일을 털어놓는다. 유대교를 훑어보고 다음 목표로 넘어가려고 이스라엘에 왔지만, 물고기와 당근 이야기를 듣고, 트즈파트에서 시간을 보내며 유대교에 대해 내가 품고 있던 우울한 생각들이 바뀌었다는 이야기도 한다. 생후 8일째 되던 날 모헬(유대교 의식에 따라 할례를 해주는 사람 - 옮긴이)이 칼을 들고 내 은밀한 부분을 향해 달려든 이래로 유대교에 대한 나의 견해는 계속 우울한 쪽으로만 치달았는데 말이다.

"그래서 말인데요, 요시, 나는 물고기일까요 당근일까요?"

"당신은 물고기지만 당근의 성향도 분명히 갖고 있습니다. 그 점도 소중히 생각해야 해요. 만약 당신이 5년 동안 탐색한 끝에 다시 돌아와서 자신이 불교도의 심성을 가졌다는 걸 알게 됐다고 말한다 해도 나는 진심으로 축복할 겁니다. 영혼은 신비롭게 움직이기 때문에 유대인의 영혼이 이번 생에는 불교를 통해 충족되어야 한다고 느끼더라도 내가 뭐라고 말할 수가 없어요. 하지만 당신 같은 사람들이 유대교를 외면한다면 유대교는 죽을 겁니다. 기계적으로 율법만 암기하는 사람들 때문에 질식해버릴 거예요."

나는 이런 식으로는 한 번도 생각해본 적이 없다. 어쩌면 나를 필요로 하는 것은 신이 아니라 유대교인들인지도 모른다. 지금까지 나의 탐색은 조금…… 뭐라고 해야 할까…… 이기적이었다. 나는 여러 모습의 신을 찾아다녔다. 나의 두려움을 누그러뜨리고, 나의 영적인 가려움을 해결하고, 나의 구멍을 메우기 위해서. 나의 탐색이 다른 사람들과도 관련되어 있을지 모른다는 생각은 한 번도 해보지 못했다. 요시의 말은 대단히 생생하고, 대단히 유대교적인 뭔가를 건드렸다.

"나한테 죄책감을 심어주려는 건가요, 요시?"

"당신의 책임감에 호소하려는 것이라고 생각하고 싶습니다만."

안 그래도 이런 말이 나올까 봐 걱정이었는데. 내 책임감은 발육

부진 상태다. 아예 없는 것은 아니다. 그 편이 차라리 나았을 텐데. 그랬다면 이기적인 행동을 하면서도 밤에 쿨쿨 잘 잘 수 있었을 것이다. 내 책임감은 딱 죄책감에 불을 지필 수 있는 수준일 뿐, 죄책감을 없애기 위해 행동에 나설 수 있는 수준에는 미치지 못한다.

나는 자신이 당근임을 확신한 나머지, 단 한 번도 그 사실에 의문을 품지 않았다. 나는 세계의 종교들을 탐구하는 사람이다. 유대교는 편협한 사람들에게 맞는 종교다. 환타를 좋아하는 사람들, 하찮은 규칙을 준수하는 사람들에게 맞는 종교다. 나는 그보다 훨씬 더 흥미로운 사람이다. 하지만 요시와 함께 식사를 하면서 이야기를 나누는 동안 요시의 말이 나의 당근 정체감을 계속 깎아낸다. 그래서 내 젓가락에 대롱대롱 매달려 있는 참치가, 음, 가족처럼 보이기 시작한다. 모든 종교는 언어라고 요시가 말한다. "신과 친밀하게 주고받는 언어죠." 일단 그런 언어를 하나 터득하고 나면 다른 언어도 쉽게 배울 수 있다. 내가 그런 언어를 전혀 모른 채 탐색에 나섰으면서 여러 언어들을 알게 될 거라고 기대했다는 뜻이 이 말 속에 숨어 있다. 그런 방법은 효과가 없다. 회의적인 보편주의자가 되는 것과 영적인 딜레탕트(아마추어 애호가 또는 수박 겉핥기식의 어설픈 지식만 지닌 사람이라는 뜻 - 옮긴이)가 되는 건 완전히 다른 이야기다. 보편주의자는 단단한 땅 위에 서서 탐색하는 반면, 딜레탕트는 그 어디에도 발을 딛지 않은 채 더듬거릴 뿐이다.

우리는 몇 시간 동안 이야기를 나누며 다양한 주제를 입에 올린다. 믿음("부적절한 용어예요")에 대해서, 예루살렘("이 도시가 신성하다면 세상의 어떤 도시든 신성해질 수 있어요")에 대해서, 영혼이라는 개념("영혼이 무엇인지 누가 알겠어요? 다들 아무것도 모르면서 떠들고 있어요")에 대해서 이야기한다. 하지만 마침내 작별 인사를 나눌 때, 내 머릿속을 꿰뚫고 지나가는 것은 요시의 말이 아니라 고대 그리스의 수학자 아르키메데스의 말이다. 내게 설 자리를 주면 내가 세상을 움직이겠다. 요시에게는 확실히 설 자리가 있다. 그럼 나는? 이건 지금까지 내가 중요하다고는 조금도 생각하지 않았던 질문이다. 설 자리? 서 있을 시간이 어디 있어? 나는 항상 움직이는 사람이었다.

날이 따뜻하다. 꼭 가야 할 곳도 없기 때문에 나는 호텔까지 걸어서 돌아가기로 한다. 나는 천천히, 주의를 기울여서 걷는다. 많은 사람들이 밟고 지나간 단단한 땅이 발밑에 닿는 것을 의식하면서.

신, 약간의 조립이 필요해

프랑스 작가 기 드 모파상은 에펠탑을 하찮게 여겼다. 끔찍한 물건이라고 생각했다. 하지만 그는 매일 에펠탑의 식당에서 식사를 했다. 파리에서 에펠탑이 보이지 않는 장소가 거기뿐이라는 것이 모파상의 설명이었다. 그렇게 오랫동안 탑 안에서 점심식사를 하고서도 여전히 탑이 혐오스러운지에 대해서는 한 번도 밝힌 적이 없었다. 내 짐작에는 생각이 달라졌을 것 같다. 사람들 말처럼, 무엇이든 익숙해지면 경멸이 생겨나는 것이 아니라 다행히도 애정이 생겨난다. 멀리서 유대교를 봤을 때는 모파상의 눈에 비친 에펠탑과 같았다. 그런데 가까이 다가가자 내 시야가 변했다. 달리 표현하자면, 유대교를 더 이상 볼 수 없게 된 뒤에야 비로소 유대교를 볼 수 있었다.

유대인들은 자신이 성서의 민족일 뿐만 아니라 의문의 민족이기도 하다는 점을 자랑스럽게 여긴다. 그런데 그 소독약 냄새 풍기는 차가운 병실에서 간호사가 내게 물었던 질문보다 더 큰 의문은 없다. "아직 당신의 신을 만나지 못하셨나요?" 이 질문이 나를 몰아붙여 전 세계를 돌게 만들었고, 내가 편안하게 여기는 영역을 한참 벗어나게 했다. 그런데 애석하게도 그것이 틀린 질문이었음을 이제야 깨닫는다. 신은 잃어버린 자동차 열쇠나 뉴저지 톨게이트의 출구 같은 것이 아니다. 신은 목적지가 아니다. 신은, 이슬람교도들의 말처럼, 우리의 경정맥만큼이나 가까운 곳에 있다. 그런 의미에서 모든 영적인 탐색은 왕복여행이다.

우리는 여행 끝에 갈 곳이 없다는 사실을 발견한다. 우리는 데르비시처럼 돌고 돌아서 출발점으로 되돌아온다. 그곳은 같지만 우리는 아니다. 반환점(뿐만 아니라 기도, 명상, 단식, 무릎 꿇기 등 모든 영적인 수행 방법들)은 우리의 방향을 살짝 바꿔놓는 기능을 한다. 릴케가 옳았다. 신은 방향이다. 우리는 위성 안테나처럼 휙휙 방향을 바꾸면서 하늘에서 신호를 찾는다. 이런저런 방향으로 몇 도씩 움직일 때마다 강한 신호가 들려오기도 하고 죽음 같은 침묵이 다가오기도 한다. 대개는 침묵인 경우가 더 많다. 우리는 이리저리 자꾸만 방향을 바꿔보지만 아무 소용이 없다. 무신론자들은 애당초 신호가 존재하지 않기 때문이라고 말한다. 독실한 사람들과 혼란에 빠진 사람들은 계속 이리저리 방향을 바꾸며 탐색한다. 그럼에도 불구하고.

펠리니 감독의 〈달콤한 인생〉에 굉장한 대사가 하나 나온다. "신을 찾아다니는 사람은 자신이 원하는 곳에서 신을 찾는다." 이 말이 사실이라면, 나는 내 탐색이 성공이었다고 생각한다. 많은 것을 배웠으니까. 나는 호흡의 중요성과 인간의 마음이 가장 중요하다는 것과 느림의 미학과 모든 종교의 핵심에 자리한 창조적 충동에 대해 배웠다. 나는 내가 생각보다 더 물고기에 가깝다는 것을 배웠다. 나는 다리털을 미는 것이 가볍게 볼 일이 아니라는 것, 마음보다 가슴을 해방시키기가 훨씬 더 쉽다는 것을 배웠다. 이 모든 것 외에도 배운 것들이 많다. 책을 통해 배운 것이 아니라 트라피스트회 수도사인 토머스 머튼의 말처럼 "낯선 자들의 목소리"를 통해 배웠다. 나의 낯선 사람들, 샌디와 제이미와 예디다와 웨인 등등은 신에 대한 나의 생각을 바꿔놓았다. 신은 우주적인 아버지가 아니다. 그것만이 그의 모습이 아니다. 신은 또한 사랑이 넘치고 너그러우며 어리석다. 하지만 손에 잘 잡히지 않는 애매한 존재일 때가 가장 많다. "마치 바람처럼, 그 정도." 랍비 아딘 슈타인샬츠의 표현이다.

나는 세상에 나쁜 종교도 많다는 것을 배웠다(아니, 확인했다고 해야 할 것 같다). 지금이라도 우리가 나쁜 종교와 좋은 종교를 구분해야 할 것 같다. 좋은 과학과 나쁜 과학을 구분하듯이, 좋은 음식과 나쁜 음식을 구분하듯이. 나쁜 종교는 우리를 작게 만든다. 좋은 종교는 우리를 높여주고 우리가 생각하는 것보다, 우리가 가능하다고 생각했던 것보다 더 훌륭한 사람으로 만들어준다. 좋은 종교는 일종의 응용철학이다. 그래서 모든 철학이 그렇듯이, 질문을 제대로 던지는 것이 적어도 절반을 차지한다. 당신은 무엇을 믿는가? 이것은 흔한 질문이지만, 특별히 유용한 질문은 아니다. 미안하지만, 나는 남들이 무엇을 믿든 상관 안 한다. 당신은 무엇을 경험하는가? 당신은 무엇을 하는가? 이것은 윌리엄 제임스의 질문이자 나의 질문이기도 하다.

신이 여덟이라면 많아 보일 수도 있지만 나는 아직 겉핥기도 제대로 못한 거나 다름없다. 평생 동안 신들을 집적거릴 수도 있다. 불교도들이라면 한 번의 평생이 아니라 여러 생을 이야기할 것이다. 하지만 내 안의 작은 목소리, 분명히 콧소리가 섞인 스태튼아일랜드 말씨의 그 목소리가 영적으로 문란해지면 안 된다고 경고한다. 가끔 추파를 던지는 건 삶을 흥미롭게 만들어준다. 반면 끊임없이 추파를 던지는 건 우리가 뭔가를 두려워하고 있음을 암시한다. 추파를 던지는 것은 "친밀함과 안전거리를 유지하는 기술"이라는 말이 있다. 내가 원하는 것은 이런 것이 아니다. 그래, 내가 신들에게 추파를 던지는 시절은 이제 끝났다.

캘리포니아에서 처음 이번 여행을 시작했을 때 나는 왈리 알리라는 수피교도를 만났다. 그는 "사람은 지금 자신의 모습보다 더 지혜로워질 수 없다"고 말했다. 그때 나는 웃기는 이름의 골수 히피가 또 뉴에이지스러운 말을 하는가 보다 하고 생각했다. 그런데 틀린 생각이었다. 왈리 알리의 말은 우리가 특정한 장소에서 여행을 시작하는데, 우리는 그 출발점이 파리나 발리이기를 바라지만 실제로는 클리블랜드나 볼티모어인 경우가 보통이라는 뜻이었다. 우리는 반드시 그 점을 인정하고 받아들여야 한다.

우리는 결코 자신의 과거에서 완전히 도망칠 수 없으며, 굳이 그럴 필요도 없다. 우리가 과거의 지혜를 한 모금씩 마시면서 그들의 진리를 빨아들이더라도 그들은 언제나 '타자(他者)'로 남아 있을 것이다. 우리가 최대한 바랄 수 있는 것은 이 지혜의 조각들이 우리의 골수로 스며드는 것이다. 이런 일은 내가 가능할 거라고 생각했던 것보다 더 흔하게 일어나고 있으며, 우리가 기본적으로 엉망진창인데도 불구하고가 아니라 바로 엉망진창이기 때문에 이런 일이 가능해진다.

사실 이것이 모든 종교의 목표다. 좋은 종교의 목표. 우리 자신 속에 있는 가장 불쾌한 부분들을 단순히 수용하는 데서 그치지 않고 사랑해도 될 만한 것으로 바꿔놓는 것. 융은 "우리의 어둠이 의식을 갖게 만드는 것"이라고 표현했다. 이 목표를 향해 나아가는 데 기도와 명상 같은 영적인 체조가 도움이 되기는 하지만 이런 변화의 연금술은 궁극적으로 신비로운 과정으로 남아 있다. 그리스도교인들은 이것을 은총이라고 부르고, 불교도들은 실제(實際)라고 부르고, 도교 추종자들은 아예 이름조차 지으려 하지 않는다. 이것은 항상 선물일 뿐, 우리에게 마땅히 주어지는 것이 아니다. 이것은 또한 우리가 일부러 찾기를 멈춘 뒤에야 비로소 모습을 드러낸다.

마담 H가 옳았다. 우리가 종교를 택하는 것이 아니라 종교가 우리를 택한다. 우리에게 필요한 것은 일종의 수동적인 행동이다. 우리는 기도, 명상, 독서 등 우리가 할 일을 하고 기다리기만 하면 된다. 그런데 사람들 말처럼, 기다리는 것이 가장 힘들다.

나는 지금도 많은 의심을 품고 있다. 의심이 탑처럼 쌓여 있다. 하지만 그래도 괜찮다. 변절한 경제학자 E. F. 슈마허의 말처럼, "의심의 손이 미치지 않는 문제는, 어떤 의미에서는, 죽은 것이다. 그들은 산 자에게 도전의 의욕을 불러일으키지 않는다." 의심은 목적이 아니라 수단이다. 따라서 바람직하다.

윌리엄 제임스는 "'또는'이라는 단어가 진정한 현실에 이름을 지어준다"고 말한 적이 있다. 내가 이 말을 이해하는 데에는 시간이 조금 걸렸지만, 이제는 무슨 뜻인지 알 것 같다. 우리는 항상 백척간두에 선 채 반대 방향으로 기세 좋게 몰아치는 두 개의 제트기류 사이에 끼어서 살아간다. 그래도 괜찮다. 원래 세상이 그런 것이니까. 원래 세상이 그래야 하는 것이니까.

그래서 나는 나의 신을 찾아다니는 대신 신을 만들어내야 한다.

정확히 말하자면, 만들어낸다기보다는 구축하고 조립한다는 말이 더 어울린다. 내가 조립의 기반으로 삼은 것은 유대교이지만, 지지대는 불교다. 이 신은 수피즘의 심장, 도교의 소박함, 프란체스코회의 너그러움, 라엘교의 쾌락주의를 갖고 있다. 오랫동안 나는 이렇게 신을 조합하는 것이 가능할 거라고는 생각하지 않았다.

캘리포니아에서 만난 뉴에이지 추종자들은 일종의 신 같은 것을 뚝딱뚝딱 조립해냈지만 아교로 붙이는 것을 잊어버렸다. 그래서 그들이 만들어낸 신을 지탱해주는 것이 하나도 없기 때문에 그들은 항상 작은 조각들을 쫓아다닌다. 그래, 아교가 중요하다. 여기서 생각나는 또 다른 차이점. 뉴에이지 추종자들은 자기가 조립한 신이 어떤 요소들로 구성되어 있는지 결코 제대로 알지 못한다. 그래서 그들의 프로젝트 전체가 흔들거린다.

그렇다고 나의 신이 탄탄하다는 건 아니다. 나는 안식일을 지키기는 하지만, 율법에 정해진 것만큼 자주 지키지는 않는다. 명상을 하기는 하지만 잘하지도 못하고 오래 하지도 않는다. 음식을 먹기 전에 감사기도를 하기는 하지만 잊어버릴 때도 있다. 그리고 대략 기공을 수련한다. 하지만 이런 조각들을 한데 모으면 뭔가가 만들어진다. 진짜로? 그렇다. 아니다. 효과가 있는 것이 진리다. 그리고 내가 조립한 이 신은 내게 효과가 있다.

나는 동생의 집에서 보낼 유대교 명절을 기대하고 있다. 이제 거의 일곱 살이 된 내 딸이 신을 입에 담아도 나는 예전처럼 움찔거리지 않는다. 나는 아이에게 우리의 믿음을 심어주고 있지만, 아이가 나중에 다른 종교를 택하거나 아무 종교도 택하지 않더라도 절망하지 않을 것이다.

한편 나의 도쿄 경험에는 아직 속편이 없다. 나는 이미 속편에 대한 기대를 버렸다. 기대야말로 경험의 커다란 적이니까. 그래도 나는 계속 기다린다. 가끔 이쪽저쪽으로 조금씩 방향을 바꿔가면서. 그럼에도 불구하고.

옮긴이 김승욱

성균관대학교 영문학과를 졸업하고 뉴욕 시립대학교 대학원에서 여성학을 전공했다. 동아일보 문화부 기자로 근무했으며 현재 전문 번역가로 활동하고 있다. 옮긴 책으로 존 르카레의 《스파이의 유산》, 《모스트 원티드 맨》, 주제 사라마구의 《히카르두 헤이스가 죽은 해》, 아서 C. 클라크의 《2001 스페이스 오디세이》, 프랭크 허버트의 《듄》, 리처드 플래너건의 《먼 북으로 가는 좁은 길》, 도리스 레싱의 《19호실로 가다》, 콜슨 화이트헤드의 《니클의 소년들》 등이 있다.

누구에게나 신이 필요한 순간이 있다

초판 1쇄 발행 2022년 1월 25일
초판 2쇄 발행 2024년 10월 4일

지은이 에릭 와이너
옮긴이 김승욱
발행인 김형보
편집 최윤경, 강태영, 임재희, 홍민기, 강민영, 송현주, 박지연
마케팅 이연실, 이다영, 송신아 **디자인** 송은비 **경영지원** 최윤영, 유현

발행처 어크로스출판그룹(주)
출판신고 2018년 12월 20일 제 2018-000339호
주소 서울시 마포구 동교로 109-6
전화 070-5080-4113(편집) 070-8724-5877(영업) **팩스** 02-6085-7676
이메일 across@acrossbook.com **홈페이지** www.acrossbook.com

한국어판 출판권 ⓒ 어크로스출판그룹(주) 2022

ISBN 979-11-6774-032-8 03100

만든 사람들
편집 강태영 **교정** 윤정숙 **표지디자인** 양진규 **본문디자인** 송은비 **일러스트** etoffe **조판** 성인기획